MINI

**AUSTIN MINI · MORRIS MINI · MINI COOPER, COOPER S · MINI
MINI MOKE · INNOCENTI MINI · WOLSELEY HORNET · RILEY ELF**

RESTAURIERUNG VON MOTOR, FAHRWERK, KAROSSERIE
MODELLKUNDE · TECHNISCHE DATEN

LINDSAY PORTER

SCHRADER-MOTOR-TECHNIK

Schrader S Verlag

Das Werk einschließlich aller seiner Teile ist urheberrechtlich geschützt. Jede Verwertung außerhalb der engen Grenzen des Urheberrechtsgesetzes ist ohne Zustimmung des Verlags unzulässig und strafbar. Das gilt insbesondere für Vervielfältigungen, Übersetzungen, Mikroverfilmungen und die Einspeicherung und Verarbeitung in elektronischen Systemen.

Erstmals veröffentlicht durch
Haynes Publishing Group,
Sparkford nr. Yeovil,
Somerset BA22 7JJ, England,
1984.

Titel der Originalausgabe:
Guide to Purchase and D.I.Y.
Restoration of the Mini
A Foulis Motoring Book

© der Originalausgabe:
Lindsay Porter and Haynes Publishing Group, 1984, 1987, 1988, 1989.

Alle Rechte der vorliegenden Lizenzausgabe in deutscher Übersetzung bei Schrader Verlag GmbH,
Hinter den Höfen 7,
3113 Suderburg 2, 1990.

Übersetzung: Veil + Partner
Redaktion: Mila Schrader
Layout: Tim Rose
Satz, Montage und Druck:
Bosch-Druck GmbH
Landshut-Ergolding

Printed in Germany

ISBN 3-922617-65-4

In dieser Reihe
Schrader-Motor-Technik:

VW Käfer, Cabrios
und Transporter
– alle Modelle 1946-1979
von Lindsay Porter

Porsche 911
– alle Modelle 1963-1983
von Lindsay Porter
und Peter Morgan

Porsche 911
Tuning-Handbuch
– alle Modelle 1964-1989
von Bruce Anderson

Restaurierungs-Handbuch
für Karosserie und Lack
– Oldtimer, Youngtimer, Liebhaberfahrzeuge
von Lindsay Porter

In der Reihe Schrader-Motor-Chronik:
Mini, Austin · Morris · Cooper S · Special Clubman · 1275GT, 1959-1983.

Zu beziehen durch jede gute Buchhandlung oder direkt vom Verlag.

Inhalt

Vorwort von Paddy Hopkirk	4
Einführung	5
Zum Aufbau dieses Buchs	6

1. Geschichte
Die Geburt des Mini	7
Der Vater des Mini	8
Die Wurzeln des Mini	9
Serienanlauf und Weiterentwicklung	10
Besonderheiten und merkwürdige Mixturen	12
Fertigungsstätten	13
Mini-Cooper	13
Edwardes und die Zeit danach...	15

2. Kriterien für den Kauf
Die Qual der Wahl	22
Wo man suchen sollte	25
Die letzte Gewißheit	25
Stufe A — Der erste Eindruck	26
Stufe B — Mit sauberen Händen	26
Stufe C — Mit schmutzigen Händen...	29
Minis unter der Lupe	30
Der Kauf eines Mini — Zusammenfassung	34
Die Frage der Versicherung	40

3. Karosserie
Mini — der Traum des Restaurateurs!	42
Werkzeuge	46
Demontage und Diagnose	46
Ausbau des Benzintanks	57
Motorhaube, Ausbau	60
Kotflügel vorn, Auswechseln	60
Windschutzscheibe und Heckscheibe, Ausbau und Einbau	65
Windschutzscheibenrahmen, Reparatur	69
Türscharniersäule vorne, Reparatur	76
Reparatur des A-Blechs (Dreiecksblech)	77
Frontblech, Erneuern und Umbauen	79
Motorraum-Stehbleche, Erneuern	82
Türen, Zerlegen, Ausbau und Einbau	84
Einstellen von Motorhaube, Heckklappe und Traveller-Hecktüren	90
Erneuern der Türhaut	94
Schweller (Außen- und Innenschweller), Reparatur	99
Erneuern des hinteren Seitenblechs	106
Batteriekasten, Reparatur	108
Heckklappen-Scharnierblech, Reparatur	109
Ausbau des vorderen Hilfsrahmens	111
Erneuern des hinteren Hilfsrahmens	114
Provisorische Reparatur des hinteren Hilfsrahmens	117
Heckschürze, Erneuern	118
Erneuern der Tür-Schiebefensterführungen	120
Reparaturen an der Woodie-Karosserie des Traveller; Aus- und Einbau der Kombi-Seitenscheiben	123
Reparaturen am Dachholm — Karosserieteile aus Ausschlachtfahrzeugen	124
Verzinnen von Karosserienähten und Spachteln mit Karosseriezinn	126
Lackieren	128
Der Zusammenbau	137
Rostschutz	140
Dachantenne — Einbau	142

4. Innenausstattung
Innenausstattung — Anmerkungen und Ausbau	146
Dachhimmel, Aus- und Einbau	153

5. Mechanik
Radaufhängung und Bremsen (allgemein) und Druckabbau in der Hydrolastic	154
Bremsen und Radaufhängung (hinten) — Zerlegen	156
Bremsen und Radaufhängung (vorne) — Zerlegen	161
Erneuerung des Hauptbremszylinders und Einbau neuer Manschetten	168
Bremsausfallschalter — Überholen	171
Bremsleitungen	171
Entlüften der hydraulischen Bremsanlage	175
Ausbau von Motor und Getriebe	177
Zerlegen des Motors	189
Motor und Getriebe, Einbau	207
Kupplungswechsel bei eingebautem Motor	214
Zerlegen des Vergaser	215

6. Elektrik
Verkabelung und Kabelbäume im allgemeinen	218
Fehlersuche in der Lichtanlage	220
Wahl des Kabelquerschnitts	220
Überholung des Verteilers	220
Grundsätzliches zum Signalhorn	223

7. Modifikationen
Der Kauf eines Gebrauchtmotors	224
Welchen Motor baut man um?	225
Identifikationshilfen für den Motor	225
Die wichtigsten leistungssteigernden Maßnahmen am Motor	226
Umbau der Zylinderköpfe? Achtung!	227
Getriebe und Antriebsübersetzung	227
Kühlanlage	227
Einbau einer Drehstromlichtmaschine / Umbau auf Minus an Masse	227
Bremsen, Radaufhängung und Räder	228
Zubehör — Allgemeines	231

Anhänge:

1. Werkstattpraxis - Sicherheit hat Vorrang
Die wichtigsten Arbeitsschutzregeln	238
Brandschutz	239
Dampf- und Staubentwicklung	239
Die Batterie	239
Netzstrom	239
Zündungs-Hochspannung	239
Gasflaschen	239
Gefährliche Flüssigkeiten und Gase	240
Umgang mit Kunststoffen	240
Wagenheber und Unterstellböcke	240
Schweißen und Karosseriereparaturen	241
Sicherheit am Arbeitsplatz — Zusammenfassung	241

2. Werkzeuge und Arbeitsmittel
Einleitung	242
Werkzeuge für Wartung und einfachere Reparaturen	242
Werkzeugsatz für Reparaturen und Überholungsarbeiten	243
Spezialwerkzeuge	243
Der Werkzeugkauf	243
Pflege der Werkzeuge	243
Der Arbeitsbereich	244
Vergleichstabelle der Schraubenschlüssel-Maulweite	244

3. Technische Daten
Motordaten — Mini 850 (alle Modelle) und Elf/Hornet Mk I	245
Motordaten — Mini 850 Automatic	245
Motordaten — Mini 1000 (außer Cooper) und Elf/Hornet Mk II und III	245
Motordaten — Mini Cooper 997	246
Motordaten — Mini Cooper 998	246
Motordaten — Mini Cooper S (alle Modelle)	246
Motordaten — Mini 1275 GT	247
Motordaten — Mini Clubmann 1100	247
Allgemeine Motordaten — alle Modelle	247
Allgemeine technische Daten — alle Modelle (außer Cooper)	247
Allgemeine technische Daten — Cooper	249
Allgemeine technische Daten — Cooper S	249

4. Produktionsänderungen
	250

5. Farbkombinationen
	255

Vorwort von Paddy Hopkirk

Wenn es einen Rallyefahrer gibt, dessen Namen mit dem des Mini besonders eng verknüpft ist, dann denkt man zuerst an den Iren Paddy Hopkirk.

Paddy ist Jahrgang 1933. Sein Interesse am Auto erwachte, als er neun Jahre alt war; damals unternahm er erste Fahrversuche in einem badewannenähnlichen Gefährt mit JAP-Motor und machte damit das elterliche Anwesen in der Nähe von Belfast unsicher. Später, als er auf dem Trinity College sein Ingenieurstudium absolvierte, legte er sich einen Austin Seven zu und nahm an einigen Rallies teil — das brachte ihm erste Erfolge. Und vier Jahre später avancierte er bereits zum Irischen Staatsmeister.

Bis 1970 setzte er im nationalen und internationalen Rallyesport zahlreiche Akzente; Höhepunkt war sein Gesamtsieg in der Rallye Monte-Carlo 1964. Zwei Jahre später gewann er sie erneut, wurde aber das Opfer einer Disqualifikation, weil es Kontroversen über die Auslegung des Reglements gab. So oder so waren Hopkirk und der Mini inzwischen in ganze Europa Synonyme geworden.

Als sich Paddy im Jahre 1970 vom aktiven Rallyesport zurückzog, war er erst 37 Jahre alt. Er vertauschte den Stress des Motorsports mit dem nicht weniger harten Dasein eines selbständigen Unternehmers: Paddy etablierte sich mit einer Firma für Autozubehör, sie heißt Mill Accessory Group Limited und hat sich — natürlich — auf Teile spezialisiert, die vor allem zum Tuning britischer Sportwagen, Minis inklusive, gehören.

Zu diesem Buch hat Paddy Hopkirk ein Vorwort geschrieben, für das ihm der Autor sehr zu Dank verpflichtet ist:

Ich freue mich, daß Lindsay Porter dieses Buch verfaßt hat. Der Mini hat in meinem Herzen einen festen Platz, und noch heute würde ich gern einen der damaligen Wettbewerbswagen kaufen, wenn ich ihn auftreiben könnte. Als ich 1964 die Monte gewann, bekam ich einen Werkswagen als Geschenk, doch ich fahre ihn nicht täglich, weil ich für mein Geschäfte ein sehr viel größeres Fahrzeug benötige.

An das 1966er Monte-Fiasko erinnere ich mich noch gut. Aber es hatte seine positiven Auswirkungen, vor allem in Frankreich, wo der Mini geradezu ein Verkaufsschlager wurde. Man sah den Wagen überall in Paris, viele fanden ihn schicker als einen Jaguar. Lord Snowdon und Prinzessin Margaret fuhren Mini, wie so viele Prominente.

Ganz ohne Zweifel war Issigonis, der Vater des Mini, ein Genie. Seine Konzeption mit quergestellten Frontmotor löste im Automobilbau eine richtige Revolution aus. Noch immer, 25 Jahre später, hat der Wagen von seinem Charakter nichts eingebüßt. Ich begrüße sehr, daß es mit Hilfe dieses Buches möglich sein wird, daß viele Minis fachgerecht restauriert und auf die Straße zurückgebracht werden können.

Wobei heutige Restaurateure es verhältnismäßig einfach haben, jedenfalls im Vergleich zur Tuningabteilung damals in Abingdon, die wir Rallyefahrer vor so manche harte Aufgabe stellten. Ich wünsche jedem, der sich einen Mini vornimmt und an ihm arbeitet, daß seine Mühen von Erfolg gekrönt sein mögen und er an seinem Auto viel Freude hat.

Paddy Hopkirk

Einführung

Als die erste Auflage dieses Buchs in englischer Sprache 1984 auf den Markt kam, wurde es auf Anhieb ein Riesenerfolg. Innerhalb von fünf Jahren wurde es viermal nachgedruckt! Das Interesse am Mini war in den achtziger Jahren noch ungebrochen, genauso wie in den sechziger und siebziger. Ein Phänomen, das uns veranlaßte, endlich auch eine deutschsprachige Version dieses Bestsellers auf den Markt zu bringen.

Rein äußerlich gesehen, gleicht der erste Mini dem letzten aufs Haar, doch schon bei näherer Betrachtung treten eine Menge Unterschiede zutage. Wenn auch viele Teile über mehr als 30 Jahre gleich geblieben und untereinander austauschbar sind, so gab es doch zahlreiche Änderungen im Laufe des langen Lebens dieses Autos, und darauf einzugehen im Rahmen dieses Buches war eines der Hauptanliegen des Autors.

Der Mini war und ist ein unkonventioneller Wagen. Allein die Schiebefenster, oder die versteckte Lage des Starterknopfs zwischen den Sitzen sind bei kaum einem anderen Wagen zu finden. Und er ist ein praktisches Auto, gleichviel, ob man es mit den Urversionen, den Coopers, den Estates (Kombis) oder anderen Varianten zu tun hat. Sie alle sind ziemlich unkompliziert, langlebig und dankbar. Es macht Spaß, einen Mini zu fahren, er ist dank knapper Abmessungen großstadtgerecht und auch bei schlechtesten Wetterverhältnissen ein brauchbarer Gefährte.

Daß der Mini auch ein ideales Fahrzeug für den Do-it-yourself-Restaurateur darstellt, beweist dieses Buch. Es zeigt Schritt für Schritt jeden erforderlichen Arbeitsgang; sämtliche Phasen wurden im Foto festgehalten. Der Autor dankt allen, die ihm bei der Arbeit geholfen haben, so Paul Skilleter und den Redakteuren von Practical Classics, ferner einer Anzahl von Werkstätten und Lieferanten wie etwa dem Midland Mini Centre oder Keith Dodd vom Mini Spares Centre. Mit Auskünften für die deutsche Arbeit stand dankenswerterweise Harald Linke zur Verfügung, einstiger Pressechef des Mini-Importeurs Brüggemann & Co. in Düsseldorf; die akkurate Übersetzung des Textes — selbstverständlich unter stetiger Berücksichtigung der hiesigen Mini-Belange — besorgte das Büro Veil & Partner in Stuttgart.

Mila Schrader

Zum Aufbau dieses Buches

Die Gestaltung dieses Buches hatte vor allem zwei Ziele: es soll erstens interessant und zweitens für die praktischen Arbeiten leicht nachvollziehbar sein. Um maximalen Nutzen aus diesem Buch zu ziehen, sollte man folgende Punkte beachten:

1) Abgesehen von der Einführung gliedert sich das Buch in zwei Teile: Kapitel 1 bis 7 behandeln Geschichte, Kauf und die Arbeiten am Auto, und die Anhänge 1 bis 5 enthalten ergänzende Informationen. Jedes Kapitel bzw. Anhang gliedert sich in weitere Abschnitte sowie Unterabschnitte. Die Abschnittüberschriften sind kursiv in Linien gedruckt, die Unterabschnitte nur kursiv.

2) Die Bildunterschriften sind Teil des Texts (außer in Kapitel 1 und 2). Die Fotos und ihre Unterschriften können also in gleicher Reihenfolge wie der normale Text gelesen werden, d.h. in den einzelnen Spalten von oben nach unten und in Reihenfolge der Spalten von links nach rechts.
Die Bildunterschriften sind innerhalb der betreffenden Abschnitte durchnumeriert. Daher kann es vorkommen, daß in zwei kurzen Abschnitten auf derselben Seite zwei Fotos die Nummer 1 tragen. Anhand der Abschnittüberschriften sieht man aber sofort, welches Bild wohin gehört.

3) Die Strichzeichnungen, die nicht zum laufenden Text gehören, werden im Verlauf des Buchs fortlaufend durchnumeriert. Die Zeichnungsunterschriften gehören nicht zum Hauptteil des Texts. Zeichnung 5 bezeichnet also ganz einfach die 5. Strichzeichnung in diesem Buch.

4) Alle Hinweise auf rechts oder links beziehen sich auf den Blick in Fahrtrichtung.

5) Da sich dieses Buch auf Restaurierungsfragen konzentriert, wird die normale Wartung nur am Rande behandelt. Als Ergänzung sei auf die englischsprachigen Reparaturhandbücher von Haynes oder die deutschen Handbücher von Bucheli und aus der Reihe „Jetzt helfe ich mir selbst" verwiesen.

6) Wir wissen, daß das Thema Sicherheit nicht sehr spannend ist — vor allem, wenn man mit der Arbeit vorankommen möchte. Trotzdem sollte Ihr erster Gedanke STETS der Sicherheit gelten. Lesen Sie sich noch vor Beginn der Arbeiten den Anhang 1 gründlich durch.

7) Dieses Buch wurde mit größtmöglicher Sorgfalt zusammengestellt, doch können Autor, Herausgeber, Übersetzer und Verlag natürlich keine Haftung für Personen- oder Sachschäden übernehmen, die durch Irrtum, falsche oder unvollständige Informationen entstehen.

1 Geschichte

Die Geburt des Mini

In Großbritannien und auch in vielen anderen Ländern hat sich der Mini seit Jahren als fester Bestandteil des Alltags-Straßenbildes etabliert, so daß es heute schwer nachvollziehbar ist, welches Aufsehen der Wagen bei seiner Vorstellung 1959 in der Öffentlichkeit auslöste.

Schon bevor es den Mini gab, wußte man, daß ein ganz anderes Auto im Kommen war. Seine Premiere wurde zum großangelegten Medienereignis. Manche zynische Stimmungen jener Tage führten allerdings dazu, daß das Konzept des Mini erst einmal allenthalben schallendes Gelächter hervorrief — der Mini paßte so gar nicht in das konservative Weltbild dessen, wie ein Auto auszusehen habe.

Die BMC setzte damals zum Sprung auf den vierten Platz unter den größten Autoherstellern der Welt an (ganz anders als heute, da die Nachfolgefirma der kleinste Großserienproduzent Europas ist). Ihr neues Modell *mußte* sich also von allen anderen abheben. Die erste Generation der Nachkriegsmodelle kam schon in die Jahre, die Suez-Krise von 1956 ließ die Massenmotorisierung in ganz anderem Licht erscheinen, und der Wohlstand stieg ebenfalls allenthalben. Die Käufer konnten sich mehr leisten, was für die Autoproduzenten eine willkommene Herausforderung war. Die meisten Hersteller lieferten hübsche neue Modelle, die unter ihrem neuen Blechkleid doch wieder viel Althergebrachtes boten. Technische Weiterentwicklungen gab es natürlich durchaus, doch war wenig davon wirklich umwälzend neu. Nun wäre es zwar stark vereinfacht, zu sagen, daß Ford den Prefect einfach in einen neuen Anzug steckte und als Anglia verkaufte, daß Renault den 4 CV kurzerhand zur Dauphine aufplusterte und Triumph dem Standard 10 als Herald zu einer zweiten Jugend verhalf. Renault schuf mit der Dauphine immerhin ein wirklich schickes Fahrzeug (wenn auch mit bedenklichen Fahreigenschaften) und widmete ihr eine Werbekampagne, die in Marketing-Lehrbüchern als Schulbeispiel einging, doch so neu wie ihr Image war die Dauphine beileibe nicht. Der Mini dagegen stammte... ja, woher eigentlich?

Man sagt, daß alles schon mal dagewesen sei — ein Spruch, der sich immer wieder bewahrheitet. Sogar der von vielen als Durchbruch betrachtete Mini war eigentlich die Summe vieler Einzelteile mit eigenem Hintergrund und eigener Entwicklungsgeschichte. Am vertrautesten war vor allem der Motor.

Alec Issigonis, der Konstrukteur des Mini, erhielt von Anfang an die Vorgabe, daß der A-Serien-Motor der BMC die Grundlage des neuen Modells bilden solle. Im Nachhinein erwies sich dies als kluger Schachzug. Auch ohne das Risiko eines unerprobten Motors enthielt der Wagen genug Neuerungen, und der 848-ccm-Motor aus dem Austin A35/Morris Minor erwies sich in jeder Hinsicht als Erfolg.

Er war ein direkter Abkömmling des 1951 im Austin A30 erstmals verwendeten Triebwerks, das im wesentlichen eine verkleinerte Ausgabe des 1200-ccm-Motors aus dem alten Austin A40 war. Dieser wurde später als B-Serien-Motor bekannt und brachte es in vergrößerter Version im MGA und MGB sowie anderen Modellen zu durchschlagendem Erfolg. Der kleinere Motor der A-Serie hatte ursprünglich 803 ccm Hubraum und war als dreifach gelagerter Vierzylinder mit normalen Lagerschalen aufgebaut.

Einer seiner wichtigsten Pluspunkte war der leistungsfähige Zylinderkopf, für den Harry Weslake verantwortlich zeichnete, ein unabhängiger beratender Ingenieur. Er konzipierte einen herzförmigen Brennraum mit Einschnürungen zwischen Einlaß- und Auslaßventil, durch die eine gute Verwirbelung des Gemischs und damit eine vollständigere Verbrennung mit besserem Wirkungsgrad erreicht wurde. Dieser Motor saß bis 1956 im Austin A30 und Morris Minor, ehe er dann auf 948 ccm vergrößert wurde und die Modelle in Austin A35 bzw. Morris 1000 umbenannt wurden. Diese Vergrößerung kam schon eher einer echten Weiterentwicklung gleich; die Bohrungen wurden z.B. enger zusammengerückt, so daß die dazwischenliegenden Wasserkanäle entfielen. Außerdem wurden Bleibronze-Hauptlager montiert sowie Kurbelwelle, Pleuelstangen und Lagerabmessungen wesentlich verstärkt.

Nicht nur der Motor, auch der Rest des Wagens ist bemerkenswert; in ihm findet sich eine Fülle brillianter Ideen vom Reißbrett von Alex Issigonis. Das Getriebe lag unter dem Motor und erhielt eine gemeinsame Ölfüllung mit dem darübersitzenden Motor. Anderswo wäre nach Issigonis' Konstruktionsvorgaben auch kein Platz für's Getriebe gewesen. Ein querliegender Frontmotor war unabdingbar, um den Fahrgastraum möglichst groß gestalten zu können, und beim Reihenmotor wäre der Wendekreis viel zu groß geworden. (Möglicherweise ließ sich Issigonis von dem kurzlebigen Kleinwagenprojekt von Alan Lanburn von 1952 inspirieren, das ebenfalls einen Quermotor mit darunterliegendem Getriebe hatte. Issigonis stand mit Lanburn in Briefwechsel, als das Projekt an Alvis herangetragen wurde, wo Issigonis damals arbeitete).

Die winzigen Räder, die im Vergleich zu den Wagenrädern anderer damaliger Modelle wie z.B. dem VW Käfer geradezu spielzeugartig wirkten, waren erforderlich, um den Innenraum möglichst groß halten zu können. Dank der Gummifederung ließ sich auch die übermäßige Federungshärte wirksam kurieren, zu der kleine Räder auf unebener Fahrbahn oft neigen. Auch aus diversen anderen Gründen war die Gummifederung ideal für den Mini. Der Wagen war mit ca. 587 kg derart leicht, daß die Zuladung bei vier Insassen rasch 50 % des Wagengewichts betrug! Herkömmliche Federungen wären bei derartiger Zuladung auf schlechteren Straßen rasch überaus stramm geworden oder hätten so hochbeinig wie z.B. beim Citroën 2 CV ausgelegt werden müssen, wovon Issigonis absolut nicht angetan war. Gummi wird dagegen beim Zusammendrücken zunehmend härter und eignet sich daher extrem gut. Die platzsparende Radaufhängung war ein weiterer Pluspunkt.

Die 10-Zoll-Räder waren eine Besonderheit des Mini und wurden von Dunlop speziell hierfür entwickelt, nachdem Issigonis dort mit seinen Wünschen vorstellig geworden war. Dunlop arbeitete anfangs sogar an der Entwicklung von 8-Zoll-Rädern, doch wäre darin nicht genug Platz für die Bremsen geblieben. Selbst 10-Zoll-Räder waren noch nie dagewesen und bedeuteten entwicklungstechnisches Neuland. Rollermobile besaßen zwar bereits 10-Zoll-Räder, aber nur in Verbindung mit schmalen Reifen, geringer Motorleistung und extrem niedrigem Eigengewicht. Anfängliche Probleme mit Reifen, die sich von der Felge heruntewalkten, wurden durch Erhöhen der Felgentiefe bald kuriert. Das Issigonis'sche Konzept in Sachen Miniaturreifen war kein Übernachteinfall, sondern das Ergebnis zielgerichteter, fortschrittlicher Denkweise. Der von Issigonis direkt nach dem Zweiten Weltkrieg konzipierte Morris Minor besaß 14-Zoll-Räder, der seinerzeitige Morris 8 dagegen 17-Zoll-Felgen; sogar der damalige Baby-Fiat, der Topolino, kam auf 15-Zoll-Rädern daher. Bei der Entwicklung des Mini hatte sich seine Neuerung am Minor schon allgemein durchgesetzt, so daß der nächste Schritt nur eine logische Folge war.

Daß bei der Entwicklung des Mini auch eine allmähliche Evolution eine Rolle spielte, sei hier nebenbei vermerkt. Selbst die Gummifederung war nicht neu. Issigonis selbst hatte sie schon 1939 in anderer Form in seinem Lightweight Special für Bergrennen eingesetzt; Alex Moulton, ein weiterer fortschrittlicher Konstrukteur jener Tage, zeichnete für die Grundphilosophie dieser Radaufhängungsart verantwortlich (und brachte später seinen eigenen Mini heraus, das Moulton Special-Fahrrad mit extrem kleinen Rädern und Eigenbau-Gummifederung).

Das letzte Stück im technischen Puzzle war die Beschaffung eines geeigneten Gleichlaufgelenks. Die Probleme mit herkömmlichen Hooke-Gelenken entstehen dadurch, daß der Lauf vor allem bei geringer Geschwindigkeit und vollem Lenkeinschlag alles anders als gleich ist (Besitzer früher 2CV-Baujahre wissen ein Lied davon zu singen). Dieses Gelenk hätte übermäßiges Rütteln und Vibrationen im Lenkrad verursacht. Der Gelenkwellenhersteller Hardy-Spicer wurde mit der Entwicklung beauftragt und präsentierte ein Gelenk, das in Kleinserie bereits für den Kommandobrückenmechanismus in U-Booten Verwendung gefunden hatte. Es war 1926 von dem Tschechen Hans Rzeppa entwickelt worden und wurde jetzt in die Serie übernommen.

Merkwürdigerweise ergeben die einzelnen Neuerungen — Quermotor, Getriebe unter der Ölwanne, 10-Zoll-Räder, kleine Reifen und Felgen, Gummifederelemente und richtige Gleichlaufgelenke — nicht gerade den Eindruck eines kompletten Autos, nicht einmal, wenn man die Fortschritte bei Raumausnutzung, Gewichtseinsparung usw. betrachtet.

Dies liegt daran, daß der Mini von Issigonis als Gesamtkonzept entwickelt worden war, bei dem die Einzelbaugruppen nur die nötigen Bausteine darstellen. Der Wagen als Ganzes bietet viel mehr als die Summe seiner Bestandteile, egal wie beeindruckend sie für sich genommen sind. Gerade deshalb kommt der Mini seit nunmehr drei Jahrzehnten auch beim Normalbürger als etwas Außergewöhnliches an. Die einzelnen Ideen *mußten* einfach funktionieren, damit das Gesamtkonzept funktionieren konnte.

Der Vater des Mini

Die Zeiten, in denen eine Idee oder gar die Konstruktion eines bestimmten Automodells einer einzelnen Person zugeschrieben werden konnte, sind lange vorbei. Ein Ettore Bugatti, W.O. Bentley, Ferdinand Porsche oder Colin Chapmann würde heute in der Anonymität der Konzerne versinken, bei denen

Geschichte

die finanzielle Absicherung des Herstellers alle anderen Überlegungen überspielt. Alec Issigonis dürfte als einer der überragenden Neuerer in die Autogeschichte eingehen, der sogar zwei Meilensteine des Autobaus selbst entwickelt und noch Ideen für mehrere weitere parat hatte.

Alex Issigonis wurde 1906 als britischer Staatsangehöriger in Smyrna (dem heutigen Izmir) geboren. Seine Mutter war Deutsche und seine Familie betrieb ein eigenes Unternehmen. Als die Deutschen im ersten Weltkrieg die Türkei besetzten und die Werke seines Großvaters beschlagnahmten, stand er selbst mit seiner Familie unter Hausarrest. Nach dem Krieg mußte seine Familie unter Zurücklassung ihres Besitzes aus der Türkei fliehen, als Griechenland und die Türkei wieder einmal in Grenzstreitigkeiten lagen. Mit 15 Jahren kam Issigonis nach Großbritannien und besuchte das Battersea Technical College, wo er trotz — wie er selbst eingestand — krasser Schwächen in Mathematik seine Maschinenbau-Grundkenntnisse erwarb.

Ab 1928 arbeitete er in einem Zeichenbüro in London, wo er unter anderem Pläne für eine automatische Kupplung entwarf. Humber war an dem Projekt sehr interessiert, verwarf es schließlich aber und warb stattdessen Issigonis an. 1936 tat er den wichtigen Schritt zu Morris in Cowley, wo seine Tätigkeit vor dem Krieg unter anderem in der Entwicklung der Vorderradaufhängung für den MG YA gipfelte. Diese Konstruktion wurde zwar erst nach dem Krieg in die Serie übernommen, bewährte sich aber so gut, daß sie sogar noch im MGA und in modifizierter Form im MBG zu finden war.

Im Krieg sammelte er Erfahrungen an verschiedenen Militärfahrzeugen und erregte nach Kriegsende erstes weitreichendes Aufsehen mit seiner Konstruktion des neuen Morris-Nachkriegsmodells, dem Minor. Der Minor war in mancher Hinsicht revolutionär; er war das erste britische Serienmodell mit vorderer Drehstab-Einzelradaufhängung, er hatte für seine Zeit geradezu gefährlich kleine Felgen, doch seine Kurvenlage war im Vergleich zu anderen damaligen Modellen wahrhaft sensationell. Motor und Getriebe des Minor hielten mit dem Leistungspotential des Wagens an sich leider nicht mit, bis mit der Fusion von Austin und Morris zur British Motor Corporation im November 1951 der Austin-Motor in den Morris Minor transplantiert werden konnte (nach allgemeiner Ansicht war der Minor aber auch mit dem A-Serien-Motor noch bis zur Vergrößerung auf 948 ccm im Jahre 1956 untermotorisiert). Issigonis hatte dem Minor den von Hobson befürworteten Seitenventilmotor aus dem Vorkriegs-Morris 8 verpaßt. Pläne für einen völlig neuen Vierzylinder-Boxermotor für den Minor kamen leider nicht zum Zuge, da die Entwicklungskosten das Budget von Morris bei weitem überschritten hätten.

1951/52 entwickelte Issigonis bereits ein Experimentalmodell des Minor mit Frontantrieb, bei dem Motor, Kupplung und Getriebe quer angeordnet waren und der Achsantrieb darunter saß. Issigonis fuhr den Wagen selbst nie, er wurde aber von Jack Daniels, einem Mitarbeiter des Minor-Entwicklungsstabs, fertiggestellt und als Alltagsauto genutzt. Dieser Minor-Prototyp soll nach Angaben von Daniels eine entscheidende Rolle bei der Konzeption des Mini gespielt haben, da er nicht nur mit einer extrem gutem Straßenlage aufwartete, sondern auch jeden Tag vor dem Bürofenster des Generaldirektors Leonard Lord parkte!

Kurz nach der BMC-Fusion ging Issigonis vorübergehend zu Alvis, wo er eine Sportlimousine mit geradezu ehrfurchteinflößenden technischen Daten entwarf. Sie lief an die 180 km/h und verfügte über einen 3,5-Liter-V8-Motor, ein Zweiganggetriebe mit Overdrive für jeden Gang und — man höre und staune — Hydrolastic-Federung.

Im November 1955 schaffte es Lord, Issigonis mit dem Versprechen wieder zu BMC zurückzuholen, daß er dort nahtlos an seine Arbeiten am Minor anschließen könne und freie Hand bei der Entwicklung eines völlig neuen Kleinwagens erhalten solle, um das zunehmend überalterte Modellprogramm von BMC zu verjüngen. Issigonis scharte eine kleine Truppe um sich, der unter anderem wieder Jack Daniels angehörte. Gewisse Konzepte zu den Hauptmerkmalen eines neuen Kleinwagens schwebten ihm bereits vor, z.B. Frontantrieb (der Citroën Traction Avant stand bei ihm seit jeher hoch im Kurs), kleine, platzsparende Räder und Radkästen, Zahnstangenlenkung, buglastige Auslegung und besonderes Augenmerk auf Funktionalität statt modischem Zubehör. Anhand dieser Eckdaten ging Issigonis — in gewohnt unorthodoxer Manier — an die Festlegung der ergonomischen Bedürfnisse der vier Insassen, indem er die Karosserie um das für sie notwendige Platzangebot herum aufbaute.

Das Altgriechische kennt keine unterschiedlichen Wörter für Kunst und Handwerk — sie galten als untrennbar. Issigonis, der moderne Grieche, schuf auch künstlerisch beachtliche Zeichnungen, die zwar ganz anders als technische Zeichnungen wirkten, aber genauso funktional wie diese waren.

Die kreativen Fähigkeiten eines Alec Issigonis und sein technisches Wissen als Ingenieur sowie die Zielstrebigkeit, mit der er seine Vorstellungen möglichst optimal in die Praxis umsetzte, gaben den alten Griechen in gewisser Weise recht. Inhaltliche und äußere Stimmigkeit waren für Issigonis ein und dasselbe — ein selten gewordener Standpunkt in unserer modernen dualistischen Gesellschaft.

Die Wurzeln des Mini

Woher stammen nun Grundkonzept und Name des Mini? Leonard Lord, der seit November 1945 an der Spitze von Austin stand, kündigte bereits 1947 die Produktion der ersten Nachkriegs-Mittelklassemodelle an, die die damals immer noch gefertigten schmalen und altmodischen Vorkriegskonstruktionen ablösen sollten. Wie R.J. Wyatt in seinem Buch *Austin 1905-1952* ausführt, hatte Lord den Aktionären bereits im Januar 1947 verkündet, daß er noch nicht an die Fertigung eines *Mini*-Modells denke; diese Bezeichnung scheint sich anfangs vor allem auf ein kleines Sparmodell bezogen zu haben, das aber immer noch größer als der allgemeinen Vorstellung gemäß ausfallen sollte. Der A40 wäre schwerlich als Mini zu bezeichnen gewesen, genausowenig wie die Nuffield-Gruppe diese Bezeichnung für den Morris Minor hätte beanspruchen können. Ein Mini mußte wesentlich kleiner und so revolutionär sein, daß er schon zum Kultobjekt wurde, noch ehe er seinen Spitznamen weg hatte.

Die *Idee* des Mini wurde von Leonard Lord also schon rund 12 Jahre vor Erscheinen *des* Mini formuliert, doch damit nicht genug. 1951 brachte Austin den A30 heraus, einen Winzling im Stil des Vorkriegs-Austin Seven, allerdings wesentlich fortschrittlicher. Der Motor war eine verkleinerte Weiterentwicklung des Aggregates aus dem Austin Devon und Dorset. Der kleinere Motor wurde als A-Serie, der größere als B-Serie bekannt. Wyatt berichtet über seine Entstehung: Es wurden alle erdenklichen Teile und Anordnungen ausprobiert, Zwei- und Vierzylindermotoren, Front- und Heckmotor und fast jede nur denkbare Motor- und Fahrwerkskombination. Das Grundproblem war, daß der Wagen vier Personen plus Gepäck in möglichst kleiner Karosserie bei minimalen Kosten befördern sollte. Auch hier war Leonard Lord die treibende Kraft. Der Wagen kam zwar hinsichtlich Lenkung, Kurvenlage und Platzausnutzung nicht ganz an Issigonis' Minor heran (der vom Erzrivalen Morris vertrieben wurde), war aber insgesamt kompakter. Das Endergebnis war ein rundum konventionelles Modell, außer daß es der erste Austin mit selbsttragender Karosserie war, doch lassen die vielen erprobten Neuerungen, die sicherlich auf Betreiben von Lord zustandekamen, interessante Rückschlüsse zu.

Übrigens war es Leonard Lord, der später Issigonis zur Entwicklung des Mini zu BMC lotste. Unzweifelhaft ging der erste Anstoß zu den umwälzenden Neuerungen, die den Mini prägten, von dem allgemein eher unbeliebten, aber immens erfolgreichen Leonard Lord aus.

Wie bereits erwähnt, konzipierte Issigonis den Wagen um den Fahrgastraum herum — der Wagen sollte ohne Motor- und Kofferraum mindestens 2670 mm lang, 1270 mm breit und 1320 mm hoch werden. Daraus ein Auto zu machen, erforderte schon extremes Vorstellungsvermögen; am ungewöhnlichsten war jedoch sicher die Anordnung des Getriebes unter dem Motor in der vergrößerten Ölwanne und mit gemeinsamer Ölfüllung mit dem Motor. (Das Getriebe des Mini geht übrigens auch nicht öfter als andere Getriebe kaputt, also wozu teure Spezialöle einfüllen? Sind sie für die Ölkonzerne einfach gewinnträchtiger?)

Nur ein kleines Detail des Mini geriet wegen der allgemein bekannten Dickköpfigkeit des Alec Issigonis etwas daneben. Er hielt Radio im Auto für eine üble Sache, daher mußte der Mini eben ohne Radio-Einbaufach auskommen. Aber ohne den Dickkopf von Sir Alec Issigonis (wie er später hieß) hätte es den Mini mit all seinen Stärken und auch kleinen Schwächen vielleicht nie gegeben...

Der erste Mini-Prototyp erhielt den 948-ccm-Motor des Austin A35 und A40 (der mit der Farina-Karosserie, nicht der rundliche A40 der Counties der frühen 50er Jahre) und des Morris Minor. Damit war er deutlich schneller als alle anderen Limousinen mit diesem Antriebsaggregat. Die Motor-Vorderseite zeigte nach rechts, d.h. das Auspuffrohr mußte entweder außenherum und unter dem Motor weggeführt werden; der Vergaser hinter dem Kühlergrill vereiste öfters, auch war der Verteiler zwischen Motor und Spritzwand unzugänglich eingezwängt. Man beschloß daraufhin, den Motor umzudrehen. Damit drehte der Motor aber verkehrt herum (sofern man nicht auf vier Rückwärts- und einen Vorwärtsgang aus war). Also wurde ein Zwischenrad eingebaut, doch bedeutete dies wegen des Leistung fressenden zusätzlichen Zahnrades Wirkungsgradverluste von rund 4 %. Der Vergaser war an dem umgedreht montierten Motor nun völlig unzugänglich, brachte aber auch Probleme an der Zündung mit sich. Die Umstellung auf den Lieblingsvergaser von Morris, den SU, und die Abkehr vom Zenith-Fallstromvergaser von Austin bedeutete immerhin Abhilfe für die Vereisungsprobleme. Durch das leichte Hinterteil litt auch die Bremswirkung, und die Hinterradbremsen neigten zum Blockieren; die Batterie wurde daraufhin in den Kofferraum verlegt, um wenigstens etwas Besserung zu schaffen, und mit einem Hinterachs-Bremskraftbegrenzer konnte auch den Problemen der Bremshydraulik abgeholfen werden.

Im Zuge weiterer Änderungen zwischen der Fertigung des „Orangenkisten"-Blechprototyps und der Vorserienmodelle wurde der Motor von 948 auf 848 ccm verkleinert, indem man den Hub einfach von 76 auf 68,2 mm zurücknahm.

Der Wagen wurde um 5 cm verbreitert und fast alle Vorderbau-Teile wurden in einen separaten, demontierbaren Hilfsrahmen verlegt. Auch die Hinterachskomponenten saßen jetzt in einem eigenen Hilfsrahmen. Das Werk Longbridge war so eingerichtet, daß die Motoren von unten herangefahren wurden. Für den Mini entstand zwar ein eigenes Montageband, an dem man diese Tradition beibehielt. Nur wurden jetzt Motor, Getriebe, Achsantrieb, Vorderräder und Bremsen sowie Lenkung und Radaufhängung komplett in den Wagen gehoben.

Serienanlauf und Weiterentwicklung

Für eine praktisch völlige Neukonstruktion entstand der Mini in unglaublich kurzer Zeit, so daß man sich wundert, daß nicht mehr technische Probleme auftraten, als dies tatsächlich der Fall war. Probleme gab es allerdings durchaus, so z.B. verölte Kupplungen und undichte Bodenbleche (die offizielle und ziemlich schwache Entschuldigung war, daß die Testfahrten vor Serienanlauf in einer besonders trockenen Periode erfolgt seien!). Die Fehler des neuen Modells, die in der damaligen Presse weit über Gebühr aufgebauscht wurden, führten zu anfangs eher enttäuschenden Absatzzahlen. Viele Interessenten waren ernsthaft scharf auf das Auto, entschieden sich aber eher für die bewährten Qualitäten des Minor oder A40. Auch bei den Händlern stieß das Modell nicht auf einhellige Gegenliebe. Dazu Jeff Daniels in seinem Buch *British Leyland: The Truth About The Cars*: Es war nicht das Auto, das die Händler wollten. Den Ersatzteil- und Kundendienstabteilungen graute nicht zu Unrecht vor einigen der Komplikationen am Mini. Er war zudem billig, d.h. die Verdienstspannen waren gering. Die anfängliche Unzuverlässigkeit fraß viel Zeit für die Bearbeitung von Kulanzfällen. All dies zählte am Ende jedoch nicht. Leonard Lord hatte Vertrauen zu Issigonis... Trotz aller Hürden war der Ball ins Rollen gekommen. Die Händler, die aus Ehrfurcht vor dem eifersüchtig gehüteten Status aus der Zeit vor der Fusion zu BMC sowohl mit Austin- als auch mit Morris-Versionen aus den Werken Longbridge bei Birmingham und Cowley bei Oxford beliefert wurden, konnten später gar nicht laut genug Hurra schreien, als der Mini immer höhere Absatzzahlen erreichte und für beständigen Umsatz an Fahrzeugen, Ersatzteilen, Zubehör und Kundendienstleistungen sorgte. Trotz der oft aufgestellten Behauptung, daß BMC/British Leyland beim Verkauf des Mini draufzahlte, dürften die Gewinne durch Einsparungen bei den vielen gemeinsamen Bauteilen immens gewesen sein.

Der Neupreis des Mini sorgte beim Serienanlauf für einiges Aufsehen (obwohl der legendäre Preis unter den magischen £ 500 weder von *The Motor*, in

Geschichte

Das Ungewöhnliche an der Konstruktion des Mini ist seine kompakte Antriebseinheit...

deren Fahrbericht von 1959 der Preis mit £ 567. 6s. 3d. angegeben wurde, noch von der damaligen Ausgaben der *Glass's Guide* bestätigt wird, in der der Grundpreis mit £ 506 angegeben ist.). Trotzdem war nur der antiquierte hochbeinige Ford Popular (dessen Preis von £ 444 im Jahre 1957/58 auf £ 419 im Jahre 1959 gesenkt wurde, um die Bestände für den neuen Ford Popular abzubauen) unter den Kleinwagen noch billiger, und dafür bekam man im Prinzip eine Vorkriegskonstruktion! Der modernere, aber technisch langweilige neue Ford Popular war immer noch £ 2 teurer als der Mini, der Fiat 500 kostete £ 525 und alle anderen Modelle, vom Minor, Austin A40, Standard 8 bis zum Ford Anglia 105E lagen bei £ 603 bis £ 665. Wem der Mini damit billig vorkommt, der bedenke, daß sein Preis 1963 auf £ 455 *ermäßigt* wurde und bis 1967 unter der 500-Pfund-Grenze blieb! Im Rückblick war der Preis aber nicht der einzige Grund für seinen Absatzerfolg (Die schwachen Verkaufszahlen des Mini von 1959 lassen wir außer acht, da der Wagen erst im Sommer herauskam und die Fertigung kaum sofort voll angelaufen sein dürfte). 1960 wurden vom Mini weltweit knapp über 100 000 Stück abgesetzt, 1961 lag diese Zahl bei über 150 000 und 1962 bereits bei über 200 000, was fast zwei Jahrzehnte die Mindestzahl bleiben sollte. Nachdem die natürliche Hemmschwelle erst einmal überwunden und der Mini als normales Fortbewegungsmittel akzeptiert war, war die Allgemeinheit auch einem Kauf eher zugeneigt. Obendrein hatte die betuchte Prominenz den Mini als neues Spielzeug entdeckt und verhalf ihm zu einem extrem *schicken* Image. Wer seine Hemmungen überwunden hatte, mußte von dem Straßenfloh einfach angetan sein.

The Motor verlieh seiner Begeisterung beim Serienanlauf folgendermaßen Ausdruck: Bisher für unvereinbar gehaltene technische Daten wurden im 850er Austin Seven erstaunlich gut kombiniert. Wir haben hier einen extrem preisgünstigen Wagen mit minimalen Betriebskosten und außerordentlich kompakten Maßen. Vier Erwachsene finden dennoch bequem darin Platz, er zieht mit der Sanftheit der üblichen Vierzylinder seine Bahn und beschleunigt sogar bis rund 120 km/h erstaunlich gut, bietet viel Komfort und liegt gut und extrem fahrsicher auf der Straße.

Nach einer ersten Durchsicht des Mini erschien in *The Motor* noch ein Test, diesmal von der anderen Mini-Hälfte, dem Mini Minor. Bis auf Kritik an dem zu klein geratenen Rückspiegel und den nicht optimalen Bremsen war auch dieser Test von Mitte 1960 voll des Lobes über den Winzling und betonte, daß trotz der mangelnden Größe des Mini die Besitzer des Mini Minor sich durchaus nicht dafür zu entschuldigen brauchen, daß sie auf den heutigen Schnellstraßen nicht so recht mitkommen, sondern sich wohl sehr viel eher über größere Wagen ärgern dürften, die ihnen vor der Nase herumfahren.

The Motor kam zu folgendem beeindruckenden Fazit: Kurz, dieser 850er von BMC ist ein herausragendes Beispiel für konsequent in die Praxis umgesetzte zukunftsweisende Konzepte, und es ist eine doppelte Freude, daß solch ein Auto von einem britischen Hersteller zu einem so günstigen Preis angeboten wird.

Im Mai 1960 kam mit dem Mini-Van die erste der zahllosen Mini-Spielarten heraus. Der Mini-Kastenwagen hatte einen längeren Radstand als die Limousine, war technisch aber fast völlig identisch und war eines der billigsten Transportmittel, mit dem man sich überall durchschlängeln konnte, sofern man sich nicht an der schlechten Sicht nach hinten und dem gewaltigen Innengeräusch störte und das echte Risiko in Kauf nahm, auch mit einem Lieferwagen mit der 40-Meilen-Geschwindigkeitsbeschränkung in Konflikt zu kommen (wie der Verfasser am eigenen Geldbeutel feststellen konnte, als ihm die Polizeistreife prompt einen Strafzettel über umgerechnet etwa 20 DM aufbrummte). BMC lieferte für den Van auch einen praktischen Umbausatz mit hinteren Klappsitzen, die im zusammengelegten Zustand den Laderaum kein bißchen verringerten und in Verbindung mit hinteren Seitenscheiben aus dem Van sogar einen Personenwagen machten, der bis zur zulässigen Höchstgrenze getrieben werden konnte, ehe einem die Polizei auf den Pelz rückte. Leider kostete dies einen Teil der Erwerbssteuer, die beim Kauf des steuerfreien Van für £ 360 ja weggefallen war.

Im März desselben Jahres debütierte der Austin Mini Countryman. Dieser winzige Kombi auf Basis des Kastenwagens hatte statt des Benzintanks im Heck sein Reserverad und den Tank dafür wie die Limousine seitlich im Heck. Der Mini hatte wie der Minor Traveller eine Holzverkleidung am Heck, die — anders als beim Minor — aber aufgeklebt war und nicht zu den tragenden Teilen gehörte. Die Ganzstahlversion des Countryman war in England erst im Oktober 1962 zu haben, löste aber später die Holz-Version ab. Im September wurde dann der Morris Mini Traveller angekündigt. Anfang 1961 kam auch der Pickup heraus, der sich erstaunlich gut verkaufte, vor allem auf dem Land. Alle diese Lieferwagenversionen hatten hinten längere Federtöpfe und damit mehr Bodenfreiheit.

Im Oktober 1961 erschien ein weiteres Mini-Duo, der Wolseley Hornet und der Riley Elf. Front und Heck dieser Modelle waren umgestaltet worden, und die Ausstattung zielte auf gehobenere Ansprüche, ein Trend, der sich mit Einführung von Ledersitzen statt der Kunstledersitzbezüge 1962 noch fortsetzte.

Im September 1961 kam es zu einem der wichtigsten Ereignisse in der Entwicklung des Mini — der Präsentation des ersten Mini Cooper. Die Entwicklung des Cooper wird an anderer Stelle behandelt, doch der Cooper beeinflußte nicht nur diejenigen, die Fahrern größerer Wagen einen Schrecken einjagen wollten, sondern er begründete auch eine lange, bisher noch nie dagewesene Erfolgsreihe bei internationalen Rallyes — kein Wunder, daß damit auch die Absatzzahlen des Mini merklich anzogen.

Der im Mai 1969 vorgestellte Mini Clubman war ein Versuch, dem Mini mit geringen Investitionen zu einem neuen Aussehen zu verhelfen. In Longbridge waren bereits etliche Studien für einen Mini-Nachfolger entstanden, darunter einer mit vielversprechendem OHC-Motor komplett aus Aluminium, doch wanderten alle aus Kostengründen auf den Werksfriedhof; auch die schwächliche Führungsmannschaft, deren Entscheidungen BMC und dann British Leyland zunehmend ins Abseits manövrierten, war da keine Hilfe (der Glaube, die Gewerkschaften seien für den Abgesang von BL verantwortlich, wurde zwar in den reißerischen Schlagzeilen der einschlägigen Massenblätter in Großbritannien gierig weiterverbreitet, doch entpuppte er sich nach Aussagen von Experten wie Graham Turner und Jeff Daniels, die die Firmengeschichte intensiv beleuchtet haben, zunehmend als Fabel. Die *Reaktion* der Gewerkschaften auf die Entscheidungen der Firmenleitung war zwar alles andere als hilfreich, doch unter den Umständen vielleicht unvermeidlich...). Das fast völlige Verschwinden von British Leyland (als Nachfolger der British Motor Corporation) bedeutete jedenfalls, daß die einzige langfristige Weiterentwicklung des Mini im Metro mündete, der — wie jeder weiß — den Mini ergänzen und nicht ablösen sollte. Man könnte also sagen, daß der Mini sich seit nunmehr 30 Jahren wacker hält, weil das Unternehmen, in dem er geboren wurde, zu schwach und zu arm war, um ihn sterben zu lassen — immerhin ein Silberstreif am Horizont!

Besonderheiten und merkwürdige Mixturen

Die Konstruktion des Mini mit zwei demontierbaren Hilfsrahmen, an denen fast die gesamte Mechanik montiert ist, machte — von Issigonis sicherlich unbeabsichtigt — die Bahn frei für allerlei merkwürdige Sonderkonstruktionen. Außerdem war der Mini ein derart schlichter Winzling, daß er — kaum daß er in geworden war — schon eine Heerschar umbauwütiger Veredler anzog, die ihn mal gekonnt, mal weniger gekonnt in allerlei spezielle Garderoben packten. Ein Gutteil der Schuld (oder des Verdienstes — je nachdem, wie man grundsätzlich dazu steht) ist der BMC zuzuschreiben, die in ihrem ständigen Bemühen, es allen Händlern recht zu machen, Riley- und Wolseley-Minis in der Tradition des Badge-Engineering herausbrachte, die alle wieder andere Luxuszutaten mitbekamen.

Diese Idee setzte sich rasch durch und fand auch Anklang bei der Herold Radford Ltd., die sich als Lieferant individueller Limousinen-Umbauten für betuchte Klientel einen Namen gemacht hatten und es sich jetzt in den Kopf setzten, den Mini-Cooper in einen Mini-Rolls-Royce zu verwandeln. Trotz der dicken Wilton-Teppiche, einem luxuriösen Armaturenbrett, geradezu beengend voluminösen Ledersitzen und elektrischen Fensterhebern entsprach die Verarbeitungsgüte beileibe nicht dem bei Sonderkarosserien üblichen Niveau. Dennoch verkauften sich diese mitunter geradezu unverschämt teuren Spielzeuge derart gut, daß andere Karossiers wie Wood & Pickett und Crayford mit ihrem Cabrio gar nicht recht zum Zuge kamen.

Ein weiterer in den sechziger Jahren bekannter Umbau war der Mini-Sprint, den man seiner Karosserienähte entledigt und ein um ca. 4 cm niedrigeres Dach verpaßt hatte, womit er wie flachgepreßt, aber ungeheuer dynamisch wirkte.

Der optisch wohl absonderlichste Spezial-Mini entstand als Militärfahrzeug bei BMC selber. Der Mini-Moke wurde auf einem offenen Plattformrahmen aufgebaut; trotz seiner Ablehnung durch die Generalität wurde er in diesen Swinging Sixties zu einem modischen Transportmittel der trendbewußten Dedicated followers of fashion, wie sie von den Kinks besungen wurden. Unter dem Codenamen Austin ANT (ein Witzbold sagte, dies stünde für Alec's New Toy) erreichte eine Moke-ähnliche Variante mit einer Vorserie von rund 40 Stück ebenfalls fast Serienreife. Der ANT war ein Allrad-Mini 1100 als Fahrgestell mit Führerhaus und verschiedenen Heckaufbauten im Stil des Land-Rover. Mit permanentem Allradantrieb, einem Verteilergetriebe an einem winzigen Hinterachsdifferential und vielseitigster Nutzbarkeit hätte der ANT Furore machen können (und könnte sich vielleicht sogar heute noch behaupten). Heute ist dies klarer: Auf dem Land weiß man Wirtschaftlichkeit und Transportvolumen des Pickup zu schätzen und greift oft auf die zahlreichen Allradmodelle zurück, weil diese Mobilität garantieren. Der ANT wäre sicherlich ein Renner bei diesem Kundenkreis geworden. In Einzelexemplaren ist er heute noch im Einsatz, aber zu einer Serienfertigung kam es nicht.

Absonderlich war der Innocenti-Mini sicherlich nicht. In den späten 50er und frühen 60er Jahren richtete BMC verschiedene Zweigwerke in allen Teilen der Welt ein. Seit 1961 produzierte das Innocenti-Werk in Mailand (Italien) Austin-Autos unter Lizenz, ab 1965 auch den Mini. 1972 übernahm Leyland den ehemaligen Motorroller-Hersteller zu 100 Prozent und präsentierte zwei Jahre später den Innocenti Mini 90 (1000 ccm) und 120 (1275 ccm). Die beiden Neulinge waren innen und außen sowie dank ihrer Fließheck-Heckklappe stilistisch wesentlich moderner als das Serienmodell. Die Karosserieteile kamen ebenfalls aus Großbritannien, doch wurde der Wagen dort nie verkauft (wohl aber in beachtlichen Zahlen auf dem ganzen Kontinent), zumal Leyland das Verlustgeschäft Innocenti bald abstieß und De Tomaso die weitere Produktion des Wagens trotz seiner hohen Fertigungskosten und der beengten Kopffreiheit im Fond übernahm.

Nicht nur von großen Herstellern erhielt der Mini neue Karosserien; auch viele Bausatz-Autohersteller lieferten Aufbauten für den vorderen und hinteren Hilfsrahmen des Mini. Meist scheiterten stilistisch durchdachte Versuche aber am hochbauenden Motor des Mini, so daß sogar die erfolgreicheren Modelle wie der teure Midas eine eher mißratene Frontpartie aufwiesen. Ironischerweise tauschten gerade Besitzer eines der Rollermobil-Vorreiters des Mini, der die Quermotorbauweise mit Frontantrieb vorwegnahm, nämlich des Berkeley, ihren unzuverlässigen Motor samt Getriebe (der auf einer Motorradkonstruktion basierte) oft gegen das Mini-Triebwerk aus. In der Praxis waren diese Alternativen jedoch längst nicht so erfolgreich wie das Original — oft aber aufsehenerregender!

Geschichte

Fertigungsstätten

In Cowley bei Oxford wurden nur Limousinen gefertigt (großenteils Morris, aber auch einige Austin). In Cowley entstanden bis 1969 knapp 250 000 Minis. Alle übrigen stammten aus Longbridge bei Birmingham.

Die anderen Karosserien außer der Limousine entstanden im Werk Castle Bromwich bei Birmingham.

Alle Elf und Hornet wurden in Longbridge gefertigt.

Mini-Cooper

Der Morris Minor fuhr sich schon immer besser, als es nach den technischen Daten zu erwarten gewesen wäre. Daher lieferten viele Tuning-Firmen schon für die älteren Minor-Modelle leistungssteigerndes Zubehör. Auch beim Mini waren Kurven- und Straßenlage der Motorleistung um einiges voraus, weshalb man mit Frisier-Umbausätzen dem Motor auf die Sprünge helfen wollte. Dieses Tuning blieb nicht auf Neureiche und Fanatiker beschränkt, *jeder* wollte irgendwie dabei mitmischen. Der Motor war schon nicht mehr ganz neu und war eine Zeitlang auch in der Formel Junior eingesetzt worden. Die Anbieter brauchten also nur noch auf die Nachfrage zu warten. Der 848-ccm-Motor des normalen Mini war allerdings nicht ganz unproblematisch. Die Ventilsteuerung hielt bei hohen Motordrehzahlen nicht lange, die Kupplungen verölten und die Motoraufhängungen bekamen durch das hohe Drehmoment Risse. Clive Trickey, ein Fachmann auf seinem Gebiet, erklärte seinerzeit gar, der frühe Mini besitze eines der schlimmsten Getriebe und mit die wirkungslosesten Bremsen, die je gebastelt wurden. Auch die direkt im Block (ohne Lagerschalen) laufende Nockenwelle fraß bei allzuforscher Motorbeanspruchung ab und zu fest und ruinierte dann den ganzen Motor. Höhere Motorleistungen mit diesen unerfreulichen Begleiterscheinungen waren einem langen und leistungsstarken Motorleben also nicht gerade zuträglich.

Fast zwei Jahre und eine für BMC fast schon wagemutige Entschlußkraft waren nötig, bis mit dem Mini-Cooper endlich ein offizieller schnellerer Mini zur Verfügung stand. Er war nach dem erfolgreichen Formel-Junior-Rennfahrer John Cooper benannt, der dem A-Serien-Motor fast unerreichte Rennerfolge beschert hatte. BMC sicherte sich aber nicht nur das Know-how von Cooper, sondern konnte selbst auf wertvolle Renn- und Rallyeerfahrungen aus der Wettbewerbsabteilung in Abingdon zurückgreifen, bei der der Mini beinahe vom ersten Tag an in Rennen lief.

Pat Moss und Stuart Turner (beide damals noch völlig unbekannt) verschafften dem Mini in einem Rennen des Knowldale Car Club seinen ersten Sieg mit zehn Minuten Vorsprung vor dem Feld. Die weiteren Rennen des Jahres 1959 brachten allerdings nur das mangelnde Standvermögen an den Tag, vor allem in Form verölter Kupplungen. 1960 und 1961 tauchte der Mini bei zahlreichen internationalen Rallyes auf, bis auf einen Klassensieg in der Genfer Rallye 1960 jedoch ohne größeren Erfolg. Die Fehlschläge waren vor allem eine Folge der erst allmählich steigenden Zuverlässigkeit der Produktion, der relativ geringen Unterstützung durch Abingdon und vor allem der Untermotorisierung des Mini.

Viele Privatleute sowie auch Fahrer mit Rennambitionen versuchten sich am Tuning des Motors, stießen aber vor allem auf weitere Schwachstellen. Die fantastische Kurvenlage überforderte die winzigen Räder dieser ersten Generation, die in Rennen oft Risse entwickelten; die Bremsen verzögerten aus höheren Geschwindigkeiten nur ungenügend und die Stoßdämpfer verschlissen rasch. Durch die Höherbelastung des Tuning brachen auch gelegentlich die Kurbelwellen der frühen Minis bei hohen Drehzahlen; auch die Steuerräder hielten nicht lange. Die Nockenwelle, die ohne Lager direkt im Block lief, ruinierte beim Festfressen oft den ganzen Motor.

Mit Erscheinen des ersten Mini Cooper im September 1961 konnte die fantastische Straßenlage des Mini dann besser genutzt und auch das Werks-Rallyeteam mit einem potenten Wagen versorgt werden.

Dieses Modell erwies sich als wesentlich leistungsfähiger als der frühe Mini. Pat Moss und Anne Wisdom sicherten ihm bei der Rallye Monte Carlo 1962, wo sie den Damenpokal gewannen, sofort den ersten Erfolg. In der Tulpenrallye desselben Jahres fuhr dasselbe Team abermals den Klassensieg vor sieben weiteren Minis heraus!

Die Mehrleistung des Mini-Cooper basierte überwiegend auf Erfahrungen aus der Formel Junior, wo bereits Hunderte von Motoren auf Basis des Mini- (bzw. A-Serien-) Aggregats liefen. Manche dieser Motoren hielten auch bei über 90 PS, so daß die 55 PS des neuen Mini recht zivil wirkten — doch bedenke man, daß schon damit die Leistung des Serienmodells um 50 % überboten wurde! Bei der Leistungssteigerung ließ man die Bohrung praktisch unverändert (sie wurde sogar minimal verringert, damit der Motor unter der Rallye-Klassengrenze von 1000 ccm blieb) und brachte den Hub auf 81,28 mm. Der Langhuber sollte Teil der Rationalisierungsmaßnahmen bei BMC werden, wurde aber erst im 1275-ccm-Motor des Cooper S von 1974 und später im 1275er Motor einer Vielzahl von Modellen wieder verwendet. 1961 blieb er jedoch dem Cooper vorbehalten, der damit sehr langhubig wirkte. In der Praxis verlieh der Langhuber dem Motor aber erstaunliche Flexibilität, so daß er bereits bei 1500 U/min (was 36 km/h im direkten Gang entspricht!) 87 % seines maximalen Drehmoments von 74 Nm abgab. Der Wagen zog also sowohl in zähem Kolonnenverkehr als auch bei Vollgas auf der Autobahn hervorragend durch und erwies sich damit als extrem vielseitig.

Issigonis verfolgte die Entwicklung des Cooper intensiv mit und vertraute die Entwicklung des vielgepriesenen Cooper S großenteils dem beratenden Ingenieur Daniel Richmond an. Issigonis soll Richmond sehr bevormundet haben, was Richmond auch anstandslos schluckte und legte ihm extreme Forderungen auf (wie allen, die sich dies bieten ließen); praktisch jedes Mal brachte Richmond aber phänomenale Ergebnisse zustande — manchmal in nächtelanger Arbeit, damit Issigonis am nächsten Morgen die Resultate zur Prüfung vorlagen.

Verbesserungen an Nockenwelle, Einlaßventilen und Brennräumen (der 948-ccm-Kopf des Sprite und Midget mußte dafür herhalten) wurden mit zwei SU-Vergasern und einem Mehrrohrauspuff zur Leistungssteigerung kombiniert. Die Kurbelwangen wurden verstärkt, Pleuellager aus Bleibronze montiert und der Block versteift. Auf der Kurbelwellenspitze saß jetzt ein Schwingungsdämpfer als vorbeugende Maßnahme gegen Kurbelwellenbrüche. Kurz, ein fast völlig neu konstruierter Motor! Ein neues indirektes Schaltgestänge wurde zusammen mit den Zahnradsätzen aus dem Sprite und Midget montiert, die engere Abstufungen ergeben sollten.

Dunlop entwickelte Spezialreifen mit Nylonverstärkung für dieses Modell, das vorne Scheibenbremsen erhielt. Die Scheibenbremsen dieser ersten Baujahre sind allerdings eher dürftig. BMC gab dies auch indirekt zu, da man dem neuen Modell auch noch einen Bremskraftverstärker verpaßte. Ausstattung und Geräuschdämmung des Cooper waren besser als beim Serienmodell (das wirklich sehr spartanisch war). Auch diverse Super-Minis, die fast alle Ausstattungsverbesserungen des Cooper hatten, erblickten das Licht der Welt.

Der 997er Mini Cooper errang nicht viele Erfolge, lancierte aber nicht nur die Idee des Cooper mit aufsehenerregendem Werberummel, sondern kam auch gerade recht für die Phase, in der das Werksrallyeteam aus Abingdon eine Reihe Fahrer um sich scharte, die für ihre Rallyeerfolge noch berühmt werden sollten. Pat Moss (später Pat Moss-Carlsson), die Schwester von Stirling Moss, wurde selbst weithin bekannt, wechselte 1962 aber zu Ford; Rauno Aaltonen, Timo Makinen und Paddy Hopkirk waren aber bald als erfolgreiche Mini-Rallyeasse in aller Munde. Jeder von ihnen gewann später *die* Rallye — die Rallye Monte Carlo.

Im Mai 1963 wurde der 1071-ccm-Cooper S vorgestellt, der auf einem aufgebohrten Cooper-Umbau basierte und noch stärkere Anleihen bei Formel-Junior-Rennmotoren genommen hatte. Mit seiner speziellen Bohrung und diversen exotischen Modifikationen war er ein echter Hammer, der das Wettbewerbs-Renommée des Cooper weiter ausbaute. Er wurde jedoch nur ein Jahr lang gebaut und brachte es nur auf rund 4000 Stück, womit der 1071 eher ein Homologations-Special wäre, d.h. ein Modell, das in ausreichender Stückzahl aufgelegt wurde, um als Serienmodell an den Start gehen zu dürfen. Im Januar 1964 wurde der 997-ccm-Motor des Cooper durch den 998-ccm-Motor abgelöst, der trotz des fast identischen Hubraums in seinem Innenleben sehr viel seriennäher war — er war aus dem Triebwerk des Riley Elf/Wolseley Hornet entstanden, die wegen ihrer schwereren Karosserien ohnehin etwas mehr Dampf erhalten hatten.

Nach acht Monaten Produktionszeit erhielt auch der Cooper — wie alle anderen Minis — die Hydrolastic-Federung. Der 998-ccm-Motor hatte zwar weniger exotische Zutaten als der 997er, doch war nicht nur die Ersatzteilversorgung besser, sondern sogar die Leistung — wie in den Tests von *The Motor* nachzulesen war, die die Höchstgeschwindigkeit mit 142 km/h (997er Cooper 136,3 km/h) und die Beschleunigung von 0 auf 100 mit 14,8 s (997er: 17,2 s) stoppte. Der 998er Cooper bildete das Rückgrat des Cooper-Absatzes und verkaufte sich bis November 1969 sehr gut.

Im Cooper S hielten weitere aufsehenerregende Neuerungen Einzug. Der 1071-ccm-Block hatte erheblichen Entwicklungsaufwand verschlungen. Die Bohrungen wurden im zusätzlich versteiften Block verschoben. In der Entwicklung des Cooper S wurde also im Prinzip derselbe Rumpf verwendet, aber mit anderem Hub. Im 970er Cooper S betrug der Hub nur 61,91 mm (der kürzeste Hub eines A-Serien-Motors; auch deutlich kürzer als im 803-ccm-Motor von 1952.). Der 1275-ccm-Motor hatte dagegen wieder den langen Hub des 997-ccm-Motors, wenn auch mit längeren Kurbelzapfen. Der 970 S existierte nur relativ kurz und wurde nach nur zehn Monaten im Januar 1965 wieder eingestellt. Der 1275 S überdauerte dagegen alle anderen Cooper und blieb von März 1964 bis Juli 1971 in Produktion. In den Absatzzahlen wurde er lediglich vom 998er Cooper überboten.

Der 998-ccm-Cooper war dank seines Namens durchaus etwas besonderes, aber mehr noch der 1275-ccm-Cooper S. Er gehörte technisch schon in eine Kategorie für sich. Der 998er war ein schneller gemachter Mini, der 1275 S dagegen ein Wagen mit echtem Rennpotential in straßentauglicher Verpackung. Dies kam bei der Rallye Monte Carlo 1966 besonders deutlich zum Tragen, als der Mini Cooper S zum dritten Mal nacheinander die Rallye gewann und nur an der extremen Parteilichkeit und Kleinlichkeit der Abnahmekommissare scheiterte, die den Siegeswagen buchstäblich bis zur letzten Schraube auseinandernahmen, um nicht serienmäßigen Teilen auf die Spur zu kommen, und schließlich triumphierend verkündeten, die Scheinwerfer entsprächen nicht den Rallyebestimmungen. Als Reaktion auf die Betrugsvorwürfe gegen die Engländer in der französischen Presse wurde ein Cooper S von einem ortsansässigen Händler entliehen und auf einem steilen Bergrennkurs gegen Paddy Hopkirks Siegeswagen angesetzt. Das ganze fand unter Aufsicht von *L'Equipe* statt, einer der mißtrauischeren Sportzeitschriften. Sogar sie mußte zugeben, daß ein für allemal nachgewiesen wurde, daß die bei der Rallye Monte Carlo siegreichen Wagen in allen wichtigen Punkten genau der beim Händler erhältlichen Serienversion entsprachen, wie Peter Browning, der damalige Leiter der Wettbewerbsabteilung in Abingdon, in seinem Buch *The Works Minis* anmerkte.

Nach den offiziellen Siegen bei der Rallye Monte Carlo 1964, 1965 und 1967 sowie unzähligen Erfolgen in weiteren Rallyes, auf Rundstrecken und Trial-Veranstaltungen geriet der Mini allmählich gegenüber den vielen neuen, schnelleren Modellen vor allem kontinentaler Hersteller zunehmend ins Hintertreffen.

1968 kam dann die Fusion mit British Leyland unter dem Superverkäufer Donald Stokes. Eine der ersten Entscheidungen der neuen Firmenleitung sah vor, daß die Minis nur noch auf Rundkursen statt bei Rallyes eingesetzt werden sollten, da Rundstreckenrennen viel billiger als Rallyes waren. Die Rallyeeinsätze sollten stark reduziert und auf die Länder beschränkt werden, in denen man sich davon Absatzsteigerungen versprach. Das beinahe unbesiegbare Rallyeteam wurde aufgelöst, und in der Rennabteilung machte sich rasch unverhohlener Pessimismus breit. Diese Endzeitstimmung erwies sich denn auch bald als wohlbegründet, denn Mitte 1970 wurde die Rennabteilung ganz aufgelöst.

1969 war der Mini 1275 GT angekündigt worden. Er hatte das Image eines scharfgemachten Mini, allerdings nur wenig von der technischen Finesse des Cooper S. Dafür kostete er auch nur £ 868, der wahre Jakob dagegen £ 942. Der 1275 GT basierte auf der behäbigeren Clubman-Karosserie und blieb leistungsmäßig deutlich hinter dem S zurück. Er wurde mit einem Motor à la Austin 1300 mit Einfachvergaser bestückt, hatte wie der S aber immerhin auch Scheibenbremsen und einen Drehzahlmesser. Obwohl der GT nur ein Schatten des Cooper war und ihn keinesfalls ersetzen konnte, wurde im Juli 1971 die Produktionseinstellung des Cooper S verkündet. Das letzte Exemplar davon dürfte schon einige Zeit vorher vom Band gelaufen sein.

Geschichte

Edwardes und die Zeit danach...

British Leyland durchlebte die 70er Jahre in schlimmer Verfassung: im In- und Ausland wegen seines unzeitgemäßen und schlampig verarbeiteten Modellprogramms verlacht (hierzulande hieß es British Elend), praktisch per Gesetz personell überbesetzt und mit krassen Mängeln in der Führung und im Umgang mit den Gewerkschaften — unfähig, sich selbst aus dem Sumpf zu ziehen.

Langsam liefen sich die Widersprüche tot, und British Leyland wandelte sich von einem dahinsiechenden Riesen zu einem viel kleineren und schlankeren, aber dennoch lebensfähigen Gebilde. Der erste Faktor, der die Krankheit stoppte, war das Einsetzen der weltweiten Rezession. Dadurch mußte Leyland handeln oder sofort aufgeben; unter diesen Bedingungen waren umfangreichere Entlassungen ohne Schuldzuweisung viel leichter, da viele andere Unternehmen dasselbe taten. Auch die Rezession, die in Großbritannien viel stärker nachwirkte als in anderen Ländern, half insofern, als die bis dato von extremistischen Führern dominierten Gewerkschaften jetzt zunehmend Angst vor Arbeitsplatzverlust bekamen und damit auch die Warnstreiks nachließen.

Diese Tendenz machte sich der neue Vorsitzende bei British Leyland, der aus Südafrika stammende Michael Edwardes, voll zunutze. Als er 1978 von der erfolgreichen Chloride-Gruppe zu British Leyland wechselte, konnte dies kaum jemand nachvollziehen. Falls er nach einer Herausforderung suchte, war er hier jedenfalls am richtigen Platz! Edwardes, der nie auf Popularität um ihrer selbst willen aus war, eroberte den Respekt der Firmenleitung und auch der Öffentlichkeit in solchem Maße, daß trotz seiner relativ kurzen Amtszeit von nur vier Jahren bei British Leyland die Versuche der Firmenzweige, einen Neuanfang mit einem qualitativ hochwertigen Modellprogramm für praktisch jeden Geschmack zu wagen, allgemein positives Echo fanden.

Durch all die traumatischen Umwälzungen behauptete sich der Evergreen Mini unbeirrt. In den 70er Jahren hielt man am Mini fest, weil niemand den Willen oder den Mut hatte, seinen Nachfol-

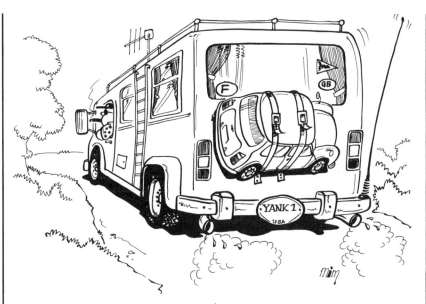

ger durchzusetzen. Als die neue Mini-Generation herauskam, wurde der alte Mini neben dem neuen Mini-Metro, der in der Fachpresse breite Aufmerksamkeit fand, weiter produziert. War der Mini nur als Rückversicherung beibehalten worden, so war er mittlerweile über dieses Stadium hinaus. Seine Entwicklungskosten hatten sich schon längst amortisiert, so daß mit ihm bequem Geld zu verdienen war. Zusätzlich erhielt er auch den neuen Motor des Metro und fuhr sich jetzt leiser und angenehmer. Mit ihrer Gummifederung sind die neueren Minis zwar nicht viel komfortabler als die älteren Baujahre, doch brachten die als Sensation empfundenen neuen 12-Zoll-Räder und die Scheibenbremsen ab Mitte 1984 immerhin etwas Besserung.

Vor dem relativ grobschlächtigen Citroën 2 CV stand der Mini auch in den 80er Jahren fast konkurrenzlos da und rüstet sich nunmehr für die neunziger Jahre. Dank der heutigen Sicherheitsbestimmungen dürfte er zwar an manchen Karosseriedetails Probleme bekommen — zumindest ohne Ausnahmegenehmigung. 1984 beging Austin-Rover das 25jährige Jubiläum des Mini, im August 1989 wurde sein dreißigster Geburtstag mit großen Feiern in Silverstone begangen — und der Mini fährt und fährt in aller Welt noch weiter...

1. Diese bei der Premiere des Mini in vielen Fachblättern veröffentlichte Schnittzeichnung der ersten Modells verdeutlicht die hervorragende Raumnutzung.

Mini-Restaurierungshandbuch

2. Alec Issigonis, der Schöpfer des Mini, mit dem allerersten Mini (und anderen Meilensteinen aus seiner Karriere) anläßlich der Party zur Verabschiedung in den Ruhestand 1971.

3. Von Anfang an war der Mini im Wettbewerbseinsatz zu finden, erst mit dem S-Modell begann jedoch seine Erfolgssträhne. GRX5D belegte in der berühmten 1966er Rallye Monte Carlo nach seiner Disqualifikation den dritten Platz und war damit nicht der erfolgreichste Mini, ist aber immerhin einer von angeblich nur noch elf Werkswagen, die heute noch existieren.

4. Der Motorraum des GRX5D Mini Cooper wurde komplett originalgetreu restauriert. Die beiden großen SU-Vergaser (1,5 Zoll) bieten einen imposanten Anblick.

Geschichte

5. Die eindrucksvollste Perspektive in den Innenraum des GRX5D dürfte diese mit Blick auf Stoppuhren und den primitiven Zeit-/Streckencomputer sein. Der Tank zu Füßen des Beifahrers ist anscheinend der Kühler-Ausgleichbehälter!

6. Einer der legendären Cooper S — hier in unverbastelter Form als Austin MKII Bj. 1967.

7. John Wheatley, Austin-Ingenieur seit den Anfangstagen des Mini und aktives Mitglied des Austin-Healey-Clubs, posiert hier neben seinem 998-ccm-Cooper Bj. 1969, den er als Erstbesitzer hegt und pflegt. Das kleine Foto zeigt das Motorhaubenemblem.

Mini-Restaurierungshandbuch

8 & 9. Der Riley Elf und Wolseley Hornet (der Hornet MK II hier auf dem Titelblatt eines BMC-Prospekts) gehörten zu den bekannteren Mini-Derivaten. Der Elf und Hornet bieten einen geräumigeren Kofferraum, die Stummelheckflossen sind jedoch nicht jedermanns Sache. Beide Modelle wurden in den traditionellen Farben ihrer Marke und nicht in den normalen Mini-Farbtönen lackiert.

10 & 11. Der Mini Moke war für BMC-Verhältnisse geradezu exzentrisch. Bei seriösen Autofahrern stieß er nie auf Gegenliebe, wer den Mini jedoch von Anfang an als Spielzeug empfand, konnte dem Moke einfach nicht widerstehen. Er bestand im Prinzip nur aus Fahrgestell, Spritzwand, Mechanik und sonst nicht viel. Sein Image verhieß Chic, Spaß und Sonne, sogar mitten in London, wo dieser weiße Moke abgelichtet wurde. Nachdem die Produktion in England eingestellt wurde, lebte er in Australien weiter und wurde in den 80er Jahren in Portugal weitergebaut.

Geschichte

12. Ein weiterer Ableger des Mini. Bei Landwirten in Großbritannien war der Pickup sehr beliebt — schade, daß es von Leyland heute nichts vergleichbares gibt. Türen, Scharniere und Schiebefenster des Mini MkI blieben während der gesamten Produktionszeit des Pickup unverändert. Die Innenausstattung war nur in Schwarz lieferbar.

13. Auch der Mini Van ist ein extrem nützliches Arbeitspferd. Selbst heute ist er noch öfters zu sehen und bringt es auf ein Ladevolumen, das deutlich über dem des Metro-Kastenwagens liegt.

14. Der Mini Clubman war der Versuch, das Image mit Hilfe einer neuen Frontpartie eine Stufe anzuheben. Trotz der umgestalteten Innenkonstruktion im Motorraum ist der Motor auch nicht besser zugänglich. Die Form des Clubman (vor allem als Limousine) wurde oft kritisiert; viele sagen, er wirke buglastig und falsch proportioniert. Ersatzteile für die Clubman-Frontschnauze sind erheblich teurer als die des normalen Mini.

15. Der Mini 1275 GT sollte den Cooper ablösen, doch erreichte er trotz guter Fahrleistungen nie das Flair des Cooper. Dieses Exemplar ist mit Dunlop Denovo-Reifen und -Felgen ausgerüstet; sie haben sich in der Praxis wegen der hohen Laufgeräusche und geringen Abriebfestigkeit der Reifen allerdings nicht bewährt.

16 & 17. Der Original-Mini ist bereits seit 1959 äußerlich weitgehend unverändert lieferbar. Hier sind zwei der Dauerbrenner aus dem Modellprogramm zu sehen, der Mini 850 von 1975 und der Mini 1000 von 1981. Wie man sieht, hat sich die Grundform des Mini kaum geändert — die auffälligsten äußeren Änderungen sind die nicht mehr offenliegenden Türscharniere und der geänderte Kühlergrill, der in späteren Modellen serienmäßig zu finden ist.

Geschichte

18 & 19. Der modische Mini 1100 Special von 1979 (mit gestreiften Stoffbezügen auf den Sitzen!) — eine der vielen Mini-Sonderserien, die im Laufe der Jahre erschienen sind.

20. Das Mini-Programm von 1981 mit dem extrem beliebten und sparsamen City-Modell.

21. Dieses Bild verdeutlicht, wieviele Minis es im Lauf der Jahre gab. Erfreulicherweise sind die meisten dieser Schriftzüge von Mini-Spezialisten noch heute erhältlich.

2 Kriterien für den Kauf

In Autozeitschriften sind — vor allem im englischsprachigen Raum — im Laufe der Jahre reichlich Kaufberatungen für den Mini erschienen. Ein Aspekt kam dabei freilich immer zu kurz: Der Mini ist mittlerweile nicht mehr *nur* ein Gebrauchsauto, sondern ein zeitloser Klassiker, der sich auch für den Alltagseinsatz eignet. Obendrein sind im Laufe der rund 30 Jahre Produktionszeit derart viele Modelle entstanden, daß für fast jeden Geschmack etwas dabei sein dürfte. Keinen davon könnte man als optimalen Kauf bezeichnen — es kommt ganz darauf an, was man selbst sucht. Wer auf Wiederverkaufswert spekuliert, sollte bedenken, daß unterschiedliche Minis mit exakt demselben Zeitwert in einigen Jahren ganz unterschiedliche Absatzchancen haben.

Der steilste Preisanstieg ist mit Sicherheit bei den Mini-Cooper von Radford und Wood & Pickett zu erwarten; knapp dahinter folgen der 1071 und der 1275 S. Erstaunlich dichtauf liegen auch die allerersten Baujahre, die vor allem außerhalb Großbritanniens zunehmend gefragt sind.

Der Moke ist dank seines Exzentriker-Images finanziell interessant — wer einen Moke sucht, will ihn um jeden Preis und ist dann meist auch zu höheren Investitionen für diesen Spartaner bereit. Mit die seltensten Minis sind — ganz klar — Werksrenner und Rallyemodelle. Die wenigen, deren Verbleib nicht geklärt ist, dürften nur äußerst mühsam aufzutreiben sein. Und wer solch einen Wagen besitzt, bei dem verhält es sich oft wie mit der sprichwörtlichen Axt, die nach 20 Jahren noch fast wie neu war — dank drei neuer Axthäupter und fünf neuer Holzgriffe!

Am anderen Ende der Modellpalette, bei den Lastentieren, sind Mini-Pickups höher zu bewerten als an sich zu erwarten wäre. Gleiches gilt mit Sicherheit auch für die „Woodies", den Traveller und Countryman, zumal die Holzteile von englischen Spezialfirmen wie dem Mini Spares Centre in London wieder lieferbar sind (und die normalen Karosserieteile natürlich sowieso). Der Riley Elf und Wolseley Hornet waren Sonderversionen des Mini, die dem nackten Mini-Gerippe zusätzlichen Luxus verliehen. Aufgrund der abweichenden Karosserieteile ist die Restaurierung natürlich oft aufwendiger als bei den Normalversionen. Gute Exemplare werden sicher nicht mehr billiger. Ähnliches dürfte für die aus Italien importierten Innocenti Mini gelten. Auch der Mini 1275 GT ist eine bessere Investition als vergleichbare „Standard"- Minis desselben Alters, erreicht aber sicher nicht den Wert des Mini Cooper, da er bekanntermaßen hinter den Fahrleistungen des 1275 Cooper S zurückbleibt.

Sondermodelle liegen bei vielen Marken wertmäßig über normalen Exemplaren gleichen Alters. Die Sonderserie zum 25jährigen Produktionsjubiläum des Mini ist da keine Ausnahme.

Moderne Minis finden jedoch vorwiegend als genügsame, kompakte Alltagsautos Anklang. Unter diesem Aspekt werden die Wertverluste von der besseren Geräuschdämmung und Rostschutzbehandlung und dem weiterentwickelten A-Serien-Motor aus dem Metro sowie den größeren Rädern und besseren Bremsen der Modelle ab 1984 mehr als aufgewogen.

Die Qual der Wahl

Wer heute einen Mini sucht, schaut wohl kaum auf seinen Wert in einigen Jahren. Die Persönlichkeit des Wagens ist wichtiger, und so sollte es ja auch sein!

Kriterien für den Kauf

Wer einen Mini kaufen möchte, achte auch auf die Ausstattung. Ein Mini Bj. 64 ist naturgemäß viel spartanischer als der Mini Mayfair Ihres Nachbarn, in dem Sie kürzlich mitgefahren sind. Die technischen Daten und Produktionsänderungen (siehe Anhang) vermitteln da einen groben Überblick. Schauen wir uns die diversen Kategorien des Mini aber einmal im einzelnen an:

Sammler-Minis. In diese Kategorie gehören alle Minis, bei denen man sich die Strapazen des Alltagsbetriebs zweimal überlegt, also auf jeden Fall die ersten Mini-Baujahre. Blechreparaturen sind hier etwas aufwendiger als bei neueren Exemplaren; auch Zierteile wie Schriftzüge, Embleme und diverse Mechanikteile sind nur noch schwer oder gar nicht mehr zu beschaffen. Auch Exemplare in gutem Originalzustand mit geringer Laufleistung werden wohl kaum im hohen Alter noch gewaltsam auf hohe Jahreskilometerzahlen geschraubt. Dies gilt genauso für Minis mit Karosserieabweichungen wie z.B. den Mini Sprint (der mit der niedrigeren Dachlinie), Radford und Wood & Pickett — Karosserieteile sind problemlos zu ersetzen, Embleme und Ausstattungsteile wären aber oft ein Fall für eine Nachfertigung. Mäßige Bremswirkung, lauterer und rauher Lauf der frühen Standard-Modelle wirken auf heutige Alltagsbenutzer — vor allem für Langstrecken — gleichfalls abschreckend. Die gehobeneren alten Minis wurden dagegen meist auf dem spritzigeren Cooper aufgebaut und bieten mit ihren zusätzlichen Verarbeitungs- und Ausstattungsfinessen auch heute noch viel Fahrspaß.

Eine andere Form eines Sammler-Mini ist der Moke; wer aber unbedingt einen Moke will, dem wäre auch zuzutrauen, daß er den Moke im Alltagsbetrieb einsetzt und ihm klirrende Kälte während zwei Drittel des Jahres beim Fahren nichts ausmachen. Eine besondere Rarität sind übrigens die allerersten Minis, d.h. der Austin Seven und Morris Mini Minor Modell 1959 mit Innenbeleuchtung in den hinteren Ablagefächern. Beim Austin Seven wurde die Innenausstattung ab Dezember 1959 und beim Morris ab Februar 1960 aufgewertet; versuchen Sie also, eines der rund 20 000 ersten Exemplare zu ergattern (Fahrgestell- und Karosserienummern siehe Anhang).

Schnelle Minis. Hier ist die Auswahl größer als es den Anschein hat, denn neben all den Cooper und Cooper S fallen darunter auch die GTs und die Abertausende der Minis, denen von ihren Besitzern durch Tuning oder einen größeren Motor mehr Dampf gemacht wurde. Wer sein Augenmerk auf einen schärferen Mini richtet, sollte vorneweg die Ausführungsqualität der Änderungen prüfen. Der Einbau eines größeren Motors samt Getriebe, Felgen- und Kotflügelverbreiterung und Rallyestreifen sind ohne Probleme zu bewerkstelligen, aber harmonieren die Änderungen und sind sie im Brief eingetragen? Sind die Bremsen dem Motor gewachsen? (Die Kombination der älteren Bremsanlage mit Einzelzylindern vorne mit einem 1275-ccm-Motor, möglichst noch mit Kopf und Nockenwelle vom MG Midget, hat da schon etwas furchteinflößendes). Außerdem sollte der Motor natürlich gesund sein und nicht kurz vor der Verschleißgrenze stehen. Auch die Bodengruppe muß solide sein. Genauso müssen Reifen und Bremsanlage in gutem Zustand sein; die Felgen sind auf Alterungsschäden bzw. optisch ansprechende Breitfelgen darauf zu untersuchen, ob sie nicht mit dubiosen Basteleien verbreitert wurden. Der Mini 1275GT ist durchaus ernstzunehmen. Nur wird er von vielen Fanatikern schlechtgemacht, die nicht über das Ableben des Mini Cooper hinwegkommen. Studieren Sie einmal die Leistungsdaten des GT — dann sehen Sie selbst, ob er für Ihre Ansprüche schnell genug ist.

Unter einem Cooper stellt man sich einen irrsinnig rasanten Winzling vor; wer diese Erwartungen jedoch hinter dem Lenkrad weiter verfolgt, erlebt bald herbe Enttäuschungen. Es ist alles eine Frage der Perspektive. Seinerzeit war der Cooper *durchaus* sehr schnell, vor allem nach den Maßstäben der frühen 60er Jahre, ein normaler Cooper mit 997- oder 998-ccm-Motor (diese Motoren unterschieden sich erheblich, ihre Leistung war jedoch fast identisch) ist nach heutigen Maßstäben aber kein sonderlich flottes Gefährt mehr. Der Geräuschpegel, sein ungestümer Drang, die Nähe zur Außenwelt und der Nervenkitzel, ob die frühen Scheibenbremsen das Gerät irgendwann doch noch bändigen, verleihen dem Mini Cooper-Fahren seinen Reiz. Die S-Modelle gerieten noch etwas bissiger; in der größten Motorkategorie reichen Drehmoment und Durchzug auch heute für jede Menge Fahrspaß.

Die speziellen Ausstattungs- und Stoffteile sind für diese Modelle (übrigens für fast alle Minis mit mehr als ein paar Jahren auf dem Buckel) kaum noch zu beschaffen. Motorteile für den 998er Cooper bereiten (da vieles mit den normalen 998er Aggregaten baugleich ist) keine Probleme, Teile für die anderen Versionen sind dagegen rar. Auch hier ist der 1275GT im Vorteil, da fast alle Spezialteile des Cooper S beim GT wegfielen, so daß die Ersatzteilbeschaffung wesentlich leichter ist.

Spezial-Minis. Aufgemotzte Minis gehören in eine eigene Welt. Seit jeher war der Mini aus naheliegenden Gründen ein Lieblingsobjekt vieler „Custom"-Freaks. Erstens gibt es davon so viele, daß billige Exemplare als Grundlage überall zu haben sind, zweitens läßt sich die Technik dank der Aufteilung auf zwei Hilfsrahmen relativ leicht modifizieren. Es gibt z.B. Karosserien im Porsche-Stil, in deren Heck man das Mini-Aggregat unterbringen kann; sogar verlängerte Mini-Pickups mit sechs Rädern sind entstanden, indem einfach eine zweite Hinterradaufhängung angehängt wurde. Die Zahl der Spezialumbauten ist derart groß (speziell in Großbritannien), daß eine exakte Kaufberatung schwer fällt. Daher beschränke ich mich auf Grundsätzliches. Custom-Minis wurden oft um ein schrottreifes Gerippe herum neu aufgebaut — meist mit reichlich Spachtel (vor allem bei umfangreicheren neumodellierten Karosseriepartien). *Vielleicht* wurde der Umbau mit Sachverstand und Umsicht durchgeführt. Andererseits ... Grundsätzlich: je älter der Umbau, desto besser sind seine weiteren Lebenschancen, da Rost im Spachtel meist schon nach einigen Monaten wieder hochkommt. Ist der Lack noch kaum getrocknet, läßt man die Finger weg, sofern nicht eindeutige Beweise für gute Arbeit sprechen.

Ein anderer Rat gilt für Umbauten und Bausatz-Autos (wie sie in Großbritannien geläufig sind — bei uns wäre da noch die TÜV-Frage) gleichermaßen. Fahren Sie den Wagen möglichst ausgiebig Probe, ehe Sie sich entscheiden. Die großen Autokonzerne wenden nicht umsonst Millionenbeträge für die Optimierung aller Details auf. Ohne diese Mittel sind bei allen selbstgestrickten Autokonstruktionen *garantiert* Nachteile zu erwarten. Sei es, daß der Heckspoiler die Sicht nach hinten stört oder man sich beim Ein- und Aussteigen die Knie anschlägt — die Entscheidung, ob Sie diese Nachteile in Kauf nehmen wollen, müssen *Sie* fällen. Müssen Sie das Auto durchs Dach besteigen oder zum Einlegen des dritten Gangs irgendwo unter dem Armaturenbrett herumstochern, wäre dies vielleicht doch zuviel des guten. Aber im Ernst: Kontrollieren Sie, ob Sie mit dem Wagen leben *können* und ob er **fahrsicher** ist.

Der dritte Tip betrifft alle Modelle mit GFK-Karosserie oder GFK-Karosserieteilen. Der Aufbau eines GFK-Modells ist extrem kompliziert, vor allem, da Fiberglas lokale Spannungen nur schwer verkraftet. Checken Sie alle Befestigungspunkte der Karosserie am Rahmen sowie alle Scharnierbereiche auf Spannungsrisse (diese lassen sich nur mit erheblichem Aufwand fachgerecht reparieren). Prüfen Sie, ob sich die Schichten einzelner Teile lösen (keinesfalls dürfen die Kanten in mehreren Schichten abblättern), vor allem bei auf Stahl geklebten GFK-Konstruktionen. Bei unsachgemäßer Klebetechnik löst es sich nur allzurasch. Auch flache Teile müssen frei von Rissen oder Abplatzern (meist sternförmig oder in Wellenlinien) sein. Hier wären meist tiefgreifende Operationen nötig; Spachtelreparaturen würden nur einige Tage halten. Auch die in die GFK-Konstruktionen eingebetteten Kastenprofile dürfen nicht rostgeschwächt sein — ihre Erneuerung wäre eine Titanenarbeit!

Trotz all dieser Fragezeichen vermitteln Spezial-Minis sicherlich mehr Fahrspaß als normale Minis (sofern sie vom TÜV abgenommen werden). Manche Konstruktionen wie z.B. der Midas (teurer und nach Ansicht des Verfassers auch häßlicher als der Metro!) sind erstaunlich aufwendig konstruiert. Der Preis bestimmt bekanntlich das Ergebnis — wer eine spezielle *und* durchdachte Konstruktion sucht, zahlt noch mehr!

Mini-Nutzfahrzeuge. Hierunter fallen auch die Kombis und sogar der Moke, der beim Militär nie zum Zuge kam, aber wir wollen uns auf den Mini-Kastenwagen (Van) und den Pickup beschränken. Der Pickup erfreute sich auf dem britischen Inselreich bei Landwirten für Kleintransporte stets großer Beliebtheit. Auch für viele Kleingewerbetreibende — vom Expreßboten bis zum Reifenhandel — war der Pickup genau das richtige. Heute findet er aus demselben Grund bei Privatleuten und Bastlern Anklang, die damit z.B. ihre Blechteile transportieren. Schließlich hat das von Schmutz und Ladung getrennte Führerhaus ja seine Vorteile. Beim Kastenwagen könnten einem bei einer Vollbremsung Werkzeug und sperrige Teile ins Genick fliegen; der Pickup mit seinem separaten Wohnzimmer wäre dem Mini-Van daher vielleicht sogar vorzuziehen.

Der Mini Van hat sich seit seinem Serienanlauf als billiges Transportmittel bewährt. Vor Einführung der britischen Mehrwertsteuer war er steuerfrei und damit noch billiger. Damals liefen derartige Gefährte vermutlich noch mehr als heute für Privatzwecke. Der Verfasser schaffte sich bei seinem ersten Hausumbau einen Mini-Van an, der reichlich Material bis weit jenseits aller Zuladungsbeschränkungen schleppte und stets klaglos durchhielt. Der Kastenwagen ist lauter als der Pickup, beide erreichen jedoch annähernd die Leistung der Limousinen.

Der Van kam meist nicht in den Genuß der Ausstattungsverbesserungen des Mini, behielt also zeitlebens Schiebefenster und außenliegende Scharniere bei. Die Ersatzteilversorgung ist problemlos (preisgünstigere Nachbauteile für die Frontpartie, die von der Limousine abweicht, sind allerdings kaum zu bekommen). Der Nachschub an Pickup-Heckblechen dürfte aber am ehesten versiegen. Wer weiß, vielleicht wird der Pickup aber ja noch zum Sammlerstück?

Alltags-Minis. Minis als Alltagsauto sind natürlich weitaus am häufigsten zu haben. Anders ausgedrückt, je neuer der Mini, desto besser ist er für den Alltag geeignet.

Seit Mitte 1984 laufen übrigens alle Minis auf 12-Zoll-Rädern und haben vorne Scheibenbremsen. Damit wurde eine längjährige Schwachstelle der Minis mit 10-Zoll-Rädern und Zweikreisbremsen behoben, die oft aus unerfindlichen Gründen einseitig zogen. Abgesehen von Sondermodellen, z.B. zur Absatzförderung des Mini Sprite und zum 25jährigen Produktionsjubiläum, basierte die Mini-Produktion in den 80er Jahren im wesentlichen auf 2 Modellen: einem Luxus-Mini mit üppigen Bodenteppichen und anderen Zutaten, z.B. im Mayfair, und einem Standard-Mini, z.B. dem City. Fabrikneue Minis sind immer noch eine interessante Alternative zu im Straßenbild geläufigeren Modellen dieser Kategorie, wenn man z.B. das gegenüber heimischen Fabrikaten dünnere Werkstättennetz in Kauf nimmt.

Im Rückblick hat der Mini schon eine unglaublich lange Modellgeschichte hinter sich und durchlief nur wenige Änderungen, die sein Gesamtbild nachhaltig veränderten. Einer der markanteren Schritte nach vorn war sicherlich die bessere Geräuschdämmung ab Anfang der 80er Jahre. Im August 1969 war der erste wichtige Einschnitt erreicht, als die Hydrolastic-Federung wieder der herkömmlichen Gummidämpferfederung wich (damit wurde die Straßenlage zwar etwas härter, dafür das Kurvenverhalten besser) und die Türen versenkte Scharniere und Kurbelscheiben erhielten. Im Sommer 1968 war ein vollsynchronisiertes Getriebe dazugekommen. Die Hydrolastic-Federung war Ende 1964 eingeführt worden; 1964 kamen auch die besseren Vorderradbremsen mit 2 Radzylindern hinzu — aber damit sind wir schon tief in der Sammlerhistorie.

Der Mini Clubman wurde als Limousine und Kombi im Mai 1969 vorgestellt und bis Juni 1971 mit Hydrolastic-Federung ausgerüstet, was angesichts der Änderungen am Standardmodell wenig logisch erscheint. Trotz der längeren Frontpartie ist der Motor auch nicht wesentlich besser zugänglich, Verbrauch und Höchstgeschwindigkeit sind obendrein etwas ungünstiger als beim normalen Mini. Haupt-Pluspunkte (ästhetische Gesichtspunkte einmal ausgenommen) sind die Lüftungsdüsen in Gesichtshöhe am Armaturenbrett (die mit der Kühlluft ab und zu auch ein paar tote Fliegen und Schmutz ins Wageninnere befördern) sowie der 1098-ccm-Motor, der in vielen anderen BMC/BL-Modellen saß, aber im Mini-Programm nur im Clubman angeboten wurde. Der Clubman-Kombi hatte Seitenleisten in Holzimitation, entsprach im übrigen aber dem normalen Traveller bzw. Countryman mit Ganzstahlkarosserie.

Mini-Kombis sind noch der Erwähnung wert, da sie in vielerlei Hinsicht ideale Allround-Autos sind. Die Bodengruppe des Van ergibt einen längeren Radstand, so daß die Insassen weniger durchgeschüttelt werden; die hinteren Seitenscheiben können weit ausgestellt werden, was sich an heißen Tagen bezahlt macht und sorgen auch sonst für gute Rundumsicht, und natürlich ist reichlich Stauraum vorhanden — für Campingausrüstung, Baumaterial, die gesammelten Haustiere usw. Die Nachteile sind minimal: die Hecktüren schränken die Sicht nach hinten etwas ein und klappern manchmal, außerdem sind Reparaturteile für das Heck schwieriger zu beschaffen (obwohl dies angesichts der Produktionszahlen von Kombi und Kastenwagen übertrieben pessimistisch ist). Prüfen Sie auch die Schiebefensterführungen und die angrenzenden Bereiche auf Moosbefall und Rost an den Blechen, kontrollieren Sie den Clubman-Kombi auf Vorhandensein aller Zier- und Ausstattungsteile (manche sind nicht mehr lieferbar) und inspizieren Sie das Eschenholz der „Woodie" (September 1960 bis Oktober/November 1969) ganz genau. Unter Druck nachgiebig, schwammig wirkendes Holz ist verfault und erneuerungsbedürftig. Neue Holzteile sind von Spezial-Teilelieferanten erhältlich. Sie sind — anders als am Morris Minor — keine tragenden Teile, trotzdem ist der Einbauaufwand beträchtlich.

Wo man suchen sollte

Minis sind millionenfach vom Band gelaufen und auch auf dem Kontinent in beträchtlichen Stückzahlen abgesetzt worden. Einen Mini findet man also auf jeden Fall, die Suche nach dem *richtigen* Exemplar ist, wenn man sich auf ein bestimmtes Modell versteift hat, aber schon schwieriger. Die Sammler-Minis umfassen die ältesten und seltensten Exemplare, die man am ehesten über Anzeigen in Veteranenblättern (in Deutschland oder sogar England) findet. Hier und da tauchen auch ältere Baujahre in normalen Auto- oder Anzeigenblättern, ganz, ganz selten noch auf Schrottplätzen auf. Noch besser wäre die Suche innerhalb der einschlägigen Mini-Clubs, in denen Gleichgesinnte und Experten sitzen, die auf dem Fahrzeugmarkt das Gras wachsen hören. Aber halten Sie sich an die Spielregeln und treten Sie erst dem Club bei. Mini-Modelle von Spezialkarossiers werden nicht oft angeboten — ab und zu in Veteranenblättern und Clubmagazinen; auch Mini Mokes tauchen dort gelegentlich auf (hier wäre aber ein Besuch bei Moke-Spezialisten noch lohnender).

Umgebaute Spezial-Minis findet man ebenfalls in Veteranen- und Sammlerfahrzeug-Zeitschriften (man sollte bei Importen aber immer an die TÜV-Hürde denken).

Schnelle Sport-Minis werden in den obigen Publikationen immer wieder angeboten, auch hier ist das Hauptproblem aber die Suche nach dem richtigen Exemplar im richtigen Zustand. Oft bekommt man durch viele verheizte Exemplare ein falsches Bild. Die Mitgliedschaft im Markenclub ist auch hier nützlich. Manche Angebote tauchen auch in Anzeigenblättern und in Zeitschriften für getunte Autos, wie *Sport Auto* oder *Wheels,* auf.

Alltags-Minis findet man in Anzeigenblättern, auf Gebrauchtwagenplätzen und in normalen Autozeitschriften, unkonventionellere Wege zum richtigen Mini gibt es daneben auch, allerdings mit gewissen Risiken.

Sehr selten wird man Minis bei Versteigerungen finden. Minis als Behördenfahrzeuge dürften hierzulande (anders als in Großbritannien) die Ausnahme sein. Oft haben solche Autos auch schon beträchtliche Kilometerleistungen hinter sich.

Für neue Minis käme auch der Import über freie Importeure in Frage (Grauer Import). Die Wagen müssen aber den hiesigen Zulassungsbestimmungen entsprechen (was bei den heutigen Katalysatorvorschriften nicht immer gegeben ist). Außerdem sollten Sie auch die Original-Kaufbelege verlangen, sonst erkennen die Händler Garantieansprüche nicht an. Manchmal waren die Fahrzeuge im Herkunftsland schon inoffiziell zugelassen worden, d.h. die Garantie des an sich fabrikneuen Wagens läuft schon ein halbes Jahr oder länger! Man kann bei Grauimporten viel Geld sparen, aber auf andere Weise auch wieder einiges drauflegen. Vorsicht ist also dringend angeraten.

Die letzte Gewißheit

Die Besichtigung des zum Kauf stehenden Wagens kann, ja muß sogar sehr zeitaufwendig sein, wenn man sich den richtigen Wagen zulegen will und nicht wegen des allzu flüchtigen ersten Eindrucks böse Überraschungen erleben will. Anschließend geht man den Wagen in drei Durchgängen — mit wachsendem Zeitaufwand und Gründlichkeit — durch, so daß man den Zeit- und Nervenaufwand ggf. noch in Grenzen halten kann. Es ist leichter, sich beizeiten nach der ersten Besichtigungsstunde höflich zu verabschieden, solange der Verkäufer noch nicht allzu ungnädig ist. In Stufe A sollen also die offensichtlichen Gurken ausgesondert werden, ohne allzu tief sondieren zu müssen. In Stufe B werden die Objekte, die Stufe A bestanden haben, eingehender unter die Lupe genommen, und in Stufe C macht man sich schon mal die Hände schmutzig. Diese Stufe sollte man sich daher — so man nicht wild entschlossen ist — nicht gerade für einen kalten Februarabend aufbewahren!

Die Werkzeuge

Alte, warme Kleidung (vor allem bei kaltem Boden). Bei nassem Untergrund eine alte Matte oder Pritsche. Eine helle Lampe. Ein Satz Auffahrrampen. Kleiner Hammer. Schraubendreher oder etwas ähnliches zum Stochern. Kopien der folgenden Seiten und ein Notizblock. Wagenheber (Hydraulik-, Rangier- oder Scherenheber). Unterstellböcke.

Sicherheit

Sicherheit ist stets oberstes Gebot und muß immer gewährleistet sein. Vor allem verlasse man sich nicht darauf, daß die Handbremse den Wagen am Gefälle oder an Rampen halten kann. Legen Sie sich nie unter einen Wagen, der nur durch den Wagenheber abgestützt ist.

Die Checkliste

Die Checkliste wurde in Zusammenarbeit mit Spezialisten vom Mini Spares Centre erarbeitet und enthält die Anweisungen für alle Punkte, auf die das angebotene Fahrzeug untersucht werden sollte. Der mögliche Fehler ist nach der Kurzbeschreibung jeweils in Klammern angegeben. Beispiel:

Blicken Sie von vorne und hinten an Kotflügeln, Türunterkanten und Seitenblechen entlang. Danach steht der mögliche Schaden in Klammern, z.B.: (Wellen deuten auf Spachtel oder Unfallschäden hin. !!!).

Zu ! folgende Hinweise: Sie geben an, wie aufwendig die Behebung des Schadens in etwa wird. ! bedeutet, daß die Kosten wahrscheinlich unter denen für einen neuen Reifen liegen, bei !!! sind die Kosten so hoch wie für eine komplette Neubereifung oder sogar noch höher, bei !! liegen die Kosten irgendwo dazwischen. Dies bezieht sich nur auf die reinen Ersatzteilkosten — die Kosten sind noch wesentlich höher, wenn man die Arbeiten von einer Werkstatt ausführen läßt.

Bei der Untersuchung des Fahrzeugs sollten Sie dieses Buch (bzw. Kopien der Checklisten) und einen Notizblock zur Hand haben. Bei der Kontrolle können Sie sich dann Notizen machen und die Kosten für die erforderlichen Reparaturen der entdeckten Mängel aufaddieren. Als Argument bei den Verhandlungen über den Kaufpreis ist dies bestimmt nicht schlecht.

Lesen Sie sich auch schon vorab in die Reparatur- und Restaurierungskapitel in diesem Handbuch und in die im Fachhandel erhältlichen Reparaturleitfäden ein, damit Sie wissen, worauf es bei der Untersuchung der einzelnen Baugruppen ankommt.

Stufe A — Der erste Eindruck

In dieser Phase verschafft man sich schon einen ersten Eindruck von einem Wagen, ohne den Verkäufer bemühen zu müssen und ihn womöglich mißtrauisch zu machen.
1) Sitzt die Motorhaube überall richtig und mit gleichmäßigem Spalt zwischen Vorderkotflügeln und Frontblech? (Schlechte Passung kann an ungenauer Haubenmontage, aber auch an schlampig repariertem Frontschaden liegen. Abhilfe? Geschweißte Bleche demontieren und neu aufbauen! !!! und darüber)
2) Blicken Sie von vorne und hinten an Kotflügeln, Türunterkanten und Seitenblechen entlang. (Wellen deuten auf Spachtel oder GFK-Reparaturen hin. !!!).
3) Halten Sie einen Magneten an der Oberseite der Vorderkotflügel (Vorder- und Hinterkante), an den Außenkanten der Windlaufbleche, Türunterkanten, Unterkanten der Seitenbleche und am unteren Rand des Kofferdeckels an. Auf Spachtel hält der Magnet nicht (Hinter dick gespachtelten Bereichen verbergen sich oft große Löcher. Materialkosten !! bis !!!).
4) Blick in den Innenraum. Stimmt die Farbkombination aller Verkleidungs- und Polsterstoffe, hat die Ausstattung Risse? Auch Dachhimmel untersuchen. (Dachhimmel der ersten Baujahre und fast alle Ausstattungsteile bei mehr als einige Jahre alten Wagen sind praktisch gar nicht bzw. nur mit Glück als gute Gebrauchtteile zu bekommen. !!! und darüber).
5) Reifenprofil kontrollieren. Ungleichmäßig abgefahrene Vorderreifen deuten auf Vorspurfehler (Einstellung !, plus Kosten für neue Reifen). Ernster ist ungleichmäßige Abnutzung an den Hinterrädern (Ausgelaufene Schwingarmlager — Lagererneuerung erfordert Spezialwerkzeug: Werkstattsache. !! Durchgerosteter hinterer Hilfsrahmen und/oder Aufhängungspunkte (verursacht Spiel am Hilfsrahmen). Fahrzeug dann meist stark rostgeschädigt. !!! und darüber)
6) Bei Autos mit geringer Laufleistung oder in unrestauriertem Originalzustand prüfen, ob die Ziffern auf dem Kilometerzähler gleich hoch stehen (ist der Tacho schon einmal 'rum, ist dies selten der Fall). Pedalgummi auf Abnutzung, Türscharniere bei wenig geöffneter Tür auf Höhenspiel prüfen. Auf nachlackierte Stellen, neuen Unterbodenschutz und Schweißspuren untersuchen, die auf Unfall- oder Rostreparaturen hinweisen. (Im Prinzip !!! und mehr, da echte, unverbastelte klassische Mini-Baujahre wesentlich mehr wert sind und bei späteren Baujahren oft die Mechanik verschlissen ist.)

Stufe B — Mit sauberen Händen

Entspricht der Wagen nach Stufe A schon nicht mehr Ihren Vorstellungen, sollten Sie ihn lieber gleich streichen. Es gibt schließlich noch andere Angebote! Wenn Sie unbedingt daran interessiert sind, sollte der Kaufpreis deutlich nach unten korrigiert werden. In Stufe B verringern wir das Risiko einer Fehlentscheidung noch weiter, ohne daß man sich die Hände schmutzig zu machen braucht!

Untersuchen Sie alle untenstehenden Bereiche eingehend auf Rostschäden. Karosseriereparaturen sind mit am teuersten und für den Do-it-yourselfer am zeitintensivsten. Prüfen Sie mit einem Magneten, wo sich Spachtel verbirgt — Magneten haften nur an Stahl. Gehen Sie gründlich und systematisch vor und notieren Sie alle Feststellungen in der angegebenen Reihenfolge. Wie gesagt, das ! steht für die Ersatzteilkosten. Schwer oder gar nicht mehr erhältliche Teile sind angegeben.

Karosserie

1) Frontschürze unterhalb Stoßstange und Kühlergrill (außer bei Van und Pikkup verchromt) über der Stoßstange — ein einziges Teil. (Karambolagen oder Unfallschäden, Rost in Schürze und an Kotflügelsäumen. Originalbleche !!. Rost meist nicht nur auf dieses Blech beschränkt.)
2) Scheinwerferbereich an Vorderkotflügeln. (Rostschäden !, bei Clubman !!)
3) Vorderkotflügel im Bereich des Windlaufs. Außenränder des Windlaufs. Bereich unterhalb Windschutzscheibengummi. (Rostblasen oder Spachtelstellen. Bleche ! bis !!, Reparaturen aber aufwendig, da verdeckte Bleche betroffen)
4) A-Bleche, vor allem Ober- und Unterkanten. (Korrosion und oberflächliche Reparaturen an Modellen mit außenliegenden Scharnieren. ! Einfache Reparatur an Modellen mit verdeckten Scharnieren. Reparatur bei älteren Modellen: !! und relativ aufwendig.)
5) Türunterkanten, Türhäute und Türoberteile unterhalb Schiebefensterführungen bei älteren Modellen und allen Lieferwagen. Tür innen und außen kontrollieren. (Rostschäden — neue Türhaut !, aber bei verrosteten Scheibenführungsträgern Reparatur recht kompliziert.)
6) Auf Wellen und Blasenbildung an der unteren Rundung vorne an den beiden Hinterradläufen achten. (Rostschäden, Spachtelreparaturen. Verzug durch Rostschäden in anderen Bereichen, was zu Biegebeanspruchungen in diesem Bereich führt. Komplette neue Seitenwand !!!, Seitenteil als Nachbauteil !! Einbau des ersteren Teils aufwendig.)
7) Unterkante der Heckklappe. (Rost oder Verzug durch abgebrochene Stützen, so daß Heckklappe an den Scharnieren nach hinten überdreht werden kann. !!. Neue Heckklappen teuer, ältere Ausführungen kaum noch erhältlich.) Prüfen, ob richtige Version montiert ist.
8) Heckklappen-Scharnierblech. (Rostschäden. Relativ einfach zu reparieren. !)
9) Heckschürze, unterhalb Stoßstange. (Rostschäden. Relativ einfache Reparatur, läßt aber meist auf weitere verdeckte Rostschäden schließen, die schwerer zu beheben sind.)

Kriterien für den Kauf

10) Schweller und Türeinstiegsbleche. Der äußere Oberteil ist vom unteren Außenteil getrennt. Dazu separater Innenschweller. Reparatur evtl. bereits früher durchgeführt, da relativ einfach. Oft unsachgemäß repariert. Türeinstieg an den Enden und Außenschweller auf überspachtelte, ungenaue Passung prüfen. Außenschweller auf frischen Unterbodenschutz prüfen — was steckt dahinter? Bodenteppiche an Innenschwellern anheben und senkrechte Wand sowie vorderen Abschluß zum Bodenblech prüfen. Wagenheberaufnahme im Schweller prüfen. Sitzt sie richtig oder ist sie eingesunken? (Korrosion und ungenauer Einbau. ! bis !!, je nach Zahl der benötigten Teile. Nachgebende Wagenheberaufnahme deutet auf erhebliche innere Rostschäden an Aufnahme, Querträger, Schweller hin. !! und viel Arbeit.)

Hinweis: Beim Anheben der Bodenteppiche über den Innenschwellern prüfen, ob Teppiche feucht sind (Verschlüsse der Ablauflöcher im Bodenblech fehlen oder Windschutzscheibengummi undicht. ! Starke Rostschäden mit Wassereinbrüchen — keine Seltenheit. !! bis !!! und darüber)

11) Regenrinnen und Windschutzscheibenrahmen. Beide Bleche können durchrosten und sind nur mit viel Erfahrung zu reparieren. Alle verdächtigen Rost- und Blasennester mit Schlitzschraubendreher untersuchen, vor allem vorderen Regenrinnenbereich und Front- und Heckscheibenrundungen (untere äußere Bereiche).

12) Tür öffnen. Tür auf- und abbewegen und auf Spiel achten. (Ausgeschlagene Scharniere bei Modellen mit außenliegenden Scharnieren. ! mit leicht zu montierenden Scharnierbolzen-Reparatursätzen. ! bis !! bei späteren Modellen, bei denen Scharniere komplett gewechselt werden müssen. Bei frühen Modellen Rost an A-Blech — siehe 4. Bei späteren Modellen starke Anrostungen an Tür bzw. Scharniersäulen. Vermutlich !!!, da starke Rostschäden wahrscheinlich.

13) Senkrechte Nähte und Chromzierleisten. (Rost, Verfärbung oder abgelöste Radlaufzierleisten. Neue Zierleisten je ! bzw. evtl. ! für alle vier senkrechten Zierleisten.)

14) Grundsätzliches. Mini-Kotflügel und andere Reparaturbleche *können* angenietet oder geschraubt werden, dies ist jedoch sehr gefährlich, da die Festigkeit der ganzen Karosserie von der Stabilität aller Einzelteile abhängt. Sorgfältig kontrollieren. Vor allem hinter Zierleisten und unter Kotflügeln prüfen. An Nähten auf Anzahl der Blechlagen achten. Zusätzliche Schichten bedeuten evtl., daß das neue Blech einfach auf dem alten Blech aufgeschweißt wurde — es werden sogar spezielle Überziehbleche hierfür hergestellt! (!!!, da sogar Wracks damit zu optisch soliden Wagen aufgemöbelt werden können).

Innenraum

1) Vorder- und Rücksitze, Rückenfläche der Vordersitze, Seitenverkleidungen und alle übrigen Stoff- und Kunstlederbezüge prüfen. (Verschlissen, durchgescheuert, eingerissen. !! bis !!! und darüber, bei Reparatur durch Polsterer. Viele Stoffe und Muster nicht mehr originalgetreu lieferbar.)
2) Armaturenbrett prüfen. (Eingerissene, fehlende Verkleidung. !, sofern lieferbar, oder vom Schrott besorgen. Eigenbau-Armaturenbrett mit Zusatzinstrumenten, richtige Instrumente fehlen. Meist !! und je nach Modell viel Zeitaufwand für Suche nach richtigen Teilen. Hinweis: Prüfen, ob richtiger Cooper- bzw. S-Tacho eingebaut ist — heute fast nicht mehr zu bekommen!)
3) Dachhimmel auf Sauberkeit und Zustand prüfen. (Verschmutzter Himmel fast umsonst zu reinigen. Erneuerung ab !!, je nachdem, ob neuer Himmel ab Lager oder als Einzelanfertigung lieferbar.)
4) Lenkrad, Schalthebel, Anlasserdruckknopf (ganz frühe Modelle) und andere Knöpfe, Leuchten und Schalter auf Originalität prüfen. (Kosten schwer kalkulierbar, volle Originalität bedeutet Wertsteigerung. Ersatz oft nicht mehr zu bekommen.)
5) Sicherheitsgurte (sofern vorhanden) auf Sauberheit, Sicherheit und Funktion der Gurtschlösser prüfen. Prüfen, ob sie zum Baujahr des Wagens passen. Automatikgurte durch scharfes Rucken testen, sie müssen dann blockieren. (! und mehr, ältere Typen meist nicht mehr erhältlich)
6) Prüfen, ob Sitzverstellung und Sitzlehnenverstellung leichtgängig funktioniert. (Schwergängiger, trockenlaufender Mechanismus ! oder weniger; neuer oder reparierter Sitzrahmen ! bis !!!)
7) Kurbelfenster auf- und abkurbeln. Schiebefenster (auch hintere Seitenfenster an Traveller/Countryman/Kombi) müssen sich gleichmäßig mit leichter Reibung und ohne Höhenspiel verschieben lassen. Alle Scheiben müssen exakt schließen und verriegelt werden können. Schwergängigkeit kann an Schmierungsmangel an Kurbelfenstern oder -apparat liegen. !. Schiebefensterführungen verrotten und müssen gelegentlich erneuert werden. Je nach Stückzahl ! bis !!. Schiebesperren brechen bei einigen Modellen leicht. !, sofern lieferbar.)
8) Türdichtgummis prüfen. (Schadhaft, ausgefranst. Leicht zu erneuern, aber verhältnismäßig teuer. !)

Mechanik

Bitten Sie den Besitzer, den Motor anzulassen. Lassen Sie ihn im Leerlauf laufen — der Warmlauf dauert beim Fahren einige Zeit, ist aber zur Abrundung des Bildes notwendig. Standlauf ist da hilfreich.

1) Am Lenkrad ziehen und drücken und im rechten Winkel zur Lenksäule heben. (Klackgeräusch deutet auf Spiel in der Lenkbuchse, !, lose Verbindung Lenksäule-Karosserie, lose Verbindung zwischen Lenksäule und Zahnstange.)
2) Motorhaube öffnen. Im Motorraum wurden unzählige (zumeist kleinere) Änderungen eingeführt. Prüfen Sie Ihr Modell auf nicht serienmäßige Luftfilter, Kipphebeldeckel, Ölkühler, Servo usw. (Falls Originalität eine Rolle spielt und falsche Teile montiert sind oder Teile fehlen, betragen die Kosten ! bis !!!, sofern die Teile noch zu bekommen sind.)
3) Ölkühler (sofern vorhanden) auf undichte Stellen kontrollieren. (Ersatz ! und mehr).
4) Motor und Motorraum auf Sauberkeit prüfen. (Undichte Dichtungen, mangelnde Detailpflege, verstopfte Entlüfter bei neueren Modellen mit Abgasentgiftung).
5) Motorgeräusch untersuchen. (Stößel bei 1275er meist lauter. Andere Motoren laufruhiger) Kurbeltrieb, Tickern der Steuerkette (nicht nachstellbar) darf normalerweise nicht hörbar sein. (Verschlissener Motor: Steuerkette und Kettenräder !!, eingelaufene Kurbelwelle !!! und mehr bei kompletter Überholung, sowie Ersatzteilprobleme bei Cooper 997 ccm und S)
6) Blättert Lack an Kupplungs- und Bremszylindern? (Verschüttete Flüssigkeit greift Lack an. ! plus Zeitaufwand.)

MOTOR ABSTELLEN UND EINIGE MINUTEN WARTEN.

7) Kühlerdeckel LANGSAM mit einem Lappen abdrehen. Vorsicht vor austretenden Wasser (Verbrühungsgefahr). (Pfeifendes Dampfgeräusch und Kochblasen im Wasser beim Abnehmen des Kühlerdeckels weisen meist auf defekte Zylinderkopfdichtung hin — siehe unten.) *Hinweis*: Bei Modellen mit Ausgleichsbehältern läßt das Kühlmittel im Ausgleichsbehälter wenig Rückschlüsse auf die Kühlanlage insgesamt zu.

Kühlanlage auf orangefarbene Verfärbung, auf dem Wasser schwimmendes Öl (Tropfen oder brauner Schlamm aus verdicktem Öl) untersuchen. Vor dem Aufsetzen des Kühlerdeckels Motor anlassen, einige Minuten im Leerlauf laufen lassen und auf Luftblasen prüfen. Kühlerdeckel aufschrauben. (Orangefarbenes Wasser bedeutet Rost; Kühlwasser schon lange nicht mehr gewechselt bzw. Frostschutzmittel lange nicht mehr nachgefüllt. Wartungsmängel — langfristig ! bis !!!. Öl im Wasser, Wasser im Öl oder Luftblasen in Kühlanlage deuten auf defekte Kopfdichtung — beim 1275 nicht selten).

8) Motor hochdrehen lassen und dann Drehzahl abrupt sinken lassen. Dabei Endrohr beobachten. Feine Dampfschwaden oder Wassertropfen *können* Kaltstartkondensation an kalten Tagen sein (harmlos!), aber auch an durchgebrannter Kopfdichtung liegen; ggf. nach Probefahrt nochmals testen. (Potentiell !!!) Vorsicht bei dicken blauen Wolken oder schwarzem Auspuffrauch. (Blauer Rauch deutet auf fortgeschrittenen Verschleiß an Kolbenringen/Ventilführungen hin. !!-!!! oder mehr; oder Servodichtungen, falls Servo vorhanden, undicht. !!.) (Schwarzer Rauch bedeutet zu fette Vergasereinstellung. !)

9) Äußere Kühlerverrippung genau untersuchen. Bei neueren Wagen ist Kühlerkorrosion anscheinend häufiger als bei alten Modellen. (Austauschkühler !!)

10) Halteschrauben/-muttern und Sicherungsbleche des Hilfsrahmens und Motoraufhängung auf Kratzer und Spuren früherer Demontage untersuchen. (Daß der Motor schon einmal ausgebaut wurde, ist an sich nichts schlechtes, doch wären Ursachen und Vorgehensweise interessant.)

Probefahrt

Falls Sie selbst fahren wollen, prüfen Sie, ob der Wagen ordnungsgemäß versichert ist. Andernfalls prüfen Sie die folgenden Punkte soweit wie möglich, während der Besitzer selbst fährt.

1) Anlassen. Spurt der Anlasser mit lautem Geräusch ein? Erlöscht die Öldruckkontrolle nicht sofort? (Anlasserritzel verschlissen !. Öldruckschalter schadhaft !. Motor verschlissen !!!)

2) Läßt sich der erste Gang nur schwer einlegen? *Hinweis*: Bei neueren Modellen (ab 1974) mit freiliegenden Schaltstangen ist Schwergängigkeit möglich, bei Neuwagen sind Schaltschwierigkeiten während der ersten paar tausend km nicht selten. (Abgenutzte Kupplung und/oder ausgeschlagenes Schaltgestänge !!)

3) Anfahren. Die Kupplung muß leichtgängig und ziemlich rasch einrücken. Rappelt die Kupplung? (Öl auf Kupplungsscheibe, undichter Wellendichtring !!) Evtl. auch defekte Stabilisatoren !. Siehe Punkt 5 unten.

4) Mit 50 km/h fahren. Wagen gleichmäßig abbremsen.
Einkreis-Bremsanlage:
A. Zieht der Wagen einseitig? (Öl oder Bremsflüssigkeit auf Bremstrommeln. !. Beläge, Backen abgenutzt oder Zylinder schadhaft !. Scheibenbremszangen festgegangen. ! bis !!)
B. Schleifen oder quietschen die Bremsen? (Beläge abgenutzt !. Teurer, falls Scheiben oder Trommeln riefig.)
Zweikreis-Bremsanlage bis 1984
Zieht der Wagen bei wiederholtem Bremsen abwechselnd nach links und rechts? (Die mysteriöse Krankheit... ! oder mehr, sowie viel Zeit für Entlüftung der Bremsen, Auswechseln der Bremsbacken unnd Umbau der Backen von links nach rechts.)

5) Mit 50 km/h im dritten Gang fahren. Gaspedal mehrmals durchtreten und wieder loslassen. Auf dumpfe Klappergeräusche aus dem Antriebsstrang achten. (Möglicherweise ausgelaufene Antriebswellengelenke !!, verschlissenes Differential !!!. Wahrscheinlicher sind verschlissene Motorstabilisatoren oder Gummilager. !. *Hinweis*: Bis 1973 meist obere Buchsen zwischen Motor und Spritzwand, ab 1973 jedoch eine der drei Ausführungen unter dem Motor. Alle !)

6) Mit 70 km/h fahren. Fuß vom Gas nehmen. Auf heulendes Differential achten. (Differential ausgelaufen. Falls unerträglich laut, ! bis !!! für Gebrauchtdifferential.)

7) Dann im ersten Gang zügig bis ca. 4000 U/min beschleunigen (hochdrehen lassen), dann vom Gas gehen. Mehrmals wiederholen. Auf Klopfen im Motor achten. (Ausgelaufene Hauptlager !!!)

8) Springen die Gänge heraus? (Innerer Schaltmechanismus ausgeschlagen !!)

9) Wie bei 7 und 8 oben fahren, aber im 2.Gang vom Gas gehen, dann die Übung im 3. und 4. Gang wiederholen (soweit bei Straßenverhältnissen möglich). Springen die Gänge heraus? Vorgang wiederholen (soweit ohne Risiko möglich), bis zu niedrigeren Drehzahlen im Rückwärtsgang. (Herausspringende Gänge deuten auf ausgeschlagenes Schaltgestänge. !!)

10) Mit 70-75 km/h im 4. Gang fahren (bei stärkeren Motoren auch schneller). In 3. Gang zurückschalten. Knirscht es im Getriebe? (Synchronisierung schadhaft. Mindestens !!!, bzw. !!! für Tauschgetriebe)

11) Mit 40-50 km/h im 3. Gang fahren. In 2. Gang zurückschalten. Knirscht es im Getriebe? (Synchronisierung schadhaft. Mindestens !, oder !!! für Tauschgetriebe)

12) Flattern oder schütteln die Vorderräder bei höheren Geschwindigkeiten (Vibration im Wageninneren)? (Räder schlecht ausgewuchtet oder Reifen schadhaft. !)

Hinweis: Grundsätzlich müssen sich beim Mini-Getriebe alle Gänge auch bei höheren Geschwindigkeiten sauber hoch- und zurückschalten lassen. Bei älteren Getrieben mit unsynchronisiertem 1. Gang ist das Laufgeräusch im 1. und Rückwärtsgang höher. Im Zweifelsfall immer auf das schlimmste gefaßt sein!

13) Falls Straßenzustand die folgende Prüfung zuläßt: bei ca. 30 km/h Handbremsknopf drücken und Handbremse anziehen. Keine Schleuderkunststücke riskieren! (Wagen zieht einseitig — Mechanismus an Ankerplatte schadhaft, verölte Bremsbacken oder einseitig festgegangenes oder verstelltes Bremsseil, !. Fahrzeug verzögert kaum — Schaden beidseitig, ! pro Seite plus Arbeitszeit.)

14) Bei geringer Geschwindigkeit bremsen und auf Klopfen achten. (Vorderachse: Lose Bremssättel — nachziehen. Bremsbeläge bewegen sich in Bremszangen — unbedenklich, sofern alle übrigen Teile in Ordnung. Tritt natürlich nur bei Scheibenbremsen auf. Ausgeschlagene Spurstangenköpfe oder obere/untere Aufhängungs-Kugelköpfe. Jeweils !. Zugstrebenbolzen der Radaufhängung ausgelaufen — verschweißen, ausbohren und neue Bolzen einsetzen; !. Motor-Stabilisatorbuchsen verschlissen, je !.) (Hinterachse: Lager der Schwingarme hinten ausgelaufen, je !!.)

Kriterien für den Kauf

Blick in den Kofferraum

1) Ist der Reserverreifen aufgepumpt und ist das Profil in Ordnung? Felge schadhaft oder am Kranz eingedellt? (Neuer Reifen, d.h. !. Neue Felge, !)
2) Sind Wagenheber und Radkreuz vorhanden? Funktioniert der Wagenheber? (Ersatz !)
3) Ist ein Schlüssel für das Heckklappenschloß vorhanden, ist das Schloß schwergängig? (Ersatzschlüssel, falls richtige Schlüsselnummer feststellbar, sonst neues Schloß, !)
4) Sind alle Kofferraumverkleidungen vorhanden (sofern serienmäßig vorgesehen) und in gutem Zustand? (Ersatz oft nur schwer zu beschaffen)

Stufe C — Mit schmutzigen Händen...

Jetzt wird der Wagen — der nun schon in der engeren Wahl ist — auf mögliche versteckte Schwachstellen untersucht, die vielleicht doch Grund genug wären, vom Kauf abzusehen. Hier zeigen sich u.U. auch verschiedene kleinere Mängel, die man als Verhandlungsargument gegenüber dem Verkäufer nutzen kann. Stufe A dauerte ja nur ein paar Minuten, Stufe B schon bedeutend länger, und Stufe C erfordert reichlich Zeit, Aufwand und Mühen, die Sie aber schon investieren sollten, wenn Sie wirklich auf Nummer Sicher gehen wollen.

Sicherheit: Alle Räder müssen nach dem Hochbocken oder Auffahren auf eine Rampe mit Unterlegkeilen gesichert werden. Legen Sie sich NIE unter ein Auto, das nur mit dem Wagenheber abgestützt wurde!

1) Bocken Sie nacheinander die einzelnen Räder hoch. Drehen Sie das Rad durch und achten Sie auf Laufgeräusche der Radlager. (Radlager demnächst defekt. ! — !!)
2) Heben Sie beide Vorderräder an und sichern Sie den Wagen mit Unterstellböcken. Ein Helfer hält das Lenkrad, während Sie die Spurstange energisch vor- und zurückbewegen. (Spiel in Lenkzahnstange und/oder Segment. Tausch-Lenkgetriebe, !!)
Dann prüfen Sie die Spurstangen auf Längsspiel. (Bei Spiel ist neue Buchse fällig, !, Werkstattarbeit jedoch teuer.) Helfer läßt das Lenkrad jetzt los. Dann Lenkung von Anschlag zu Anschlag durchziehen. (Schwergängige Stellen oder stellenweises Laufgeräusch bedeutet Tausch-Lenkgetriebe. !!) Ziehen Sie an der Lenkzahnstange und prüfen Sie, ob die Haltebriden lose sind — macht sich beim Fahren auch durch dumpfes Klacken aus dem Bodenblechbereich bemerkbar. *Hinweis*: Der Ausbau des Lenkgetriebes ist weder sonderlich einfach noch sehr angenehm.
3) Fassen Sie jedes angehobene Rad oben und unten und versuchen Sie, es auf- und abzubewegen. Auf Spiel achten. (Spiel in den Gelenken: Austausch: !. Spiel vorhanden, aber Gelenke spielfrei: Radlager/Nabe verschlissen. Neue Radlager !. Neue Radnaben und Antriebsflansche !!)
4) Die Vorderräder greifen und seitwärts bewegen. Ein Helfer hält das Lenkrad fest. (Spiel in den Radlagern — siehe oben. Spiel an den Spurstangenköpfen, !)
5) Fassen Sie die angehobenen Hinterräder und versuchen Sie, sie in beiden Richtungen zu bewegen. (Radlager erneuerungsbedürftig, !)
6) Setzen Sie bei angehobenem Hinterrad ein großes Stemmeisen zwischen Radlaufvorderkante und Schwingarm an. (Seitliches Spiel bedeutet Verschleiß in der Bronzebuchse — bei mangelnder Wartung eine häufige Krankheit. Reparatur mit Do-it-yourself-Mitteln nicht möglich, da Spezialwerkzeuge nötig, !!)
7) Ankerplatten und Radinnenseiten von unten auf Bremsflüssigkeitsspuren prüfen. Optische Hinweise mit Bremsverhalten bei der Probefahrt vergleichen.
8) Mit einem schmalen Schlitzschraubendreher Wagenunterseite auf Durchrostungen untersuchen. Neuralgische Punkte: Außenschweller, Blechaußenkanten, vorderer und hinterer Rand der Bodenbleche, hinterer Hilfsrahmen mit flachen Flächen auf der Unterseite und senkrechten Stehblechen oberhalb hiervon, Sitz des hinteren Hilfsrahmens am Bodenblech, sowie alle Hilfsrahmen-Befestigungspunkte, vorderer Hilfsrahmen, vor allem an der vorderen Strebe (Unfallschäden). (Schäden oder Durchrostungen in allen Bereichen außer den Schwellern sind bei Werkstatt-Instandsetzung kostspielig, bei Vorgehen nach diesem Buch natürlich viel billiger.) Auch Boden des Batteriekastens auf Durchrostungen prüfen.
9) *Kastenwagen, Pickup und Kombi*: Benzintank unter Bodenblech auf Undichtigkeiten prüfen. Ist Benzingeruch wahrnehmbar? Auf dunkle Flecken von Sickerlecks an Benzintank achten.
10) Im Wageninneren vordere Bodenteppiche herausnehmen und Bodenblech auf Rost untersuchen. Rücksitzrahmen herausnehmen und auf Durchrostungen im hinteren Bodenblech/Fußraum achten (ernster Schaden!). Verkleidung aus den hinteren Ablagefächern (links und rechts) herausnehmen. (Böden rosten durch, Zugänglichkeit zur Reparatur sehr schlecht)
11) Im Kofferraum Bodenverkleidung, Reserverad und Unrat herausnehmen. Batteriekasten nochmals kontrollieren, ebenso übrigen Kofferraum, vor allem zum Rückwandblech und den beiden hinteren äußeren Ecken hin. (Batteriekasten !, Kofferraumboden !!, plus Zeitaufwand)
12) Innenseite Vorderkotflügel; auf Rost/Spachtel in und um die Scheinwerfertöpfe prüfen. Auch hinteren Bereich des Frontblechs untersuchen. (Scheinwerfertopf !. Vorderkotflügel ! bis !!. Frontblech !!. Jeweils nur Teilekosten.)
13) Motor auf Öllecks untersuchen. Außer bei neuen oder frisch überholten Motoren sind praktisch immer Ölspuren vorhanden. Manche Dichtringe sind beim Mini nur mit großem Aufwand nach Ausbau des Motors mit Getriebe auszubauen. Die wichtigsten Problembereiche sind unten mit den Noten 1 bis 5 (je nach Aufwand beim Auswechseln) aufgeführt. Die höchste Zahl bedeutet, daß Motor und Getriebe heraus müssen, die niedrigste Zahl bedeutet problemlosen Austausch. Dazwischen sind alle Schwierigkeitsgrade möglich. Antriebswellendichtringe am Differentialeingang prüfen. (Schwierigkeitsgrad: 2 1/2)
Dichtring zwischen Differential und Getriebe prüfen. (Schwierigkeitsgrad: 5)
Dichtung zwischen Motor und Getriebe prüfen. (Schwierigkeitsgrad: 5)
Getriebe-Gußteil an der linken Motoraufhängung prüfen. (Schwierigkeitsgrad: 5)
Primärantrieb am Getriebegehäuse prüfen. (Schwierigkeitsgrad: 5)
Ölfiltergehäuse prüfen. (Schwierigkeitsgrad: 1 1/2)
Öllecks an Unterkante der Kupplungsglocke prüfen. (Wellendichtring hinter der Kupplung undicht. Schwierigkeitsgrad: 3 1/2)
Ölkühler und Leitungen kontrollieren. (Schwierigkeitsgrad: 2)
Kipphebeldeckel prüfen. (Schwierigkeitsgrad: 1)
Motorseitenbleche (sofern vorhanden)

unterhalb der Krümmer prüfen. (Schwierigkeitsgrad: 3)
Steuerkettendeckel am Motordichtring prüfen. (Schwierigkeitsgrad: 2 1/2)
Vorderen Wellendichtring am Steuerkettendeckel prüfen. (Schwierigkeitsgrad: 2 1/2)
14) Auf Fettspuren an Abschmierstellen und Dichtringen achten, vor allem an den vorderen Drehgelenken und den hinteren Schwingarmen. Keine Fettspuren = mangelnde Pflege — schlimmstenfalls !!!)
15) Zustand der Auspuffanlage, Auspuffaufhängungen und langen Stahl-Mittelkrümmer (sofern montiert) prüfen (Ersatz: !!)
16) Bremsscheiben (sofern vorhanden) auf tiefe Riefen untersuchen. (Erneuern, soweit lieferbar; sonst Scheiben überdrehen, ! bis !!)

Wagen mit Doppelvergaser

17) Im Motorraum hinter den Luftfilter greifen, Drosselklappengestänge fassen und an beiden Enden daran rütteln. (Übermäßiges Spiel bedeutet instabilen Leerlauf und Nebenlufteintritt. Tausch- oder gute gebrauchte Vergaser: !!)
18) Im Fußraum auf der Fahrerseite das Spiel am Kupplungspedal prüfen. (Bei mehr als ca. 25 mm ist der Gabelkopfbolzen am Stößel zwischen Pedal und Geberzylinder verschlissen)
Hinweis: An beiden Pedalen müssen Rückholfedern sitzen. Pedal seitlich hin- und herbewegen. Bei mehr als nur geringem Spiel sind die Pedalbuchsen ausgelaufen oder die Pedalhalteschraube ist lose, !)
19) Von der Wagenober- und Unterseite die seitlichen Stehbleche im Motorraum auf Rost sowie speziell auf Unfallschäden, z.B. Verzug oder Wellen, prüfen. (Reparatur möglicherweise !!! und mehr)
20) Innenseiten der A-Bleche an Wagen mit außenliegenden Scharnieren auf Rost oder Pfuschreparaturen (vor allem ganz oben und unten) prüfen. Dreckschichten mit Schraubenzieher abheben. (Neues A-Blech, !!)
21) Abschließend lassen Sie den Besitzer vorausfahren und folgen ihm in einem zweiten Wagen. Achten Sie auf leichtes seitliches Weglaufen der Räder, d.h. Vorder- und Hinterräder fluchten nicht genau, so daß der Wagen seitwärts läuft. (Unfall-Minis sind manchmal absolut einwandfrei repariert, außer daß die Karosserie verzogen ist. Dies fällt meist zu spät auf. HÄNDE WEG VON DERARTIGEN WAGEN — REPARATUR WIRTSCHAFTLICH MEIST NICHT SINNVOLL!) Hinweis: Seitwärtsbewegung des Wagens kann auch an stark ausgelaufenen hinteren Schwingarmen liegen, wodurch die Hinterräder das Wagenheck nach einer Seite lenken können. Beides genau prüfen, bevor man das schlimmste befürchtet.

Minis unter der Lupe von Keith Dodd vom Mini Spares Centre, London

Meine Verbindungen zur Leyland-Organisation begannen, als die ersten Cooper S und 998-ccm-Cooper produziert wurden. Bis heute habe ich mit meinem eigenen Betrieb, dem Mini Spares Centre, mit Minis zu tun. Diesen Betrieb gründete ich 1975, als immer mehr Cooper-Fanatiker nach Ersatzteilspezialisten suchten, nachdem viele Leyland-Händler ihre Ersatzteilbestände für das ja damals längst ausgelaufene Modell drastisch reduzierten und Zubehörhändler angesichts der Vielzahl der Varianten die Waffen streckten. Heute legen wir wichtige Teile selbst neu auf, um die Wagen am Laufen zu halten, nachdem British Leyland viele Teile nicht mehr liefert und die Werkzeuge für Neuteile verschrottet wurden.

Die Restaurierung eines Cooper oder S läuft ganz schön ins Geld. Ein sauber restauriertes oder gutes originales Exemplar kommt billiger als eine Vollrestaurierung. Dies gilt insbesondere für Sonderserien wie den Radford, Mini Sprint, das Crayford-Cabrio und den Wood & Pickett, die alle zahlreiche Ausstattungs- und Konstruktionsspezialitäten hatten. Hüten Sie sich beim Kauf vor optisch guten Exemplaren, vor allem vor Neulackierungen, da sich darunter viel Murks verbergen kann. Schlecht renovierte Exemplare sind beileibe nicht selten! Auf dem originalen Lack sieht man wenigstens die Roststellen und weiß, was auf einen zukommt.

Wer einen Mini ins Auge faßt, hat eine fast einzigartige Wahl vor sich: kaum ein anderes Modell mit 30jähriger Produktionsgeschichte bietet sich als Sammlerauto, Alltagsgefährt und betagtes Letzte-Hand-Auto gleichermaßen an und ist zugleich immer noch zeitlos aktuell. Nicht umsonst fühlen sich Popstars, Politiker, Millionäre und Führerscheinneulinge am Steuer des Mini gleichermaßen zuhause.

Haupttugenden des Mini sind seine Wendigkeit auf engstem Raum, tadellose Straßenlage, ein zuverlässiges, spritziges und obendrein noch sparsam Antriebsaggregat sowie die problemlose Ersatzteilversorgung.

Die erste Frage wäre also, was für ein Mini es denn nun sein soll:
1) Ein Mini Cooper als Sammler- und Investitionsobjekt?
2) Ein billiger Alltags- oder Zweitwagen?
3) Ein liebevoll und individuell zurechtgemachtes Auto mit dem gewissen Etwas, das nicht jeder fährt?
4) Oder einfach ein kleines, anspruchsloses Verschleißauto oder ein neueres, gepflegtes Auto mit beträchtlicher Lebenserwartung?

Das nächste Problem wäre die Suche nach dem gewünschten Modell mit guter Substanz. Dies gibt gewisse Probleme auf, da ein Mini oft auch jahrelang trotz grober Vernachlässigung einwandfrei läuft, bei genauerer Inspektion aber Schwachstellen birgt, die sich von einfachen Reparaturen bis zu teuren Überholungen in der Fachwerkstatt ausweiten können.

Kaufberatung für den Cooper und Cooper S - auf einen Blick

Der Kauf eines Cooper oder Cooper S ist eigentlich ein Kapitel für sich, nachdem so viele Coopers zersägt und wieder zusammenkombiniert wurden. Wer auf einen echten Cooper Wert legt, sollte folgende Entwicklungsstadien beachten, aber natürlich auch die Daten in den Fahrzeugpapieren prüfen. Wenn die Fahrgestellnummern nicht stimmen, ist Vorsicht geboten. Manch einer glaubt, er hätte einen Cooper, in Wahrheit ist es aber ein normaler Mini mit Cooper-Emblem und -Maschine oder ein normaler Cooper mit S und -Motor.

Der erste Mini Cooper von 1961 hatte einen 997-ccm-Motor, konventionelle Radaufhängung und relativ schwächliche Scheibenbremsen mit winzigen Belägen sowie einen unsynchronisierten 1.Gang. Die Bremszangen wurden 1963 zusammen mit größeren Belägen verstärkt, hatten aber nach wie vor 178-mm-Bremsscheiben. Sie waren zwar besser, aber immer noch nicht so wirkungsvoll wie normale Trommelbremsen mit zwei Zylindern pro Vorderrad

Kriterien für den Kauf

(die Ausführung ab 1970 mit größerem Radzylinderdurchmesser ist hier wohl die beste). Anfang 1964 wurde der 997-ccm-Motor durch den standfesteren 998-ccm-Motor abgelöst. Ende desselben Jahres erhielten alle Cooper und Cooper S die Hydrolastic-Federung. Anfang 1966 wurde am offenen Tür-Klappgriff, der auf bewegliche Hindernisse (z.B. Fußgänger!) zielte, ein Sicherheitszapfen montiert. Auch die Türgriffe wurden verstärkt.

1967 kam der MK II mit vergrößerter Heckscheibe und quadratischen Rückleuchten, neuem Kühlergrill und geänderter Innenausstattung heraus. Ende 1968 bekam der Cooper ein vollsynchronisiertes Getriebe. Äußerlich ist dies nur vorne am Getriebegehäuse zu erkennen, das die Gußnummer 22G 1128 trägt. Diese Nummer saß an allen vollsynchronisierten Getrieben bis zur Einführung des Getriebes mit freiliegenden Schaltstangen, das aber erst 1973 kam und somit im Cooper bzw. Cooper S nicht mehr zu finden war.

1970 entstanden noch etliche Cooper MK III, sie wurden jedoch nach und nach vom ebenfalls bereits produzierten 1275 GT verdrängt. Der Mini und Cooper MK III hatten Kurbelscheiben und außenliegende Scharniere, vergrößerte Seitenscheiben (beim Cooper als Ausstellfenster, beim normalen 850er Mini feststehend). Auch die Innenausstattung wurde geändert. Der letzte Cooper S lief am 9. Februar 1971 vom Band.

Alle Mini Cooper MK I müßten seitliche Bügel an den Stoßstangenhörnern aufweisen. Alle Cooper MK I und II hatten außerdem verchromte Türeinfassungen. Beides — auch andere Zierteile — ist vom Werk nicht mehr lieferbar. Der Cooper S entsprach weitgehend dem Cooper, bis auf Änderungen an Lackfarbtönen und Polsterfarben, Fahrwerk, Motor, Felgen, Radkappen und die Doppeltanks. Serienmäßig erhielten alle Cooper und Cooper S eine SU-Doppelvergaseranlage HS2 und ein längliches, ovales Filtergehäuse mit zwei runden Filtereinsätzen.

Der erste S vom März 1963 besaß einen 1071-ccm-Motor, der im März 1964 durch die 970-ccm- und 1275-ccm-Motoren ergänzt wurde; das 1071-ccm-Aggregat fiel Ende 1964 ganz weg. Die S-Modelle waren optisch weitgehend identisch, hatten jedoch eine Motornummer, beginnend mit 9F und danach 3 oder 4 Ziffern, die Motordaten und Hubraum symbolisierten. Nur der MK III mit 1275 ccm trug eine Motornummer mit 12H — aber Vorsicht, fast alle 1300er hatten dieses Kürzel! Am sichersten lassen sich echte Cooper S-Motoren am Stößeldeckel auf der Motorrückseite erkennen. Normale 1300er Blöcke waren hier geschlossen. Alle S-Motorblöcke besaßen die versenkten Froststopfen mit 42,7 mm Durchmesser, während der Durchmesser bei 1300er 38 mm betrug. Der Cooper 997/998 hatte nach außen gewölbte Froststopfen mit 41 mm Durchmesser. Im 997-ccm-Block war die Angabe 1000 cc eingegossen, im 998er Block nur eine Gußnummer.

Die Fahrgestellnummern des Cooper S MK III begannen mit XADI, der Wagen selbst entsprach optisch jedoch fast völlig dem normalen Mini, also sollte man die Wagenpapiere sorgfältig prüfen. Der S erhielt außerdem 1968 das vollsynchronisierte Getriebe mit der Nummer 22G 1128 und Hardy-Spicer-Gelenke statt der Gummigelenke. Diese Antriebsgelenke waren auch im Cooper S ab Mitte 1966 zu finden, als fast alle Exemplare die BGetriebesätze im Getriebe mit unsynchronisiertem 1. Gang bekamen. Dieses Getriebe (Gußnummer 22G 333) und seine Einzelteile sind heute selten und — wenn überhaupt — nur um teures Geld zu bekommen. Ersatzteile für das vollsynchronisierte SGetriebe, dessen Gehäusenummer der der anderen Modelle mit vollsynchronisiertem Getriebe entsprach, sind relativ leicht und preisgünstig erhältlich. Die einzigen Unterschiede der Zahnräder des S und des Mini 1000 sind das Vorgelegerad, auf das die Zahl 22G 1040 aufgeprägt ist, und die 1. Gangwelle, die 18 Zähne in Spiralverzahnung trägt.

Die Bremsanlage des Cooper S war der des normalen Cooper weit überlegen — dank der größeren 190-mm-Bremsscheiben, stärkeren Bremszangen, allgemein stabileren Lenkhebeln und größeren Gleichlaufgelenken sowie den Timken-Kegelrollenlagern. Auch die Wagenspur nahm um rund 5 cm zu, d.h. hinten wurden breitere Bremstrommeln mit einer 25-mm-Distanzplatte montiert. Die Goldseal-Motoren von Leyland gab es auch für den Cooper, wer also eine andere Motornummer als 9F vorfindet, kann sich, wenn er Originalteile haben möchte, ebenfalls an das Mini Spares Centre wenden. In Abingdon entstanden ein paar MK III S in der Special Tuning-Abteilung, die spezielle Motor- und Fahrgestellnummern erhielten, nachdem British Leyland die Produktion einstellte. Bleibt nur noch, einen davon aufzutreiben und zu identifizieren ...

Ende 1975 erhielt der Clubman einen 1100-ccm-Motor und wurde in einigen Sonderserien aufgelegt. Die spezifischen Teile dieses Modells entsprechen fast durchweg dem lange produzierten Austin/Morris 1100, der auch auf dem Kontinent in ordentlichen Mengen abgesetzt wurde. Die Ersatzteilversorgung dieser Modelle ist zumindest von Großbritannien aus unproblematisch.

Karosserie

Aufgrund ihres Alters macht sich bei etlichen Minis der Zahn der Zeit — teils offen, teils im Versteckten — bemerkbar. Die Probleme an der Mini-Karosserie beruhen vor allem darauf, daß fast alle Reparaturteile geschweißt werden müssen. Nur Türen und Hauben sind geschraubt. Reparaturen gehen also rasch ins Geld, wenn man nicht selbst schweißen kann oder einen willigen Helfer mit den richtigen Geräten zur Hand hat. Die Bleche sind an sich preiswert und für Reparaturen stehen die unterschiedlichsten Teile zur Auswahl.

Zuallererst untersucht man die Innen- und Außenschweller und die Türeinstiege. Die Bleche sind billig, ihre Einbau ist allerdings kostenintensiver. Bei Durchrostungen in diesem Bereich ist oft auch das Bodenblech am Übergang zum Innenschweller im vorderen und hinteren Fußraum durchgerostet. Auch hier sind nicht die Bleche, sondern der Einbau der Hauptkostenfaktor. Fast alle Reparatur-Bodenbleche umfassen auch die Innenschweller, so daß man sich damit einigen Reparaturaufwand spart. In Zweifelsfällen erteilt das Mini Spares Centre gerne Auskunft.

Der zweite neuralgische Bereich umfaßt die Heckschürze und den Kofferraum, die oft echte Probleme bereiten, da sich der Rost hier manchmal bis in den hinteren Hilfsrahmen erstreckt. Die Heckschürze läßt sich leicht erneuern und ist — im Gegensatz zu anderen Teilen — kein primär tragendes Teil. Hinter der Heckschürze sitzen allerdings zwei Versteifungsbleche, die Spritzwasser vom Heckschürzenbereich fernhalten sollen, aber oft weggerostet sind. Diese Bleche sind einzeln lieferbar, können aber auch selbst angefertigt werden, da sie hinter der montierten Heckschürze nicht mehr zu sehen sind. Nach dem

Abbau der Heckschürze kommen noch zwei Blechlagen zum Vorschein. Die eine gehört zum Kofferraumboden, die andere zum Kofferdeckel-Scharnierblech. Beide rosten gerne durch. Das Scharnierblech ist als Ersatzteil lieferbar, ebenso ein Reparaturblech für den Kofferraumboden. Aber Vorsicht: komplette Kofferraumböden gibt es nur als Leyland-Originalersatzteil — zu horrendem Preis! In den Reparaturblechen sind die Bohrungen für die Stoßstangenbefestigung schon vorgesehen. Sie reichen rund 25 cm in den Kofferraum hinein, also gerade bis knapp an die Reserveradmulde. Für die seitlichen Übergänge des Kofferraumbodens zur Seitenwand sind ebenfalls zwei kleinere Teilbleche lieferbar. Um Wagen, die derart verrostet sind, sollte man aber einen Bogen machen, da dies meist auch Arbeit am hinteren Hilfsrahmen bedeutet.

Der hintere Hilfsrahmen ist konstruktiv beim Mini ein tragendes Teil und sollte daher genau untersucht werden. Durchrostungen am Hilfsrahmen bedeuten TÜV-Probleme. Die Erneuerung ist meist teuer. Der Hilfsrahmen kostet als Nachbauteil gar nicht soviel, wohl aber Originalteile. Die Schwierigkeiten fangen beim Ausbau des Rahmens an. Er sitzt zwar nur an acht Schrauben, doch sind oft die Bleche um diese Schrauben durchgerostet. Auch hierfür gibt es Reparaturbleche. Beim Ausbau des Hilfsrahmens müssen meist alle Bremsleitungen erneuert werden, meist kommt noch weiterer Rost zum Vorschein und nach dem Abbau der Schwingarme wird auch an ihnen Verschleiß festgestellt. Bei der Aufarbeitung der Schwingarme sind zwei Buchsen auszuwechseln; eine der Buchsen muß ausgerieben werden, was nur mit Spezialwerkzeugen möglich ist. Bei Modellen mit Hydrolastic-Federung kommen noch diverse Probleme hinzu, vor allem Druckentlastung und Aufpumpen der Hydraulik. Auch hier werden die Metalleitungen beim Ausbau allzuleicht beschädigt. Von diesem Bereich läßt man am besten ganz die Finger.

Wichtig ist auch der Türscharnierbereich — sowohl bei früheren Modellen mit außenliegenden Scharnieren als auch bei neueren Baujahren mit innenliegenden Scharnieren und Kurbelscheiben. An den außenliegenden Scharnieren des Mini MK I und MK II erkennt man meist, ob man eine Rostlaube vor sich hat. Das A-Blech, an dem der vordere Scharnierteil sitzt, besteht aus einer Außenhaut und einem Innenblech mit Verstärkungen, die das Gewicht der Türen aufnehmen. Ist das Außenblech arg rostig, ist vermutlich auch das Innenblech durchgerostet. Auch diese Bleche sind nicht teuer, doch verbirgt sich dahinter oft noch weiterer Rost im oberen Spritzwandbereich und den Ecken des Windlaufs. Am inneren A-Blech sitzt ein Spritzblech, das Wasser und Schmutz vom Windlauf fernhalten soll, es ist aber oft weggerostet. Passen Sie also auf — die scheinbar einfache Reparatur der A-Bleche zieht oft einen Rattenschwanz an Zusatzarbeiten nach sich, vor allem, wenn unter der Windschutzscheibe und am A-Blech der Rost bereits durchkommt.

Beim MK III mit Kurbelfenstern liegt das Scharnierblech innen und führt ein hartes Dasein, vor allem bei schwergängigen Scharnieren, da die höhere Beanspruchung durch die schwereren Türen zu Rissen führt. Das A-Blech am MK III besteht nur aus einem einfachen Blech. Seine Reparatur ist meist problemlos, sofern nicht der gesamte Scharnierblechbereich weggerostet ist. Reparaturbleche gibt es nur für den Scharnierbereich. Andere Roststellen erfordern meist die Anschaffung eines neuen Türrahmens oder Einschweißen von Blechstücken. Schäden in diesem Bereich erstrecken sich oft auch auf die Tür. Kontrollieren Sie also den Türscheibenrahmen am Übergang zur Türhaut, da Risse und anschließende Pfuschreparaturen in diesem Bereich nicht selten sind.

Als vierten Karosseriebereich kontrolliert man alle Außenbleche: Kotflügel und Frontbleche sind nicht teuer, die Arbeitskosten für den Einbau können sich jedoch beachtlich aufsummieren. Achten Sie auch auf ungenaue Passung an der Motorhaube, die auf unsachgemäße Reparaturen der Frontpartie schließen läßt. Die Türen rosten oft infolge verstopfter Ablauflöcher durch und zeigen Vibrationsprobleme. Auch die Fensterführungsprofile müssen in gutem Zustand sein und erforderlichenfalls erneuert werden. Dies läuft allerdings ins Geld. Türaußenbleche sind preisgünstig, ihr Einbau setzt allerdings Sorgfalt und Erfahrung voraus. Türen sind teuer, vor allem für den MK I/II (sie saßen auch am Mini-Kastenwagen). Achten Sie auf Durchrostungen an den Türkästen. Die Karosserieseitenteile rosten im Bereich vor dem Radlauf am Übergang zum Schwellerblech oft durch.

Auch hier sind die Reparaturbleche recht erschwinglich, sie erfordern aber umfangreiche Schweißarbeiten. Heckklappen-Außenhäute sind ebenfalls als Reparaturbleche erhältlich, allerdings ist ihr Einbau nicht einfach. Heckklappen sind aus Stahl oder GFK (billiger) erhältlich. GFK-Motorhauben existieren ebenfalls, doch müssen sie anders angeschraubt werden, da die originalen Scharniere und Haubenschlösser nur mit erheblichem Aufwand daran anzubauen sind. Komplette GFK-Frontpartien bieten sich als preisgünstige Reparaturmethode für all die an, die keine Schweißmöglichkeit haben. In Deutschland wäre bei der Montage von GFK-Teilen die TÜV-Frage zu beachten. Auch in England ist bei GFK-Frontpartien der Einbau von Versteifungsstreben von der Vorderseite des vorderen Hilfsrahmens zum Spritzwandbereich oder zu den Innenkotflügeln vorgeschrieben. Diese Streben sind einbaufertig lieferbar.

Noch eine kurze Anmerkung zu Innenverkleidungen und Polsterstoffen: Denken Sie IMMER daran, daß die alten Cooper-Stoffe nicht mehr lieferbar sind. Schon ab etwa 5 Jahren Wagenalter wird die Beschaffung von Polsterstoffen schwierig. Reparaturen in Spezialbetrieben sind zwar möglich, doch ist z.B. der Nachschub an den alten Cooper-Brokatstoffen unwiederbringlich versiegt. Die Frontpartien und Stoßstangen für den Mini Clubman sind übrigens *sehr* teuer.

Radaufhängung

Prüfen Sie die Hinterreifen auf ungleichmäßigen Verschleiß (ausgelaufene Radlager!) und die Schwingarme auf defekte Lager sowie auf andere Schäden an der Hinterachse, die rasch ins Geld gehen. Steht der Wagen nicht auf beiden Seiten gleich hoch, müssen folgende Punkte untersucht werden: bei Limousinen zwischen September 1964 und 1969 sowie beim Cooper und Clubman bis 1971 hat der Wagen mit Sicherheit die Hydrolastic-Federung. Meist sind irgendwelche hydroelastischen Aufhängungsteile, Leitungsanschlüsse oder Druckventile schadhaft. Vielleicht muß er nur nachgepumpt werden. Oft stimmt die Höhe aber schon nach einer Woche nicht mehr. Die S-Teile sind nicht mehr lieferbar; auch guterhaltene Gebrauchtteile sind rar. Da zahlreiche Varianten verwendet wurden, erhielten

Kriterien für den Kauf

sie zur Kennzeichnung unterschiedliche Farbcodes. Der Umbau der Hydrolastic-Modelle auf normale Federung ist aber sehr kostspielig. Sofern man das Vorleben des Wagens nicht genau kennt, läßt man also besser die Finger von Hydrolastic-Modellen. Bei Modellen mit Gummifederung ist oft der Gummifederkonus am Ende des Federtopfes ermüdet. Ist das Gelenk am anderen Ende des Federtopfes verschlissen, treten dieselben Symptome auf. (Einzelheiten siehe Abschnitt zur Überholung der Radaufhängung). Steht der Wagen an einer Ecke deutlich tiefer, ist oft das Gelenk gebrochen. Ein Neuteil kostet aber nicht viel. Teuer sind dagegen die Gummifederkonusse. Beim Kauf kommt es dann auf das Verhandlungsgeschick an!

Stoßdämpfer sind zwar nicht teuer, trotzdem sollte man auf mangelnde Dämpfwirkung achten, vor allem an der Hinterachse, wo Verschleiß nicht sofort auffällt. Bei der Kontrolle der hinteren Stoßdämpfer werfen Sie auch gleich einen Blick auf die Radläufe, die vor allem im oberen Teil an den Stoßdämpferaufnahmen in Ordnung sein müssen. Übermäßiger Rost kommt hier zwar selten vor, doch wäre eine Reparatur nicht billig.

An der Vorderradaufhängung können allerlei Probleme auftreten. Die Reparaturkosten halten sich an sich in Grenzen, doch ergeben mehrere Fehler auch ganz stattliche Beträge. Oft sind die Zugstreben der unteren Querlenker verbogen. Sie können aber preisgünstig gerichtet oder erneuert werden. Die beiden Rollenlager im oberen Querlenker werden nur selten erneuert; beim Zerlegen der Vorderachse sollten auch sie kontrolliert werden, denn die Reparatur ist nicht allzu kostspielig. Mit den unteren Querlenkern sind nur selten Probleme zu erwarten, wie bei den Zugstreben sollte man jedoch ab und nach den Gummibuchsen sehen, die sich im übrigen ebenfalls recht preisgünstig reparieren lassen. Verschleißanfällig sind aber die Radlager, was oft Folgeschäden an Radflanschen oder Radnaben nach sich zieht. Eine sorgfältige Prüfung wäre hier durchaus anzuraten. An der Radnabe sitzen oben und unten Gelenkbolzen, die infolge mangelnder Wartung ins Geld gehen. Auch diese Reparaturen halten sich finanziell in Grenzen.

Der Frontantrieb des Mini überträgt den Antrieb über Gleichlaufgelenke, die gleichzeitig noch Lenkbewegungen zulassen, auf die Räder. Diese doppelte Belastung bringt natürlich auch erheblichen Verschleiß mit sich. Der Einbau neuer Gelenke ist recht arbeits- und kostenintensiv. Die preisgünstigen überholten Gelenkwellen, die ab und zu angeboten werden, lohnen sich aber nicht so recht. Ausgelaufene Gelenkwellen machen sich durch dumpfes Klopfen bei vollem Lenkeinschlag bemerkbar. Grundsätzlich gilt: klappert es bei Lenkeinschlag nach links, ist das rechte Gelenk reparaturbedürftig — und umgekehrt. Baujahre nach Mai 1973 haben innere Kreuzgelenke statt der Gummigelenke der älteren Minis. Sie klappern gerne beim Beschleunigen oder im Schiebelauf. Auch diese Teile sind teuer. Ältere Modelle hatten Gummigelenke, die öfter kontrolliert werden sollten, da sie gerne reißen. Ersatz ist aber erschwinglich. Der Cooper S ab 1966 sowie alle Automatik-Modelle hatten am inneren Antriebswellenende Hardy-Spicer-Gelenke. Ersatzgelenke (bei starkem Verschleiß) sind teuer, bei nur leichtem Klappern kann als preisgünstige Abhilfe ein neues Kreuzgelenk montiert werden.

Bremsen

Die Bremsen sollten beim Mini besonders sorgsam kontrolliert werden, da sie (besonders hinten) arg rostanfällig sind. Die Handbremsseile müssen in ihren Drehpunkten im Hilfsrahmen freigängig sein. Sehen die Einstellstücke auf der Rückseite der Bremsankerplatten abgerundet aus, sind sie wahrscheinlich festgerostet. Das gleiche gilt für die vorderen Einsteller. Ihre Erneuerung ist allerdings sehr teuer. Ersatz für eingelaufene Bremstrommeln ist ebenfalls kostspielig, *richtig* teuer sind aber die Bremsscheiben des Cooper. Festgegangene Bremszangen verursachen starken Verschleiß der Bremsscheiben, daher achtet man auch auf rostige Bremskolben. Kolben und Dichtungen sind als Reparatursatz lieferbar, sind aber nicht billig (vor allem für den Cooper 997/998). Die normalen Minis hatten bis Ende 1964 nur einen Radzylinder pro Rad. Auch diese Version ist teuer. Ab 1964 besaß der Mini zwei Radzylinder, deren Bohrung ab 1969 vergrößert wurde. Diese Ausführung kostet ebenfalls ihr Geld.

Räder und Reifen

Am Mini sind die unterschiedlichsten Felgen zu finden. Besonders beachtenswert sind folgende Punkte: Alle über 5,5 Zoll breiten Mini-Felgen benötigen die teuren 165er Reifen. Bis 5 Zoll sind 145er Gürtelreifen zulässig, die wesentlich erschwinglicher sind. Ab 1974 bekam der 1275 GT 12-Zoll-Räder (wegen der größeren Bremsscheiben und anderer Bremszangen ohne Bremskraftverstärker). Fast alle diese Wagen hatten Denovo-Räder und -Reifen, die wegen ihrer mäßigen Straßenlage, raschen Reifenabriebs und hoher Preise bei vielen Mini-Besitzern unbeliebt sind und daher auf andere Felgen mit normalen Reifen umgerüstet werden. Der S hatte ventilierte Stahlfelgen (anfangs 3,5 Zoll, später 4,5 Zoll breit).

Benzintanks

Beim Van und Kombi liegt der Benzintank unter dem Bodenblech und ist hier besonders rostgefährdet. Er wird auch an den Nähten oft undicht. Der Tank ist mit sechs Schrauben angeschraubt, was beim Ausbauen wegen verrosteter Schraubenköpfe oft Probleme bereitet. Ein neuer Benzintank ist nicht billig. Bei den Limousinen liegt der Tank im Kofferraum, wo er leichter auszuwechseln ist, aber als Neuteil ebenfalls viel Geld kostet. Der Cooper S ab 1966 hatte Doppeltanks, bei denen kaum Probleme zu erwarten sind.

Motor und Antrieb

Bei Motor und Getriebe sind die meisten Varianten anzutreffen. Motoren gibt es zwischen 850 und 1275 ccm Hubraum, und das Getriebe existiert in unzähligen Gänge- und Antriebsübersetzungen.

Wer einen Cooper S kauft, sollte sich nach Kontrolle der üblichen Stellen an Fachleute (Clubs oder das Mini Spares Centre) wenden, um Motornummer, Motortyp und die technischen Änderungen eindeutig bestimmen zu können. Bei den anderen Minis achte man vor allem auf gesunden Öldruck. Im Leerlauf sollte er bei warmen Motor nicht unter 1,1 kg/cm^2 betragen, beim Cooper S eher 1,6 kg/cm^2. Im Fahrbereich muß er knapp 3 kg/cm^2 betragen, beim 1300 gut 4,2 kg/cm^2. Bei kaltem Motor erreicht ein guter Cooper S oft Werte über ca. 6,4 kg/cm^2. Auch bei warmem Motor sollte der Öldruck nicht unter knapp 4 kg/cm^2 liegen.

Achten Sie auch auf übermäßigen Auspuffqualm. Dies bedeutet oft teure

Reparaturen in Form neuer Ventilführungen oder Kolbenringe.

Nockenwellen sind sehr langlebig, Verschleiß an Stößeln, Kipphebeln und Steuerketten ist aber keine Seltenheit und macht sich durch höhere Motorgeräusche bemerkbar. Abhilfe hält sich preislich in Grenzen, außer beim Cooper S, bei dem neue Kipphebel mit Buchsen sehr teuer werden. Bei allen anderen Typen können die neueren Sinter-Kipphebel ohne Buchsen montiert werden.

Vernachlässigte Mini-Motoren ölen ziemlich stark. Dichtungen und Dichtringe sind zwar nicht teuer, ihr Einbau bedeutet jedoch erheblichen Zeitaufwand. Schlimstenfalls sind auch Ölwannendichtung und Vorgelege- und Differentialdichtung fällig. Dazu muß der Motor ausgebaut werden. Auch die Abdichtung zwischen Getriebe und Differential ist eine Schwachstelle. Die Steuergehäusedichtung ist wenig problematisch, ebenso Kipphebel- und Stößeldeckeldichtungen.

Bei den Getrieben mit freiliegenden Schaltstangen wird oft der Übergang der äußeren Schaltstangen in das Getriebe undicht. Abhilfe ist aber relativ problemlos. Undichte Kupplungs-Wellendichtringe machen sich meist durch rutschende Kupplung bemerkbar. Ernster (und wesentlich teurer) ist ein verschlissenes Primärrad, durch das Öl in die Kupplung gelangt. Müssen alle Kupplungsteile erneuert werden, kann dies recht teuer werden, glücklicherweise kommt es aber nur selten soweit. Ein verbreitetes Übel sind dagegen rappelnde Kupplungen. Sie sind nur mit Mühe zu kurieren. Bei der Überholung der Kupplung prüfe man auch den Zahnkranz, der teuer ist und von Spezialisten montiert werden muß. Auch hier sind Schäden glücklicherweise selten.

Motorarbeiten können immer kostspielig werden, vor allem beim Cooper S. Der Teilenachschub ist gesichert und nicht allzu teuer. Oft treten bei der Motorenüberholung aber immer mehr Schwachstellen zutage, so daß die Schlußrechnung doch immens wird. Bei einigen der älteren Minis und Cooper wurden die Öldruck-Primärräder undicht, und dünne Abschlußwellen, auf denen diese Räder sitzen. Wenn sie aber bis heute gehalten haben, dürfte kein Grund zur Sorge bestehen.

Das Getriebe muß aufgrund seiner Lage unter dem Motor mit Vorgelegerädern von der Kurbelwelle zu den Getriebewellen konstruiert werden. Die drei Zahnräder, das Primärrad auf der Kurbelwelle, das Zwischenrad (Vorgelegerad) und das untere Zahnrad (Antriebsrad), sind besonders verschleißgefährdet und sind in der Reparatur teuer. Schwachstelle Nr. 1 ist das Zwischenrad, das auf einer beidseitig kegelrollengelagerten Welle sitzt (eines im Getriebegehäuse, eines im Kupplungsgehäuse). Wegen der schwimmenden Lagerung sitzen hier zwei Anlaufscheiben, die beim Einbau genau vermessen werden müssen. Beim Beschleunigen oder Fahren unter hoher Last ist dieses Rad durch sein klingelartiges Geräusch (oder beim Leerlauf durch dumpfes Rasseln) zu hören. Finger weg von Exemplaren mit derartigen Geräuschen. Wenn diese Teile erst einmal vor dem Exitus stehen, können auch Getriebe- und Kupplungsgehäuse dadurch ruiniert werden.

Bei heulenden Getrieben oder herausspringenden Gängen ist Vorsicht geboten, vor allem, da die Lager, Schaltgabeln und Wellen relativ rasch verschleißen, speziell auf der Antriebswellenseite.

Kontrollieren Sie die Getriebenummer (beim verrippten Getriebegehäuse ist sie am vorderen Ende zu erkennen). Bei Modellen bis Bj. 73 und freiliegenden Schaltstangen sollte die Nummer 22G 1128 lauten, denn Minis mit vollsynchronisiertem Getriebe fahren sich angenehmer und sind in der Ersatzteilversorgung besser (und billiger) dran. Beim Getriebe mit freiliegenden Schaltstangen ist der Schalthebel mit zwei Schaltstangen mit dem Getriebegehäuse verbunden. Wenn man im Wagen sitzt, erkennt man dies daran, daß der Schalthebel zum Einlegen des Rückwärtsgangs über die Kulisse angehoben werden muß.

Beim älteren Getriebe mit langem Schalthebel wird zum Einlegen des Rückwärtsgangs einfach durch die Kulisse durchgeschaltet. Die Automatikgetriebe sind robust, Defekte kommen aber vor allem bei mangelnder Wartung vor und gehen sehr ins Geld. Das Öl, das Motor und Getriebe gleichermaßen versorgt, sollte vor allem in der warmen Jahreszeit regelmäßig gewechselt werden. Ein Automatik-Mini fährt sich angenehm, doch ist vor allem bei älteren Baujahren Vorsicht am Platze, denn ein defekter Wandler oder Getriebe kosten meist mehr als der Wagen wert ist.

Der einzige Lichtblick zu den Schwachstellen des Antriebsaggregats ist die gute Gebrauchtteileversorgung (außer beim Cooper). Auch hierzulande findet man immer wieder Minis auf dem Schrottplatz, die wegen einer Summe kleinerer Mängel dort gelandet sind (schlampige Verarbeitung etlicher Baujahre!), aber noch eine brauchbare Mechanik besitzen. Besorgen Sie die Teile möglichst bei einigermaßen seriösen Autoverwertern, wo man evtl. noch Garantie auf geprüfte Aggregate bekommt. Andernfalls kann es passieren, daß die dort erstandenen Teile sogar schlimmer als die eigenen Teile sind. Auch Garantien sind übrigens nicht immer viel wert, falls die Aggregate vor dem Ausbau nicht geprüft wurden. Der Schrottplatz hat damit nicht viel zu verlieren, Sie dagegen schon, denn wer will hinterher schon feststellen, daß die erworbenen Teile erst nichts taugen? Ob der nächste Ersatz besser ist, weiß man auch nicht. Ideal wäre, man könnte das Aggregat noch auf dem Schrottplatz zur Kontrolle teilweise zerlegen. Wer nur Einzelteile oder Anbauteile sucht, kommt meist mit Anzeigen in Autozeitschriften weiter.

Elektrik

Prüfen Sie bei der Besichtigung auch den Zustand des Kabelbaums. Verrottete Kabelbäume erfordern teure Reparaturen. Für ältere Modelle, z.B. den Cooper, sind sie nicht mehr ohne weiteres erhältlich, höchstens über Spezialbetriebe. Schäden an der Elektrik gehen überhaupt gerne ins Geld. Sie sind auch die häufigste Pannenursache und wirken besonders zermürbend, da man rätselhaften Kurzschlüssen oft auch nach wochenlanger Suche nicht auf die Spur kommt.

Der Kauf eines Mini - Zusammenfassung

Nachdem man anhand der Checkliste und der Tips von Keith Dodd den Wagen unter die Lupe genommen hat, graust einem meist gehörig! Bei der Gebrauchtwagenschätzung durch offizielle Stellen, z.B. DAT oder ADAC, geht man sicher längst nicht so gründlich vor. Das Ergebnis ist mit Sicherheit meist eine lange Mängelliste. Hat der Wagen dagegen kaum eine der hier gezeigten Schwachstellen, ist man auf eine echte Perle gestoßen!

Das !!! im ersten Teil dient als grober Anhaltspunkt für die Reparaturkosten. Ein ! bedeutet, daß die Kosten

Kriterien für den Kauf

etwa denen für einen guten Markenreifen entsprechen, bei !!! liegen die Kosten in Höhe eines Satzes Reifen, bei !! liegen sie irgendwo dazwischen. DM-Beträge wären aufgrund der Preisentwicklung rasch überholt, daher wurde auf ihre Angabe verzichtet. Die Symbole beziehen sich nur auf die Teilekosten, soweit Do-it-yourself-Reparaturen möglich sind. Die Lohnkosten betragen z.B. bei Blecharbeiten oft das 3- bis 4-fache der Ersatzteilkosten, d.h. zu 200 DM Ersatzteilkosten kommen (als grobe Faustregel) oft noch 600 bis 800 DM Einbaukosten dazu.

Lassen Sie sich von der Mängelliste (sofern es nicht ganz gravierende Mängel sind) nicht abschrecken. Mit den folgenden Hinweisen kann man sie vielleicht besser abschätzen.

Karosseriedurchrostungen sind bei weitem der ärgste Feind des Mini und seines Besitzers. Der Wagen ist so aufgebaut, daß die äußeren Bleche erst alle miteinander die erforderliche Festigkeit ergeben. Schwere Rostschäden sind also Grund zum Nachdenken. Die Reparatur fast aller neuralgischen Roststellen ist bei einigermaßen guten Schweißkenntnissen oder gründlicher Vorbereitung der Schweißstelle für die Reparatur durch einen Fachmann aber mit überschaubarem Aufwand zu bewerkstelligen. Erst bei neuen Stehblechen, Dachträgern und anderen versteckten Roststellen wird die Reparatur heikel. Rost macht sich meist als Spitze des Eisbergs bemerkbar. Hinter äußeren Durchrostungen sieht es an innenliegenden Teilen meist noch zehnmal schlimmer aus. Dies gilt auch für die in den Checklisten genannten Bereiche.

Die meisten Karosserieteile sind problemlos lieferbar, vor allem, weil es wegen der hohen Produktionszahlen des Mini auch künftig für Austin-Rover interessant ist, Bleche auch für die älteren Modelle in Produktion zu lassen, da es auch weiterhin noch einen Markt für den Mini gibt. Wegen der hohen Stückzahlen sind auch viele freie Reparaturblechlieferanten in diesen Markt eingestiegen und liefern für fast alle Roststellen Bleche. Manche Bleche sind nur billige Kopien, andere dagegen unverzichtbar, da Originalteile schon lange nicht mehr lieferbar sind.

Auch fast alle Mechanikteile sind noch lieferbar, außer beim Cooper 997 und S, bei denen man sich bei Speziallieferanten nach etwaigen Engpässen erkundigen sollte. Mängel an der Mechanik sind also noch relativ leicht zu verzeihen. Überholungen größerer Baugruppen sind aber naturgemäß recht teuer.

Die größten Probleme (außer bei den allerneuesten Baujahren) dürften bei Zier- und Polsterteilen auftreten. Aber auch hier ist angesichts der hohen Stückzahlen des Mini nicht alle Hoffnung verloren, da man aus einem Schrott-Mini vielleicht die langgesuchten Polsterstoffe noch in gutem Zustand retten kann (schlimmstenfalls muß eben ein Bastelurlaub in England für derartige Aktionen herhalten). Je seltener und älter der Mini ist, desto eher sind diese Quellen allerdings versiegt.

Wer seinen Mini nur fahren und nicht damit repräsentieren will, kann entweder neue Polsterstoffe (sehr teuer!) oder gebrauchte Polsterstoffe verwenden, oder sie von einem Autosattler aufarbeiten lassen.

Autosattler-Restauratoren arbeiten vorwiegend für gutbetuchte Klientel mit Luxuskarossen und lassen sich ihre Arbeit teuer bezahlen. Die ortsansässigen kleineren Polsterer, die u.a. für normale Autowerkstätten arbeiten, sind dagegen längst nicht so teuer. Fragen Sie mal bei Autohändlern nach! Eine Neuaufpolsterung hat natürlich den Nachteil, daß Farbe, Gewebe und Struktur des Originals meist nicht mehr exakt wiederhergestellt werden können.

Von allen Autos im Straßenverkehr dürfte sich der Mini unterm Strich mit am leichtesten am Laufen halten lassen; zumindest ein schwacher Trost!

2. Außer den Schwellern sind vor allem die Vorderkotflügel des Mini notorische Roststellen. Das obere Loch stammt von der Antenne, unübersehbar blüht Rost aber nahe der senkrechten Naht und am Windlauf. Meist sind dann auch die Innenbleche verrostet, vor allem an den Außenkanten des Windlaufs.

1. Egal ob man sofort einen fahrbaren Untersatz braucht oder erst Arbeit investiert, auf jeden Fall sollte man nach einem möglichst gut erhaltenen Exemplar (aber nicht unbedingt nach dem teuersten) fahnden. Wer zum Restaurieren kauft, hat anderes vor sich: hat man erst einmal angefangen, scheint meist so ziemlich alles restaurationsbedürftig, egal wie der Wagen vorher aussah. Man kann sich also genausogut ein komplettes Restaurationsobjekt zulegen (das aber nicht komplett verfault ist!). Dieser Cooper sah vor der Restaurierung eigentlich ganz gut aus. Im Karosserie-Kapitel sehen Sie aber, wieviel Arbeit nötig war.

Mini-Restaurierungshandbuch

3. Ähnliche Problemstellen sind die Kotflügelvorderkanten oberhalb der Scheinwerfer, rund um die Lampenringe. Oft kommen hinter dem ausgebauten Scheinwerfer gähnende Rostlöcher zum Vorschein. Auch die Naht zur Frontmaske, die Frontmaske selbst sowie die Frontschürze unterhalb der Stoßstange sind kritische Bereiche. Beim Riley Elf oder Wolseley Hornet achte man auf Vollständigkeit aller Chromteile, Stoßstangen usw. Ersatz ist praktisch nirgends mehr zu bekommen.

4. Vollkommene Originalität älterer Modelle ist in jedem Fall ein Plus. Diese Türschlaufen sahen damals vielleicht primitiv aus, heute wirken sie eher liebenswert antiquiert. Türverkleidungen und Armaturenbretter wurden häufig mit individuellen Zutaten verschönert. Originale und komplette Innenausstattungen sind daher ein echter Pluspunkt.

5. Kotflügelverbreiterungen und Leichtmetallfelgen sind nicht jedermanns Geschmack. Sind schon Verbreiterungen montiert, prüft man, ob sie original sind (z.B. beim Mini Sprite 1984 und bei den Radford-Cooper der 60er Jahre) oder seinerzeit als Zubehör lieferbar waren und daß sie fachgerecht montiert wurden. Betagte Leichtmetallfelgen betrachte man mit Mißtrauen, denn Leichtmetall kristallisiert im Laufe der Jahre und verliert dann seine Festigkeit (die Folgen wären verheerend!).

6. Gravierender als Rost an Außenblechen sind Roststellen am Bodenblech unter den Rücksitzen. Spannungen im hinteren Hilfsrahmen wirken bis in diesen Bereich weiter. Die angrenzenden Fußmulden und Hilfsrahmen-Befestigungspunkte sind dann meist ähnlich angeknackst. Dies bedeutet u.U. viel Arbeit.

Kriterien für den Kauf

7. Auch der Boden der Ablagefächer neben den Rücksitzen rostet gerne durch. Feuchtigkeit soll durch die Ablaufbohrungen abfließen (in den hinteren Fußraum!). Diese Gegend ist eine der häufigsten Rostbrutstätten. Sie ist erst nach Abnahme der hinteren Verkleidungen zu erkennen. Rostschäden sind hier zwar nicht dramatisch, aber schlecht zugänglich und daher schwer zu reparieren.

8. Dieser Cooper-Kotflügel sah bis nach dem Entfernen des Altlacks ganz gut aus. Lassen Sie nie vom optischen Eindruck eines Wagens täuschen. Prüfen Sie mit einem Magneten, ob sich unter dem glänzenden Lack Metall oder Spachtel verbirgt.

9. Die Dachregenrinnen sind mit am schwierigsten zugänglich. Oberflächenrost kann abgeschliffen werden, bei schweren Rostschäden kommt aber eine komplizierte Reparatur auf Sie zu ...

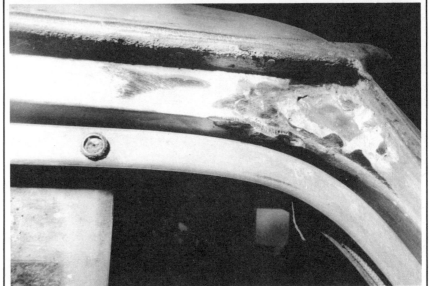

10. ... vor allem, wenn der Rost bis in die Oberkante des Türrahmens gewandert ist, wie es in schweren Fällen durchaus vorkommt. Auch hier sollten Sie mit einem Magneten prüfen, ob nicht Löcher zugespachtelt wurden.

Mini-Restaurierungshandbuch

11. Rostige Kantenzierleisten sehen häßlich aus. Zum Erneuern braucht man aber nur einen Schraubendreher zum Abhebeln der alten Leisten, eine Spraydose zum Lackieren der neuen Leisten und einen Hammer und Holzklotz zum Anklopfen der Leiste. Ist die dahinterliegende Naht erst durchgerostet, gehen die Schwierigkeiten so richtig los ... Kontrollieren Sie in diesem Bereich auch den Heckscheibengummi. Das Gummiprofil der älteren Modelle mit kleinerer Heckscheibe ist nicht mehr lieferbar. Autoglasereien, die Meterware statt vorgeformter Einzelgummis verarbeiten, behaupten allerdings, der Ersatz sei nicht schwierig.

12. Diese Blechkante saß an der hinteren Schwellerkante der älteren Modelle. Die Gummikappe in der Mitte wurde zum Abschmieren der dahinterliegenden Schmierstelle abgenommen. Oft sind diese Blechkanten ganz weggerostet. Die Werkstätten schleifen die Reste dann gleich vollends ab. Sind diese Kanten noch in gutem Zustand, spricht dies für die Originalität.

13. Die längeren Hinterradfedertöpfe des Van passen auch in die Limousinen. Dieser Wagen scheint auf diese Weise höhergelegt worden zu sein. Zum Tieferlegen wird der Federtopf jeweils um 2 bis 3 cm verkürzt, bis die gewünschte Höhe erreicht ist.

14. Spachtel unter dem Lack an den Blechkanten vor dem hinteren Radlauf läßt mit ziemlicher Sicherheit auf Durchrostungen schließen. Rost und Verzug ist an dieser Stelle nicht selten, wenn die Aufhängungen des hinteren Hilfsrahmens verrostet sind und das Wagenheck nachgibt.

Kriterien für den Kauf

15. Die Unterkanten der Heckklappe (beim MK II mit Chromleiste an der Vorderkante sogar diese Haubenvorderkanten!) rosten ebenfalls gern durch. Korrosion ist leicht zu erkennen, manchmal frißt sie sich jedoch auch hinter den Scharnieren und an anderen Stellen durch, die ohne Zerlegen nicht zu erkennen sind. Machen Sie sich also auf das schlimmste gefaßt — meist behalten Sie recht!

16. Wann ist ein Cooper kein Cooper? Wenn Fahrgestell- und Motortypenschilder fehlen! Sind die Motorschilder vorhanden, prüft man, ob der richtige Motor eingebaut ist. Fehlt das Schild, gibt es dafür nur einen Grund — der Motor gehört nicht zu diesem Wagenmodell! Zwei Vergaser, die richtigen Instrumente und Embleme und ein weißes Dach beweisen noch lange nichts (Viele Cooper wurden übrigens mit schwarzem Dach oder einfarbig ausgeliefert). Tartan-Rot mit weißem Dach war nur auf Werksrennmodellen zu finden und wurde nie für Serienexemplare verwendet!

17. Die richtigen Schriftzüge in brauchbarem Zustand (auf dem richtigen Modell) sind bei älteren Exemplaren unabdingbar, vor allem beim Mini Cooper, sonst darf man hinterher eine halbe Ewigkeit mit der Suche zubringen. Vielleicht hat man auch Glück und wird bei den Speziallieferanten fündig, die Schriftzüge und Abzeichen für Sammlerfahrzeuge nachfertigen. Erkundigungen sparen hier oft langwierige Suche.

Mini-Restaurierungshandbuch

18. Als Practical Classics einen Mini Cooper als Restaurationsprojekt aufbaute, tat man fast des Guten zuviel, da man ein extrem schlechtes Exemplar wählte. Als Hobby-Restaurator sollte man zwischen unnötigen Geldausgaben für einen fast zu gut erhaltenen Wagen und Kauf eines völligen Schrotthaufens abwägen, der höchstens als Futter für eine Artikelserie die Restaurierung rechtfertigen würde.

19. Wer eines der Sondermodelle wie z.B. den Radford Mini Cooper anvisiert, sollte unbedingt auf Vollständigkeit aller Schriftzüge, Embleme usw. achten (wie z.B. die emaillierten Radford-Abzeichen), denn eine Einzelanfertigung könnte ein kleines Vermögen kosten.

Die Frage der Versicherung

Der Wert von Sammlerfahrzeugen bei der Kfz-Versicherung ist seit jeher ein heißes Eißen. Was nicht mehr in der normalen Schwacke-Liste oder im Kasko-Typklassenverzeichnis drinsteht, hat für viele Versicherer nicht viel mehr als Schrottwert.

Schätzgutachten, die für die Versicherung zur eventuellen Schadensregulierung oder für den Abschluß von Kaskoversicherungen zugrundegelegt werden, sind unbedingt von Vorteil. Wenn die Versicherung das Wertgutachten anerkennt, hat man für etwaige Streitigkeiten jedenfalls eine sichere Grundlage.

20. Radford übernahm aber auch viele Details von Serienmodellen wie dem Riley Elf und Wolseley Hornet, so daß manche fehlenden Zierteile neu oder an Schrottwagen zu finden sein müßten.

Kriterien für den Kauf

21. Einige der Innenausstattungsdetails, z.B. das Armaturenbrett, waren nicht gerade von höchster Qualität. Im Vergleich zu anderen, echten Spezialkarosserien war es recht grobschlächtig gefertigt. Die Restaurierung dürfte für Hobbybastler also keine Probleme bereiten, sofern z.B. die Kunststoff-Formteile vorhanden und intakt sind. Wie sollte man sie sonst auch nachfertigen?

22. Der teuerste Teil der Restaurierung eines solchen Modells wären sicherlich die Polster, die komplett aus Leder bestanden. Die Aufarbeitung verschlingt rasch über 3000 DM. Bei allen Minis sind Zustand und Vollständigkeit der (richtigen) Innenausstattung entscheidend, da Ersatz praktisch nicht mehr zu beschaffen ist (siehe Text).

23. Der Mini Sprite zählt zu den moderneren Mini-Varianten. Mit der Sportwagen-Bezeichnung gibt es zwar keine zusätzlichen PS, doch kann er als eine der in regelmäßigen Abständen aufgelegten Mini-Sonderserien mit diversen Extras wie z.B. Kotflügelverkleidungen und Spezialfelgen aufwarten. Laut diesem Händler verkauft sich der Mini seit Mitte der 80er Jahre nicht mehr reißend, aber doch stetig. Neue Minis sind unter den Einsteigermodellen immer noch eine der interessanteren Alternativen mit individuellem Touch.

3 Karosserie

Mini — der Traum des Restaurateurs!

Ideale Autos für den Anfänger unter den Restaurateuren gibt es nicht viele — der Mini ist aber eines davon! Zwar ist die Mechanik manch anderer Marken wartungsfreundlicher, aber doch beim Mini ist sie keineswegs der schwierigste oder kostspieligste Teil. Die Karosserie des Mini birgt für den Restaurator sogar etliche handfeste Trümpfe: die Ersatzteilbeschaffung ist problemlos (anders als bei vielen anderen betagteren Fabrikaten) und obendrein recht preisgünstig, und die Konstruktion ist bis auf wenige Bereiche denkbar einfach. Ohne Schweißgerät läuft aber auch hier nichts.

Als Hobbyrestaurateur hat man bei der Teilebeschaffung drei Möglichkeiten. Nichttragende Teile (Motorhaube, Heckklappe, Front- und Heckschürzen) können mit Glasfasermatten und Spachtel oder mit Reparatur-Teilblechen repariert werden oder sogar — zu mehr als dem doppelten Preis — durch Original-Ersatzteile von Austin-Rover ersetzt werden. Die Lieferbarkeit dieser Originalteile dürfte auch für die Zukunft gesichert sein, nachdem sich der Mini inzwischen ja schon eines extrem langen Produktionslebens erfreut.

Die höheren Kosten der Originalteile sind jedoch relativ zu sehen. Ein Original-Vorderkotflügel kostet nicht mehr als ein neuer Reifen — und als Nachbauteil ist er noch günstiger. Billigere Teile sind natürlich oft auch anspruchsloser gefertigt — viele Nachbauteile sind allerdings für ihre mangelhafte Passung bekannt. Hinsichtlich der Paßgenauigkeit (der Verfasser wagt gar die Behauptung, daß manche Nachbauteile gar nicht für den angegebenen Typ sind, denn Ähnlichkeiten mit dem Originalteil sind nur mit einem gehörigen Maß an Einbildungskraft zu erkennen) sind Austin-Rover-Originalteile grundsätzlich zu bevorzugen, sofern der Wagen nicht nur behelfsmäßig repariert wird oder das Originalteil nicht lieferbar ist (wie z. B. das obere Windfangblech und ein oder zwei andere Bleche).

Das Kapitel Karosserie ist somit für den Hobbyrestaurateur eines der wichtigsten Informationsquellen, vor allem da viele der hier enthaltenen Fakten anderswo nirgends zu finden sind. Eine gesunde Karosserie ist das Rückgrat eines jeden Wagens; Karosseriemängel verringern Lebenserwartung, Sicherheit und Wert jedes Mini, restaurierte Karosserien zeichnen sich dagegen durch verwindungsfreies, sichereres und nebengeräuscharmes Fahrverhalten aus.

Werkzeuge

Als Hobbyrestaurateur kommt man natürlich nicht umhin, sich einen gewissen Werkzeugbestand anzuschaffen. Wer allerdings eine Vollrestaurierung anvisiert, dürfte das meiste davon sowieso schon besitzen.

Karosserie

Wer sich die ganze Werkzeugausrüstung auf einen Schlag zulegen muß, tröste sich mit dem Gedanken, daß die Werkzeuge billiger als die Arbeitskosten für die Restaurierung sind und man hinterher die Werkzeuge immer noch besitzt. Handwerkzeuge werden am härtesten strapaziert, so daß man die Investitionen für Qualitätswerkzeuge nicht scheuen sollte, denn gutes Arbeiten mit schlechten Werkzeugen ist fast unmöglich. Verschiedene namhafte Hersteller liefern ein breites Sortiment an Karosseriewerkzeugen, auch zu erschwinglichen Preisen für den Hobby-Restaurateur. Unbedingt erforderlich ist ein Elektrobohrer sowie ein Winkelschleifer, der sich zum Heraustrennen von rostigem Blech, Abschleifen von Lackschichten und von Flugrost an Schweißnähten, Verschleifen der Schweißnähte und Nacharbeiten der Passung von Reparaturblechen immer wieder bezahlt macht.

Mit dieser Grundausstattung und dem obligatorischen Hammer, ferner Trennmeißel, Schraubendrehern und Schraubenschlüsseln sowie einem geeigneten Blech-Trennwerkzeug (für den Anfang genügt eine Universal-Blechschere) kann es losgehen. Die Bleche werden dann mit Blechschrauben und/oder Grip-Zangen angeheftet, bis man im Branchenfernsprechbuch einen Schweißer gefunden hat, der auch ins Haus kommt", oder man die Karosserie auf dem Anhänger zur Karosseriewerkstatt transportiert hat. Meist braucht es dafür mehrere Besuche, da manche Bleche erst fertig bearbeitet werden müssen, bevor andere Bleche eingeschweißt werden können, bei guter Koordination ist aber nichts unmöglich. Wer die Restaurierung jedoch wirklich ernsthaft betreibt, kommt nicht umhin, irgendwann schweißen zu lernen. Elektroschweißgeräte können oft beim Werkzeugverleih angemietet werden, dieses Schweißverfahren ist für Außenbleche — sogar nach längerer Schweißpraxis — jedoch viel zu heikel. Für Arbeiten an dickeren Rahmenträgern oder zum Anheften von Innenblechen oder Türhäuten ist Elektroschweißen noch leidlich geeignet. Mit Elektroschweißgeräten und speziellen Zusatzgeräten kann auch hartgelötet werden, was vielseitigere Anwendungsmöglichkeiten eröffnet, aber nicht dieselbe Festigkeit garantiert.

Die Industrie- und Handelskammern und andere Einrichtungen bieten in zahlreichen Städten Schweißerlehrgänge als Abendkurse an, in denen unter anderen die Grundlagen des Autogenschweißens vermittelt werden. Autogenschweißen (Gasschweißen) ist bei Karosseriearbeiten wesentlich vielseitiger einsetzbar als Elektroschweißen, allerdings sind dazu Sauerstoff- und Acetylenbehälter ("Gasflaschen") nötig, die recht teuer und in der Lagerung nicht ungefährlich sind. Manche Hersteller bieten auch kleine Autogenanlagen an, die der Benutzer kauft und dazu die Gasflaschen für eine bestimmte Frist (z.B. 7 Jahre) mietet. Die leeren Gasflaschen werden von den Abhollagern in normaler Weise ausgetauscht. Manche Hersteller liefern auch preisgünstigere Alternativen, die fast schon Profi-Ansprüchen genügen und besser transportierbar sind (weshalb auch Profis darauf zurückgreifen). Diese Geräte bestehen oft aus sehr guten Schweiß- und Schneidbrennern, die mit einer nachfüllbaren Sauerstoffflasche und einer Einwegflasche mit Mapp-Gas betrieben werden; dieses Gas erreicht fast so hohe Temperaturen wie Acetylen, kann aber viel gefahrloser gelagert werden.

Im gleichen Verlag dieses Buches ist von demselben Verfasser ein Buch speziell für alle denkbaren Karosseriearbeiten erschienen, in dem die Werkzeuge und Reparaturverfahren an einer Fülle praktischer Reparaturbeispiele beschrieben werden. Dieses Buch mit dem Titel *Restaurierungs-Handbuch für Karosserie und Lack* soll als Leitfaden für größere und auch kleinere Karosseriearbeiten dienen und enthält daneben eigene Kapitel zum Thema Schweißen und Lackieren.

Ein letzter Hinweis zur Austauschbarkeit von Blechteilen. Die seitlichen A-Bleche (Dreiecksbleche) sind bei den Modellen mit bzw. ohne außenliegende Türscharniere unterschiedlich. Über das Händlernetz von Austin-Rover sind aber beide Ausführungen lieferbar. Die älteren Versionen der Frontschürzen, Stehbleche (ohne Luftschachtöffnung) und Kofferdeckel sind nicht mehr lieferbar; auch bei anderen Teilen dürfte der Nachschub im Lauf der Zeit austrocknen. Die Lösung des Teileproblems ist dem Besitzer dann selbst überlassen — Suchanzeigen in Autozeitschriften oder über Clubs, Einbau eines nicht originalen oder neueren Reparaturblechs (sie sind fast immer austauschbar) oder aber die Suche nach einem guten Gebrauchtteil. Ersatzteilspezialisten für britische Klassiker sind hier immer eine gute Adresse.

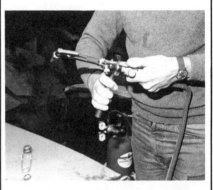

1. Manche tragbaren, kompakten Autogenschweißgeräte erreichen durchaus Profiniveau. Sie werden mit Mapp-Gas betrieben, das eine fast so heiße Flamme wie Azetylen erzeugt. Die einzigen Nachteile sind die etwas heikle Brennerbedienung und die höheren Betriebskosten. Die Portabilität und die geringeren Anschaffungskosten dürften dies aber durchaus wettmachen.

Schutzgasschweißen ist in etwa so, als ob man mit einem Filzstift langsam einen Strich zieht.

Mini-Restaurierungshandbuch

2. MIG-Schutzgasschweißen ist für den Do-it-yourselfer und Profi gleichermaßen das optimale Schweißverfahren. Ordentliche Hobbygeräte mit max. ca. 120-150 Ampere sind in der Handhabung fast so einfach wie das Stricheziehen mit dem Filzschreiber (beinahe!). Schutzgasschweißen ist nicht nur für den Anfänger leichter zu beherrschen, sondern auch günstiger in den Betriebskosten und mit weniger Verzug behaftet. Auch Punktschweißen ist in Grenzen damit möglich. Minuspunkte sind, daß man damit weder rostige Schrauben erhitzen noch Stahlteile biegen kann und eine Argon- oder CO_2-Flasche nötig ist.

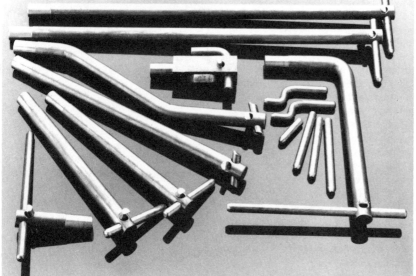

3. Beim Punktschweißen fließt ein Strom durch zwei überlappende Bleche, die durch die entstehende Hitze miteinander verschmolzen werden. Verbraucht wird nur Strom. Mit Verlängerungsarmen kann man auch gut um Hindernisse greifen (beim Mini mit seinen vielen Außenflanschen besonders wichtig!).

4. Ganz unten auf der Preisskala angesiedelt sind die Elektroschweißgeräte, die in Baumärkten sehr billig zu haben sind. Dünnblechschweißen ist damit aber nur mit erheblichem Geschick möglich. Bei viel Vorsicht und etwas Talent gelingt das Nähteziehen gerade so eben. DC-Geräte sind etwas leichter in der Handhabung als AC-Geräte. Mit Kohlelichtbogen-Hartlötvorsätzen lassen sich Dünnbleche wesentlich leichter verbinden, allerdings kann man damit natürlich nur hartlöten.

Karosserie

5. Ein transportables Autogengerät mit Zubehör, das durchaus schon Profi-Ansprüchen genügt.

6. Ein Abhollager für Gasflaschen, wie es in jeder größeren Stadt zu finden ist (Adressen siehe Branchenfernsprechbuch).

7. Dies ist ein Blechschneider zum Aufstellen, bei dem die Bleche von den Schneidrädern durchgezogen und dabei geschnitten werden. Sogar leichte Kurvenschnitte sind damit möglich. Im Vergleich zu einer Handblechschere läßt sich damit präziser, aber natürlich weniger mobil arbeiten.

Mini-Restaurierungshandbuch

8. Dieses überaus nützliche Werkzeug für den Hobbyrestaurateur ermöglicht das Absetzen von Blechkanten im Einschweißblech, so daß bündige Überlappungen entstehen. Die Bleche passen genauso exakt und glatt wie Stoßverbindungen zusammen und lassen sich so fest und leicht wie Überlappnähte verschweißen.

9. Mit diesem (allerdings nicht ganz billigen) Abkantwerkzeug läßt sich eine gleichmäßige Kante in ein Blechstück biegen. Sogar geringer Verzug im Blech kann damit ausgeglichen werden.

Werkzeuge

Am Anfang der einzelnen Kapitel sind die wichtigsten Werkzeuge und Geräte aufgeführt, die für die Arbeiten benötigt werden. Elementare Werkzeuge sind nicht aufgeführt, grundsätzlich ist es aber stets besser und sicherer, wenn man immer die qualitativ besten Werkzeuge anschafft (bzw. mietet).

Sicherheit

Am Beginn der einzelnen Kapitel steht ein Hinweis zur Sicherheit. Wer die Reparatur bzw. Restaurierung durchführt, ist für seine Sicherheit natürlich selbst verantwortlich; Verantwortung für Sicherheitsratschläge oder fehlende Hinweise kann daher nicht übernommen werden — die Sicherheitsratschläge sind lediglich als Fingerzeig zu verstehen. Weitere Hinweise zur Arbeitssicherheit enthält der Anhang — lesen Sie diesen Anhang vor den im folgenden beschriebenen Arbeiten also genau durch!

Vor Schweißarbeiten stets die Drehstromlichtmaschine (falls vorhanden) abklemmen, sonst könnte sie zerstört werden.

Demontage und Diagnose

Werkzeuge

Unterstellböcke oder Auffahrrampen; Schraubendreher mit dünner Klinge; Augenschutz; Abbeizer; Gummihandschuhe und Schaber; Notizblock; Tüten und Kartons für Schrauben, Muttern und andere Kleinteile; ein Satz Schraubenschlüssel und Schraubendreher (auch Schlagschrauber); Rostlöser und Wärmequelle zum Lösen festgerosteter Gewinde.

Sicherheit

Offene Flammen von Benzintank und Benzinleitungen fernhalten. Abbeizer ist schädlich für Haut und Augen. Lesen Sie die Sicherheitshinweise auf der Packung genau durch und arbeiten Sie stets mit Schutzbrille, Gummihandschuhen und schützendem Overall. Hochgehobene Fahrzeuge müssen sicher unterbaut werden — ein Rangierwagenheber allein genügt nicht. Beim Stochern an der Wagenunterseite eine Schutzbrille aufsetzen und auf rostige, scharfe Kanten achten.

Vor der Restaurierung nimmt man das Objekt zuerst von allen Seiten systematisch unter die Lupe und notiert alle Schwachstellen. Instinktiv möchte man gleich mit dem Zerlegen anfangen. Bremsen Sie sich aber lieber erst einmal, ehe Sie vor lauter Übereifer in Schwaden von Rostlöser und Trennschneiderstaub verschwinden. Hat sich die Karosserie erst in einen Haufen verbogener Bleche und Einzelteile aufgelöst, gibt es kein Zurück mehr — und wohin all die vielen Einzelteile gehören, fällt einem meist auch nicht mehr ein. Wem dies übertrieben erscheint, der sei versichert — es ist gar nicht so weit von der Wahrheit entfernt!

1. Dieser Cooper stand für sein Alter noch sehr sauber da. Neben einem leichten Frontschaden waren aber auch die Vorderkotflügel schon recht rostig und die Schweller sowie auch die Türhäute und das Kofferdeckel-Scharnierblech angegriffen.

Karosserie

4. Die Scheinwerfer wurden gleich zu Anfang demontiert. Bei einigen Modellen wird der Chromring mit einer Blechschraube (unten) gehalten, bei anderen mit einer Feder, so daß der Ring mit dem Schraubendreher abgehebelt werden muß.

2. Bei einer Vollrestaurierung sollte die Karosserie soweit wie hier abgespeckt sein, bevor die Bleche demontiert werden (Einzelheiten siehe Ausbau des Motors). Hier wurde nur der Motor ausgebaut und der vordere Hilfsrahmen drin gelassen. Motor und Hilfsrahmen können aber auch als Einheit demontiert werden, nachdem die Karosseriefront abgebaut wurde. Hauptnachteil: der Wagen wird dadurch praktisch immobil. Außerdem trägt der Hilfsrahmen zur Versteifung des Vorderbaus bei und dient als Bezugspunkt für den Anbau neuer Bleche. Der einfache Aufbau der Mini-Front ist hier gut zu sehen: alle Kotflügel sind an der Oberkante mit den seitlichen Stehblechen (der Motorraum-Seitenwand) verschweißt und bilden eine verwindungssteife Kastenkonstruktion. Kühlerrahmen und Fronstschürze verbinden und versteifen beide Seitenteile. Hinten im Motorraum sind das obere Spritzwandblech und der Kasten für Kupplungs- und Bremszylinder zu sehen, durch den die Konstruktion nach hinten versteift wird. Der vordere Hilfsrahmen ist am hinteren Ende der Frontschürze, am Querträger hinten im Motorraum und an der Vorderkante des Unterbodens angeschraubt.

3. Das R weist diesen Wagen als ein Exemplar aus der Fertigung von Radford aus, die die gehobeneren Modelle des Mini in den 60er Jahren ausstatteten. Derartige Zubehörteile, die man hinterher wieder montieren will, sollten sorgfältig aufbewahrt werden. Früher waren sie vielleicht geläufig, doch heute sind sie praktisch nicht mehr zu bekommen.

5. Der komplette Scheinwerfer wird entgegen der Federspannung einwärts gedrückt und etwa 10 mm nach links gedreht, bis das Halte-Langloch von den Halte-/Einstellschrauben freikommt.

Mini-Restaurierungshandbuch

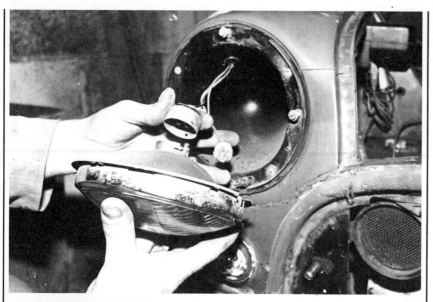

6. Bei älteren Modellen sitzen hier Bajonettstecker, bei späteren Modellen Kunststoffassungen, die einfach abgezogen werden. Die Standlichtbirne im Scheinwerfer nicht vergessen!

7. Der Scheinwerfertopf ist mit fünf Blechschrauben im Kotflügel verschraubt. Diese Töpfe sollten möglichst gegen Kunststofftöpfe ausgetauscht werden, da die Stahltöpfe durch raschen Rostbefall unliebsam auf sich aufmerksam machen.

8. Beim Ausbau des Scheinwerfertopfes zieht man die Lampenkabel im Motorraum ab und durch die Kabeltüllen im Stehblech nach außen, so daß der Topf weggenommen werden kann.

9. In den neuen Kotflügeln sind unter Umständen keine Befestigungspunkte für die Scheinwerfertöpfe vorgesehen. Hebeln Sie die Kunststoff-"Muttern", in die die Halteschrauben eingedreht werden, aus dem alten Kotflügel heraus und bewahren Sie sie auf.

Karosserie

10. Der Grill des Mini ist mit Blechschrauben befestigt (siehe Finger). Bei einigen Minis wird der Grill mit Rändelmuttern befestigt, so daß der Motorraum noch leichter zugänglich ist.

11. Vor dem Ausbau des Signalhorns sortieren Sie erst den Kabelsalat. Um die Kabel eindeutig zuordnen zu können, kennzeichnen Sie die Anschlüsse mit Abklebeband an den Kabelenden.

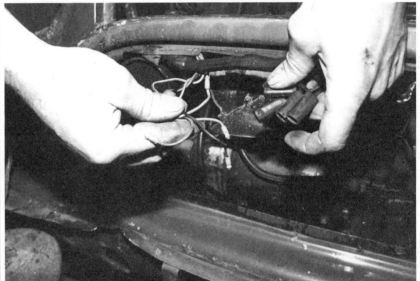

12. Das Signalhorn ist direkt an der Mittelstrebe des Kühlerblechs angeschraubt.

13. Jetzt ziehen Sie die Wischerarme von ihren Achsen ab (manchmal lösen sie sich nur mit etwas Nachdruck und einem Schraubenzieher als Hebel von der Nutverzahnung). Dann lösen Sie die Muttern, mit denen der Wischerantrieb am Windlauf angeschraubt ist.

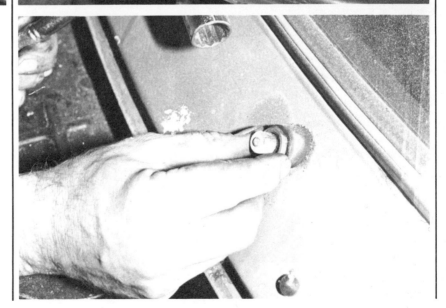

Mini-Restaurierungshandbuch

14. Hebeln Sie den Mechanismus mit einem geeigneten Hebel nach unten, so daß die Antriebsachsen nach unten aus den Bohrungen im Windlauf rutschen. Bei dieser Arbeit wünscht man sich noch einige Male lange, schlanke Spinnenfinger...

15. Der Wischermotor ist an der Spritzwand mit drei Schrauben festgeschraubt. Sie sind von hinten zugänglich, nachdem die Verkleidung an der Armaturenbrettablage abgebaut wurde. Der Ausbau des Motors mit angebautem Wischergestänge ist oft schwierig.

16. Nachdem der Wischermotor separat abgebaut wurde, kann das Gestänge ebenfalls komplett herausgenommen werden.

17. An den vorderen Blinkern wird zuerst der Chromring mit einem Schraubendreher von der Dichtunterlage abgehebelt. Alte Gummis sind meist schon sehr brüchig und reißen leicht ein.

Karosserie

18. Das darunterliegende Glas sitzt ebenfalls in der Gummihaltelippe, läßt sich aber meist einfacher lösen.

21. Die Kabel abziehen. Kratzen Sie mit dem Fingernagel am Kabel, um festzustellen, ob die Isolation brüchig ist (das Kabel ist unter ständigem Beschuß durch Straßenschmutz) und die Kabelfarben noch sichtbar sind. Ggf. Kabel mit Klebeband kennzeichnen.

24. ... und lösen die Rundsteckhülsen vom Kabelende, so daß das Kabel durch die Öffnung im Gummi zurückgezogen werden kann. Wollen Sie die Lampen wiederverwenden, schieben Sie die Steckhülsen wieder auf, sonst gehen sie garantiert verloren.

19. Die Glühlampenfassung ist mit drei Blechschrauben befestigt. Bei älteren Minis sitzen die Schrauben aber oft im gähnenden Nichts!

22. Die Lampenfassung kann jetzt aus der Gummiunterlage gedrückt und die Kabel nach hinten durch den Gummi abgezogen werden. Die Fassung ist häufig korrodiert und muß ersetzt werden (Pfennigartikel!).

25. Die Rückleuchten sind bei allen Modellen mit drei Schrauben mit Muttern befestigt, die innen im Kofferraum zugänglich sind. Ihre Steckverbinder sitzen innen im Kofferraum hinten in Bodenblechnähe.

20. Lampenfassung und Gummidichtung können nun herausgezogen werden.

23. Mit einer langschenkligen Spitzzange ziehen Sie die Kabel von ihren Kontaktstiften ab...

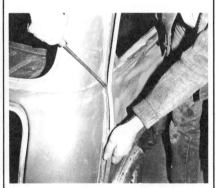

26. Beim Abbau der Zierleisten untersucht man die Karosserie gleich auf Rostbefall. Hebeln Sie die Nahtabdeckungen mit einem Schraubendreher ab. Sie sind oft verrostet; Ersatz ist allerdings nicht teuer.

Mini-Restaurierungshandbuch

27. Die Kunststoffzierleisten am Radlauf sind noch einfacher zu demontieren. Aufpassen, daß sie nicht brechen (vor allem bei kaltem Wetter). Sie lösen sich leicht (manchmal sogar unbeabsichtigt während der Fahrt) und werden daher nachträglich angenietet. Die Nietköpfe bohrt man vor dem Abbau ab.

28. Bei den älteren Baujahren sind die Motorhaubenembleme mit Federmuttern befestigt, die auf die Zapfen der Embleme (durch die Karosseriebohrung durchgesteckt) aufgedrückt werden. Vorsicht beim Abhebeln der Embleme — die Haltezapfen brechen leicht ab!

29. Das Emblem kann nun abgehoben werden. Bei einigen späteren Modellen werden die Haltezapfen der Embleme in Kunststoffhalter eingedrückt, die in der Bohrung im Blech sitzen. Manche Embleme (z.B. das BL-Emblem) sind geklebt und müssen mit dem Schraubendreher abgehebelt werden. Wieder andere sind mit Muttern und Unterlegscheiben befestigt.

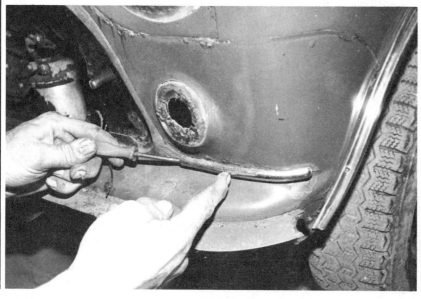

30. Die Wolseley- und Riley-Modelle sowie einige der luxuriöseren Minis haben zusätzliche Zierleisten, wie z.B. hier an der Unterkante der Vorderkotflügel...

Karosserie

31. ... und hier am Übergang zwischen Kotflügel und Windlauf. Diese Zierleisten müssen mit größter Vorsicht abgehebelt werden; sie sind praktisch unersetzbar, dürfen also keinesfalls beschädigt werden.

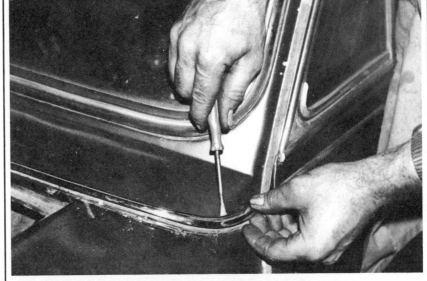

32. Auch die Zierleistenklammern sind nicht ohne weiteres zu bekommen. Bewahren Sie sie in einer gekennzeichneten Klarsichttüte auf. Ebenfalls nicht mehr lieferbar sind die Halteklammern der Türverkleidung (unmittelbar unterhalb der Türscheibe). Also auch hier darauf achten, daß sie intakt bleiben.

33. Andere Teile wie z.B. diese Dichtung dürften ebenfalls nicht mehr lieferbar sein, doch notfalls läßt sich von den Lieferanten, die z.B. in Markt und Practical Classics annoncieren, sicher ein passendes Profil beschaffen.

34. Die Heckstoßstangenschrauben gehen durch das Heckabschlußblech durch, doch ist ihr Gewinde fast immer zusammengerostet. Sprühen Sie also alle Gewinde schon längere Zeit im voraus mit Rostlöser ein.

Mini-Restaurierungshandbuch

35. Diese Vorderstoßstange war ohnehin Schrott, wurde also mit der Flex durchgetrennt (Schutzbrille nicht vergessen!), um besser an die Rückseite zu kommen. Mit einer Metallsäge wäre dies viel zeitaufwendiger, da an der harten Chromschicht das Sägeblatt weitgehend wirkungslos bleibt.

36. Die alte Stoßstange wurde weggebogen; dahinter kam eine bös verrostete Halteschraube zum Vorschein. Da sie nun besser zugänglich war, ließ sich die Schraube viel leichter lösen.

37. Die vordere Stoßstange kann (wie auch die hintere Stoßstange) nun einfach abgehoben werden.

38. Das Ausräumen des Motorraums ist unbedingt notwendig, wenn der Motorraum hinterher präsentabel aussehen soll. Wir bauen die Pedalerie vom Innenraum her aus und können dann die Kupplungs- und Bremszylinder am Querträger (hier Rechtslenker!) sowie die Motorzugstrebe abschrauben. An Hydraulikleitungen, die am Fahrzeug verbleiben, müssen die Gewinde durch Abklebeband geschützt werden.

Karosserie

39. Beim Rechtslenker laufen auf der anderen Seite des Querträgers die Heizungsrohre über einer verschlossenen Öffnung für die Kupplungs- und Bremszylinder (für Linkslenker-Pedalerie).

40. Wer auf Originalität achtet, baut jetzt auch das Typenschild ab und lagert es an einem sicheren Ort ein.

41. Der fast völlig leere Motorraum, bevor er mit einem Kaltreiniger behandelt wird. Kontrollieren Sie jetzt die seitlichen Stehbleche (vor allem vorne im unteren Bereich) auf Durchrostungen. Ganz Gründliche beizen den ganzen Bereich ab.

42. Der Ausbau der Bodenteppiche und Seitenverkleidungen im Innenraum dürfte keine Probleme bereiten. Einzelheiten zum Ausbau von Türen, Kurbelapparaten, Front- und Heckscheiben, Sitzen und anderen Punkten sind in den entsprechenden Abschnitten dieses Buchs nachzulesen. Hier wird ein Ledersitz aus einem Radford Cooper ausgebaut. Er ist mit den normalen vier Schrauben am Querträger befestigt.

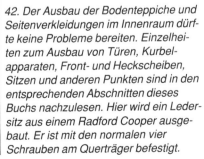

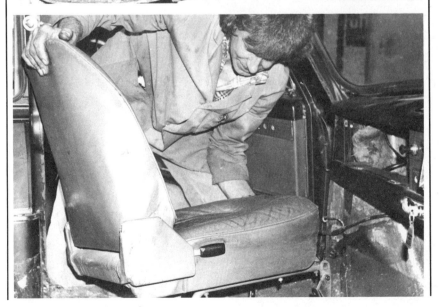

55

43. Die Schutzleisten an den Türunterkanten dieses Wagens waren mit vier Blechschrauben befestigt.

44. Die Frontscheiben-Defrosterdüsen sind oben an der Innenspritzwand angeschraubt und sind bei ausgebauter Frontscheibe am besten zugänglich. Eine der drei Halteschrauben des Wischermotors (siehe Bild 12 bis 16) wurde bereits herausgedreht.

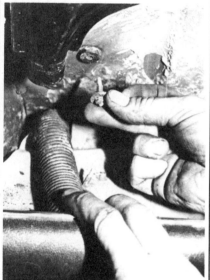

Nachdem nun viele der An- und Einbauten des Wagens aus dem Weg sind, verschaffen wir uns einen Überblick über alles, was ersetzt oder repariert werden muß. Grundsätzlich rät der Autor aufgrund eigener Erfahrungen dazu, Bleche lieber zu erneuern statt zu reparieren, sofern nicht nur geringe Schäden zu beheben sind. Für diese Vorgehensweise (die auch den Geldbeutel des Kunden schont, denn Reparieren ist fast immer zeitaufwendiger und teurer als Erneuern) sind mehrere Gründe ausschlaggebend: Ein an einer Stelle durchgerostetes Blech hat sicher noch anderswo Rostschäden; Form und Passung eines selbst angefertigten Blechs sind selten so gut wie die eines Großserienteils (vor allem bei Originalteilen); und der Zeitaufwand und die Gefahr einer mißglückten Reparatur sind für den Do-it-yourselfer recht entmutigend — beim Mini ein unnötiges Risiko, da dessen Karosserieteile relativ preisgünstig sind.

45. Viele Restauratoren beizen den Lack jetzt ab, um gesundes Blech und Pfuschreparaturen offenlegen zu können. Wunderbar glatte Flächen entpuppen sich mitunter als das Werk eines Spachtelkünstlers, das unter der Spachtelschicht allerlei Übel bereithält. Dickeren Spachtelschichten rückt man nicht mit dem Abbeizer, sondern mit Atemmaske und Schwingschleifer zu Leibe.

Karosserie

Ausbau des Benzintanks

Vor Karosseriearbeiten muß der Benzintank unbedingt ausgebaut werden, um dem Risiko vorzubeugen, daß der Benzintank z.B. beim Schweißen explodiert. Soll der Tank längere Zeit gelagert werden, reinigen Sie ihn mit einem Dampfstrahler, damit alle Benzindämpfe entweichen. Benzindämpfe sind extrem brandgefährlich; Ablassen des Benzins allein genügt nicht. Im Lauf der Zeit sammeln sich auch Ablagerungen am Tankboden, die — vor allem nach dem Hantieren mit dem ausgebauten Tank — leicht in die Benzinleitungen gelangen und die Vergaserdüsen zusetzen. Mit Heißdampf lassen sich diese Ablagerungen zuverlässig beseitigen. Ggf. kann der Tank auch mit einem Schlauch gut durchgespült werden, er muß dann aber vor der Lagerung bzw. vor dem Einbau gründlich austrocknen (damit sich kein Rost bildet).

Werkzeuge

Gabelschlüssel für den Ausbau des Benzintanks (Limousine); Kreuzschlitzschraubendreher/Schlagschrauber (Modelle außer Limousine); Rostlöser, Steckschlüssel und Elektrobohrer zum Ausbohren rostiger Muttern (Kombi, Kastenwagen und Pickup); großer, benzinbeständiger Behälter zum Auffangen und Lagern des aus dem Tank abgelassenen Benzins.

Sicherheit

Hinweise auf Gesundheitsrisiken und Arbeitssicherheit beim Umgang mit Benzin beachten. Benzin KEINESFALLS über einer Grube oder in der Nähe funkenbildender Vorrichtungen (z.B. nahe einem Zentralheizkessel) ablassen, sondern am besten im Freien. Schweißarbeiten an Benzintanks sind extrem riskant und sollten Fachleuten vorbehalten bleiben.

Limousinen (außer Cooper S)

1. Bei allem Limousinen sitzt der Kraftstofftank links hinten im Kofferraum, wo er relativ gut gegen Rost geschützt ist. Beim Cooper und anderen Modellen mit DeLuxe-Kofferraumverkleidung müssen die Abdeckplatten zuerst abgehoben werden. Frühe Minis (bis auf die allerersten Modelle) besitzen eine Ablaßschraube, die wie eine Bremsentlüfterschraube funktioniert, d.h. der Nippel wird drei oder vier Umdrehungen gelöst, keinesfalls aber ganz herausgeschraubt. An anderen Modellen sitzt ein Entlüftungsrohr, das zusammen mit der Schraube ausgebaut werden muß, bevor der Tank demontiert werden kann. Beide Ausführungen sind durch Zugangsbohrungen in der Karosserie unterhalb des Tanks zugänglich und werden mit einem langen Ringschlüssel gelöst. Ist am Tank keine Ablaßmöglichkeit vorhanden (wie bei den meisten Autos), muß der Tank über das Zulaufrohr zur Kraftstoffpumpe (am Hilfsrahmen montiert) entleert werden. Ziehen Sie das Rohr von der Pumpe ab und lassen Sie den Kraftstoff in einen Behälter ab. Bei Modellen mit mechanischer Benzinpumpe kann der Tankinhalt an der Rohrleitung abgelassen oder der volle Tank ausgebaut werden. Dazu das Auslaufrohr am Tank abziehen und sofort ein Schlauchstück aufschieben (so daß möglichst wenig Benzin verlorengeht), dessen freies Ende immer höher als der Füllstand im Benzintank gehalten wird.

2. Zuerst ziehen Sie die Kabel am Tankgeber ab (die Batterie ist bereits abgeklemmt) und lösen das Entlüftungsrohr, das zusammen mit den Kabeln an der hinteren Spritzwand angeklemmt ist.

3. Der Tank wird durch ein Stahlband gehalten, das mit einer langen Schraube gespannt wird. Zum Lösen des Tanks drehen Sie die Schraube heraus.

4. An der Fahrzeugaußenseite entfernen Sie die Gummidichtung für den Einfüllstutzen. Dies ist zwar nicht unbedingt nötig, doch kann der Tank dann besser bewegt werden.

5. Nachdem auch die Benzinleitung zur Pumpe abgezogen wurde, kann der Tank vorsichtig herausgehoben werden. Zugleich führt man die Benzin- und Entlüftungsleitungen durch das Bodenblech durch. Beim Einbau darauf achten, daß die Entlüftungsleitung nicht geknickt oder gequetscht wird; bei älteren Modellen mit Ablaßschraube die Gummidichtung an der Zugangsöffnung zur Ablaßschraube wieder anbringen (bzw. nachrüsten!).

Cooper S: Doppeltanks

6. Der rechte Benzintank des Cooper S ist praktisch eine spiegelbildliche Ausgabe des linken Tanks, außer daß der Geber fehlt und die Benzinleitung zum linken Tank führt, so daß in beiden Tanks stets derselbe Füllstand herrscht. Diese Ausgleichleitung darf beim Ausbau des rechten Tanks keinesfalls geknickt werden, sonst bricht sie. Das Halteband der Limousinen-Tanks kann — wie hier zu sehen — auch vom Kofferraum her gelöst werden.

Karosserie

7. Soll nur die Karosserie neu lackiert werden, genügt es — wie hier bei diesem Cooper S — die Tanks zu lösen und aus dem Weg zu schieben. Vorsicht, daß die Leitungen und Kabel nicht auf Zug beansprucht werden und reißen.

Kombi, Kastenwagen und Pickup

Bei diesen Modellen ist der Benzintank unter dem Wagenheck angeordnet (außer bei ganz frühen Traveller- und Countryman-Modellen, bei denen er wie in der Limousine sitzt). Er ist daher auch wesentlich rostanfälliger als in der Limousine. Auch die Befestigung rostet eher, man stellt sich daher von vornherein auf festgerostete Schrauben und — wenn es ganz schlimm kommt — auf Abbohren von Schraubenköpfen und Ausbohren der Reste aus den Kastenmuttern ein, nachdem der Tank demontiert wurde.

Zuerst stellen wir das Wagenheck auf Unterstellböcke oder Auffahrrampen und lassen den Tankinhalt ab (unter Beachtung aller Sicherheitsregeln — siehe oben). Austrittsrohr und Tankgeber sitzen seitlich am Tank. Das Austrittsrohr muß abgezogen und der Geber abgeklemmt werden.

Dann setzen wir unter dem Tank einen Wagenheber an, der das Gewicht des Tanks beim Ausbau abfängt. Die sechs Halteschrauben drehen wir jetzt heraus. Die Kabel des Gebers lassen sich vielleicht leichter abklemmen, wenn man den Tank etwas absenkt.

9. Soll der Tank länger eingelagert werden, verschließen wir den Einfüllstutzen mit Papier und Abklebeband — oder mit anderen Mitteln, die Funkenflug in das Tankinnere verhindern. Auch eine Lagerung des Tanks abseits von Haus und Werkstatt wäre anzuraten.

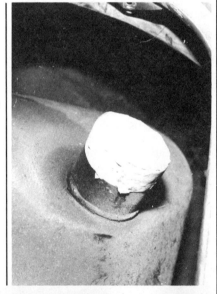

Beim Einbau des Tanks ist darauf zu achten, daß der Gummidichtring um den Einfüllstutzen richtig sitzt. Andernfalls kann an der Öffnung im hinteren Bodenblech Wasser eindringen. Die Nylon-Abstandsstücke an den einzelnen Halteschraubenbohrungen müssen ebenfalls richtig sitzen, bevor der Tank montiert wird.

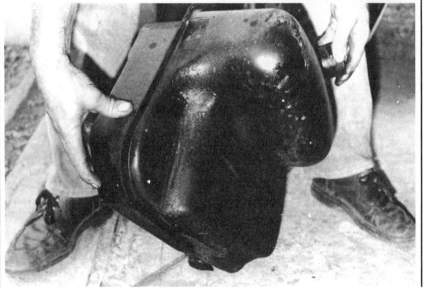

Alle Modelle

8. Aus dem ausgebauten Tank schütten wir noch die letzten Benzinreste und reinigen ihn mit dem Dampfstrahlgerät (falls er längere Zeit eingelagert werden soll). Jetzt ist auch die Neulackierung des Tanks kinderleicht.

Tankgeber

Ältere Modelle: der Geber wird mit sechs Schrauben befestigt. Spätere Modelle: Haltering um 30 drehen und Ring mit Geber abheben.

Auf jeden Fall darauf achten, daß der Schwimmerhebel beim Ausbau des Gebers aus dem Tank nicht verbogen wird.

Beim Einbau stets eine neue Dichtung einlegen und dauerelastische Dichtmasse auftragen (zuvor die Auflageflächen mit einem Schaber säubern).

Motorhaube, Ausbau

Die Motorhaube wird bei allen Modellen des Mini auf dieselbe Weise ausgebaut, doch sind nicht alle normalen Mini-Hauben austauschbar. Der Scharnierabstand ist bei den älteren und neueren Modellen unterschiedlich. In Extremfällen kann allerdings eine neuere Motorhaube an einem früheren Baujahr montiert werden, indem die Schweißpunkte der Haubenscharnieraufnahmen abgebohrt und die Aufnahmen an den für die Scharniere passenden Stellen wieder angeschweißt werden. Vor dem Abbau der Motorhaube kontrollieren wir ringsum die Passung zu Kotflügeln und Frontblech. Stimmt die Passung, zeichnen wir mit einer Reißnadel die Scharnierkonturen an der Haubeninnenseite an, so daß der paßgenaue Einbau hinterher leichter fällt.

1. Stellen Sie die Motorhaube an ihrer Stütze auf und lösen Sie die Scharniermuttern. An den Haubenkanten legen wir (zum Schutz der Lackierung) Lappen auf, vor allem, wenn man die Haube allein ausbauen muß.

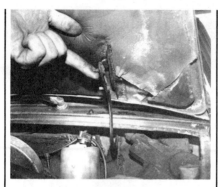

2. Die Stehbolzen bleiben am Scharnier. Drücken Sie das Scharnier etwas zur Seite, so daß es von den Aufnahmen an der Motorhaube freikommt.

3. Nun kann die Motorhaube abgehoben werden. Eine Hilfsperson ist beim Ausbau nicht unbedingt nötig, wäre aber ratsam, um die Haube beim Lösen der Scharniere zu stützen.

Kotflügel vorn, Auswechseln

Obwohl die Kotflügel des Mini angeschweißt und nicht geschraubt sind, dürfte ihre Erneuerung zu den einfachsten Dingen gehören. Grundsätzlich sollten möglichst immer Originalkotflügel von Austin-Rover und nicht etwa die Nachbauteile mit Zufallspassung montiert werden, die soviel billiger auch nicht sind. Auch die benachbarten Bleche der Vorderkotflügel sind meist reparaturbedürftig, vor allem das Frontblech.

Werkzeuge

Scharfer Trennmeißel mit schlanker Klinge, Druckluftmeißel o.ä.; Winkelschleifer; Schutzbrille; Bohrmaschine und Spiralbohrer; diverse Schweißzangen und/oder Blechschrauben; Schutzgas- oder Autogenschweißgerät; Karosseriehammer; Farbe zum Lackieren der Kotflügelinnenseiten; Fugendichtmasse und ggf. Unterbodenschutz.

Sicherheit

Vorsicht vor Funkenflug der Schleifgeräte und scharfen Blechkanten beim Abmeißeln. Immer mit Schutzhandschuhen und Schutzbrille arbeiten. Schutzvorschriften beim Schweißen beachten — siehe Anhang am Ende dieses Buchs.

1. Falls der Kotflügel gesund und nur der Bereich um den Scheinwerfertopf durchgerostet sein sollte, sind Scheinwerferringe als Reparaturblech lieferbar. Da aber mit Sicherheit auch andere Bereiche durchgerostet sind, taugt dies nur als vorübergehende Abhilfe.

Karosserie

2. Eine Möglichkeit, den Kotflügel vom Stehblech zu lösen, ist, die Schweißpunkte auszubohren (ggf. wird die Naht abgeschliffen oder abgebeizt, damit die Schweißpunkte sichtbar werden)...

3. ... oder der Kotflügel kann mit einem scharfen Trennmeißel etwas innerhalb von Frontblech, Stehblechoberkante und A-Säule abgemeißelt werden.

4. Dabei ist jedoch darauf zu achten, daß die angrenzenden Bleche nicht beschädigt werden — hinterher können die stehengebliebenen Metallreste problemlos weggeschliffen oder abgetrennt werden.

5. Auch jetzt müssen die Schweißpunkte noch abgebohrt werden, um die Naht sauber vorzubereiten. Sie sind nun aber viel besser zugänglich. Vor allem können hartnäckige Schweißpunkte leichter losgehebelt werden.

6. Frontbleche in diesem Zustand sind durchaus gesund, erfordern aber trotzdem einige Kosmetik. Vor allem die Feuchtigkeitsnester hinter den Blinkern begünstigen Rostfraß ungemein.

7. Die Roststelle feilen wir bis auf das gesunde Blech aus und schneiden ein passendes Reparaturblech zurecht (ist leichter als es aussieht!). Zuerst schneiden wir ein Rechteck aus, halten dies hinter die Reparaturstelle und zeichnen mit einer Reißnadel die gewünschten Konturen an. Geringe Spalte sind unerheblich; beim Schweißen bzw. Hartlöten werden sie verschlossen.

Mini-Restaurierungshandbuch

8. Hier wird das Reparaturblech mit einer großen Schweißzange fixiert, so daß es ringsum angepunktet werden kann.

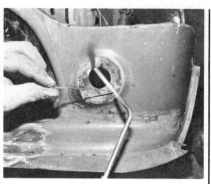

9. Dann wird die Reparaturstelle fertig verschweißt und der gesamte Bereich mit grobem Schleifpapier (Körnung 36) verschliffen, das wir im Schleifteller auf der Bohrmaschine oder dem Winkelschleifer einspannen.

10. An diesem Mini war auch der Falz des Frontblechs teilweise weggerostet. Er kann relativ leicht wiederhergestellt werden. Zuerst wird am abgeschliffenen alten Falz ein Pappstreifen angehalten. Von unten zeichnen wir die Blechkonturen an und schneiden die Schablone zu. Die Schablonenkonturen werden nun auf das Blech übertragen und das Blech entsprechend zugeschnitten. Das Blech braucht jetzt nur noch entsprechend dem Verlauf der Naht (genau von vorn betrachtet) gebogen zu werden.

11. Das Reparaturblech wird angeklammert und der Falz entlang seiner Umrisse mit einem Sägeblatt zugeschnitten. Diese Methode ist noch besser als Anzeichnen und Zuschneiden, da sie eine exakte Passung garantiert.

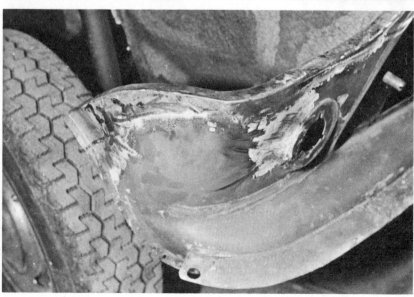

12. Der neue Falz wird mit Schutzgas eingeschweißt und die Nähte verschliffen.

Karosserie

13. An der hinteren Kante mußte eine kleine Durchrostung mit einem Blechstück geschlossen werden. Die ungünstige Lage erschwerte das Arbeiten. Auch hier wurde das Reparaturblech nach einer Pappschablone angefertigt.

14. Der Moment der Wahrheit — der neue Kotflügel wird angepaßt. Schon während der einzelnen Reparaturschritte sollte der Kotflügel immer wieder angepaßt werden, sonst darf man sich über windschiefen Sitz hinterher nicht wundern!

15. Der neue Kotflügel wird mit Schweißzangen angeklemmt bzw. mit Blechschrauben befestigt (falls der Wagen anderswo geschweißt wird). Lassen Sie sich NICHT dazu verleiten, den Kotflügel nur mit Blechschrauben zu montieren — dies ist als dauerhafte Montage ungeeignet! Die Fahrsicherheit des Mini beruht nicht zuletzt auf fachgerechter Schweißung aller Bleche.

16. Vor der endgültigen Montage kontrolliert man den exakten Sitz des Kotflügels ringsum (oft paßt er erst nach einigem Ziehen, Drücken und Richten so ganz!). Besonders wichtig ist die Passung am Frontblech...

17. ... und oben am Windlauf (siehe ggf. Abschnitt zu Reparaturen am Windlauf).

Mini-Restaurierungshandbuch

18. Der Kotflügel läßt sich hier relativ leicht bewegen, bis er mit dem Falz am Frontblech genau zusammenpaßt. Montieren Sie auch die Motorhaube zur Kontrolle des Abstands zwischen Haube und Kotflügeln.

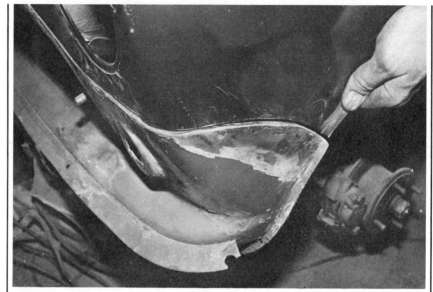

19. Wenn Sie mit der Passung ringsum zufrieden sind, bohren Sie eine Reihe Löcher in die Regenablaufrinne an der Kotflügeloberkante. Ein völlig zerlegter Wagen kann auch mit der Punktschweißzange geschweißt werden, im allgemeinen ist aber die Lochpunktschweißung mit Schutzgas, Autogen- oder Hartlötgerät (oder gar Kohlelichtbogen-Hartlöten) üblich. Durch die Bohrlöcher kann das Schweiß- oder Hartlötgut die beiden Bleche miteinander verschmelzen.

20. Dieser Kotflügel wurde mit einem Schutzgasgerät mit Punktschweiß-Vorsatzdüse gepunktet.

21. Die erhabenen Schweißperlen wurden mit dem Winkelschleifer mit Schleifscheibe verschliffen.

22. Manchmal wird das kleine, einfach geformte dünne Winkelblech vergessen, das unten an der Naht zwischen Kotflügel und A-Säule sitzt und zur Versteifung dient, um Aufplatzen der Schweißnähte durch arbeitende Bleche zu verhindern.

Karosserie

23. Das Blech wird angegrippt und eingepunktet. Dasselbe Werkzeug wurde auch an den Außennähten verwendet, die allerdings auch durch Lochpunktschweißen eingeschweißt werden könnten. Zuvor müßten dazu Löcher gebohrt werden (siehe oben). Die Nähte unterhalb des Kotflügels könnten von unten in einer Naht durchgeschweißt oder hartgelötet werden. Sie werden dazu mit mehreren Gripzangen fixiert.

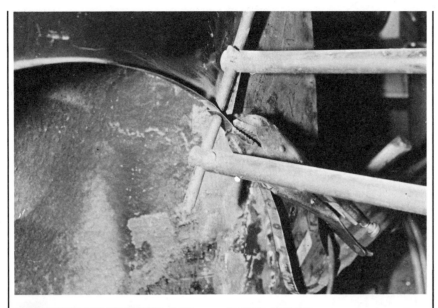

Windschutzscheibe und Heckscheibe, Ausbau und Einbau

Werkzeuge

Schraubendreher mit schmaler Klinge oder dünne Stahlstange; Schraubendreher mit breiter Klinge; scharfes Bastelmesser; Spezialwerkzeug zum Einsetzen der Scheibenzierleiste; Waschflüssigkeit für Montage des Scheibengummis.

Sicherheit

Die Gefahren splitternder Glasteile dürften bekannt sein; daher die Scheiben so wenig wie möglich durchbiegen. War die Scheibe des Wagens schon eingeschlagen, sind sicher auch Glassplitter in die Defrosterdüsenschächte gefallen. Sie MÜSSEN entfernt und die Heizluftkästen durchgeblasen werden, damit hinterher während der Fahrt keine Glassplitter durch den Luftstrom herausgeblasen werden können und im Gesicht von Fahrer oder Beifahrer landen.

2. Setzen Sie den Schraubendreher wie einen kleinen Knebel hinter die Leiste und schieben Sie ihn entlang der Zierleiste weiter. Sie wird damit Stück für Stück herausgehoben, ohne daß sie verbiegt.

3. Die Zierleisten der Front- und Heckscheibe sind oben und unten in der Mitte geteilt, bestehen also aus einer linken und rechten Hälfte.

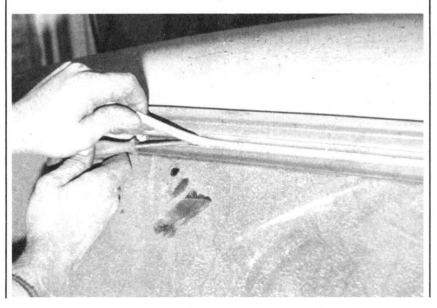

1. Die Front- und Heckscheibe werden von Gummiprofilen eingefaßt, die mit Chromzierleisten gestrafft werden. Hebeln Sie die Zierleiste von einen Ende aus mit dem Schraubendreher heraus.

Mini-Restaurierungshandbuch

4. Zum Ausbau der Scheibe drücken Sie den Gummi ringsum nach und nach aus dem Fensterausschnitt heraus.

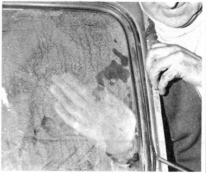

5. Mit einem Hebel faßt man nun hinter den Gummi und drückt Scheibe und Gummiprofil an einer Ecke nach außen. Vorsicht bei Verbundglas — es ist längst nicht so flexibel wie Sicherheitsglas und bricht beim Durchbiegen wesentlich schneller.

6. Sobald eine Ecke freiliegt, drückt man die Scheibe ringsum allmählich aus dem Gummi. Wie man sieht, muß ein Helfer dabei von innen mit Nachdruck gegen die Scheibe drücken.

7. Die Scheibe liegt jetzt an der einen Seite frei. Jetzt fassen wir sie und bewegen sie vorsichtig hin und her, bis sie sich auf der anderen Seite aus dem Gummi löst. Die Glaskanten sind gerundet, nicht so scharf wie normales Fensterglas. Aber Bruchstücke sind allerdings scharf!!

8. Die Heckscheibe wird in gleicher Weise wie die Frontscheibe ausgebaut. Zusätzlich müssen die Kabel zur Heckscheibenheizung abgezogen werden. Aufpassen, daß die Heizstreifen beim Ausbau nicht zerkratzt werden.

Karosserie

9. Sitzt der Gummi nach dem Ausbau der Scheibe immer noch im Fensterrahmen, läßt er sich jetzt leicht lösen. Eingerissene Dichtgummis sind zu erneuern. Die Scheibengummis des Mk I sind nicht mehr lieferbar, die des MK II können aber oben und in der Mitte eingeschnitten und damit passend gemacht werden, oder es kann ein passendes Profil als Meterware von Spezialhändlern bezogen werden.

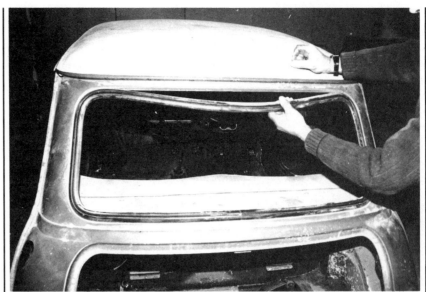

10. Machen Sie sich auf nachträgliche Reinigungs- und Ausbesserungsarbeit gefaßt. Evtl. müssen sogar Rostlöcher herausgetrennt und neu verschweißt werden. Scheibenrahmen sind anscheinend eine ideale Rostbrutstätte!

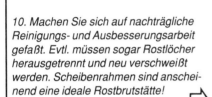

11. Zum Einbau wird die Scheibe mit Nachdruck von **außen** in den Ausschnitt gedrückt. Drücken Sie reichlich schwarze Scheibendichtmasse in die Dichtlippen (sowohl zum Scheibenrahmen hin als auch in die Dichtlippe am Glas). Bei zu wenig Dichtmasse bleibt die Scheibe undicht, überschüssige Dichtmasse kann dagegen mit Paraffin problemlos entfernt werden.

12. Zum Einsetzen der Chromleiste braucht man entweder einen Schraubenzieher sowie unendliche Geduld und viel Glück, daß man den Lack nicht verkratzt, oder aber das hier gezeigte Werkzeug, das man sich kauft oder aus Schweißdraht anfertigt.

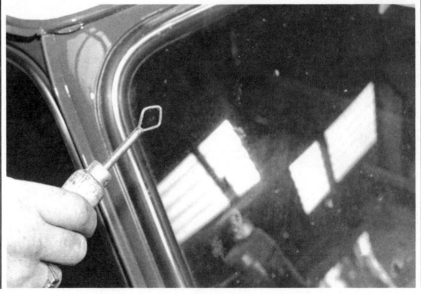

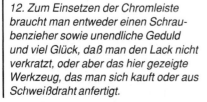

Mini-Restaurierungshandbuch

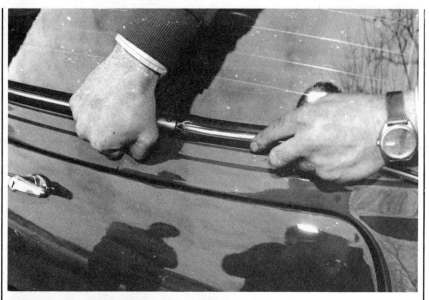

13. Das Werkzeug wird über die Zierleiste gezogen, in das Dichtprofil gedrückt und entlanggezogen (hier von links nach rechts). Voilà — die Zierleiste sitzt!

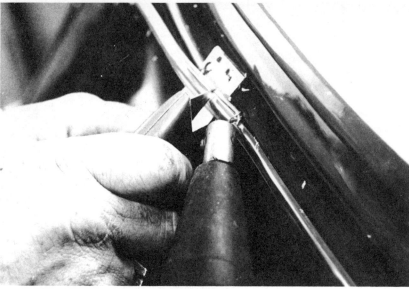

14. An der Naht der beiden Leistenteile schiebt man ein Stahl- oder Holzstück unter das Leistenende, läßt das Montagewerkzeug lose hängen und längt die Zierleiste mit einem scharfen Bastelmesser ab. Das untergelegte Holz- oder Stahlstück verhindert Schäden am darunterliegenden Bereich.

15. Ziehen Sie das Montagewerkzeug von der Leiste ab und drücken Sie das Leistenende mit dem Daumen fest ein.

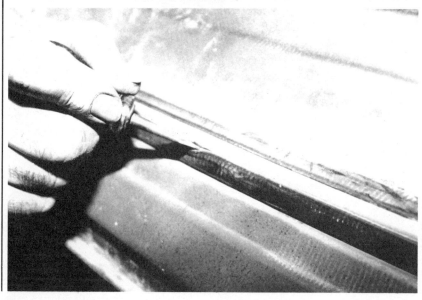

16. Fahren Sie jetzt mit einem schmalen Schraubendreher nochmal entlang des gesamten Profils durch und ziehen Sie nach innen umgestülpte Dichtlippen hoch.

Karosserie

Windschutzscheibenrahmen, Reparatur

Am Mini machen sich Schäden am Windschutzscheibenrahmen bzw. am Windlaufblech auf mancherlei Weise bemerkbar. Ein Symptom sind Rostblasen an der Naht zum Vorderkotflügel (oft wird dieser Bereich immer wieder verspachtelt, bis der Spachtel nirgends mehr hält. Mancher stopft gar Zeitungspapier in die Löcher, damit die nächste Spachtelschicht doch noch haftet), oder man stellt nach dem Abtrennen des Kotflügels fest, daß man den neuen Kotflügel nirgends mehr anschweißen könnte. Schlimmer ist, wenn der Fahrer bei jedem Regenschauer links nasse Füße bekommt (Kupplung treten = nasses Hosenbein). Letzteres Problem rührt daher, daß das Blech am Windschutzscheibenausschnitt unter der Gummidichtung regelrecht wegrostet und Wasser ungehindert eindringen kann. Ähnliche Probleme sind auch von der Heckscheibe bekannt.

Werkzeuge

Schweißgerät, Handstichsäge, Bügelsäge, Reißnadel, Meißel und Hammer.

Sicherheit

Sicherheitsregeln für das Trennen von Blechen und für Schweißarbeiten beachten. Siehe Anhang.

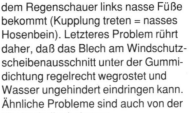

1. Diese Ansicht vom Innenraum aus (nach Ausbau der Scheibe) zeigt, wie der Blechfalz, der vom Scheibengummi umschlossen wird, durch Wassereinschlüsse wegrosten kann.

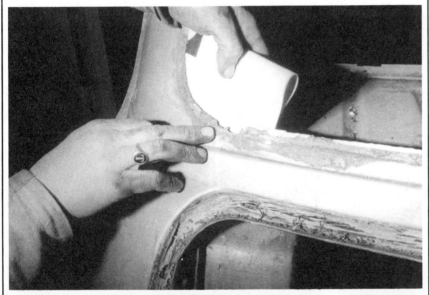

2. Bei einfachen Rostschäden dieser Art fertigen wir eine Pappschablone des durchgerosteten Bereichs und schneiden danach ein Reparaturblech zu. Anhand dieses Blechs wird das alte Blech ausgetrennt und das neue Blech stumpf eingeschweißt.

3. Bei stärkerem Rost, wie an diesem Wagen, kann ein Reparaturblech für den gesamten Bereich eingesetzt werden. Es ist kein Originalteil, die Paßgenauigkeit ist auch nicht berühmt, aber immer noch besser, als ein derart kompliziertes Teil selbst anzufertigen. Hier wurde ein Rechteck herausgetrennt, weil der Rest des Originalteils noch gut war. Das komplette Reparaturblech kann erst nach Abbau des Kotflügels eingeschweißt werden.

Mini-Restaurierungshandbuch

4. Wir passen das Blech an und spannen es provisorisch fest. Dann zeichnen wir seine Umrisse auf der Windlaufoberseite exakt an...

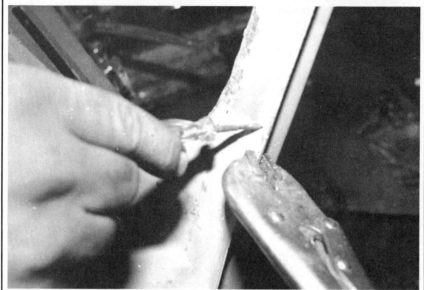

5. ... ebenso am Windschutzscheibenpfosten. Da das Blech nicht sehr groß ist und der Scheibengummi exakt darin sitzen soll, kommt Überlappschweißen und anschließendes Verspachteln oder Verzinnen der Naht nicht in Frage, sondern nur Stoßschweißen.

6. Dieser Bereich darf sich nicht verziehen, daher wird das alte Blech mit einer Handsäge herausgetrennt.

7. Wenn wir mit der normalen Handsäge nicht mehr weiterkommen, setzen wir ein abgebrochenes Sägeblatt in einen Stichsägen-Handgriff ein und schneiden weiter. Das Risiko eines Bruchs oder Knicks im Sägeblatt ist übrigens viel geringer, wenn die Zähne bei der Aufwärtsbewegung statt bei der Bewegung weg vom eigenen Körper schneiden.

Karosserie

8. Unmittelbar an der Karosserienaht ist der Stahl viel stabiler. Hier können wir das Blech mit einem Druckluftmeißel abtrennen. Ein schlanker, scharfer Handmeißel tut's aber auch.

9. Auch die Blechvorderkante am Übergang zum Vorderkotflügel wird aufgetrennt. Hier stand noch nicht fest, ob auch das Abschlußblech erneuert werden sollte.

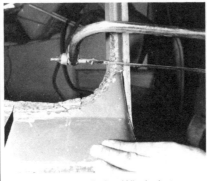

11. Jetzt sägen wir den Windschutzscheibenpfosten soweit ein, daß das alte Blech sich löst.

13. Auch die obere Flanke des Abschlußblechs war stark angerostet. Da der Wagen ohnehin von Grund auf überholt wurde, wurde auch das Abschlußblech herausgetrennt.

10. Mit einem dritten Meißelschnitt wurden Innen- und Außenteil des Scheibenrahmens voneinander getrennt. Stehengebliebene Metallreste am Innenblech können mit einem Winkelschleifer weggeschliffen werden.

12. Es kann jetzt abgehoben werden.

14. Das Blech wird ringsum abgemeißelt...

15. ... so daß nur noch der Punktfalz stehenbleibt. Er wird mit dem Druckluftmeißel vollends entfernt. Man kann die Naht auch anschleifen und die Schweißpunkte abbohren. Unter starken Rostnarben ist die Suche nach Schweißpunkten aber gar nicht so leicht.

16. Jetzt, da man überall besser herankommt, werden die Anreißlinien am Übergang zum Windschutzscheibenrahmen mit der Blechschere sauber nachgeschnitten. Der senkrechte Schnitt erfolgt (wie oben) mit einem Sägeblatt.

17. Das Blech wurde jetzt einige Zentimeter über den durchgerosteten Bereich hinaus ausgeschnitten: Nur so läßt sich Weiterrosten verhindern.

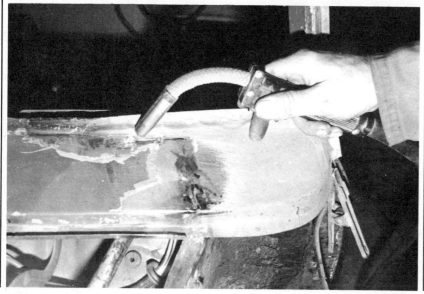

18. Das neue Blech wird mit MIG-Schutzgas vorsichtig angepunktet, so daß es ringsum exakt paßt und die Kanten durchgeschweißt. Stumpfschweißen an Dünnblechen ist nicht einfach. Mit Schutzgas schweißt man am besten eine kurze Strecke, setzt dann aus, schweißt weiter, setzt wieder aus usw. Bessere MIG-Geräte sind mit einer eigenen Intervallsteuerung ausgerüstet, so daß der Brenner automatisch aussetzt.

Karosserie

19. Windlaufblech und Windschutzscheibenrahmen am Radford Mini Cooper. Sie waren noch gesund, doch das darunterliegende Abschlußblech war völlig verrottet; ebenso der Falz, an dem der Kotflügel angeschweißt wird.

20. Auch hier machen wir uns wieder den Trick mit der Pappschablone zunutze, um die Maße des Reparaturblechs festzustellen! Auf der Schablone werden Form und Größe des Reparaturblechs angezeichnet und ein Blech entsprechend zugeschnitten.

21. Dieses Schaumstoffstück ist nicht von der letzten Wäsche übriggeblieben, sondern wurde bei BMC im Werk oben und unten in den Windschutzscheibenpfosten (und noch anderswo hier und da) untergebracht. Entfernen Sie es, da es brennbar ist!

Mini-Restaurierungshandbuch

22. Eine Möglichkeit, das Blech bis auf gesundes Material herauszutrennen, ist die Arbeit mit dem Winkelschleifer. Auf den Bildern weiter vorn ist der Ausbau des Abschlußblechs dargestellt.

23. Auf den Bildern oben ist zu sehen, daß die Unterseite in diesem Bereich oft stark angerostet ist. Zum Entrosten ist dieser Bereich nicht gerade gut zugänglich. Am wirkungsvollsten geht es mit einem kleinen Sandstrahlgerät, das über den Kompressor betrieben wird. Es ist gar nicht mal teuer, arbeitet aber recht langsam (vor allem bei kleinerem Kompressor).

24. Der neue Kotflügelsaum wird ausgeschnitten und entsprechend dem Original gebogen.

25. Zuerst heftet man das Blech in regelmäßigen Abständen, damit sich das Blech nicht verzieht. Dann wird die Naht durchgeschweißt — in diesem Fall autogen, zum einen wegen persönlicher Vorlieben des Schweißers (!), zum anderen wegen der Rostspuren in alten Blechen, die sauberes Nähteziehen mit Schutzgas erschweren. Ich persönlich hätte Schutzgas verwendet.

Karosserie

26. Wichtig ist sauberes und exaktes Arbeiten. Noch bevor das A-Blech (Dreiecksblech) eingeschweißt wurde, setzen wir daher den Kotflügel probeweise an und kontrollieren die Passung. Diese Probemontage wiederholen wir während der Reparatur etliche Male.

27. Schon zuvor hatten wir ein passendes Abschlußblech angefertigt. Der Eckbereich des rückwärtigen Falzes bereitete Probleme (siehe Pfeil), wurde in mehreren Arbeitsschritten aber geformt. Der waagerechte Teil des Blechs wurde auf einer Pappschablone angezeichnet und die Breite des Falzes addiert. An den Stellen, an denen der Falz um eine Rundung lief, verringern wir die Breite auf die Hälfte, damit er sich weniger dehnen kann. Die beiden geraden Seiten wurden zuerst teilweise abgekantet und dann der Falz umgeklopft. Dazu legen wir die Blechfläche auf einem abgerundeten, quadratischen Gegenhalter auf. Zum Biegen des Falzes sind mehrere Durchgänge erforderlich, da hier mehr Material als benötigt stand, das sich ausbreiten mußte. Verspannt sich das Blech dabei, erhitzen Sie es kirschrot und lassen es langsam abkühlen; es läßt sich dann wieder besser bearbeiten. Seien Sie nicht zu stolz, ein paar V-Einschnitte anzubringen — das erleichtert die Sache!

28. Das Abschlußblech ließen wir bewußt zu groß, damit es exakt an der Unterseite des Kotflügel-Auflagefalzes anlag.

29. Auf der anderen Seite wurde das Spiel wiederholt. Das Abschlußblech wurde zuerst mit einigen kurzen Nähten am Innenkotflügel angeschweißt.

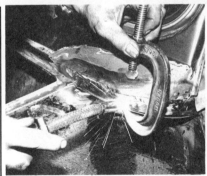

30. Dann wurde die Vorderkante fest eingespannt und angepunktet.

Mini-Restaurierungshandbuch

31. Das Blech mußte mit dem Hammer nach oben nachgerichtet werden, so daß es richtig anlag.

32. Jetzt wird die Naht durchgeschweißt und Schweiß- und Metallreste mit dem Winkelschleifer überschliffen.

HINWEIS: Von Austin-Rover sind A-Bleche mit montiertem Abschlußblech lieferbar. Siehe Abschnitt zur Erneuerung der A-Bleche.

Werkzeuge

Siehe Kotflügel vorne, Auswechseln

Sicherheit

Siehe Sicherheitshinweise bei Kotflügel vorne, Auswechseln sowie Anhang.

2. Etliche Wagen tragen in diesem Bereich eine dicke Schicht Unterbodenschutz. Er wird am besten entfernt, indem man ihn erwärmt, bis er weich wird (aber noch nicht zu brennen anfängt), und dann möglichst vollständig abschabt. Die Reste werden mit Paraffin oder Verdünner weggewischt.

Türscharniersäule vorne, Reparatur

Wenn Vorderkotflügel und A-Säulen demontiert sind, kommen meist auch Rostschäden hinter der A-Säule zum Vorschein. Reparaturbleche scheint es hierfür nicht zu geben, die Durchrostungen treten aber auch fast immer an einem ebenen Blechabschnitt auf.

1. Zuerst wird der gesamte Bereich bis auf blankes (bzw. stumpf-braunes) Metall gesäubert, damit das Ausmaß der Schäden deutlich wird.

3. Hier wurde das rostige Blech herausgetrennt und ein Reparaturstück zugeschnitten. Das Blech kann überlappend oder stumpf eingeschweißt werden — je nachdem, wieviel Wert man auf sauberes Aussehen in einem relativ versteckten Bereich legt. Denken Sie auch daran, daß eine bündige Passung das Einpassen des A-Blechs wesentlich erleichtert.

Karosserie

Reparatur des A-Blechs (Dreiecksblech)

Im Mini wurden zwei Varianten des A-Blechs (Dreiecksblech) verwendet. Die ältere Ausführung, die hier zu sehen ist, besteht aus einem Innen- und einem Außenblech, die zusammen das Gewicht der Tür tragen, die mit den außenliegenden Scharnieren daran angeschraubt ist. Spätere Minis (mit verdeckten Scharnieren) haben ein einfaches A-Blech (ohne Innenblech), das im Prinzip auf dieselbe Weise eingebaut wird. Am Übergang der rückwärtigen Kante des A-Blechs zur Vorderkante der Türsäule ist das Blech wie bei einer Türhaut umgebördelt. An dieser Bördelung rostet der innere Falz oft weg; dann muß das alte A-Blech entfernt und ein neuer Falz angefertigt und eingeschweißt werden.

Bei älteren Minis wird manchmal nur das äußere A-Blech erneuert. Da das Innenblech aber die Hauptlast der Tür aufnimmt, spart man damit sicher am falschen Platze. In der folgenden Bildfolge wird die Instandsetzung des älteren A-Blechs beschrieben. Die neuere Version läßt sich einfacher einbauen und hat natürlich auch keine Schraubenlöcher für die Scharniere. Die Bilder dieser Bildfolgen stammen von mehreren Restaurierungsobjekten.

Werkzeuge

Winkelschleifer mit Schleifscheibe, scharfer Trennmeißel und Hammer, Schweißgerät (Punktschweißzange, sofern vorhanden).

Sicherheit

Sicherheitsregeln für das Trennen von Blechen und für Schweißarbeiten beachten. Siehe Anhang.

1. So sieht das A-Blech nach dem Abbauen des Vorderkotflügels aus. Der Vorderkotflügel muß zum Erneuern des A-Blechs nicht demontiert werden; wenn die A-Bleche erneuerungsbedürftig sind, sind aber meist auch die Kotflügel fällig.

3. Das innere A-Blech sitzt an der Türsäule, als nächstes werden also die Falzreste entfernt. Hier nistet sich auch der Rost ein (siehe obigen Abschnitt).

2. Das Heraustrennen des alten A-Blechs ist unproblematisch. Trennen Sie das Blech (beide Bleche gleichzeitig) nahe der Türsäule ab. Bei rostigen A-Blechen hat es wenig Sinn, die Türen erst von hinten abzuschrauben. Trennen Sie die Scharniere aus dem Blech heraus und schrauben Sie sie hinterher von den Blechresten ab. So arbeitet es sich viel leichter.

4. Das um die Türsäule gefalzte Außenblech wird abgeschliffen, so daß das neue A-Blech angebaut werden kann.

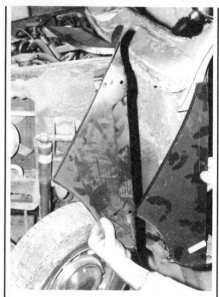

5. Links ist das neue innere A-Blech, rechts das äußere Blech zu sehen. Das rechte Blech ist für ein neueres Baujahr (die Scharnierlöcher fehlen hier).

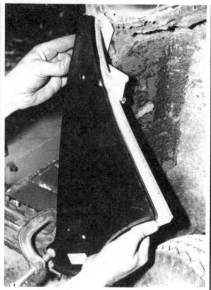

7. Hier wird das originale Außenblech angehalten und ein Nachbauteil eingepaßt. Ein klassischer Fall von nicht passendem Nachbauteil — der gekrümmte untere Teil steht weit über das Originalteil über und hätte sich nur mit erheblichem Aufwand passend machen lassen.

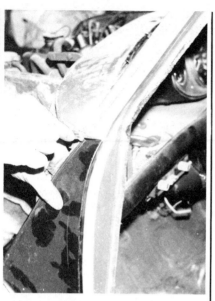

9. Beim Einpassen der A-Bleche muß die Höhe ermittelt werden, bis zu der das neue Blech reicht, und dann das alte Blech entsprechend ausgetrennt werden.

6. Auch an der Unterkante unterscheiden sie sich. Die älteren Bleche sind hier entsprechend der Form des Schwellers nach außen gewölbt.

8. An diesem Originalblech von Austin-Rover ist — vom Radkasten aus gesehen — der breite Flansch zu sehen, der mit der Türsäule verschweißt werden muß. Das Abschlußblech zur Einpassung in die Unterseite von Windlauf bzw. Windschutzscheibenrahmen ist bereits angebaut. Allein wegen dieses Teils lohnt sich die Montage des Originalteils.

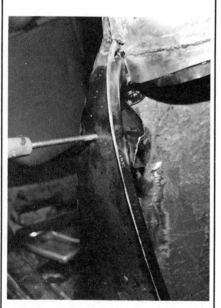

10. Dann spannen wir das Außenblech ein, passen das Innenblech an, so daß die Scharnierbohrungen fluchten, und fixieren das Innenblech ebenfalls. Das erwähnte Abschlußblech paßt exakt.

Karosserie

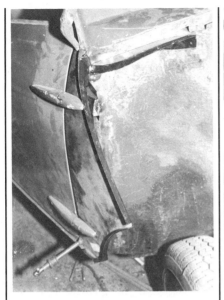

11. Anschließend wird die Tür eingepaßt und ringsum sorgfältigst auf gleichmäßige Spalte kontrolliert. Die Karosseriekonturen müssen an Tür und hinterem Seitenblech ebenfalls fluchten. Auch das A-Blech muß jetzt exakt eingepaßt werden. Für diese Kontrollen sollte man sich ruhig viel Zeit lassen.

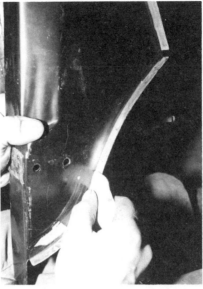

13. Die Farbe in den Schweißbereichen sollte sorgfältig abgeschliffen werden. Beim Punktschweißen ist dies unbedingt notwendig, auch bei anderen Schweißverfahren werden die Nähte dann viel besser. Durchgeschweißte oder im Lochpunktverfahren geschweißte Falze müssen zuvor mit dem Winkelschleifer glatt überschliffen werden.

15. Eigentlich kann auch ohne Punktschweißzange jeder punkten. Im oberen Blech bohrt man eine Reihe Löcher und verschweißt das Blech in diesen Löchern mit dem darunterliegenden Blech (Hartlöten geht auch). Dabei arbeitet man aber nicht von einem Ende zum anderen, da sich das Blech sonst verzieht, sondern setzt an allen Enden abwechselnd einen Schweißpunkt, bis alle Punkte geschweißt sind.

Frontblech, Erneuern und Umbauen

In diesem Abschnitt wird der Einbau eines neueren Frontblechs beschrieben, das — bis auf den Unterschied, daß es an einigen Stellen verschraubt ist — wie die anderen Frontbleche mit innenliegenden Paßflanschen und sichtbaren Nähten montiert wird. Außerdem zeigen wir, wie die spätere Frontblech-Ausführung (nach wie vor lieferbar) auf die ältere Ausführung (nicht mehr lieferbar) umgebaut werden kann. Dies dürfte viele Restauratoren interessieren.

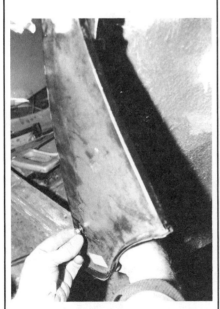

12. Vor dem Abnehmen der Tür empfiehlt es sich, das Außenblech oben und unten anzuheften und das Innenblech durch die Scharnierlöcher daran anzuschrauben, so daß die Fluchtung genau stimmt.

14. Das Innenblech sitzt lediglich an zwei erhabenen Befestigungspunkten an der Türsäule. Sie müssen vor dem Anpunkten ebenfalls metallisch blank geschliffen werden.

Werkzeuge

Steckschlüsselsatz mit Verlängerung, Hammer und Handfaust, Schweißgerät, Schleifgerät, Elektrobohrmaschine (Punktschweißzange, sofern vorhanden).

Sicherheit

Normale Sicherheitsregeln für das Trennen von Blechen und für Schweißarbeiten beachten. Siehe Anhang.

Mini-Restaurierungshandbuch

1. Die Frontbleche der älteren Minis unterscheiden sich in einigen Details von der späteren Ausführung. Die Frontschürze unterhalb des Kühlerblechs lief bei der älteren Version seitlich in einer sanften Rundung aus.

2. Bei späteren Baujahren war die Frontschürze an beiden Seiten stark nach oben eingeschnitten. Wie dieser Vergleich einer neuen Frontschürze (vorne) mit einem älteren Mini zeigt, wurden auch die Kennzeichen anders befestigt.

3. Das alte Frontblech ist bereits herausgetrennt. Dahinter sind das vordere Ende des Hilfsrahmens und die Befestigungsschraube des Frontblechs am Hilfsrahmen zu erkennen. Auf beiden Seiten saß eine Schraube in den Bohrungen in der Frontschürze. Hier wurde die Naht auf der Kotflügelseite abgetrennt; sollen die Kotflügel weiterverwendet werden, müßte der Schnitt natürlich in der Frontschürze erfolgen und die überstehenden Blechreste abgeschliffen werden.

4. Im stärker ausgeschnittenen Bereich der Frontschürze wurde hier bereits der Rand abgetrennt. Die Schnittkante wird mit dem Schlichthammer geglättet.

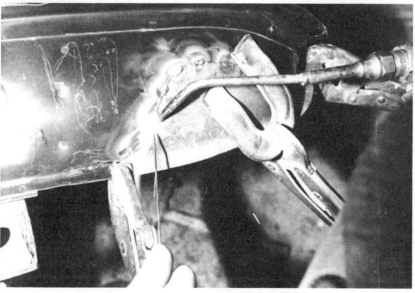

5. Das neue Blech wird mit dem Ausschnitt über den alten Blechrest gelegt und die Schnittlinie auf dem alten Blech angezeichnet. Entlang dieser Anreißlinie schneiden wir das alte Blech aus und schweißen es am neuen Blech an. Damit sieht das neue Blech ganz wie die alte Ausführung aus. Das alte Blechstück wurde vor dem Einschweißen sandgestrahlt, bis es völlig blank war.

Karosserie

6. Während des Anheftens wurden beide Bleche immer wieder sorgfältig nachgerichtet, so daß die Übergänge schön gleichmäßig verlaufen.

7. Nach dem Schweißen wird mit einem Winkelschleifer und 36er Schleifscheibe die Schweißnaht glatt verschliffen.

8. In gleicher Weise werden die alten Kennzeichenhalterungen vom alten Blech abgetrennt.

9. Die Schweißpunkte des neuen Kennzeichenhalters werden abgebohrt und die alten Halter sandgestrahlt. Dann schleifen wir den Lack im Anbaubereich auf dem neuen Blech ab und grippen sie fest, sobald sie richtig sitzen.

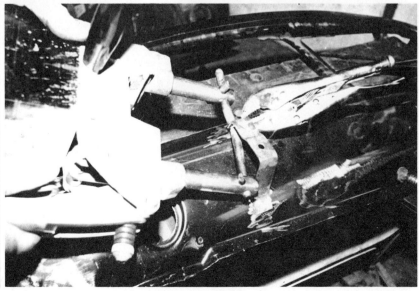

10. Jetzt können die Halter problemlos am neuen Blech angeschweißt werden. Die alten Halter waren immer noch nicht ganz rostfrei, so daß es beim Punkten spritzte und der Stahl anbrannte. Daher wurden die Halter zusätzlich autogen angeheftet.

Denken Sie beim Einbau eines neuen Frontblechs daran, daß die Motorhaube ebenfalls montiert und ihre Passung zum Frontblech kontrolliert werden muß, bevor das neue Frontblech endgültig eingeschweißt wird.

Motorraum-Stehbleche, Erneuern

Die seitlichen Stehbleche im Motorraum rosten von der unteren Vorderkante aus sowie im verdeckten Bereich hinter der Stoßdämpferaufnahme ebenfalls gerne durch. Komplette Seitenwände sind häufig nicht lieferbar, sichern Sie sich die benötigten Teile also, *bevor* Sie drauflosmeißeln. Frühere und spätere Stehbleche unterscheiden sich dadurch, daß das rechte Blech bei der älteren Version geschlossen ist, bei der neueren Version aber eine große Öffnung für den Frischlufteintritt der Heizung trägt.

Werkzeuge

Maßband, Elektrobohrmaschine (zum Ausbohren der Schweißpunkte), Reißnadel, Blechschere, Rostschutz, Schweißzangen und/oder Blechschrauben, Schweißgerät, Schleifgerät.

Sicherheit

Normale Sicherheitsregeln für das Trennen von Blechen und für Schweißarbeiten beachten. Siehe Anhang.

1. Uns stand nur ein späteres Stehblech zur Verfügung — und nicht einmal als komplette Seitenwand. Hier ist es im Vergleich zum Originalblech (darunter) zu sehen; die andersliegenden Bohrungen und glatten Flächen sind deutlich zu sehen.

2. Das linke Blech ist in der älteren und neueren Version praktisch identisch, beim Auswechseln sind aber einige Besonderheiten zu beachten (siehe unten).

3. Der vordere Hilfsrahmen muß bei größeren Eingriffen an der Bugpartie unbedingt montiert bleiben. Er dient als Bezugspunkt für den richtigen Zusammenbau. Bei Schäden an tragenden Teilen im vorderen Wagenteil kann sich der Hilfsrahmen verschieben, wenn alle Karosserieteile demontiert wurden. Messen Sie daher vom Querträger (Pfeil) am Hilfsrahmen zu einem festen Bezugspunkt an der Spritzwand vor Abbau der Karosserieteile und auch hinterher.

4. Das neue rechte Stehblech wurde auf alt umgestrickt, indem die vorne sichtbare Motorhaubenstütze vom alten auf das neue Blech umgebaut und die Lufteinlaßöffnung zugeschweißt wurde. Beim Anzeichnen und Ausschneiden ist natürlich größte Vorsicht geboten. Am besten legt man das Neuteil auf das Altteil und zeichnet den Ausschnitt genau an.

Mini-Restaurierungshandbuch

5. Auch die Stehbleche hinter dem Stoßdämpfer-Montagewinkel rosten auf beiden Fahrzeugseiten oft durch. Austrennen und Einschweißen neuer Bleche dürften keine allzugroßen Probleme bereiten, doch sollte dieser Bereich hinterher auf jeden Fall lackiert und mit Rostschutz behandelt werden.

8. Der Kühlerrahmen muß natürlich exakt sitzen, daher mißt man den Sitz am Altteil exakt aus, bevor der Rahmen abgebaut wird.

9. Das eingebaute Stehblech mit Kühlerrahmen ist extrem schlecht zugänglich. Daher sollte man es jetzt anschleifen, solange es noch einigermaßen erreichbar ist. ACHTUNG: Auch die Karosserienummer, die oben am Übergang des Kühlerrahmens zum Stehblech sitzt, wurde ummontiert — ein wichtiger Punkt für Originalitätsfanatiker.

10. Vor allem, wenn das Blech nicht sofort montiert wird, sollte es zum Schutz gegen Anrosten grundiert werden. Beim Einbau spannen Sie das Stehblech zusammen mit dem Frontblech und dem Kotflügel ein, so daß die Passung überall stimmt, und bauen auch die Motorhaube probeweise an. Vor dem endgültigen Einschweißen sollte die Konstruktion unbedingt mit ein paar Schweißpunkten angeheftet oder mit Blechschrauben befestigt werden. Man möchte ja nicht mit einem Mini mit schiefem Lächeln umherfahren...

6. Die linken Stehbleche mit angebautem Kühlerrahmen waren nicht lieferbar, als wir unsere Reparaturteile holten. Daher wurde der Kühlerrahmen vom alten Blech demontiert und sandgestrahlt...

7. ... und der Lack im Anschweißbereich des Kühlerrahmens vom neuen Blech entfernt. Dann spannen wir den Kühlerrahmen an und punkten ihn mit der Punktzange an.

83

Türen, Zerlegen, Ausbau und Einbau

Im Mini wurden im wesentlichen zwei Türtypen verwendet — zumindest was ihren Aus- und Einbau angeht. Bei den älteren Modellen lagen die Türscharniere außen und wurden an je zwei Befestigungspunkten an der Tür und am A-Blech montiert. Die späteren Modelle mit versenkten Scharnieren lassen sich genauso leicht (bzw. genauso schwer, wenn die Schrauben verrostet sind) ausbauen.

Bei älteren Modellen neigen die Scharnierbolzen zum Ausschlagen; es brauchen dann jedoch nicht die kompletten Scharniere ersetzt zu werden. Mini-Spezialisten liefern Scharnierbolzen-Reparatursätze für den Do-it-yourselfer. Auch bei späteren Modellen scheren die Scharnierbolzen mitunter ab oder schlagen aus. Die Tür gibt dann beim Anheben spürbar nach. Versenkte Scharniere sind nur als ganzes auswechselbar.

Werkzeuge

Kreuzschlitz-Schraubendreher und Schlagschrauber (falls vorhanden), Ring- und Gabelschlüssel (AF-Zollmaße), Schlitzschraubendreher, Karosseriedichtmasse, Kontaktkleber.

1. Wie in einem vorigen Abschnitt gezeigt, kann die ältere Tür am leichtesten abgebaut werden, indem die Scharniere aus den A-Blechen ausgetrennt und die verrosteten Haltemuttern dann in Ruhe bearbeitet werden (nur ratsam, wenn auch das A-Blech erneuert wird!).

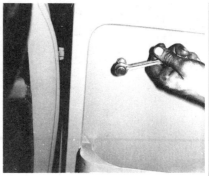

3. ... und hinter der Türverkleidung mit einer Mutter mit Unterlegscheibe.

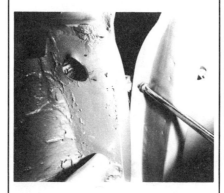

2. Auf der Innenseite wird das Scharnier vorne mit einer Kreuzschlitzschraube an der Tür angeschraubt...

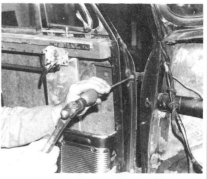

4. Manchmal dreht man den Kopf der Kreuzschlitzschraube rund, bevor sie sich löst. Hartnäckigen Schrauben hilft man durch Hammerschläge auf den (durchgehenden) Schraubendreherschaft oder mit einem Schlagschrauber nach. Diese Türen des Radford-Modells trugen allerlei Zubehör und erstaunlich grob gefertigte Türverkleidungshalter. Durch dieses Mehrgewicht verschlissen natürlich auch die Scharnierbolzen und mußten relativ häufig erneuert werden.

5. Radford-Modelle hatten Leder-Türhalter. In den normalen Minis saß ein eher dürftiger Halter, der wie der Rest eines Kleiderbügels aussah. Beide Modelle müssen gelöst werden, bevor die Tür von den Scharnieren abgebaut wird.

Karosserie

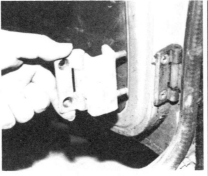

6. Die späteren Türen sehen ähnlich aus, unterscheiden sich jedoch in etlichen Details, u.a. bei den Türverkleidungen (Ausbau der Türverkleidungen und -einbauten der älteren und neueren Türen siehe nächster Abschnitt).

7. So sieht die spätere Bauform der Türscharniere aus. Die Scharnierbolzen wurden vergrößert, um das höhere Gewicht dieser Türtypen aufnehmen zu können.

8. Die Scharniere werden mit je 2 Kreuzschlitzschrauben in Kastenmuttern am Türrahmen eingeschraubt. Diese Schrauben sind oft festgerostet, beim Ausbau sind also die Hinweise von Bild 4 (vorige Seite) zu beachten.

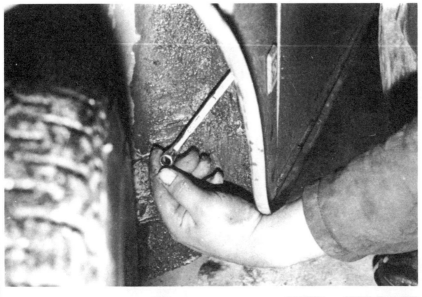

9. Die Haltemuttern der Scharniere an der Türsäule sind nur nach Turnübungen hinter dem Kotflügel zugänglich. Beim Lösen festgerosteter Muttern mit dem Schweißbrenner entfernt man zuerst die dahinterliegende Verkleidung im Innenraum und holt einen Helfer als Aufpasser (falls es irgendwo kokelt).

10. Wird die Tür ausgebaut und nicht nur ein Scharnier erneuert, muß der Türfeststeller ebenfalls gelöst werden. Es genügt, den Gabelkopfbolzen zu entsplinten und den Bolzen nach oben herauszudrücken.

Mini-Restaurierungshandbuch

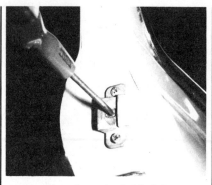

11. Zur Einstellung der Schließplatte und Führungsplatte brauchen nur die Halteschrauben der Platten gelöst und die Platten entsprechend verschoben zu werden. Manchmal muß die Schließplatte nach dem Einbau neuer Türgummis nachgestellt werden. Im Idealfall steht die Schließplatte so, daß der Gummi leicht zusammengedrückt wird und die Tür bündig mit der Karosserie abschließt. Die Führungsplatte sitzt richtig, wenn der Türspalt ringsum überall gleich ist.

Die neuere Schließplatte (siehe Zeichnung 1) muß beim Einstellen so angeordnet werden, daß das Schloß der Schließplatte bei geschlossener Tür ohne Blockieren in das Türschloß eingreift. Die geschlossene Tür muß sich außerdem gegen den Widerstand des Türdichtgummis etwas einwärts drücken lassen.

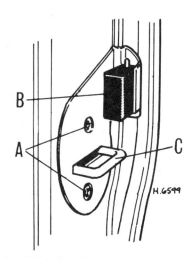

Zeichnung 1. Die Türschließplatte an neueren Limousinen- und Kombimodellen.
A Halteschrauben   C Schließbolzenbügel
B Türanschlagpuffer

Ausbauen der Türverkleidung

Ältere Ausführung

12. Zuerst nehmen Sie die Verkleidungsleisten ab, die an beiden Seiten der Türtasche aufgesteckt sind.

13. Lösen Sie die Schrauben, mit denen die Verkleidung unten an den Türtaschen festgeschraubt ist.

14. Die Verkleidungspappe kann jetzt vorsichtig (damit sie nicht einreißt) herausgenommen werden.

15. Greifen Sie hinter die große Verkleidungspappe und drücken Sie sie in der Mitte nach vorne, so daß sie etwas ausbeult und an der einen Seite aus dem Türrahmen herausfedert.

16. Ziehen Sie die große Verkleidungspappe am einen Ende nach oben aus dem Türrahmen heraus.

Neuere Ausführung

17. Lösen Sie die Kreuzschlitzschrauben an der Fensterkurbel und der Türverriegelung (oben rechts). Die Griffe können dann von ihren Vierkantachsen abgezogen werden.

Karosserie

18. Anschließend werden die beiden Halteschrauben des Türziehgriffs gelöst.

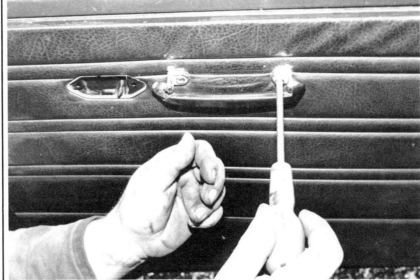

19. Die Türverkleidung sitzt mit mehreren Klammern in Bohrungen im Türrahmen. Fahren Sie mit einem Schraubendreher vorsichtig hinter die Verkleidung und lösen Sie die Klammern einzeln nacheinander. Hebeln Sie die Klammern nicht gewaltsam ab, sonst brechen sie aus der Verkleidung aus (vor allem bei gealterten, brüchigen Türpappen).

20. Die Verkleidung wurde jetzt an beiden Seiten und an der Unterkante gelöst und kann nun aus ihrem Sicherungsfalz an der Türoberkante nach unten abgehoben werden. Die Abdeckfolie hinter der Verkleidung muß wasserdicht abschließen. Muß sie abgenommen werden, ist sie vor dem Wiedereinbau der Verkleidungspappe fest anzukleben.

Zerlegen der älteren Türen und neueren Kastenwagen- und Pickup-Türen

Siehe Zeichnung 2.

Mini-Restaurierungshandbuch

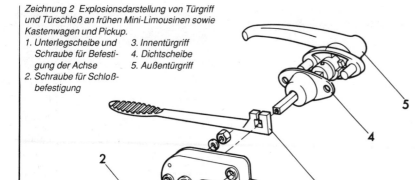

Zeichnung 2 Explosionsdarstellung von Türgriff und Türschloß an frühen Mini-Limousinen sowie Kastenwagen und Pickup.
1. Unterlegscheibe und Schraube für Befestigung der Achse
2. Schraube für Schloßbefestigung
3. Innentürgriff
4. Dichtscheibe
5. Außentürgriff

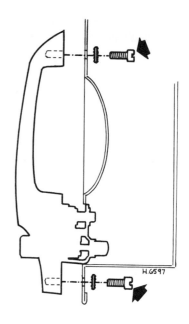

Zeichnung 3 Der Türgriff der späteren Mini-Baujahre

Zu Zeichnung 3: Bei ausgebauter Türverkleidung können die Türgriffe der späteren Ausführungen ausgebaut werden, nachdem die beiden mit Pfeil markierten Schrauben gelöst wurden. Die Halteschrauben des Innentürgriffs und des Türschlosses sind bei ausgebauter Verkleidung ebenfalls zugänglich. Das Türschloß ist an der hinteren senkrechten Türwand angeschraubt.

21. Als erstes wird die Schraube, die die Achse des Türschlosses hält (Zeichnung 2, 1), mit einem Schlitzschraubendreher gelöst.

23. Zuvor muß der Innentürgriff mit einem Schraubendreher von seiner Achse heruntergehebelt werden (Zeichnung 2, 3). Manche Griffe sind mit einer Sicherungsschraube fixiert; sie wird hier gerade gelöst.

22. Der Außentürgriff kann jetzt abgenommen werden.

24. Schrauben Sie die Sicherungsschraube (Spezialgewinde!) und ihre Unterlegscheibe wieder auf die Achse auf, damit sie nicht verlorengehen.

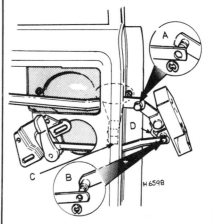

Zeichnung 4 Ausbau des vorderen Türschlosses
A Betätigungsstange für Türfernbetätigung
B Betätigungsstange für Innenverriegelung
C Verbindungsstück für Verriegelung des Außentürgriffs
D Verbindungsstange für Türriegelsperre

Karosserie

Zu Zeichnung 4 — Ausbau des Vordertürschlosses: Die Klammern an Punkt A und B müssen *nach* Lösen aller drei Türmechanismen an der Tür abgenommen werden. Bei ausgebautem Griff können Schloßzylinder und Druckknopf wie folgt zerlegt werden: 1) Die Sicherungsklammer abhebeln, die den Schließzylinder am Griff hält. 2) Den Schlüssel in das Schloß einstecken und damit den Schließzylinder herausziehen. 3) Die Schraube der Grundplatte am Außengriff lösen. 4) Nach Abnehmen von Grundplatte, Betätigungsstange, Scheibe und Feder kann der Druckknopf jetzt herausgenommen werden.

Zu Zeichnung 5: An älteren Modellen kann die Drucktastenkappe (B) durch Hinein- oder Herausschrauben eingestellt werden, so daß etwa 1 bis 1,5 mm Spiel bis zum Bewegungsbeginn des Türentriegelungshebels bleiben.

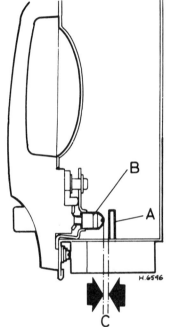

Zeichnung 5. Einstellung der Türgriff-Drucktaste
A Entriegelungshebel   C = 1,0 bis 1,5 mm
B Drucktastenkappe

Türscheibe

Der Zusammenbau von Schiebefenster und Fensterführungen wird im Kapitel Türscheibe und Fensterführung, Zusammenbau beschrieben.

Siehe Zeichnung 6: Ausbau des Türschiebefensters (spätere Modelle mit Kurbelscheibe). Zuerst muß die Türverkleidung wie beschrieben abgebaut werden.

1. Die Fensterschacht-Zierleisten an der Türblech-Oberkante werden vorsichtig von ihren Klammern angehebelt (aufpassen, daß die Zierleisten nicht verbogen werden) — siehe Zeichnung 6, 1 und 2. Kurbeln Sie die Scheibe etwa halb ab, so daß die beiden Kurbelarme annähernd waagerecht stehen. Blockieren Sie die Scheibe mit einem Stück Holz zwischen Scheibe und Türrahmen in dieser Stellung (Zeichnung 6, 6).

Zeichnung 6. Ausbau der Türkurbelscheibe. Die kleine Zeichnung zeigt den Kurbelarm und die Stellung der Türscheibe vor dem Ausbau
1 Fensterschacht-Zierleiste (außen)
2 Fensterschacht-Zierleiste (innen)
3 Zierleisten-Halteklammern
4 Fensterkurbelapparat
5 Fensterkurbel-Halteschrauben
6 Keil (zum Blockieren der Scheibe)

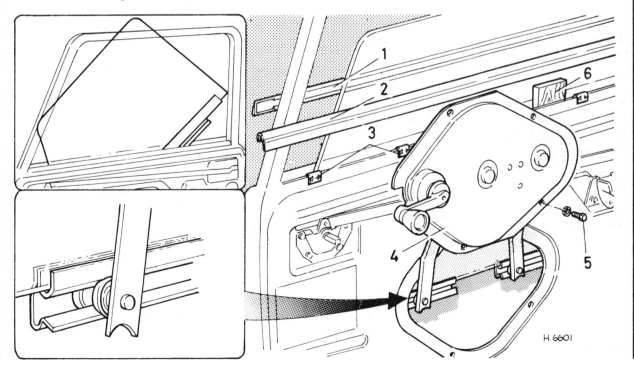

Mini-Restaurierungshandbuch

2. Halteschrauben (Zeichnung 6, 5) für den Kurbelapparat lösen.

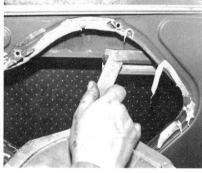

5. Dann ziehen Sie den Kurbelapparat nach hinten, so daß der vordere Arm aus der Kurbelschiene freikommt.

Der Einbau der Scheibe erfolgt in umgekehrter Reihenfolge, doch sind folgende Besonderheiten zu beachten:
a. Die Scheibe muß richtig in den Fensterführungen sitzen, bevor sie in halb abgekurbelter Stellung blockiert wird.
b. Die Fensterschachtzierleisten müssen auf beiden Seiten gleichlaufend sitzen, bevor sie fest aufgedrückt werden. Die innere Schachtleiste muß mit ihrem vorderen Ende am Fensterführungsprofil anliegen, bevor sie weiter aufgedrückt wird.
c. Den Kurbelmechanismus mit Karosseriedichtmasse (im Fachhandel erhältlich) einstreichen und dann in die Tür einbauen. Ohne Dichtmasse verursacht er beim Fahren Klappergeräusche. Die Lippe an der Vorderkante der Grundplatte muß richtig im Türblech eingreifen.
d. Auch zuvor entfernte Klebestreifen müssen mit frischem Kontaktkleber wieder angebracht werden.

3. Der Kurbelapparat ist mit Dichtmasse montiert und klebt oft hartnäckig. Hebeln Sie ihn mit einem Schraubendreher vorsichtig ab.

6. Halten Sie das Glas mit einer Hand, ziehen Sie den Keil heraus und kippen Sie das Glas nach vorne in die Tür ab, bis die hintere obere Ecke der Scheibe innerhalb des Fensterrahmens liegt (siehe Zeichnung 6, oberes Bild).

Einstellen von Motorhaube, Heckklappe und Traveller-Hecktüren.

Werkzeuge

Zwei 7/16"-AF-Schlüssel, Elektrobohrmaschine (möglichst auch Blechschere, Bleche und Schweißgerät).

Sicherheit

Bei Schweißarbeiten in der Nähe von Batterie und Benzintank diese zuerst ausbauen. Im übrigen die Sicherheitsregeln im Anhang beachten.

4. Ziehen Sie den Kurbelapparat (Zeichnung 6, 4) vom Türblech soweit nach vorne weg, daß der hintere Kurbelarm aus der Fensterkurbelschiene freikommt.

7. Die Scheibe kann jetzt herausgehoben werden.

Einstellung der Motorhaube

Die richtige Passung der Motorhaube ist für das optische Gesamtbild mit am wichtigsten. Bei schlecht sitzender Motorhaube sieht auch ein ansonsten einwandfreier Wagen schief aus! Aus- und Einbau der Motorhaube werden im entsprechenden Abschnitt beschrieben.

Karosserie

Die Motorhaube kann jedoch an ihrer Hinterkante in der Höhe sowie in Längsrichtung verstellt werden.

Den richtigen Sitz der Motorhaube erreicht man am leichtesten, wenn die Scharniermuttern erst so fest angezogen werden, daß die Scharniere sich an den Haltern an der Motorhaube *gerade noch* verschieben lassen. Dann stellt man die Scharniere so ein, daß die Haube hinten zu hoch steht. Nun schließt man die Haube und drückt die Haube hinten an beiden Kanten vorsichtig nach unten, bis die Höhe stimmt. Wenn Sie jetzt zu stark drücken, müssen Sie das Spiel natürlich wiederholen.

Auch an der Vorderkante können die älteren und neueren Motorhauben verstellt werden. Der Schließzapfen an der Unterseite der Haubenvorderkante kann nach Lösen der Haltemutter auf- oder abwärts verstellt werden (siehe Zeichnung 7). Manchmal ist die Motorhaube in sich verzogen. Wohldosierte Kraftakte bringen hier meist Abhilfe. Motorhaube öffnen und an den beiden Vorderkanten fassen — und in Gegenrichtung verdrehen!

Heckklappe

An der Heckklappe kann nicht viel passieren, sofern nicht das Fangband reißt und das Außenblech beschädigt wird oder auf der offenen Heckklappe allzuschwere Lasten transportiert wurden und sich die Heckklappe verzogen hat. Die Heckklappe ist viel kürzer als die Motorhaube und kann auch nicht so einfach gerichtet werden. Öffnen Sie in diesem Fall die Heckklappe, legen Sie einen Holzklotz unter der am weitesten innenliegenden Ecke der Klappe ein, schließen Sie die Klappe und drücken Sie die hervorstehende Ecke kräftig in Richtung der Karosserie. Aufpassen, daß beim Ansetzen des Holzes die Auflagefläche an der Karosserie nicht eingedrückt wird.

Die Montage der Heckklappe und der Abbau der Deckelschlösser und der Stütze sind aus Zeichnung 8 zu ersehen. Heckklappen rosten häufig durch und sind auch besonders unfallgefährdet.

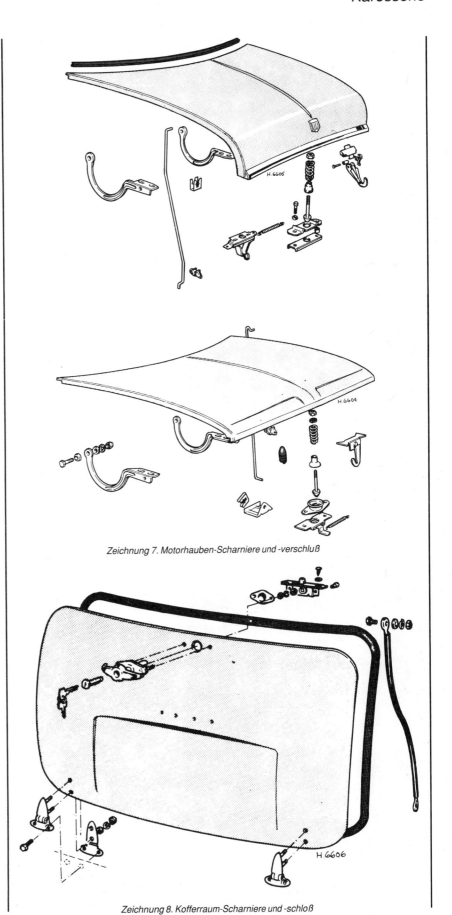

Zeichnung 7. Motorhauben-Scharniere und -verschluß

Zeichnung 8. Kofferraum-Scharniere und -schloß

Mini-Restaurierungshandbuch

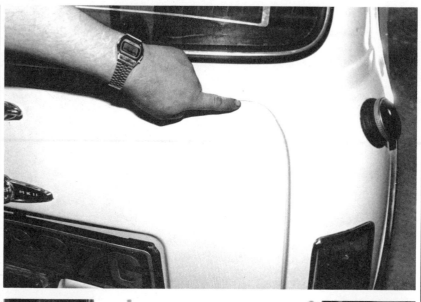

In beiden Fällen ist der Einbau einer neuen oder guterhaltenen gebrauchten Heckklappe vom Schrottplatz billiger als ein Reparaturversuch. Die Scharniere entwickeln rasch Rostpickel. Sie werden dann erneuert, können aber — anders als die verchromten Scharniere vieler anderer Modelle — auch gereinigt, grundiert und neu lackiert werden. Die Heckklappe kann nur nachgestellt werden, nach dem in den folgenden Fotos beschriebenen Verfahren.

1. Dieser Wagen hatte eine gebrauchte Heckklappe erhalten, die in der Kofferdeckelöffnung zu hoch saß.

2. Um oben einen ausreichenden Spalt zu erreichen, mußten die Scharniere gelöst werden (auf die Muttern und Scheiben auf der Rückseite achten).

3. Dann werden die Löcher geringfügig nach unten zu Langlöchern ausgefeilt...

4. ... bis die Passung der Heckklappe stimmt. Dann schrauben wir die Scharniere wieder fest.

Karosserie

Einstellung der Hecktüren (Traveller und Kastenwagen)

Die Hecktüren am Mini-Kastenwagen (Van), Countryman und Traveller können nicht nachgestellt werden. Die Reparaturbleche und Türhäute müssen bei der Montage also unbedingt ganz exakt eingepaßt werden. Wer aber eine Rostlaube erwischt hat oder wenn die Hecktür wegen ungenauer Montage oder Einbau nicht-originaler Teile (mit nicht fluchtenden Bohrungen) schief sitzt, der kann nach den folgenden Tips verfahren.

1. Aufbau und Passung sind bei allen Kastenwagen und den davon abgeleiteten Personenwagenmodellen (auch den ersten Kombis mit Holzverkleidung) identisch. Die Hecktürleisten dieses Clubman-Kombis sagen alles: die Türen passen nicht richtig!

2.& 3. Der Heckpfosten war wegen Durchrostungen am unteren Ende schon früher geschweißt worden (und zwar falsch!), also war Abhilfe nur durch umfangreiche Reparaturen möglich, die sich bei diesem Mini nicht bezahlt gemacht hätten.

Auch der Sockel des linken Heckpfostens war schon repariert worden. Nur verträgt Kunststoffspachtel keine großen Kräfte. Bei geöffneter Tür gaben Pfosten und Seitenblech wie ein Segel im Wind nach.

Bevor die alten Spachelschichten abgeschliffen wurden, fertigten wir einige Reparaturbleche an, mit denen der Heckpfosten wieder festen Halt bekam — am Hecktür-Einstiegsblech und an der Naht zum Heckabschlußblech.

4. Anhand der oberen und unteren Türspalte wurde deutlich, daß die linke Tür richtig saß. Das untere Scharnier der rechten Türhälfte war also schuld. Scharnier und Türblech sind mit zwei Schrauben (und einer elastischen Zwischenlage) verschraubt.

5. Die beiden Bohrungen in der Tür wurden mit dem Bohrer etwas aufgeweitet (um wieviel, kommt auf den Einzelfall an). Weiter als unbedingt nötig bohrt man auf keinen Fall auf, daher sind meist mehrere Versuche nötig.

Mini-Restaurierungshandbuch

6. Das obere Scharnier wird in gleicher Weise nachgesetzt (manchmal genügt es, nur ein Scharnier zu korrigieren — je nachdem, wo die Passung korrigiert werden muß). Dann drücken wir die Tür mit einem Hebeleisen nach oben und ziehen anschließend die Scharnierschrauben fest.

komplett gelieferte Türaußenhaut erfordert keinerlei Blechklopfen von Hand — alle Bleche sind einbaufertig.

Werkzeuge

Schweiß- oder Hartlötgerät, Schleifgerät, Arbeitshandschuhe, Hammer und Meißel, Kreuzschlitzschraubendreher, Zoll-Schraubenschlüssel, Trennmeißel und Hammer.

Sicherheit

Abgeschliffene Türhäute sind mit die scharfkantigsten Bleche überhaupt — Vorsicht beim Hantieren! Sicherheitsregeln beim Schweißen beachten — siehe Anhang.

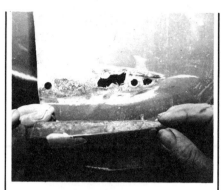

3. Durch den Kontakt zweier unterschiedlicher Metalle und die Feuchtigkeitseinschlüsse am Scharnier nistet sich hinter dem Scharnier rasch Rost ein. Und da wundert man sich über hängende Türen!

7. Jetzt sitzen die beiden Hecktüren wieder genau richtig.

1. Bei eingebauter oder ausgebauter Tür (wie an diesem Cooper) werden zuerst die Türscheiben ausgebaut (siehe Abschnitt oben) und — bei den älteren Baujahren — die Türscharniere abgeschraubt.

4. Drehen Sie die Schrauben wieder in die Scharniere ein, damit sie nicht verlorengehen. Vor allem die kleine Distanzscheibe unter dem Schraubenkopf darf nicht verlorengehen.

Erneuern der Türhaut

Viele Minis brauchen im Laufe ihres Lebens neue Türhäute. Im folgenden Abschnitt erfahren Sie dazu alles Wissenswerte. Auf die Gefahr hin, mich zu wiederholen, rate ich nochmals, Originalteile zu verwenden. Sie sind sogar für die älteren Türen mit außenliegenden Scharnieren noch lieferbar.

Das Aufziehen einer neuen Türaußenhaut ist ein ideales Übungsfeld für Neulinge unter den Karosserierestauratoren. Es sind zwar radikale Trennarbeiten und einiges Einpassen notwendig, doch dürfte bei richtigem Vorgehen ohne große Schwierigkeiten eine einwandfreie Passung möglich sein. Die

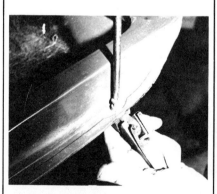

2. Die normalerweise hinter der Türverkleidung versteckte Mutter wird mit dem Schraubenschlüssel gelöst und dann die Kreuzschlitzschraube an der Türkante losgedreht.

5. Es ist zwar schon fast zu spät dafür, doch wer sicher sein will, daß die Türhäute rostfrei sind, muß den Lack entfernen. Hier schleifen wir die Türunterkante ab.

Karosserie

6. Darunter kommen zwar keine krassen Durchrostungen, aber doch Rostlöcher zum Vorschein, bei denen man mit dem Schraubenzieher durchbricht. Kleiner werden die Löcher mit Sicherheit nicht mehr.

9. Wie bei vielen anderen Modellen ist beim Mini die Türhaut auch am Fensterrahmen umgefalzt, muß hier also ebenfalls abgeschliffen werden.

12. Dieses Ablaufrohr führt das Wasser aus dem Türinneren ab. Ist es gealtert, wird es erneuert. Das Wasser läuft an beiden Enden der Schiebefensterführung ab. In der linken Hand ist das Ablaufrohr zu erkennen.

7. Die Türhäute sind rings um den Türrahmen umgefalzt — wie die Lasche eines Briefumschlags. Auffalten ist aber sinnlos.

10. Hier machen sich dicke Arbeitshandschuhe bezahlt. Der Metallstreifen, der sich gelöst hat, ist messerscharf. Er ist in der Regel nicht angeschweißt; manchmal hängt aber hier und da ein Schweißpunkt, den man dann abmeißelt.

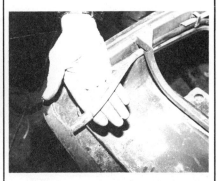

13. Unten in der Tür ist ein weiterer Schlauch. Er mündet in einer Metallmuffe im Türkasten. Muß der Türkasten repariert werden, darf diese Ablaufmuffe nicht vergessen werden!

8. Richtigerweise schleift man die Ränder ab (wie beim Öffnen eines Briefs mit dem Brieföffner).

11. Wenn die Türhaut jetzt noch nicht ringsum abgeschliffen werden konnte, stemmt man die letzten Reste mit einem Trennmeißel weg. Die alte Türhaut kann jetzt vom Türrahmen abgehoben werden (Vorsicht vor scharfkantigen Metallresten!).

14. Das Rohr reicht über die Metallmuffe etwas über die Türunterkante hinaus. Es darf weder verstopft noch verschmutzt sein.

15. Kleinere Dellen im Türinnenblech können jetzt ausgebeult werden. Auch den Türrahmen können wir jetzt reparieren bzw. richten.

16. Jetzt wäre Gelegenheit, diese normalerweise verdeckten Bereiche zu entrosten — vor allem den Falz, um den die neue Türhaut umgekantet wird. Auch Rostschutzfarbe kann hier nicht schaden.

17. Der Türfalz muß mit Hammer und Handfaust auf der gesamten Länge gerichtet und geglättet werden, bevor die neue Türhaut aufgezogen wird. Wenn man am Falz entlangblickt, fallen Wellen und Beulen sofort auf.

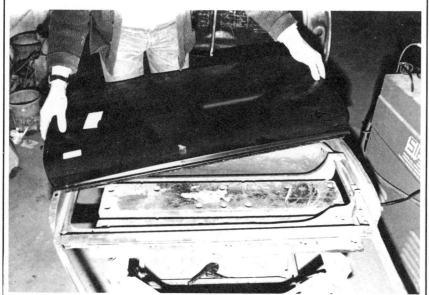

18. Legen Sie den Türrahmen auf eine ebene Auflage und legen Sie die Türhaut auf.

19. Die Türhaut muß überall exakt passen (hier und da muß man die Falze evtl. etwas zurückbiegen). Die Kanten des Türrahmens müssen jetzt evtl. nachgerichtet werden. Dann spannen wir das Blech mit Gripzangen fest.

20. Die vordersten Scharnierbohrungen der älteren Türen müssen sich genau mit den Bohrungen im Türrahmen decken. Ggf. kann man Schrauben durchstecken und festziehen und die Türhaut damit fixieren. Hier wird die Türhaut mit einem Schraubendreher, den wir in eine der Bohrungen stecken, in die richtige Lage manövriert.

Karosserie

21. Dann drehen wir die ganze Konstruktion um...

23. Jetzt werden die Ränder umgefalzt. Anfangs hämmern wir sie Stück für Stück nur ein paar Grad weit (maximal 1/3 des vollen Umfanges) um.

25. Genauso wird der obere Falz langsam umgehämmert...

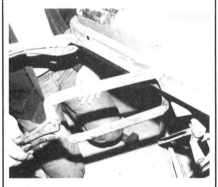

22. ... und ziehen die Türhaut mit möglichst vielen Zangen und Schraubzwingen auf dem Rahmen fest.

24. Dieses Spiel wiederholen in demselben Abschnitt und hämmern die Kante um das nächste Drittel um. Die Türhaut stützen wir dabei von unten fest mit einer flachen Handfaust ab.

26. ... in mehreren Durchgängen, bis er ganz umliegt.

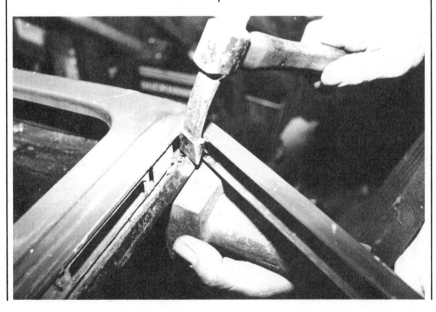

27. Hier macht sich ein vernünftiger Karosseriehammer bezahlt. Mit der gekrümmten Kreuzpinne des Pinnhammers kann auch der letzte Winkel im Fensterausschnitt erreicht werden. Zur Not geht es auch mit einem passend geschnitzten Holzstück, das man in die Vertiefung legt und mit dem Hammer bearbeitet, während ein Helfer die Handfaust von hinten anhält.

Mini-Restaurierungshandbuch

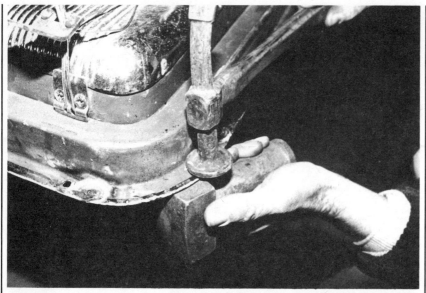

28. Besondere Vorsicht ist an den Türkanten nötig. Wird das Blech hier zu weit auf einmal umgefalzt, bekommt es leicht Knicke. Auch an geraden Abschnitten klopft man das Blech in mehreren Durchgängen um wenige Grad um, da es sich sonst streckt und wellig werden könnte.

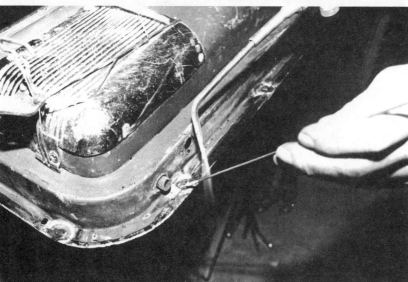

29. Theoretisch müßte die Türhaut so fest sitzen, daß Schweißen oder Hartlöten entbehrlich ist. Einige Schweiß- oder Hartlötpunkte sind aber kein Fehler (schließlich ist es ja Ihr eigener Wagen und die Türhaut muß das ganze Türgewicht aufnehmen).

30. Setzen Sie in größeren Abständen einige Schweiß- bzw. Hartlötpunkte...

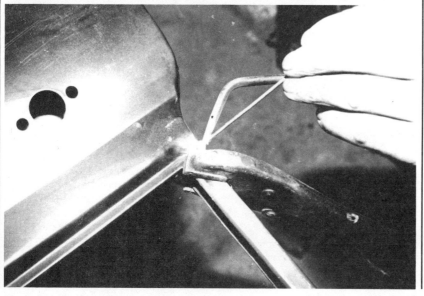

31. ... vor allem am oberen Falz, der an den Ecken angeschweißt wird, um Verwindungen im Fensterschacht abfangen zu können. Es genügen einige wenige Punkte (auf keinen Fall eine Naht ziehen!), die sofort mit einem feuchten Lappen abgeschreckt werden — Wärmeverzug in der Türhaut ist auf jeden Fall zu vermeiden!

Karosserie

32. Echte Könner hinterlassen bei der Arbeit mit Hammer und Handfaust nicht die kleinste Schramme auf dem Türblech — Sie aber vermutlich schon. Mit Ziehspachtel oder Karosseriezinn (je nach eigenem Gusto) werden diese Unebenheiten ausgeglichen. Dann schleifen Sie die Tür innen und außen und grundieren sie. Wer keine Ganzlackierung anstrebt, hängt die Tür abseits anderer Staubquellen auf und lackiert sie vor dem Einbau. Dies spart zeitraubendes Abkleben.

33. Beim Kauf von Nachbauteilen achtet man darauf, daß die richtigen Löcher, z.B. hier für die Türgriffe, vorhanden sind und die Türhaut zum Modelljahr paßt (innerhalb der einzelnen Modelle gab es keine Unterschiede).

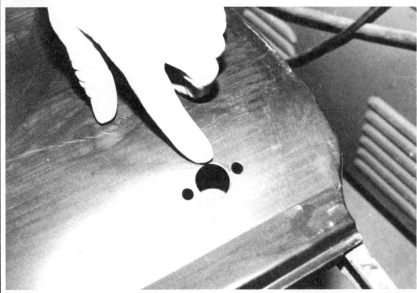

Schweller (Außen- und Innenschweller), Reparatur

Die Schweller des Mini sind preisgünstig und lassen sich relativ leicht montieren — ein gewisser Trost, da die Schweller beim Mini genauso rasch wie bei vielen anderen Fabrikaten Rost ansetzen. Gesunde Schweller sind beim Mini mit seinem stabilen vorderen und hinteren Hilfsrahmen extrem wichtig. Eine geschwächte Bodengruppe kann bei Unfällen dramatische Folgen nach sich ziehen, da der relativ schwere Vorderbau dann fast ungehindert in Richtung Fahrgastzelle gedrückt wird.

In einer kleinen Serie der frühen Modelle (allerdings nicht in den allerersten) wurde aushärtender Polyurethanschaum in die Schweller und Scharniersäulen eingespritzt. Dies hat sicher manche dieser Schweller am Leben erhalten, dafür aber andere Konsequenzen, wie dieser Hinweis im BMC-*Mini-Werkstatthandbuch* von 1966 zeigt: Bei Hitzeeinwirkung — z.B. beim Schweißen an der Karosserie — setzt die Ausschäummasse gesundheitsschädliche Dämpfe frei. Daher ist bei der Arbeit eine Schutzmaske mit Atemluftanschluß zu tragen. Die Arbeiten dürfen nicht in engen oder unzureichend belüfteten Räumen ausgeführt werden.

Diese Ausschäumung wurde ab folgenden Karosserienummern angebracht: Limousine (Austin) 41416, (Morris) 31995, Kastenwagen (Van) 10956, Traveller und Countryman 2203. Ab Fg.-Nr. AA257 62507 und Karosserie-Nr. L 69999 (mit Ausnahme der Karosserie-Nummern 70601 und 70630) wurden auf das Ausschäumen verzichtet. Die Numerierung ist auch nicht logischer als die Beweggründe für die Ausschäumung, daher kann keiner sagen, wieviele Wagen davon betroffen sind. Am besten trennt man den Schweller auf — wie in den folgenden Fotos gezeigt — und entfernt den Hartschaum restlos, ggf. mittels eines speziellen Schabers, mit dem man bis in die Türsäulen kommt. Die Schweißarbeiten erledigt man bei weit geöffneten Türen im Freien. Ein Helfer mit Feuerlöscher paßt derweil auf Schweißer und Auto auf. Vorsicht beim Umgang mit Polyurethanschaum — brennender PU-Schaum ist extrem giftig! Die Schweller des Mini bestehen aus drei Teilen: Innenschweller, Außenschweller und Türeinstiegsblech (Schwelleroberseite), das erst in fortgeschrittenem Korrosionsstadium angeknabbert ist.

Mini-Restaurierungshandbuch

Werkzeuge

Trennmeißel und Hammer, Schweißgerät (kein Hartlötgerät!), Winkelschleifer, Zinkgrundierung, mehrere Schweißer-Gripzangen (möglichst auch Punktschweißzange).

Sicherheit

Sicherheitsregeln bei Schwellern mit Polyurethanschaumfüllung beachten — siehe Text.

4. Dann trennen wir die Schwellervorderkante zum Bodenblech ab. Notfalls sucht man sich am neuen Schwellerblech die Stellen, bis zu denen man trennen kann.

5. Dann trennen wir die Hinterkante des Schwellers ab — immer etwas innerhalb von der gewünschten Schnittlinie. Die stehengebliebenen Reste können wir beim Einpassen des neuen Schwellers immer noch abtrennen.

1. Nachdem der Vorderkotflügel abgebaut wurde, wird sichtbar, wo sich Schmutz und Wasser durch den Sockel der durchgerosteten Türsäule ihren Weg in den Schweller gebahnt haben, wo sie ihr Zerstörungswerk fortsetzen können.

2. Bei Rostbefall in diesem Bereich ist oft auch der vordere Rand des Bodenblechs durchgerostet und reparaturbedürftig.

3. Zuerst meißeln wir den alten Schweller direkt unterhalb der Naht zwischen Schweller und Einstiegsblech von vorne nach hinten ab.

Karosserie

6. Der Schweller ist jetzt oben und seitlich frei. Dann drücken wir ihn mit dem Fuß nach unten weg — dies ist sicherer, als sich die Hand an den messerscharfen Schnittkanten aufzureißen.

7. Oft müssen mehrere Schwellerschichten abgetragen werden. Bei billigen Pfuschreparaturen wird einfach ein neuer Schweller über den alten geschweißt. Rasches Weiterrosten des neuen Blechs ist damit vorprogrammiert, aber — wie es in manchen Werkstätten heißt — die Kundschaft von morgen gesichert.

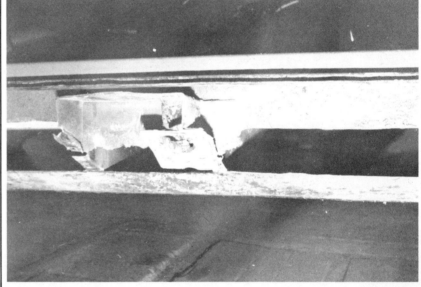

8. Bevor der Schweller erneuert wird, prüft man auch die Wagenheberaufnahme auf Stabilität. Reparaturbleche scheinen hierfür nicht zu existieren, also fertigt man sie mit einem passenden Vierkantstahl selbst an (prüfen, ob der Wagenheber hineinpaßt!). Die Wagenheberaufnahme sitzt auf einer Verlängerung des unter den Sitzen verlaufenden Querträgers. Auch der Querträger ist manchmal reparaturbedürftig. In unserem Fall war das Abschlußblech des Querträgers weggerostet und mußte durch ein passendes Stück Millimeterblech ersetzt werden.

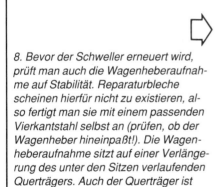

9. Auch die Innenschweller rosten oft durch. Hier wurde ein begrenzter Durchrostungsbereich herausgetrennt und ein neues Blech überlappend eingeschweißt.

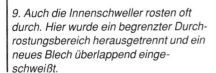

Mini-Restaurierungshandbuch

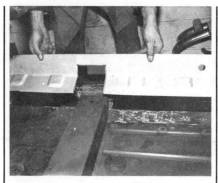

10. An diesem Wagen wurde ein neuer Innenschweller (kein Originalteil — Austin-Rover hatte nichts passendes im Programm) eingeschweißt. Zuerst wurde der alte Innenschweller passend herausgetrennt.

11. Wie üblich, gab es auch hier Probleme mit der Passung. Sie ließen sich aber leicht beheben. Es mußte nur der Übergang des Innenschwellers zum Innenkotflügel neu abgekantet werden.

12. Auf der anderen Wagenseite trat dasselbe Problem zutage. Der neu abgekantete Falz wurde nach dem Einpassen des Schwellerblechs zurechtgehämmert. Er paßte sich damit an die Form des Innenkotflügels an. Dann wurde der Innenkotflügel angepunktet.

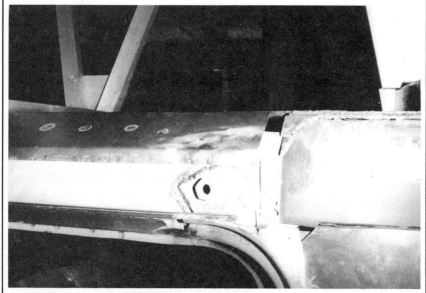

13. Fehlen im Reparaturblech die Gurtverankerungen, müssen sie aus dem alten Blech herausgetrennt und am neuen Blech absolut fachgerecht eingeschweißt werden. Schon deshalb sollte man die alten Bleche erst wegwerfen, wenn alle Arbeiten beendet sind — wer weiß, was man vom Altteil noch alles verwerten kann.

14. Vor dem Einbau des neuen Schwellers muß der Falz am Türeinstieg sauber überschliffen werden, so daß der neue Schweller solide angeschweißt werden kann. Ein Winkelschleifer mit 36er Schleifscheibe ist hier am wirkungsvollsten.

Karosserie

15. Alle geschlossenen Flächen werden vor dem Zuschweißen grundiert und lackiert. Hier und da brennt die Farbe zwar beim Schweißen ab, doch der Großteil bleibt dran.

16. Der neue Schweller muß über der Wagenheberaufnahme richtig ausgerichtet werden. Das Vierkantrohr wurde entsprechend den Schwellerkonturen abgetrennt. Der Schweller ist in diesem Bereich zur Versteifung des dahinterliegenden Kastenprofils verstärkt. Der Schweller kann mit der Wagenheberaufnahme verschweißt oder an den Anlageflächen zum Kastenprofil durchbohrt und im Lochpunktverfahren angeschweißt werden.

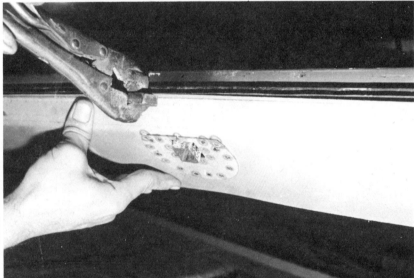

17. Jetzt können wir die Schwellernaht am Einstiegsblech, die wir mit etlichen Zangen angegrippt haben, anschweißen. Im Bild wird dazu eine Punktschweißzange verwendet, Lochpunktschweißen (Oberblech durchbohren, Unterblech anschweißen) geht aber auch. An den Schwellerenden muß eine Naht durchgeschweißt werden.

18. Bei der Arbeit mit der Punktzange müssen die Elektroden unbedingt sauber gehalten werden und genau miteinander fluchten. Auch beide Bleche müssen sauber sein und fest zusammengespannt werden.

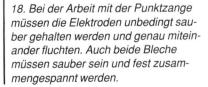

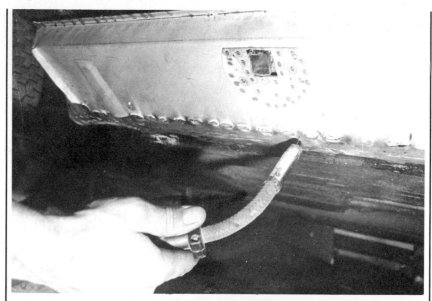

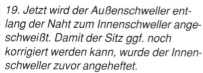

19. Jetzt wird der Außenschweller entlang der Naht zum Innenschweller angeschweißt. Damit der Sitz ggf. noch korrigiert werden kann, wurde der Innenschweller zuvor angeheftet.

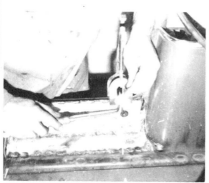

20. Den Innenschweller hatten wir ja zuerst montiert. Der Außenschweller wird von unten daran angeschweißt. Nachdem der Innenschweller nun richtig sitzt, kann er endgültig eingeschweißt werden. Hier wurden entlang der Oberseite kurze Nahtabschnitte durchgeschweißt.

21. Durchrostungen am Schweller sind vor allem auf Eindringen von Schmutz und Wasser zurückzuführen. Trennen Sie alle rostigen Bleche heraus und schweißen Sie gesundes, neues Blech ein, so daß die Profile ringsum dicht schließen.

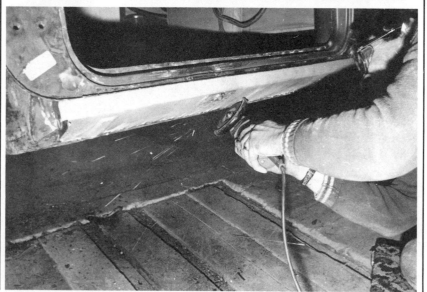

22. Zuletzt werden die Nähte und Schweißpunkte mit der Schleifscheibe glatt überschliffen.

Sind neue Schweller — und vor allem auch das Einstiegsblech (Schwelleroberteil) — fällig, paßt man die Bleche bei montierter Tür ein und kontrolliert den Sitz sorgfältigst, nachdem der Schweller angeheftet wurde, aber bevor er fertig eingeschweißt wird. Bei starken Rostschäden in anderen Bereichen vergewissere man sich vor dem Einschweißen des Schwellers, daß sich die Türöffnung nicht verzogen hat.

Karosserie

Billigmethode für die Reparatur der Innenschweller

Bei Alltags-Minis mit geringem Zeitwert lohnt sich der beim Restaurieren betriebene Aufwand kaum. In Bereichen, die Sicherheitsrisiken bergen, sind Schnellreparaturen niemals zu rechtfertigen, hier können wir jedoch den Wagen mit geringem Aufwand und Kosten beträchtlich verstärken. Puristen werden jetzt zwar schaudern, aber sie haben entweder mehr Geld oder einen Zweit- und Drittwagen.

25. Sobald das Schadensausmaß feststeht, meißeln wir die durchgerosteten Bereiche mit einem Trennmeißel heraus. Manche dubiosen Werkstätten halten diesen Arbeitsgang für entbehrlich. Sicher, die Reparaturstelle wird dadurch nicht stabiler, läßt man die alten Bleche aber drin, rostet sie im Rekordtempo wieder durch.

27. Anschließend schweißen wir es auf allen Seiten an und können Sitze und Innenverkleidung wieder einbauen. Derartige Reparaturen gewinnen zwar keinen Schönheitspreis, verhelfen aber manchem betagten Exemplar, für das sich größere Investitionen nicht mehr lohnen, noch zu ein paar zusätzlichen Lebensjahren.

23. Zuerst stellen wir das Ausmaß des Schadens fest. Bodenteppiche und Sitze werden entfernt und der gesamte angerostete Bereich abgeschliffen — vor allem alle mit Spachtel und Glasfasermatten getarnten Stellen. Frühere Schweißflicken müssen ebenfalls entfernt werden, damit das Ausmaß des Schadens deutlich wird.

26. Jetzt kann man anhand einer Pappschablone ein Blechstück im Schraubstock kanten, an der Schwellerinnenseite einspannen und entlang der Oberkante mit jedem Verfahren einschweißen.

24. Dieses Bild von einem anderen Wagen zeigt, wie die alten Reparaturbleche entfernt werden. Schweißt man einfach noch ein Blech auf, verdeckt man vielleicht nur eine Schwachstelle im Gerippe des Wagens.

Erneuern des hinteren Seitenblechs (und Erneuern der hinteren Ablagefächer)

Die hintere Seitenwand (der hintere Kotflügel) rostet im unteren Bereich und vor allem in Nähe des Radlaufs besonders heftig durch. In extrem schweren Fällen rostet sie manchmal sogar unterhalb der Seitenscheiben. In den folgenden Bildern wird der Einbau eines Seitenblechs (kein Originalteil) beschrieben. Für extreme Korrosionsschäden ist von Austin-Rover sogar eine komplette Seitenwand lieferbar.

Werkzeuge

Scharfer Trennmeißel, Schleifer (Bohrmaschinenvorsatz oder Sonderanfertigung), Autogen- oder MIG/Schutzgasgerät (Punktschweißzange ist nützlich, aber nicht unbedingt ein Muß).

Sicherheit

Allgemeine Sicherheitsregeln für Karosseriearbeiten beachten — siehe Anhang.

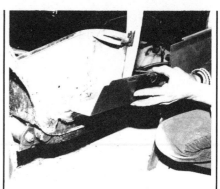

1. Das alte Blech trennen wir knapp innerhalb der Nähte heraus und schleifen die stehengeliebenen Reste bis auf den Saum zurück. Das von uns verwendete Neuteil hatte bereits alle Falze für den Anbau an den senkrechten Karosseriesäumen des Mini.

2. Im Ablagefach auf beiden Seiten der Rücksitze sammelt sich im Laufe der Zeit allerhand Unrat und (brennbare) Rückstände an. Gehen Sie kein Risiko ein — saugen Sie das Fach gründlich aus.

3. Wie im Kapitel Kriterien für den Kauf erwähnt, rostet der Boden des Ablagefachs mitunter durch. Bei eingebauter Seitenwand ist die Reparatur eine mühselige Angelegenheit, bei ausgetrennter Seitenwand ist der ganze Bereich dagegen kinderleicht zugänglich, so daß sich schon bei minimalem Rostbefall eine Reparatur empfiehlt. Das Originalfach hatte sogar ein Wasserablaufloch — das in den hinteren Fußraum mündete! Gedanken zur Verbesserung darf sich hier jeder selbst machen.

4. Das Oberteil des neuen Blechs kann problemlos gepunktet oder durchgeschweißt werden.

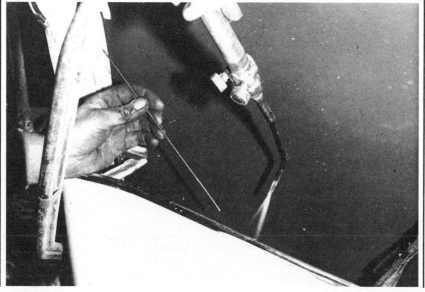

5. Die Reparatur des Ablagefachs ist bei montiertem Seitenblech (was ja an sich die Regel ist) aufwendiger, und man muß in sehr ungünstigem Winkel arbeiten.

Karosserie

6. Bevor das neue Blech montiert wird, werden alle Nähte und Flansche mit dem Winkelschleifer gesäubert.

8. Das mit Gripzangen eingespannte Blech muß ringsum richtig sitzen. Erst dann werden die Falze angeschweißt.

9. Mit Verlängerungen für die Punktschweißzange kann auch dann weitergepunktet werden, wenn allerlei Hindernisse im Weg sind.

7. Setzen Sie das neue Seitenblech an. Meist müssen alle Falze nachträglich exakt eingepaßt werden. Fast alle diese Bleche sind für Minis mit Kurbelscheiben gedacht. Deren Türen laufen an der Unterkante scharfkantiger aus. Das Seitenblech ist ebenfalls entsprechend ausgeformt. Ältere Modelle erfordern also einige Nacharbeiten.

10. Punktschweißen ist fast an der gesamten Fläche ringsum möglich. Wer keine Punktzange hat, bohrt den Falz des neuen Blechs an und schweißt das Blech autogen oder mit Schutzgas am alten Blech an. Dann wird die Naht soweit verschliffen, daß sich die Zierleiste wieder aufsetzen läßt.

11. Am Übergang des Seitenblechs zu den vorderen und hinteren Fenstersäulen wird das Blech im Überlappungsbereich fest am dahinterliegenden alten Blech angeklammert und hartgelötet. Die gesamte Naht wird mit Hartlot ausgeschwemmt. Anschließend wäscht man das Hartlot mit Seifenwasser ab, bis alle Flußmittelreste verschwunden sind, die unter dem Lack später unliebsame Reaktionen hervorrufen könnten.

Mini-Restaurierungshandbuch

Batteriekasten, Reparatur

Werkzeuge

Schleifgerät, scharfer Trennmeißel, Schweißgerät, Blechschrauben, Zinkgrundierung bzw. Unterbodenschutz.

Sicherheit

Nie bei eingebautem Benzintank in diesem Bereich schweißen und die Batterie aus dem Kofferraum ausbauen — sie setzt explosives Wasserstoffgas frei.

2. Als erstes trennen wir also den alten Batteriekasten heraus. Wir meißeln ihn ab oder schleifen seine Oberkante (wie bei einer Türhaut) ab. Man könnte auch die Schweißfalze anschleifen, bis die Schweißpunkte sichtbar werden, und diese dann abbohren.

5. Jetzt wird der Falz an allen Seiten soweit wie nötig am Kofferraumboden angeklopft. Am besten verwendet man einen verzinkten Batteriekasten — er hält länger.

1. Alec Issigonis soll die Batterie aus Gründen der Gewichtsverteilung in den Kofferraum verlegt haben (wo hätte sie auch unter der Motorhaube Platz?). Außer daß ein Schraubenschlüssel auf den Batteriepolen für Kurzschlüsse und Funkenflug sorgen könnte, stört sie dort auch nicht weiter — bis der Batteriekasten durchgerostet ist. Dieser Kasten steht unter doppeltem Beschuß — zum einen durch korrosive Säuredämpfe, zum anderen durch Wasser, das sich unten im Kasten sammelt. Verrostete Batteriekästen trennt man heraus und schweißt eines der von etlichen Lieferanten angebotenen Reparaturteile ein. BENZINTANK AUSBAUEN, BEVOR HIER GESCHWEISST WIRD!

3. Dieser Batteriekasten war abgemeißelt worden. Anschließend wird also der Blechrest abgeschliffen.

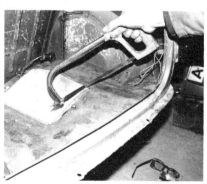

4. Dann setzen wir den neuen Kasten ein. In einer Ecke saß der Falz nicht richtig. Der eingesetzte Kasten wird bis auf den Kofferraumboden eingesägt.

6. Nachdem der Falz jetzt ringsum sauber am Bodenblech anlag, wurde er mit 3-mm-Löchern angebohrt...

7. ... und angenietet. Für Billigreparaturen hätte dies vollauf genügt, vor allem, da der Benzintank dann nicht hätte ausgebaut werden müssen und der Batteriekasten schwerlich zu den tragenden Teilen zählt.

108

Karosserie

8. Wir schweißen den Kasten ringsum in kurzen Nahtabschnitten mit Schutzgas ein (noch ein Grund, warum die Anlagefläche des alten Kastens peinlich sauber sein muß).

9. Aus Gründen der Optik verschleifen wir die Nähte...

Sicherheit

Vorsicht bei Schweißarbeiten in diesem Bereich, wenn der Benzintank oder die Batterie (die explosive Wasserstoffgase freisetzt) noch eingebaut ist. Sicherheitshinweise im Anhang beachten.

10. ... und dichten den gesamten Bereich sorgfältig ab. Jetzt kann Ihnen die Batterie unterwegs nicht mehr verlorengehen!

Heckklappen-Scharnierblech, Reparatur

Auch hier wurde kein Originalteil verwendet, da von Austin-Rover nichts lieferbar war. Dieses Teil ist jedoch recht unkompliziert geformt und leicht einzubauen. NICHT VERGESSEN: VOR DEM SCHWEISSEN DEN BENZINTANK AUSBAUEN!

Werkzeuge

Zoll-Schraubenschlüssel, Handsäge, Reißnadel, Winkelschleifer.

1. Rost am Kofferdeckel-Scharnierblech macht sich zuerst an der Kotflügelnaht bemerkbar, an der es angeschweißt ist. Von dort aus breitet er sich nach oben in das Blech aus, bis eines Tages der Kofferdeckel wackelt! Diese Naht ist zugänglich, wenn die Heckstoßstange, die hier angeschraubt ist, demontiert wird.

2. Kofferdeckel und Scharniere werden abgebaut. Dann legt man das neue Blech auf dem Altteil auf und zeichnet die Schnittlinien an. Ggf. kann man die Scharniere durch beide Bleche durchschrauben, damit die Passung genau stimmt.

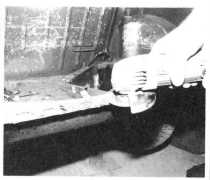

3. Zum Austrennen des alten Blechs verwenden wir für die senkrechten Schnitte eine Handsäge. Die Nahtoberkante, die sich wahrscheinlich fast von selbst löst, wird mit einem Winkelschleifer abgeschliffen.

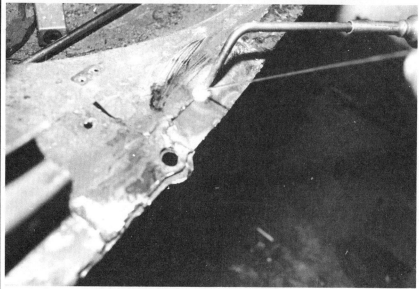

4. Fast wie beim Aufklappen eines Sandwich. Die Naht besteht aus drei Lagen: Kofferdeckel-Scharnierblech, Kofferraumboden und Heckschürze. Hier werden neue Bleche an den ausgetrennten Durchrostungen an der Außenkante des Kofferbodens — der mittleren Lage — eingeschweißt.

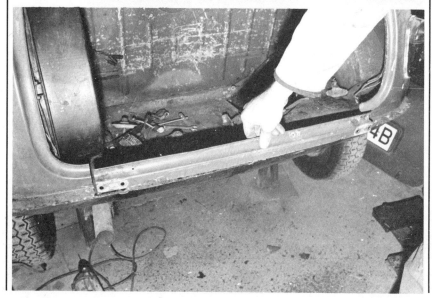

5. Die Heckschürze wird nun angeheftet oder hartgelötet. Hartlöten wäre gar nicht schlecht, da das Hartlot zur Korrektur dann später mit dem Schweißbrenner erwärmt und die Bleche etwas verschoben werden können. Endgültig eingeschweißt wird erst, wenn die Heckklappe probeweise montiert und die Spalte kontrolliert wurden. Die Scharniere können hinterher praktisch nicht mehr verstellt werden.

Karosserie

Ausbau des vorderen Hilfsrahmens

Wie aus früheren Anmerkungen zu entnehmen ist, sollten beide Hilfsrahmen bei größeren Karosseriearbeiten eingebaut bleiben — vor allem der vordere Hilfsrahmen, der wichtige Bezugspunkte für Form und Aufbau des Karosseriebugs liefert.

Für den Ausbau des Hilfsrahmens bei eingebautem Motor enthält der folgende Abschnitt die grundlegenden Angaben. Einzelheiten sind im Motorkapitel nachzulesen. Bei Minis mit Hydrolastic-Federung (an der Hinterradfeder im hinteren Radkasten leicht zu erkennen) muß die Hydrolastic zuerst entleert werden. Die Hydrolastic-Flüssigkeit steht unter Hochdruck; der Druckabbau ist recht gefährlich, daher sollte diese Arbeit bei einer Austin-Rover-Fachwerkstatt durchgeführt werden (Sie können hinterher noch heimfahren, aber langsam und mit einem Extrakissen als Polster!).

Werkzeuge

Hohe Unterstellböcke, kompletter Schraubenschlüsselsatz, Schraubendreher und andere Handwerkzeuge.

Sicherheit

Die Hauptgefahr besteht beim Arbeiten unter dem hochgebockten Wagen. Der Wagen darf keinesfalls wackeln, vor allem beim Lösen hartnäckiger Schrauben. Vorsicht auch beim Ablassen der Hilfsrahmen. Besser zu zweit arbeiten — der Hilfsrahmen ist schwer. Den Druckabbau der Hydrolastic-Federung sollte man nie allein ohne geeignete Geräte versuchen. In der Fachwerkstatt ist diese Arbeit nicht teuer.

1. Dieser vordere Hilfsrahmen wird auf Verzug und Unfallschäden geprüft. Bei Frontschäden wird er oft in Mitleidenschaft gezogen, da er direkt hinter den Frontblechen sitzt. Daher muß er mit einem Reißlineal und anhand der Kontrollmaße in Zeichnung 8 auf Verzug kontrolliert werden. Der vordere Hilfsrahmen kann bei eingebautem Motor ausgebaut oder der Motor separat demontiert werden. Wird der Motor alleine ausgebaut, muß er nach oben herausgehoben werden (siehe Abschnitt zum Motorausbau). Werden Motor und Hilfsrahmen ausgebaut, bestehen zwei Möglichkeiten.

2. Der Wagen kann auf hohe Unterstellböcke gestellt und der Motor mitsamt Hilfsrahmen mit dem Flaschenzug nach unten abgelassen werden (die Eimer sollen hier nur verhindern, daß die Ketten den Lack verkratzen). Nach dem Zerlegen können Motor und Hilfsrahmen auch auf dem Boden stehenbleiben und die Karosseriefront mit dem Flaschenzug angehoben oder mit vier kräftigen Helfern nach hinten weggefahren werden.

3. Nicht nur allerlei Motorteile (Gesamtliste siehe Ende dieses Abschnitts), sondern z.B. auch die Stoßdämpfer (hier zu sehen) müssen abgeschraubt werden. Auch die Spurstangenköpfe müssen gelöst werden (siehe Abschnitt zur Überholung der Vorderradaufhängung).

Mini-Restaurierungshandbuch

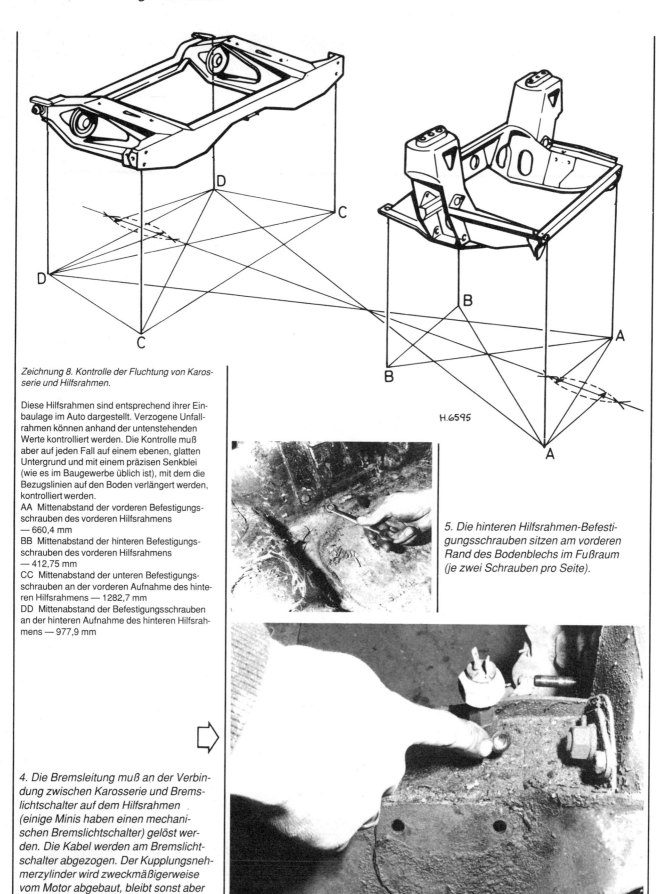

Zeichnung 8. Kontrolle der Fluchtung von Karosserie und Hilfsrahmen.

Diese Hilfsrahmen sind entsprechend ihrer Einbaulage im Auto dargestellt. Verzogene Unfallrahmen können anhand der untenstehenden Werte kontrolliert werden. Die Kontrolle muß aber auf jeden Fall auf einem ebenen, glatten Untergrund und mit einem präzisen Senkblei (wie es im Baugewerbe üblich ist), mit dem die Bezugslinien auf den Boden verlängert werden, kontrolliert werden.

AA Mittenabstand der vorderen Befestigungsschrauben des vorderen Hilfsrahmens
— 660,4 mm
BB Mittenabstand der hinteren Befestigungsschrauben des vorderen Hilfsrahmens
— 412,75 mm
CC Mittenabstand der unteren Befestigungsschrauben an der vorderen Aufnahme des hinteren Hilfsrahmens — 1282,7 mm
DD Mittenabstand der Befestigungsschrauben an der hinteren Aufnahme des hinteren Hilfsrahmens — 977,9 mm

5. Die hinteren Hilfsrahmen-Befestigungsschrauben sitzen am vorderen Rand des Bodenblechs im Fußraum (je zwei Schrauben pro Seite).

4. Die Bremsleitung muß an der Verbindung zwischen Karosserie und Bremslichtschalter auf dem Hilfsrahmen (einige Minis haben einen mechanischen Bremslichtschalter) gelöst werden. Die Kabel werden am Bremslichtschalter abgezogen. Der Kupplungsnehmerzylinder wird zweckmäßigerweise vom Motor abgebaut, bleibt sonst aber unangetastet.

Karosserie

6. Vorne ist der Hilfsrahmen am Frontblech angeschraubt (direkt hinter den Stoßstangenhörnern). Hier ist die Lage des Haltewinkels mit Blick aus dem Motorraum (am ausgebauten Hilfsrahmen) zu sehen. Hier ist auch die Änderung der späteren Frontschürze (die heute als einzige Ausführung lieferbar ist) zu sehen, mit der der Anbau des älteren Hilfsrahmens ermöglicht werden soll. Diese Änderung kann in eigenen Versuchen ausprobiert oder mit einem speziellen, von Austin-Rover lieferbaren Adapter ausgeführt werden.

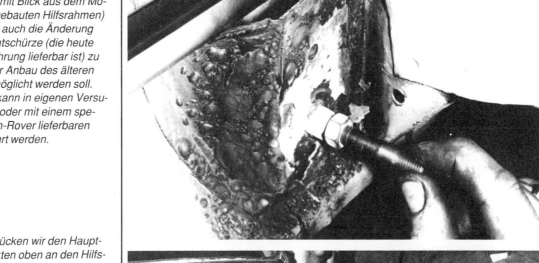

7. Anschließend rücken wir den Hauptbefestigungspunkten oben an den Hilfsrahmentürmen zu Leibe. Die älteren Hilfsrahmen sind mit zwei langen Schrauben angeschraubt. Hier werden die Haltenasen der Sicherungsbleche unter den Schraubenköpfen gerade weggebogen.

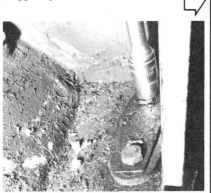

8. **Der Hilfsrahmen muß jetzt an beiden Seiten von unten sicher unterbaut werden.** Dann werden die Schrauben mit Stecknuß und Verlängerung gelöst.

9. Schrauben und Unterlegplatte nehmen wir nach oben heraus. Der Hilfsrahmen (hier ohne Motor) kann nun nach unten abgelassen werden. Zum Abstützen des Hilfsrahmens läßt man die Räder besser dran. Da sie aber nicht mehr an der Lenkung hängen, laufen sie beliebig nach links oder rechts weg. Es ist also nicht leicht, Hilfsrahmen und Motor damit durch die Gegend zu schieben!

Hinweis: Bei einigen älteren Exemplaren sind die Hilfsrahmen an den seitlichen Türmen mit Stiftschrauben und Mutter (nicht mit Schrauben) angeschraubt. Bei allen späteren Modellen sitzt statt der beiden Schrauben bzw. Muttern eine große Sechskant-Verschlußschraube. Sie ist dann (statt der Bildfolge 7 bis 9) singemäß herauszuschrauben.

Ausbau des Hilfsrahmens mit Motor — Zusammenfassung

Zuerst alle Leitungen, Kabel und Bauteile wie beim normalen Motorausbauösen — siehe Abschnitt Ausbau von Motor und Getriebe. Die Auspuffanlage ebenfalls komplett ausbauen.

1) Schalthebel bzw. Schaltgestänge lösen.
2) Die Rändelmutter lösen, mit der die Tachowelle links am Getriebe angeschraubt ist und die Welle abziehen. Diese Mutter läßt sich von Hand meist schlecht lösen, also versucht man es gleich mit einer Wasserpumpen- oder Gripzange (Gripzange nicht zu fest anspannen, sonst zerdrückt man die Mutter).
3) Den Deckel des Bremsflüssigkeitbehälters abnehmen, eine Kunststoffolie über die Einfüllöffnung legen und den Deckel wieder aufschrauben. Dadurch geht beim Lösen der Hydraulikleitungen weniger Flüssigkeit verloren.
4) *Einkreis-Bremsanlage:* Die Hydraulikleitung zu den Vorderrädern am Verteilerstück an der Spritzwand lösen.
Zweikreis-Bremsanlage: Die Hydraulikleitungen zu den Vorderrädern am Druckregelventil oder am Druckgefälleschalter (je nach Modell) lösen. Diese Teile bilden einen Vierwege-Verteiler und liegen am Abzweig der Hydraulikleitungen. Beide sitzen an der Spritzwand.
5) Die Klammer lösen und die Bremsservoleitung (sofern vorhanden) am Ansaugkrümmer abziehen. Hinweis: Der Bremsservo braucht nicht abgebaut zu werden (dies wäre nur nötig, wenn der Motor nach oben herausgehoben wird).
6) Spurstangenköpfe von den Lenkern abbauen.
7) *Nur Modelle mit Hydrolastic-Federung:* Nachdem die Anlage vom Händler druckentlastet wurde (siehe oben), werden die Verdrängerleitungen an den Verteilerrohranschlüssen gelöst und abgezogen.
8) Den Hilfsrahmen entsprechend der Bildfolge abbauen.
9) Nochmals überprüfen, ob alle Leitungen und Kabel gelöst wurden.
10) Hilfsrahmen und Motor ablassen bzw. Karosserie anheben (siehe oben) und nochmals prüfen, ob alle Verbindungen gelöst wurden. Die Antriebswellen brauchen natürlich nicht gelöst zu werden (anders als beim Ausbau des Motors ohne Hilfsrahmen).

10. Der ausgebaute Hilfsrahmen kann jetzt lackiert und mit Rostschutz behandelt werden (er rostet aber kaum einmal). Auch an der Radaufhängung läßt sich jetzt bequem arbeiten. Bei Vollrestaurierungen macht sich dies unbedingt bezahlt. Und wie gesagt — vor dem Ausbau des Hilfsrahmens müssen alle Karosseriereparaturen am Wagenbug erledigt sein.

Erneuern des hinteren Hilfsrahmens

In den Anfangszeiten mußten Mini-Besitzer damit leben, daß die hinteren Hilfsrahmen fast so oft wie die Reifen fällig waren — eine Lebensdauer von drei Jahren war keine Seltenheit. Im Laufe der Entwicklung erreichte auch der weiterentwickelte Hilfsrahmen ein höheres Alter (wer sagt da, daß früher alles länger hielt?). Die Erneuerung des Hilfsrahmens ist jedoch auch heute — vor allem bei der Restaurierung älterer Modelle — keine Ausnahme. Die folgenden Bilder zeigen den Ausbau des Hilfsrahmens. Das Zerlegen des Hilfsrahmens wird in den Abschnitten zur Hinterradaufhängung und Hinterradbremsen beschrieben.

1. Theoretisch ist der Ausbau des hinteren Hilfsrahmens ganz einfach. Ist der Hilfsrahmen aber erst einmal so verrostet, daß er erneuert werden muß, sind auch die Halteschrauben übel festgerostet — und lassen sich dann meist kaum noch lösen.

2. Als erstes heben wir das Wagenheck an (alle Karosserietypen sehen hier ähnlich aus) und sichern es mit Unterstellböcken und einem Vierkantholz, das direkt vor dem Hilfsrahmen quer unter dem Wagen liegt.

Karosserie

3. Dann lösen wir die Bremsleitung am Bremskraftverteiler (er verhindert Blokkieren der Hinterräder) und umwickeln die Hinterradbremsleitung mit Isolierband, um Beschädigung des Gewindes und Schmutzeintritt zu verhindern. Verschließen Sie auch die Bohrung im Bremskraftverteiler (am besten geht es mit einer alten Entlüfterschraube).

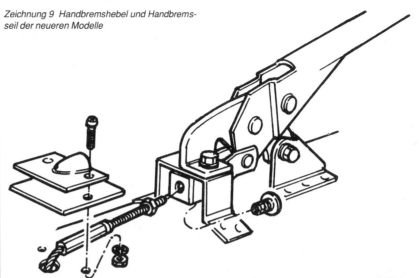

Zeichnung 9 Handbremshebel und Handbremsseil der neueren Modelle

Jetzt bauen wir das bzw. die Handbremsseil(e) hinten am Handbremshebel ab (siehe Zeichnung 9 und 10). Dann muß der Schaulochdeckel am Bodenblech entfernt und das Seil nach unten weggezogen werden. An den älteren Modellen wurden doppelte Bremsseile verwendet, die nach Lösen der Muttern an den Einstellstücken abgebaut werden können.

Jetzt wird der Tankinhalt abgelassen. Dazu ziehen wir die Benzinleitung zur elektrischen SU-Benzinpumpe (sofern vorhanden) am Hilfsrahmen ab und bauen die Pumpe oder zumindest die Leitungen und Kabel ab. Ausbau des Benzintanks siehe Benzintank, Ausbau. Manchmal genügt es, das Halteband zu lösen und den Tank seitlich wegzuziehen (so daß man mit der linken Hand hinter dem Tank an die Stoßdämpferschrauben kommt — siehe nächstes Bild). Müssen festgerostete Halteschrauben des Hilfsrahmens aber angewärmt werden, muß der Tank auf jeden Fall raus! Bei Wagen mit Hydrolastic-Federung muß das System zuvor vom Händler druckentlastet werden und dann die Leitungen gelöst werden.

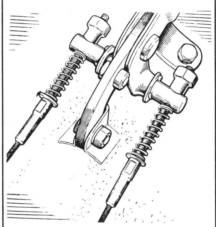

Zeichnung 10 Handbremshebel und Bremsseile der älteren Baujahre

5. Jetzt stützen wir den Hilfsrahmen mit einem Rangierwagenheber und einem stabilen Vierkantholz, auf dem der Rahmen quer aufliegt, von unten ab. Lösen Sie die vier Schrauben (je zwei links und rechts) im Kofferraumboden. Diese Schrauben lassen sich meist problemlos lösen...

4. Beide Stoßdämpfer werden von ihren Halterungen an den hinteren Innenkotflügeln abgeschraubt. Die Haltemuttern und Scheiben müssen unter einer schwarzen Gummikappe sitzen. Die untere Stoßdämpferhalterung brauchen Sie nicht zu lösen — die Mutter kann zwar entfernt werden, nicht aber der Stoßdämpfer.

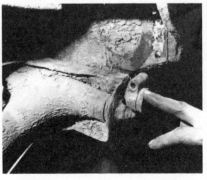

6. ... die hier aber nicht! Vorausschauende Zeitgenossen sprühen den ganzen Bereich daher schon einige Tage im voraus mit reichlich Rostlöser ein.

Mini-Restaurierungshandbuch

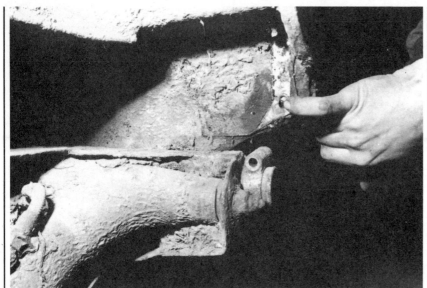

7. Die Köpfe der Halteschrauben können auch abgesägt werden (ohne Autogengerät oder scharfen Meißel und viel Muskelschmalz und Zielwasser ist dies aber fast unmöglich). Am ausgebauten Hilfsrahmen kann man die Hitze gezielt auf die gewünschten Stellen einwirken lassen — auch Rostlöser hilft weiter. Gibt die Schraube auch einer Gripzange nicht nach, muß sie doch abgesägt werden. Dann bohrt man den Rest möglichst zentrisch aus und schneidet das Gewinde nach.

8. Die hintere Aufhängung ist ähnlich, doch zeigen die Schrauben hier nach oben.

9. Der Hilfsrahmen kann jetzt abgelassen werden. Die Räder läßt man dran, um ihn besser manövrieren zu können. Die Pfeile deuten auf die vorderen (A), hinteren (B) und mittleren Befestigungspunkte (C), die vom Kofferraumboden aus zugänglich sind.

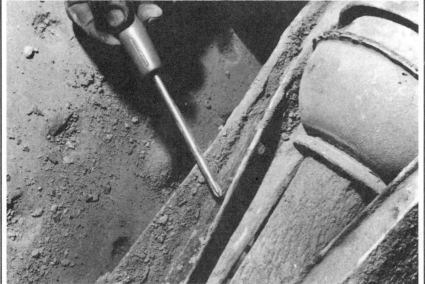

10. Durchgerostete Hilfsrahmen sind ein klarer Fall — der neue Rahmen wird vor dem Einbau mit mehreren Lack- und Rostschutzschichten versehen. Muß der Hilfsrahmen aus anderen Gründen ausgebaut werden, ist er genau zu kontrollieren. Starker Rost an den senkrechten Streben bedeutet einen neuen Hilfsrahmen!

Karosserie

11. Beim Einbau des Hilfsrahmens machen sich verzinkte oder Edelstahlschrauben (siehe Kleinanzeigenteil der Veteranenblätter) bezahlt. Damit spart man sich künftigen Ärger mit verrosteten Befestigungsschrauben.

12. Der Abbau der Hinterradaufhängung vom Hilfsrahmen wird im entsprechenden Abschnitt beschrieben. Bei stark korrodiertem Hilfsrahmen sind aber auch einige der Fahrwerks-Halteschrauben bis zur Unkenntlichkeit verrostet (wie hier zu sehen).

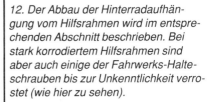

Provisorische Reparatur des hinteren Hilfsrahmens

Die hinteren Hilfsrahmen rosten meist in ihrem unteren Teil durch. Am besten ist es auf jeden Fall, den Hilfsrahmen komplett zu erneuern, finanziell sinnvoll ist dies allerdings beileibe nicht immer. Im folgenden Abschnitt wird eine provisorische Reparatur des Hilfsrahmens beschrieben. Sind jedoch die senkrechten Teile oberhalb des flachen Unterteils durchgerostet, kommt jede Reparatur zu spät. Ein guterhaltener Hilfsrahmen vom Schrottplatz wäre dann die preisgünstigste Lösung.

Werkzeuge

Schleifgerät bzw. Winkelschleifer, mehrere Gripzangen, Bohrmaschine, Schutzgas-, Autogen- oder evtl. Elektroschweißgerät, Werkzeuge für Ausbau von Tank und Benzinpumpe, Unterstellböcke bzw. Auffahrrampen.

Sicherheit

NIE unter dem Wagen arbeiten, wenn er nicht einwandfrei abgestützt wurde und die Vorderräder gegen Wegrollen gesichert wurden. Nicht in Nähe des Benzintanks schweißen — Tank erst ausbauen.

1. Das Reparaturblech für den Hilfsrahmen, das von verschiedenen freien Händlern angeboten wird. Dieses Blech ist zwar kein Spitzen-Formteil, dafür recht preisgünstig — und man spart sich viele Zuschneide- und Biegearbeiten. Auch die Anbaupunkte unten am Hilfsrahmen wurden berücksichtigt.

2. Das alte Metall sollte nicht herausgetrennt werden — selbst angerosteter Stahl bietet noch eine gewisse Festigkeit — doch müssen die Kanten bis auf blankes Metall abgeschliffen und gröbere Roststellen herausgetrennt werden, so daß ordentlich geschweißt werden kann.

Mini-Restaurierungshandbuch

3. Bei Autos mit Benzinpumpe am Hilfsrahmen schraubt man die Leitungen ab und läßt den Kraftstoff aus dem Tank ab. Aus Sicherheitsgründen baut man auch den Tank aus und schraubt die Benzinpumpe vom Hilfsrahmen ab.

4. Auf der anderen Wagenseite wird das Reparaturblech ringsum fest angegrippt.

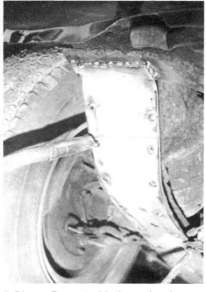

5. Dieses Reparaturblech wurde mit Schutzgas und Punktschweißdüse bereits eingeschweißt. Dazu bohren wir zuerst an den Schweißstellen Löcher vor. Genauso gut, wenn auch langsamer, geht es mit einer Autogen-Naht, die man bis zu den Kanten durchschweißt, oder mit einem Elektroschweißgerät (falls das Blech dafür nicht zu dünn ist).

6. Wer Glück hat, trifft mit den vorgebohrten Löchern genau den Benzinpumpenflansch. Meist müssen die Löcher jedoch nachgebohrt werden, bevor die Pumpe wieder angeschraubt wird.

Heckschürze, Erneuern

Werkzeuge

Scharfer Trennmeißel, Schleifgerät, Schweißgerät, Schraubenschlüssel zum Abbauen der Stoßstange — und reichlich Rostlöser!

Sicherheit

Normale Sicherheitsregeln für Karosseriearbeiten beachten — siehe Anhang.

1. Die Heckschürze schließt am Falz ab, an dem die Stoßstange angeschraubt wird, sowie an den Abschlußblechen links und rechts. Hier wurde die alte Heckschürze mit einem Druckluftmeißel vom Falz abgetrennt. Mit einem normalen Trennmeißel und Hammer geht es jedoch genauso gut.

2. Nachdem der Falz der Heckschürze vollständig abgetrennt wurde, kann der stehengebliebene Falz gerichtet und mit dem Schleifer blank geschliffen werden, damit die neue Heckschürze an gesundem Blech angeschweißt werden kann.

Karosserie

3. Die seitlichen Abschlußbleche sind manchmal weggerostet. Die Reste müssen dann herausgetrennt und erneuert werden. Das alte Blech (hier von einem MK I) benutzen wir als Schablone.

4. Dieses Abschlußblech eines MK II wird am Schweißfalz entlang der Anlagefläche der neuen Heckschürze blank geschliffen.

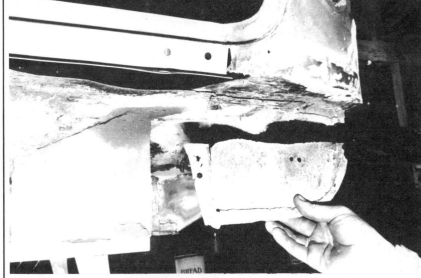

5. Jetzt passen wir die neue Heckschürze ein — sie muß vor allem an den Enden in die richtige Passung gedrückt, gezogen oder geklammert werden, insbesondere an den Anlageflächen am Rückwandblech und an den Abschlußblechen.

6. Das neue Blech wird nun angepunktet. Auch mit Schutzgas oder autogen kann man schweißen; entweder mit Schutzgas-Punkten (wie in anderen Abschnitten beschrieben) oder einer Folge von Steppnähten entlang der Blechkanten.

Wer autogen schweißt, sollte sicherheitshalber den Benzintank vorher ausbauen.

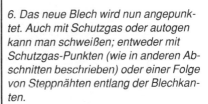

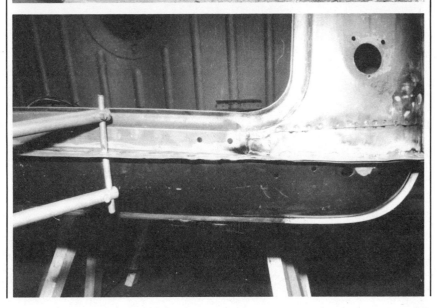

Mini-Restaurierungshandbuch

Erneuern der Tür-Schiebefensterführungen

Ältere Minis, Kastenwagen und Pickups mit Schiebefenstern leiden im Lauf der Zeit an fortschreitender Alterung der Schiebefensterführungen. Sogar Moos bildet sich mitunter darauf. Wer an seinen Schiebefenstern noch längere Zeit Freunde haben will, findet im folgenden Abschnitt Hinweise zur Erneuerung der Schiebefensterschienen.

Werkzeuge

Kreuzschlitz- und Schlagschrauber, Elektrobohrmaschine, neue Blechschrauben, Dichtmasse, Schere.

3. Die untere Führung wird provisorisch eingesetzt (siehe Bild 5) und die Fensterführung im Türrahmen so abgelängt, daß sie genau auf der waagerecht laufenden Führung endet.

4. Jetzt kann die Scheibenführung endgültig in den Türrahmen eingesetzt werden.

1. Ein typischer Fall einer verrotteten unteren Fensterführung. Zum Ausbauen der Scheiben schrauben wir zuerst die Scheibenanschläge ab. Dann schieben wir beide Scheiben nach hinten und lösen die Schraube, die nach unten durch die Führungsschiene durchgesteckt ist. Dann schiebt man beide Scheiben nach vorne und löst die hintere Schraube (siehe Pfeil). Diese Schrauben sind mit Sicherheit festgerostet, also sprüht man reichlich Rostlöser auf und rückt der Schraube mit Schlagschrauber oder roher Gewalt und Brenner zu Werke. Scheibe und Führungsschiene können jetzt von unten her zusammen herausgeschoben werden. Die äußere Zierleiste löst sich zusammen mit der unteren Führung.

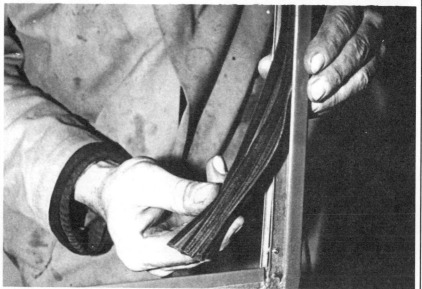

2. Die neue Scheibenführung im Türrahmen wird ringsum in den Türrahmen eingedrückt, notfalls mit Hilfe eines Schraubendrehers.

Karosserie

5. Falls die untere Führung immer noch zu lang ist, setzen wir sie am einen Ende ein und zeichnen die Länge am anderen Ende an. Das überstehende Ende wird abgesägt und dann die Passung nochmals geprüft.

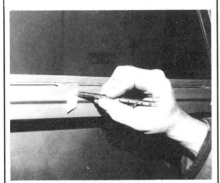

6. Die Schiebefensterführung wird auf den Stegen oben im Türrahmen festgeschraubt. Die Schraublöcher müssen in der neuen Führung neu gebohrt werden. Unter der eingebauten Führung sieht man aber die Löcher in den Stegen nicht mehr. Daher zeichnen wir ihre Lage mit Klebeband und senkrechten Bleistiftstrichen seitlich am Türblech möglichst exakt an.

7. Jetzt kommt einer der wichtigsten Schritte. Mit reichlich Karosseriedichtmasse sorgt man dafür, daß sich das Wasser außerhalb der vorgesehenen Ablaufbohrungen keinen Weg ins Türinnere bahnen kann. Zuerst ziehen wir einen Streifen Dichtmasse entlang der Türinnenkante.

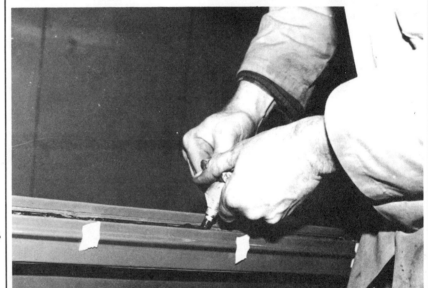

8. Den zweiten Streifen ziehen wir an der Türaußenkante; weitere Dichtmasse kommt auf die Mittelstege. Die Ablaufbohrungen an beiden Enden dürfen aber nicht verschlossen werden; auch die Ablaufrohre müssen frei bleiben (Einzelheiten siehe Erneuern der Türhaut).

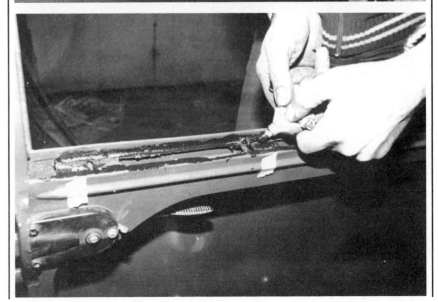
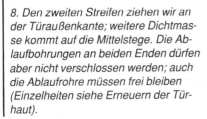

Mini-Restaurierungshandbuch

9. Der Vollständigkeit halber zieht man dann noch einen Streifen Dichtmasse auf der Innenseite der Fensterschachtzierleiste, die innen an der Scheibenführung sitzt.

11. Jetzt drücken wir die Führungsschiene an der Vorderkante in ihren Sitz...

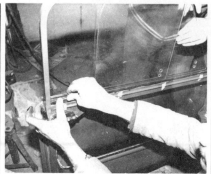

12. ... und dann am hinteren Ende. Mit einem Helfer geht die Sache leichter.

10. Jetzt können die beiden Schiebefenster in der Mitte der Führung wieder eingesetzt werden (die vordere Scheibe in den äußeren Kanal). Heben Sie beide Scheiben etwas an und drücken Sie sie in ihre Führungskanäle im oberen Türrahmen.

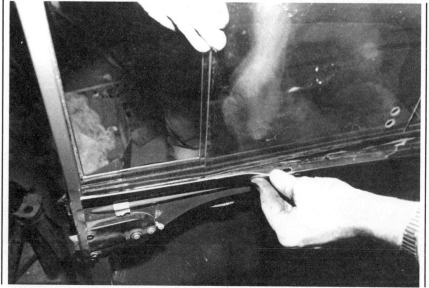

13. Anschließend werden die Schachtzierleisten montiert, die die ganze Konstruktion zusammenhalten. Drücken Sie die Zierleiste soweit wie möglich unter die Führungsschiene. Evtl. muß die Zierleiste bereits ab Schritt 10 (oben) unter die Führungsschiene gedrückt werden (kommt ganz darauf an, wieviele Hände man zur Verfügung hat).

Karosserie

14. Die Bedeutung der seitlichen Klebestreifen wird jetzt deutlich, auch wenn nicht alle Löcher gebohrt werden, da die Scheiben im Weg sind. Bohren Sie die Löcher mit dem passenden Bohrer für die Senkkopfschrauben vor. Dabei den Bohrer im Fensterrahmen möglichst senkrecht halten.

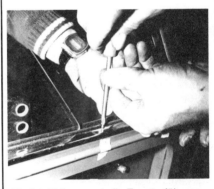

15. Jetzt können wir die Fensterführung auf dem Türrahmen festschrauben.

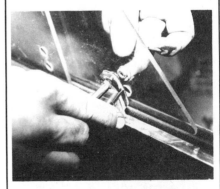

16. Zuletzt werden auch die Anschläge montiert, die wir abgenommen hatten, um die Scheiben ganz zurückschieben zu können. Gummidichtungen nicht vergessen!

Reparaturen an der Woodie-Karosserie des Traveller; Aus- und Einbau der Kombi-Seitenscheiben.

Die folgenden Abschnitte enthalten Anweisungen für den Austausch kompletter Seitenteile in gleicher Weise, wie die Original-Holzteile montiert wurden. Neue Holzteile sind zwar nicht von Austin-Rover, aber z.B. vom Mini Spares Centre in London (in Original-Eschenholz) lieferbar. Diese Teile müssen ggf. nachgearbeitet und sorgfältig eingepaßt werden. Daher repariert man am besten nur eine Wagenseite auf einmal (vor allem bei stark geschwächter Holzkonstruktion), so daß die Bezugspunkte erhalten bleiben. Wer mit viel Glück gut erhaltene Gebraucht-Holzteile aufspürt, kann diese auf ähnliche Weise einbauen.

Verfaultes Eschenholz läßt sich durch kräftigen Druck mit einem harten Gegenstand, z.B. einem Schraubenziehergriff, feststellen. Weiches Holz ist mit Sicherheit verfault und muß erneuert werden. Gibt das Holz nicht nach, können schwarze Flecken und andere Verfärbungen mit Holzauffrischern behandelt werden, wie sie in Bastelgeschäften oder im Bootsbedarf erhältlich sind. Dort gibt es auch Holzfirnis für Segelboote, das dem normalen Polyurethanfirnis für Außenanstriche, welches auf Esche längst nicht so gut haftet, weit überlegen ist. Holz schleifen wir nur mit dem Schwingschleifer, auf **keinen** Fall mit Schleifscheiben (die Riefen im Holz hinterlassen). Auch Handschliff quer zur Holzmaserung ist zu vermeiden, da die Schleifspuren hinterher nur sehr schwer zu entfernen sind. Das Holz lackiert oder (noch besser) tränkt man in einem farblosen Holzkonservierungsmittel und läßt es vor dem Firnissen gründlich trocknen.

Vor dem Abbau der Holz-Seitenteile müssen die Schiebefenster auf der betreffenden Wagenseite demontiert werden.

Werkzeuge

Zoll-Schraubenschlüssel, Schlitz- und Kreuzschlitzschraubendreher, Karosseriedichtmasse, hochwertiger Holzleim für Außenflächen, möglichst ein Satz Holzbearbeitungswerkzeuge, ggf. Lack-/Firnisabbeizer, Lackierpinsel, Schaber, diverse Schleifpapierkörnungen, neue Befestigungsschrauben, Segeljacht-Firnis.

Kombi-Schiebefenster, Aus- und Einbau

1. Schrauben lösen und Zierverkleidungen oberhalb der Schiebefenster abbauen.
2. Halteschrauben (Blechschrauben) der beiden Schiebefensterführungen in der Karosserie suchen und herausdrehen.
3. Ein Helfer drückt die Scheibenoberkanten von außen nach innen, während Sie die Scheiben an den Unterkanten stützen.
Scheiben (mit oberen Führungsschienen) aus den unteren Führungsschienen herausnehmen.
4. Der Einbau erfolgt in umgekehrter Reihenfolge, doch muß in der oberen Führung die verhärtete alte Dichtmasse entfernt und neue Dichtmasse aufgetragen werden.

Seitliche Holzrahmen, Aus- und Einbau

Nach Ausbau der Scheiben kann die komplette Seitenwand demontiert werden.
1. Innenverkleidungen an Karosserieseitenwand und hinterem Türpfosten abnehmen.
2. Bei frühen Baujahren mit innenliegendem Benzintank muß der Tank ausgebaut werden, bevor der linke Rahmen demontiert wird (siehe betreffenden Abschnitt).
3. Hecktür mit Scharnieren an der Türsäule abschrauben und komplett abnehmen.
4. Batterie abklemmen und Hecklleuchten abschrauben.
5. Hier sitzen zwei Holzeinsätze; der eine an den vorderen Türsäulen, der an-

dere zwischen Rückbügel und Dachblech. Einbaulage genau anzeichnen, so daß sie wieder richtig montiert werden können und ausbauen.
6. Muttern und Unterlegscheiben von den Halteschrauben des Rahmens abdrehen. Diese Schrauben stehen über das Seitenblech neben dem Radlauf hervor. Zwei der Schrauben sind vom Reserveradfach aus zugänglich.
7. Den Holzrahmen vorsichtig von der Karosserie lösen. Vorsicht vor allem beim Freimachen von der Heckstoßstange.
8. Der Einbau erfolgt in umgekehrter Reihenfolge (Hinweise am Anfang dieses Abschnitts beachten). Alte Dichtmassereste an der Karosserie und am Holz sorgfältig entfernen und mit reichlich frischer Dichtmasse abdichten. Überschüssige Dichtmasse kann mit einem stabilen Karton entlang der Naht abgeschabt und mit einem in Paraffin getränkten Lappen abgewischt werden. Stets neue Schrauben montieren und **alle** Schrauben eindrehen, bevor man sie festzieht.

Hecktür-Holzrahmen

1. Sinnvollerweise demontiert man die Hecktür komplett und baut das Türschloß aus.
2. Die beiden Schrauben in der Mitte des inneren Türblechs herausdrehen (aufpassen, daß die beiden Distanzstücke nicht verlorengehen).
3. Den Türdichtgummi abziehen.
4. Alle Blech- bzw. Holzschrauben am Türrahmen herausdrehen und den Holzrahmen vorsichtig von der Tür wegheben.
5. Der Einbau erfolgt wie beim Hauptseitenblech. Vor dem Festziehen dreht man zuerst alle Schrauben wieder ein.

Reparaturen am Dachholm — Karosserieteile aus Ausschlachtfahrzeugen

Ob man Schrottplätze nun als Hort der Leichenfledderer ansieht, um die man einen Bogen macht, oder als Transplantationszentren, hängt vor allem davon ab, ob man zu stolz zur Verwertung der Reste anderer ist — und von der eigenen Erfindungsgabe. In einer Welt mit begrenzten Rohstoffvorräten ist die Wiederverwendung langlebiger Autoteile gar nicht so abwegig, vor allem, nachdem normale Lieferkanäle längst versiegt sind, ein Schrottplatz aber noch allerhand hergibt.

Es wäre natürlich unsinnig, stundenlange Mühen in das Austrennen eines geschweißten Kotflügels zu investieren, wenn Neuteile vergleichsweise billig sind — vor allem, da ein Gebrauchtkotflügel kaum so lange wie ein Neuteil hält. Türen, Scheiben, Hauben, Embleme u.a. findet man dort dagegen für einen Bruchteil des Neupreises, falls die Teile neu überhaupt noch lieferbar sind.

Autoverwertungen enthalten natürlich auch viel Schrott (die Kataloge mancher Reparaturblechlieferanten aber auch!), doch es liegt an Ihnen, zwischen verwertbaren Teilen und Müll, der nur noch zum Einschmelzen taugt, zu unterscheiden.

Werkzeuge

Blechschere, Handbohrer, Handsäge, Trennmeißel und Hammer, Schraubenschlüsselsatz, Schraubendreher und Schlagschrauber.

Sicherheit

Versuchen Sie lieber nicht, Teile aus Autos auszubauen, die auf mehreren anderen aufgestapelt sind. Es sind schon Todesfälle durch umstürzende Schrottwagenstapel vorgekommen. Auch die Benzintanks sind an Schrottwagen meist noch eingebaut. Schrottplätze sind auch oft mit scharfkantigen Metallresten und Glassplittern übersät — das gehört zum Flair dieser Orte dazu, mahnt aber auch zur Vorsicht.

1. Dieses Nest mit Minis inmitten und auf anderen Autowracks war auf einem Schrottplatz unweit des Wohnortes des Verfassers zu finden. Viele Schrottplätze sind einigermaßen nach Marken sortiert (auch wenn Minis bei uns seltener als in Großbritannien sind). Dort findet man das gesuchte Teil eher als auf Schrottplätzen mit Ladentheke, wo die Autos sofort zersägt und die Teile eingelagert werden und man darauf vertrauen muß, daß einem die Gestalt hinter der Theke etwas Brauchbares anschleppt. Zwar muß man die Teile dann selbst ausbauen, doch hat man dann die Wahl unter mehreren Exemplaren.

Karosserie

2. Wir benötigten das Türsäulenoberteil und den Holm unterhalb der Regenrinne. An einem Traveller entdeckten wir ein gut erhaltenes Gebrauchtteil, das zwar an der hinteren Türkante etwas anders geformt war, sich aber für unsere Zwecke trotzdem eignete.

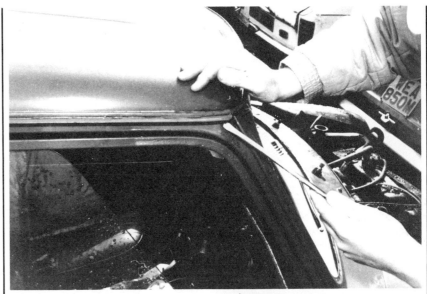

3. Elektrowerkzeuge helfen auf dem Schrottplatz nicht weiter, also müssen kräfteraubende Handwerkzeuge herhalten. Zuerst wurde das Dach angebohrt.

5. Dann wurden beide Türpfosten mit einer Handsäge durchgesägt.

6. In der Werkstatt wurde das neue Blech am durchgerosteten Altteil angehalten. Das neue Blech wird sicherheitshalber großflächig rund um den benötigten Bereich herausgetrennt.

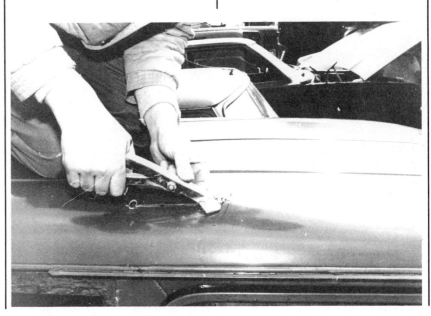

4. Von diesem Loch aus kann mit der Blechschere das gesuchte Blech der Länge nach aufgeschnitten werden. Diese Blechscheren schneiden wunderbar gratfrei, hinterlassen dafür aber ordentliche Blasen an den Fingern!

Mini-Restaurierungshandbuch

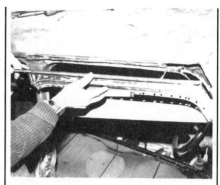

7. Dieser Bereich besteht aus einem komplizierten Kastenprofil mit Innen- und Außenteil und Dachteil. Die Schweißpunkte wurden abgebohrt und das äußere Kastenprofil aus dem Blech ausgetrennt.

10. Auch hier bohren wir die Schweißpunkte ab und trennen die Bleche mit einem Meißel (oft hängen die Schweißpunkte sogar noch aneinander, wenn fast der gesamte Durchmesser abgebohrt wurde).

13. Die Kastenprofile und Regenrinnen wurden durch die Löcher verschweißt, mit denen die alten Schweißpunkte abgebohrt worden waren.

8. Dann setzen wir das Reparaturblech an und zeichnen die Schnittlinien am Altteil an.

11. Beim Abnehmen des alten Blechs hatten sich die Falze mehr verzogen, als uns lieb war. Sie mußten also mit Hammer und Handfaust gerichtet werden.

14. Dann wurden die Nähte vorne und hinten verzinnt. Diesen letzten Schliff kann man sich ggf. sparen.

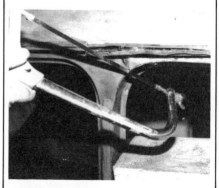

9. Beim Austrennen des Altteils läßt man mehr Blech als nötig stehen. Die Reste werden Stück für Stück abgeschliffen und das Neuteil immer wieder eingepaßt, damit es ganz exakt sitzt.

12. Die vordere und hintere Türsäule wurden stumpf verschweißt. Exaktes Einpassen ist daher ein Muß.

Verzinnen von Karosserienähten und Spachteln mit Karosseriezinn

Alle Karosserienähte sollten stets so abgedichtet werden, daß sich keine Feuchtigkeit und damit auch kein Rost einnisten kann. Fugendichtmittel sind ratsam (und sogar unabdingbar, wenn man auf Nummer Sicher gehen will). Diese Mittel werden als dicke Paste auf der Nahtrückseite aufgetragen. Am besten lassen sich derartige Nähte aber immer noch durch Verzinnen abdichten.

Karosserie

Werkzeuge

Verzinnungspaste (aus dem Kfz-Zubehörladen) — zuerst Preise vergleichen, sonst Gesundheitsgefahr durch Schock! Stange Karosseriezinn, Butanbrenner. Ziehspatel aus rostfreiem Stahl oder Hartholz.

Sicherheit

Zinnstaub nicht einatmen. Nicht mit Schleifgerät schleifen. Hände nach dem Verzinnen gründlich waschen (vor allem vor Mahlzeiten).

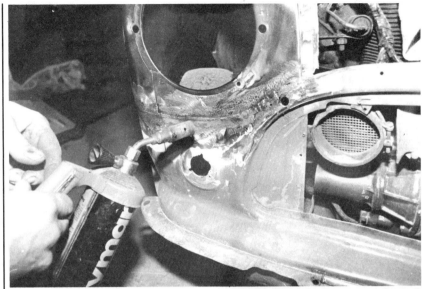

1. Verzinnen lohnt nur, wenn die Nahtinnenseite sauber und rostfrei ist (d.h. bei neuen Blechen). Die gesäuberten Flächen mit Verzinnungspaste einstreichen.

2. Mit einem Butanbrenner (oder einer sehr weichen Schweißbrennerflamme) über dem Verzinnungsbereich kreisen. Blech erwärmen, bis das Zinn in der Verzinnungspaste winzige Kügelchen bildet und über die Oberfläche verläuft. Dann erwärmt man die Naht von hinten. Das Lot muß zur Wärmequelle und in die Naht hineingezogen werden.

3. Sobald die Verzinnungspaste verlaufen ist, wischt man die schwarzen Flußmittelreste mit einem feuchten Lappen vom Blech ab. Manchmal ist dies nur durch hartnäckiges Rubbeln möglich.

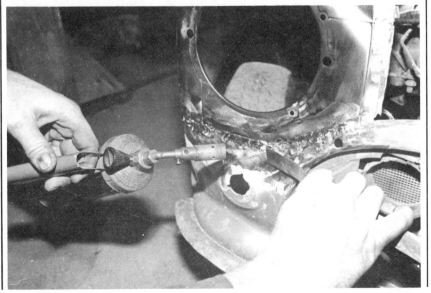

4. Keine falsche Vorfreude — wir kommen erst jetzt zum eigentlichen Verzinnen! Setzen Sie eine Stange Zinn am Blech an und richten Sie die Flamme mit kleinen Kreisbewegungen darauf, bis das Zinn weich wird und in den verzinnten Bereich eindringt. Halten Sie die Flamme auf das Zinn, bis es butterweich wird — weicher darf es nicht werden, sonst tropft es sofort ab! Verteilen Sie das Zinn mit einem Edelstahl- oder Hartholzspatel. Unebenheiten werden mit einer Handfeile korrigiert — keinesfalls mit einer Schleifmaschine, wenn man nicht gerade gesundheitsschädlichen Bleistaub einatmen will!

Lackieren

Wer noch nie oder nur mit unbefriedigenden Ergebnissen ein Auto lackiert hat, dürfte erstaunt sein, daß die Lackierung auf so wenigen Seiten abgehandelt wird. Die Bilder zeigen aber alles, worauf es bei einer Toplackierung ankommt: die Vorarbeiten machen neun Zehntel der Arbeit aus — also etliche Tage Schweiß und Mühe!

Zum Lackieren und Vorbereiten der Lackierung ließe sich noch manches sagen. Einzelheiten dazu kann man im *Restaurierungs-Handbuch für Karosserie und Lack* von Lindsay Porter nachlesen, das im gleichen Verlag erschienen ist und — wie der Titel andeutet — alle Aspekte der Karosseriereparaturen vom Autogen- und Schutzgasschweißen über GFK-Reparaturen bis hin zu Verzinnen und Lackieren behandelt.

Diese Themenbereiche werden im vorliegenden Buch auch behandelt, aber nicht allzu ausführlich, da sie ohne weiteres ein eigenes Buch füllen und dieses Buch ja vom Mini handeln soll!

Fachgerechte Vorbereitung der Lackierung verträgt keine Schlampereien — diese schlagen sich unweigerlich in Mängeln im Endergebnis nieder. Schlimmstenfalls muß man gar die ganze Arbeit wiederholen. Im folgenden also das Grundwissen mit ein paar ergänzenden Tips.

Reinigung

Noch bevor man mit der Lackvorbereitung beginnt, muß der Wagen bis auf das nackte Gerippe zerlegt und alle Problembereiche genau untersucht werden. Wir nehmen einmal an, daß alle Reparaturen erledigt und — soweit nötig — durchgerostete Bleche erneuert bzw., falls eine provisorische Reparatur in Betracht kommt, mit Glasfasermatten repariert wurden. Bei Bläschen im Lack muß der gesamte Lack bis auf das blanke Metall abgeschliffen werden, sonst kommen die Bläschen irgendwann wieder hoch. Diese Bläschen sind auf Wasserdampf in der Grundier- oder Deckschicht zurückzuführen. Leider bringt nur Abschleifen bis auf das blanke Metall Abhilfe. Treten die Bläschen nur an zuvor reparierten Bereichen auf, brauchen auch nur diese Bereiche abgeschliffen zu werden.

Lose oder abplatzende Lackschichten, die durch Überlackieren ungenügend angeschliffener Flächen entstehen, müssen ebenfalls abgetragen werden. Auch bereits mehrfach nachlackierte Wagen sollten bis auf das blanke Metall abgeschliffen werden, sonst kann es im frischen Lank zu unliebsamen Reaktionen (Orangenhaut) kommen.

Die Gefahr derartiger Reaktionen läßt sich — kurz gefaßt — folgendermaßen verringern: ausschließlich Kunstharzlacke spritzen (dies hat dafür andere Nachteile); Zweikomponenten-Acryllacke oder Zweikomponenten-Primer spritzen (gesundheitsgefährlich, sofern keine Frischluft-Atemmaske benutzt wird), oder zuerst eine Schicht Isolationsgrund spritzen. Dieser muß relativ trocken aufgespritzt und innerhalb von 24 Stunden überlackiert werden, da er Luftfeuchtigkeit anzieht (hygroskopisch!). Wie gesagt, zu diesem Thema gäbe es noch viel mehr zu sagen!

Die Lackiergeräte

Der Auswahl der Lackiergeräte kommt ebenfalls große Bedeutung zu. Manche Fachleute empfehlen, einen Profikompressor mit Spritzpistole zu mieten, statt eine billigere Spritzausrüstung zu kaufen. Werkzeugvermietungen haben jedoch drei Nachteile: Benutzt man die Geräte längere Zeit, läuft dies rasch ins Geld; der Benutzer hat keine Gelegenheit, sich mit dem Gerät und seinen Schwachstellen während der kurzen Benutzungsdauer vertraut zu machen, und vor allem werden die Geräte meist hart herangenomen und sind oft halb verschlissen oder mit anderen Mängeln behaftet.

Der Verfasser hat seine erste Ganzlackierung im eigenen Hof mit einem billigen Airless-Spritzgerät durchgeführt, das nicht viel aufwendiger als eine elektrische Gartenspritze ist. Dieses Gerät arbeitete furchtbar langsam und erforderte zeitraubendes Nachschleifen, ein so gutes Endergebnis hat der Verfasser aber später kaum mehr erreicht. Kurz — Sorgfalt beim Vorbereiten und Spritzen ist mehr wert als die teuersten Spritzgeräte.

Die englische Firma Apollo vertreibt beispielsweise ein preisgünstiges Spritzgerät, das nicht mit Kompressor, sondern mit einem Gebläse (ähnlich wie im Staubsauger) arbeitet. Die Zuleitung zur Spritzpistole ist wegen des hohen Luftdurchsatzes relativ groß dimensioniert, durch die niedrigen Drücke hält sich außerdem der Luftstrom in Grenzen, der in allen möglichen Garagenecken Staub aufwirbeln könnte. Das Gebläse ist für den Antrieb anderer Werkzeuge allerdings nicht geeignet und verträgt nur kurze Einschaltdauer, d.h. es kann nicht längere Zeit am Stück betrieben werden. Trotzdem bringt man damit erstaunlich gute Lackierergebnisse zustande.

1. Kompakte Hobbykompressoren wie dieser (mit passender Spritzpistole) wären die ideale Alternative zu großen Kompressoren, die man sich eine Woche lang ausleiht; vor allem, da der Kompressor auch noch für andere Zwecke in der Werkstatt nützlich ist. Lackierarbeiten sind damit natürlich zeitaufwendiger und gelingen nicht ganz so gleichmäßig wie mit größerem Kessel.

Karosserie

2. Größere Kompressoren, wie sie von vielen Herstellern geliefert werden, erfüllen auch gehobene Ansprüche von Edelbastlern. Der größere Kessel gleicht Schwankungen im Druckluftbedarf größerer Druckluftwerkzeuge aus. Diese Geräte empfehlen sich für alle Do-it-yourselfer, die sich ihre eigene Ein-Mann-Profiwerkstatt zu vertretbaren Kosten einrichten wollen.

Werkzeuge

Wir brauchen diesmal die unterschiedlichsten Werkzeuge — bei fast allen Arbeitsschritten gibt es mehrere Alternativen (siehe Text).

Sicherheit

Lackdämpfe sind extrem gesundheitsgefährlich, vor allem bei spritznebelhaltiger Luft. Arbeiten Sie IMMER mit einer wirksamen Gesichtsmaske in gut belüfteten Räumen. 2K-Lacke (isocyanathaltig!) sollte man nur benutzen, wenn man über eine Atemmaske mit eigener Luftversorgung und einen ausreichend großen Kompressor verfügt, mit dem sowohl die Spritzpistole betrieben als auch die Atemmaske mit Luft versorgt werden kann.

6. Die einzigen Stellen, an denen eine Pinsellackierung ausreicht, sind die Bereiche unter den Bodenteppichen oder hinter Unterbodenschutz, z.B. die Innenkotflügel. Auf Außenblechen bleiben Pinselspuren immer sichtbar. Wir lackieren zuerst mit zinkhaltigem Nitrolack, auf dem alle anderen Lacksorten aufgebaut werden können. Von Kunstharz-Zinkfarbe ist abzuraten, da Nitrolacke darauf heftige Reaktionen hervorrufen.

3. Diese Spritzpistole Typ Jade von SIP bietet sich für fortgeschrittene Do-it-yourselfer an. Sie ermöglicht sehr gute Arbeitsergebnisse ohne die hohen Kosten und den hohen Druckluftverbrauch der größeren Profi-Spritzpistolen.

4. Hinter den Zierleisten und vermutlich auch hinter den Scharnieren und in den Lampentöpfen des Mini hat sich mit Sicherheit Rost eingenistet. Mit einer groben Schleifscheibe im Winkelschleifer oder Bohrvorsatz schleift man die gesamte Fläche bis aufs blanke Metall ab.

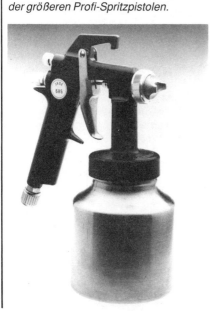

5. Auch in den Regenrinnen sitzt oft Rost. Mit einer neuen, am Umfang noch scharfen Schleifscheibe bringt man den Rost ganz gut heraus. Unter der Zierleiste war der Rost nicht aufgefallen, hier müssen die beim Schleifen entstandenen Riefen jedoch grundiert und mit feinem Messerspachtel ausgeglichen werden.

Mini-Restaurierungshandbuch

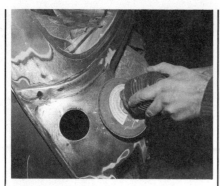

*7. Schleifscheiben hinterlassen kreisförmige Schleifspuren, die nur schwer zu beseitigen sind. Der hier gezeigte Druckluft-Schwingschleifer verursacht keinerlei Riefen, die im Lack noch zu sehen wären, sofern man mit feiner Körnung nachschleift.
Druckluft-Schwingschleifer benötigen jedoch hohen Druckluftdurchsatz, kommen also nur in Frage, wenn man über einen ausreichend großen Kompressor verfügt. Von Black & Decker sind sie auch als Elektrogerät lieferbar (nur mit Trockenschleifpapier zu verwenden!), das auch kaum teurer als das Druckluftgerät ist.*

8. Zuerst werden alle Karosseriebleche mit mittlerer Schleifpapierkörnung angeschliffen. Ein Schwingschleifer, auf dem Trockenschleifpapier mit offener Streuung in passenden Streifen befestigt wird, eignet sich hierfür besonders gut. Auch ein Gummischleifklotz mit derselben Schleifpapierkörnung oder — wenn man in althergebrachter Weise arbeiten möchte — mit Naßschleifpapier eignet sich sehr gut.

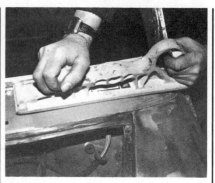

10. Die Spachtelschicht wird natürlich nur dann schön eben, wenn man sie sauber beischleift. Schleifmaschinen oder Gummischleifklötze verursachen aber nur neue Wellen im Blech. Das hier gezeigte Schleifbrett kostet nicht die Welt und macht sich rasch bezahlt. Auf ihm werden selbstklebende Schleifpapierstreifen aufgezogen. Man kann sich dieses Werkzeug aus einem Holzstück, um das man normales Schleifpapier wickelt, auch selbst anfertigen.

9. Faser- und Kunstharzspachtel hat sich infolge vielfacher Verarbeitungsfehler zu Unrecht einen schlechten Ruf erworben. An tragenden Teilen ist Spachtel natürlich unzulässig, zum Glätten von Wellen im Blech oder von Schweißnähten (derartige Reparaturen werden im vorliegenden Buch beschrieben) eignet es sich jedoch hervorragend. Wer auf Altlacken spachtelt (Puristen raten davon ab, doch haben Puristen anscheinend Zeit und Geld im Überfluß), muß den Lack gründlich anschleifen (wie im obigen Arbeitsschritt), damit der Spachtel haftet und nicht wieder abplatzt.

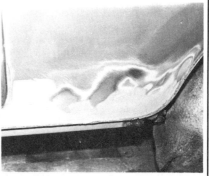

11. Dieser Bereich wäre eine ideale Spielwiese für Füllspachtel. Die Karosserie war nicht angerostet, sondern es hatten sich durch Reparaturen an anderen Stellen lediglich Wellen im Blech gebildet. Meist sind 2 oder 3 (manchmal noch mehr) Spachtelschichten nötig, bis alle Unebenheiten (vom ersten Spachtelgang) und auch etwaige Luftbläschen verschwinden.

Lackvorbereitung

Nach dem Entfernen des Altlacks und der Rostbehandlung muß die Karosserie vorbereitet werden. Diese Phase ist mit am entscheidendsten, da die Karosserie zuerst frei von Wellen und Unebenheiten — und auch frei von kleinen Kratzern und Macken sein muß, die die Lackierung ruinieren. Außerdem muß der verbleibende Altlack überall ordentlich angeschliffen werden, so daß die neuen Lackschichten sich darin verbeißen können. Auf dieser matten Fläche muß der neue Lack also überall haften, ohne irgendwo abzublättern.

Karosserie

12. Handschleifen ist an Dutzenden schlecht zugänglicher Bereiche nötig, an die man sonst nicht hinkommt. Sichtbare Wellen im Blech bereiten hier jedoch kaum Probleme, sondern fallen nur an nahezu ebenen Blechen auf.

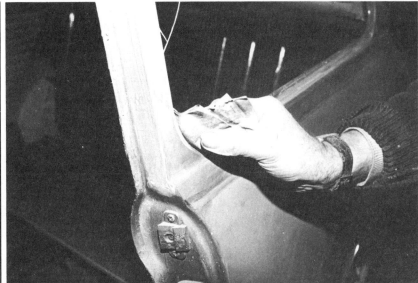

13. Das Dach wurde nicht gespachtelt, da nirgends Wellen vorhanden waren und nur die dicken Altlackschichten bearbeitet werden mußten. Maschinelles Schleifen ist da durchaus angebracht. An konvexen Stellen schleift man — wie hier zu sehen — den Lack rasch durch. Das ist hier aber ohne Bedeutung.

14. An etlichen Stellen im Dach hatte der Lack Risse entwickelt und mußte bis auf das blanke Metall abgetragen werden. Die Übergänge des alten Lacks müssen vor dem Nachlackieren unbedingt gleichmäßig verschliffen werden.

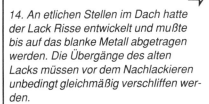

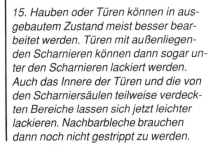

15. Hauben oder Türen können in ausgebautem Zustand meist besser bearbeitet werden. Türen mit außenliegenden Scharnieren können dann sogar unter den Scharnieren lackiert werden. Auch das Innere der Türen und die von den Scharniersäulen teilweise verdeckten Bereiche lassen sich jetzt leichter lackieren. Nachbarbleche brauchen dann noch nicht gestrippt zu werden.

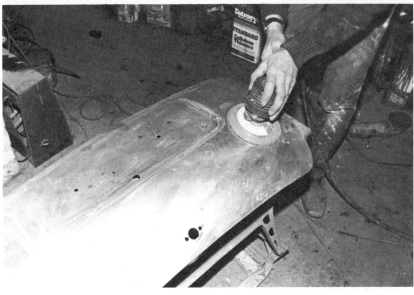

Abkleben

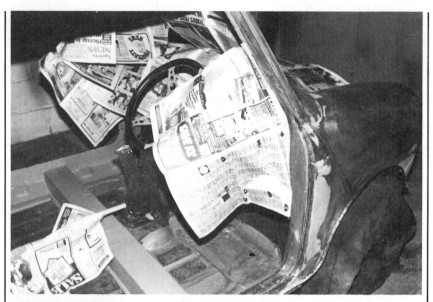

16. Die meisten Lackierer raten von Zeitungspapier zum Abkleben ab, da sich darin gern Staub festsetzen soll, der hinterher auf den frischen Lack gewirbelt wird. Tatsächlich treten aber nur selten Probleme auf.

Wenn Teile des Wagenbodens lackiert werden sollen oder Türen und Windschutzscheibe ausgebaut sind, muß der Innenraum peinlich genau abgeklebt werden, damit Lenkrad, Armaturenbrett und Dachhimmel keinen Farbnebel abbekommen.

Auf jeden Fall auch Motorraum und Reifen abdecken! Farbnebel könnte durch den Motorhaubenspalt und die Kühlergrillöffnung in den Motorraum eindringen, und nichts sieht amateurhafter aus als Farbnebel auf Reifen und Felgen.

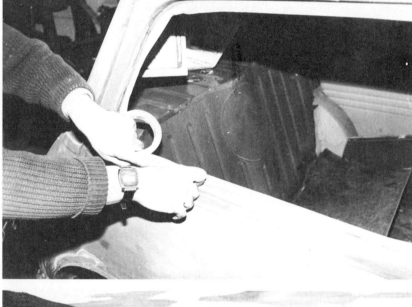

17. Zuallererst ziehen wir beim Abkleben (egal ob die Scheiben und andere größere Anbauten demontiert werden) einen Streifen Abklebeband möglichst exakt rund um die abgeklebte Öffnung.

18. Dann legen wir einen Bogen Papier an, ziehen einen zweiten Streifen Abklebeband zur Hälfte über das Papier und drücken die andere Hälfte auf dem bereits gezogenen Klebebandstreifen auf.

Karosserie

19. Man sollte stets möglichst sauber und glatt abkleben, sonst könnten sich Farb- und Staubreste aus dem ersten Lackierdurchgang in Falten festsetzen und auf den frischen Lack aufwirbeln. Idealerweise — vor allem bei Toplackierungen — müßte der ganze Wagen vor dem endgültigen Lackieren neu abgeklebt werden.

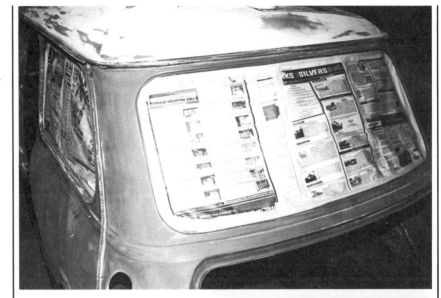

Vorgrundieren

20. Alle gespachtelten Bereiche müssen vorgrundiert werden, ebenso alle bis auf das blanke Metall oder an Übergängen beigeschliffenen Stellen. Ideal sind hierfür dicker auftragende Primer, Spritzspachtel oder Polyester-Spritzfüller (letzteres Mittel nur mit Atemmaske verarbeiten). Diese Spezialprimer bauen einen Haftgrund auf dem Metall auf und tragen gerade so stark auf, daß kleine Macken verschliffen werden können.

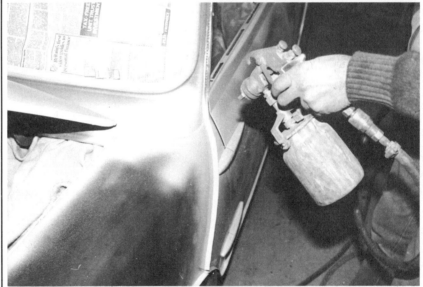

21. Auch alle später hinter Zierleisten versteckten Nähe müssen sauber grundiert werden. (Der hier sichtbare Reifen war ohnehin abgefahren; Felgen und Reifen müßten beim Decklack normalerweise aber abgeklebt werden, damit kein Dreck auf den Lack gewirbelt wird)

Mini-Restaurierungshandbuch

22. Entrostete Fensterschienen und Schachtleisten werden in sauberen Zustand grundiert. Vor der Endlackierung des ganzen Wagens werden diese und andere schlecht zugängliche Bereiche zuerst gespritzt.

23. Die vorgrundierte Karosserie sieht extrem fleckig aus, bietet jetzt aber die ideale Ausgangsbasis für den nächsten Arbeitsgang beim Lackieren.

Abschließende Vorbereitung und Lackauftrag

Primer täuscht leider über manche Unebenheiten hinweg. Auf Hochglanzlacken kommt jede Welle, Riefe und andere Unebenheit zum Vorschein, während auf der matten Grundierfarbe alles besser aussieht, als es tatsächlich ist.

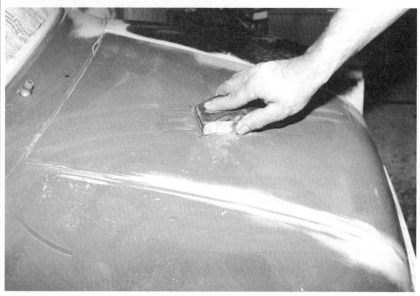

24. Viele Profis verwenden für den abschließenden Anschliff 600er oder sogar 800er Naßschleifpapier, das eine feinere Oberfläche als Trockenschliff ergibt. Bei der Verarbeitung von Kunstharz- oder Zweikomponentenlacken (Gesundheitsrisiken beachten!) kommt es auf diese Feinheiten nicht immer an, wohl aber bei Nitrozelluloselacken, in denen Riefen stärker als in den geläufigeren Lacksorten zum Vorschein kommen.

Karosserie

25 Hier wird ein anderer Mini mit recht gesundem Altlack angeschliffen, der kaum vorgrundiert werden mußte. Bei der Neulackierung eines Wagens mit gesundem Altlack genügt Anschleifen meistens auf rund 90 % der Fläche. Rund 10 % dürften aber auch hier bei genauerem Hinsehen mehr Arbeit erfordern!

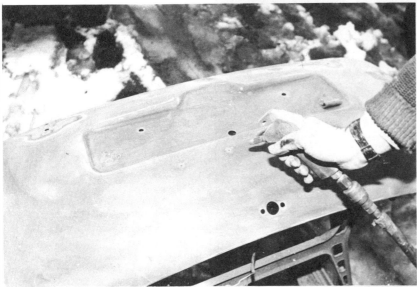

26. Nach dem Schleifen reibt man alle Bleche mit einem sauberen Tuch trocken (mit dem man noch nicht poliert hat — Silikonflecken ruinieren den Lack. Die ganze Vorarbeit ist dann für die Katz'!). Dann bläst man alle Staubreste vom Blech und aus allen Ritzen und Ecken weg und bläst das Blech gründlich trocken.

27. Jetzt grundiert man den ganzen Wagen mit Primer bzw. Füller. Fangen Sie an einer der Wagenecken an und arbeiten Sie sich rund um den Wagen nach und nach Blech für Blech in waagerechten Streifen vor, so daß jeder waagrechte Spritzstreifen die vorherige Schicht zur Hälfte überdeckt. Vor dem Decklack wären noch zwei Arbeitsgänge ratsam:
1) der ganze Wagen wird dünn vorlakkiert. Er glänzt dann deutlich genug, so daß die letzten Wellen und Kratzer behoben werden können. Nehmen Sie sich dafür genug Zeit. Polyester-Messerspachtel wirkt beim Ausgleichen minimaler Kratzer und Pocken fast Wunder.
2) Vor dem Decklack werden zuerst alle Problembereiche lackiert, z.B: Türschließsäulen, Fensterrahmen und Blechkanten. Wenn man versucht, sie zusammen mit dem Decklack zu lackieren, gibt es meistens Tränen.

Mini-Restaurierungshandbuch

28. Wer seinen Wagen mit dem alterungsbeständigeren, aber etwas künstlich wirkenden Zweikomponentenlack spritzen will, läßt dies evtl. zweckmäßigerweise in der Werkstatt erledigen. Dies empfiehlt sich sogar bei Nitrolacken, an die man sich selbst nicht herantraut, sondern sich auf die Vorarbeiten beschränkt. Ein kleiner Tip: lassen Sie den Wagen vom Lackierer auf jeden Fall nochmals leicht überschleifen, auch wenn die Sache damit teurer wird (erkundigen Sie sich aber vor Auftragsvergabe nach dem Preis!). Andernfalls könnte er alle Fehler hinterher auf Sie schieben. Wenn er für die letzten Vorarbeiten verantwortlich ist, ist er auch an ordentlicher Vorbereitung interessiert.

29. Viele Mini-Besitzer spritzen ihre Außenschweller noch mit ein oder zwei Schichten neuartigem Steinschlagschutz auf Gummibasis. Hier wurde der Schweller abgeklebt und der Bereich darunter mit einer billigen Sprühvorrichtung lackiert.

30. Wer sein Dach in einem anderen Farbton spritzen will, lackiere das Dach zuerst, da vor dem zweiten Farbton dann viel weniger Abklebearbeiten nötig sind. Bei diesem Mini hatten wir die Innenausstattung ausgebaut, daher genügte minimales Abkleben. Türsäulen und Dachstreben wurden nicht abgeklebt. Sie wurden vor dem Spritzen des Wagenrumpfes lediglich nochmals leicht beigeschliffen. Die Dachlackierung sollte erst voll durchgehärtet sein (siehe Produktinformationen des Lackherstellers), bevor sie abgeklebt wird.

Karosserie

Der Zusammenbau

Der Zusammenbau nach dem Lackieren erfordert große Sorgfalt, damit der schöne neue Lack nicht verkratzt wird. Polieren Sie alle Chromteile vor der Montage, sonst kommen Sie mit der Politur nie in alle Ecken und Nischen. Viele Zierteile, die vor dem Zerlegen noch ganz annehmbar aussahen, wirken jetzt stumpf und vergammelt. Neue Stoßstangen und andere Chromteile sind erstaunlicherweise recht preisgünstig und mit Sicherheit billiger als eine Neuverchromung.

3. Kühlergrill und Grillrahmen werden mit denselben Schrauben befestigt.

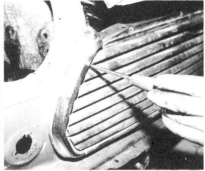

4. Die Montage des Kühlergrills mit seinem Chromrahmen erfolgt in umgekehrter Reihenfolge wie beim Ausbau.

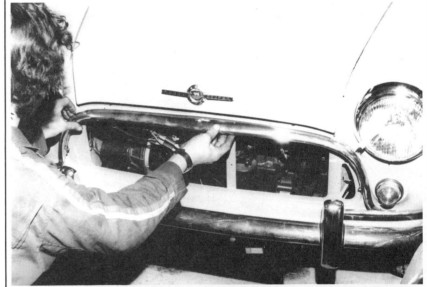

1. Der dicke Kühlergrillrahmen wird mit fünf oder sechs Blechschrauben gehalten, die durch Laschen an der Innenseite des Grillrahmens durchgesteckt werden. Passen Sie den Rahmen exakt an, bevor die Löcher im Frontblech neu verbohrt werden (falls ein neues Frontblech montiert wurde).

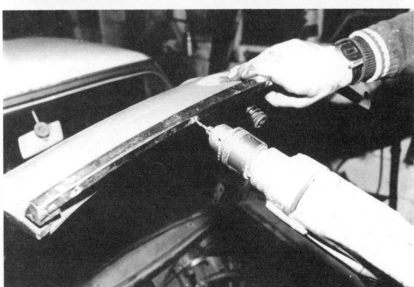

2. Beim MKII ist das Oberteil des Kühlergrillrahmens mit Blechschrauben oder (original) mit Blindnieten an der Motorhaubenvorderkante befestigt. Hier werden die Nietlöcher in eine neue Motorhaube gebohrt.

Mini-Restaurierungshandbuch

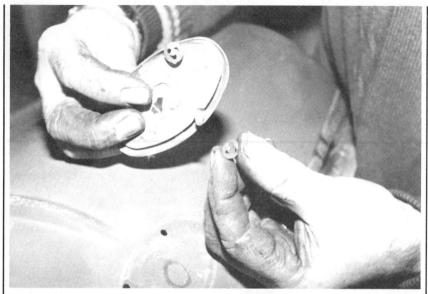

5. Einige Embleme werden mit Federblechen befestigt. Die Zapfen an der Rückseite des Emblems werden durch Bohrungen im Karosserieblech durchgesteckt und die Federbleche von hinten aufgesetzt. Bei späteren Ausführungen sitzen in den Karosseriebohrungen Nyloneinsätze, in die die Zapfen der Embleme eingedrückt werden. Fast alle BL **sind geklebt.**

6. Die Zierleisten an den Türen des Mini Cooper werden mit diesen kleinen Klammern befestigt. Sie werden mit einem Schraubendreher abgehebelt und hinterher wieder aufgedrückt. Vor dem Aufsetzen taucht man sie in Rostschutzöl — sie sind nicht mehr als Neuteil lieferbar.

7. Die Kantenschutzbleche an den Türen der älteren Minis wurden mit Blechschrauben befestigt; bei späteren Baujahren saßen hier Blindniete.

8. Wie im Abschnitt Motorhaube, Ausbau bereits beschrieben, kann die Motorhaube an den Scharnieren weitgehend nachgestellt werden. Beim Kofferdeckel ist dies allerdings kaum möglich. In gewissen Grenzen läßt er sich verschieben, indem die Scharniere gelöst und erst festgezogen werden, wenn die Kofferklappe genau exakt sitzt. In Notfällen sind noch drastischere Schritte möglich — siehe Einstellung der Hecktür beim Kastenwagen und Traveller und Heckklappe, Einstellung.

Karosserie

9. Eine Höhenverstellung der Türen ist nur in engen Grenzen möglich. Auch Schließkeil und Schließplatte müssen nachgestellt werden. An der Schließplatte kann die Tür auch nach innen bzw. außen verstellt werden, so daß die Tür den Dichtgummi gerade eben anpreßt und bündig mit dem hinteren Seitenblech abschließt. Sitzt der Türdichtgummi zu dicht an der Tür, kann dies korrigiert werden, indem man ihn an den zu strammen Stellen abzieht und den Flansch nach innen klopft oder ihn Stück für Stück mit einer Gripzange nachsetzt.

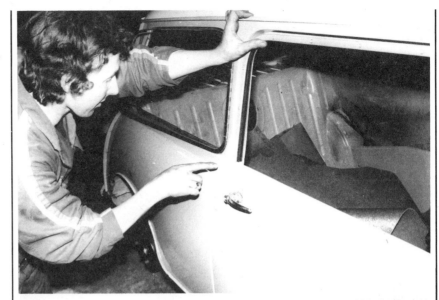

10. Bei den späteren Türen sitzen diese Sicherheitszapfen unter den Türgriffen. Sie werden von der Türinnenseite her mit einer einzelnen Schraube fixiert. Beim Einbau darf die Dichtunterlage nicht vergessen werden.

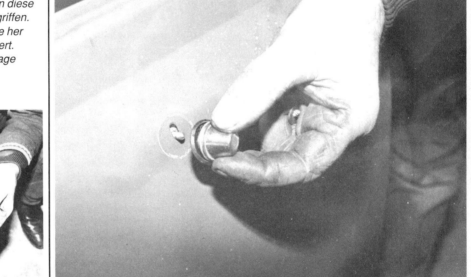

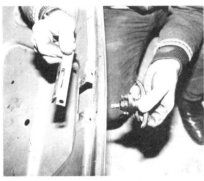

11. Beim Einbau des Heckklappengriffs wird zuerst der Schließzylinder mit zwei Schrauben durch das Blech durchgesteckt und der Griff auf dem Schloß montiert. Dann werden die beiden übrigen Muttern montiert. Auch hier die Dichtunterlagen unter dem Griff nicht vergessen.

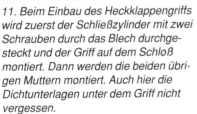

12. Feinheiten machen oft den entscheidenden Unterschied aus. Hier wurden Kühler und Kühlerblech in den Originalfarben lackiert und die originale Sechskant-Blechschraube gereinigt und wieder eingesetzt. In diesem Stadium machen sich penible Kennzeichnung und Ordnung beim Einlagern der vielen Kleinteile bezahlt.

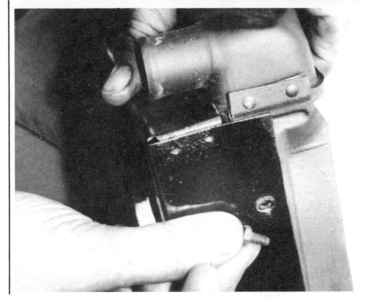

Mini-Restaurierungshandbuch

Rostschutz

Viel Zeit und Geld in die Karosserierestaurierung zu investieren und dann auf die nötige Vorsorge gegen Weiterrosten bzw. neuen Rostbefall zu verzichten, dürfte undenkbar sein! Vor der Lackierung müssen natürlich alle Nähte (vor allem am Unterboden) mit den hierfür entwickelten Karosseriedichtmitteln abgedichtet werden. Hartnäckiger Rost nistet sich aber insbesondere in Kastenprofilen und anderen geschlossenen Profilen ein. Korrosionsschäden lassen sich hier nur durch Einsprühen aller Hohlräume mit einem geeigneten Korrosionsschutzmittel verhindern. Im Vergleich zur Reparatur von Durchrostungen sind die Kosten hierfür sicher gering. Auch die Arbeit an sich ist nicht allzu schwierig.

Diese Rostschutzbehandlung der Hohlräume sollte jährlich (spätestens alle 2 Jahre) wiederholt werden. Gleichzeitig prüft man auch den Unterboden und bessert Lackschäden aus.

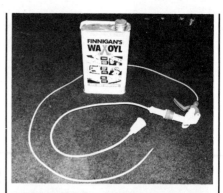

2. Hohlraumkonservierer wie dieser sind im Do-it-yourself-Bereich weit verbreitet. Die hier abgebildete preisgünstige Sprühvorrichtung eignet sich gut, um auch in die hintersten Winkel der Hohlräume vorzudringen. Sprühen Sie die Hohlräume mit reichlich Korrosionsschutz ein. Im Winter erwärmen Sie den Kanister in warmem Wasser, damit das Mittel dünnflüssiger wird, oder setzen etwas Waschbenzin als Verdünner zu.

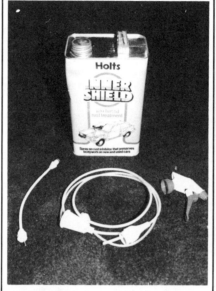

3. Vergleichbare Mittel und Sprühwerkzeuge gibt es von den unterschiedlichsten Herstellern, hier z.B. von Holts.

4. Diese Version des Sprühwerkzeugs (mit unter Druck stehendem Behälter und Sprühpumpe, ähnlich einer Gartenspritze) kann beliebig oft nachgefüllt werden.

1. Manch einer hegt Vorbehalte gegenüber Unterbodenschutz und lackiert die Unterbodenflächen lieber, da man Rostansatz auf lackierten Blechen leichter erkennt. Hinter Unterbodenschutz kann der Rost dagegen lange Zeit unerkannt sein Unwesen treiben — zudem begünstigt Unterbodenschutz durch Feuchtigkeitseinschlüsse mitunter den Rostbefall sogar noch. Auf einer gesunden Oberfläche bieten moderne Unterbodenschutzmittel gegenüber den früher üblichen Anstrichen erhebliche Vorteile, sollten aber möglichst immer aufgespritzt werden. Regelmäßige Dampfstrahlreinigungen bringen schadhafte Stellen im alten Unterbodenschutz rasch an den Tag, bevor der Rost unerkannt nagen konnte. Wer regelmäßige Kontrollen des Unterbodens fest einplant, ist mit Unterbodenschutz nicht so gut beraten, wohl aber derjenige, der eher selten auf die Wagenunterseite sieht.

Karosserie

5. Billigere Rostschutzmittel ergeben oft keinen flächendeckenden Film (basteln Sie aus Pappe selbst ein Kastenprofil und prüfen Sie es daran nach!). Die kompressorbetriebenen Sprühwerkzeuge sind natürlich teurer, wurden dafür nach den strengeren Normen der Hersteller konzipiert und sorgen daher für einen dickeren, gründlich deckenden Schutzfilm.

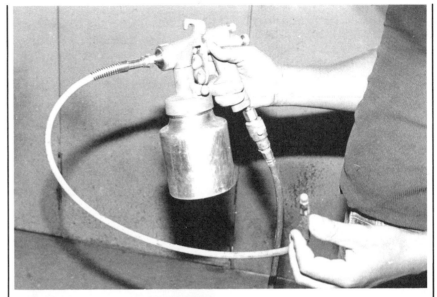

6. Hier wird die Behandlung des Bodens des seitlichen Ablagefachs demonstriert. Die Seitenverkleidung wird dazu natürlich abgenommen.

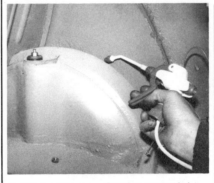

8. Mit der billigeren Sprühpumpe wird hier gerade die Naht zwischen Innen- und Außenradlauf behandelt. Bei den Limousinen muß die linke Fahrzeugseite vor dem Einbau des Benzintanks behandelt werden.

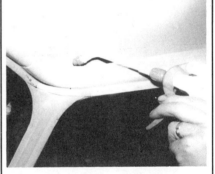

9. Wie in den Karosseriereparaturabschnitten beschrieben, kann auch der Dachholm irgendwann durchrosten. Auch hier eignet sich die Gartensprühpumpe recht gut für die Behandlung.

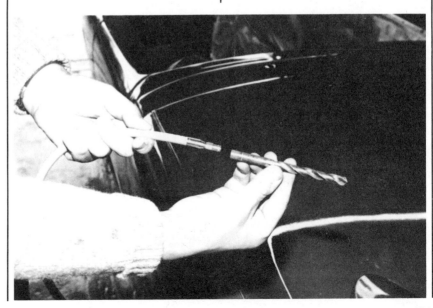

7. Bei Kompressor-Sprühpistolen ist der Durchmesser des Vorsatzschlauchs größer, daher muß ein größeres Loch vorgebohrt werden. Die Löcher müssen daher überlegt angeordnet werden, damit sie nicht allzusehr ins Auge springen.

Mini-Restaurierungshandbuch

10. Am größten Querträger ist zur Behandlung eine Schlauchverlängerung notwendig. Eine kompressorbetriebene Sprühpistole wäre auch hier besser, sie kostet allerdings ein Mehrfaches als die von den Hohlraumversieglern mitgelieferten Sprühgeräte.

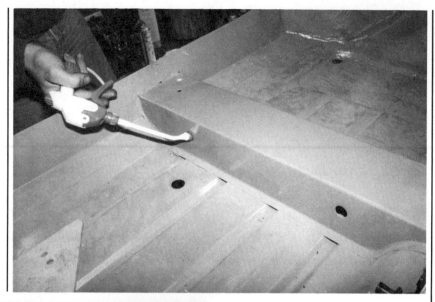

11. Kleinere Details, z.B. hinter den Emblemen, werden zweckmäßigerweise mit dünnflüssigeren Rostschutzmitteln aus der Spraydose behandelt, die noch besser als normales Korrosionsschutzöl kriechen.

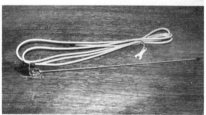

1. Diese Unipart-Dachantenne (Unipart ist die Ersatzteilmarke von British Leyland) gehört zu den qualitativ besseren Antennen. Bei Antenne sollte man nicht am Geld sparen, damit die Antenne nicht schon nach kurzer Zeit festrostet oder abvibriert.

Dachantenne — Einbau

Der Einbau der Dachantenne dürfte keinem Autobastler Probleme bereiten. Die in der Bildfolge verwendete Dachantenne ist ein Originalteil von Unipart. Vielfach wird die Dachantenne als die passendste Version für den Mini empfunden. Sie ist auf jeden Fall praktischer als z.B. die Kotflügelantenne, die Korrosionsbefall an den ohnehin rostgefährdeten Kotflügeln begünstigt und bei fortschreitendem Rostansatz zu zunehmend schlechterem Empfang führt (wer ist nicht schon in Autos gefahren, bei denen Rundfunkempfang nur mit Knistern und Rauschen möglich war. Oft liegt dies an Rostansatz am Massekontakt der Antenne, die durch die Erschütterungen beim Fahren dann nur sporadisch Masse bekommt.). Bei so kleinen Karosserien wie beim Mini sind die Vorderkotflügel auch nirgends weit genug von der Motorelektrik entfernt. Die Störbeeinflussungen nehmen also gewaltig zu. Und am Heck des Mini läßt sich die Antenne auch kaum montieren — bleibt nur das Dach!

Werkzeuge

Bohrmaschine, Grundausstattung an Handwerkzeugen, Karosseriedichtmasse.

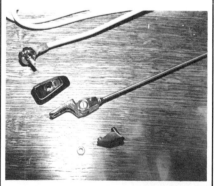

2. Der Gewindestecker am Ende des Antennenkabels wird vom Wageninneren her aufgesteckt. Der schwarze Sockel darunter sitzt am Dach, der Antennenfuß wiederum darauf und Beilagscheibe, Mutter und Zierstück ganz oben.

Karosserie

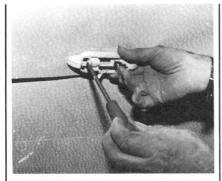

3. Als erstes ziehen wir die Streuscheibe der Innenleuchte ab und schrauben die Innenleuchte in der Dachmitte ab.

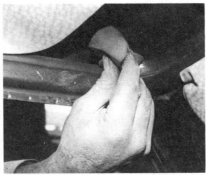

5. Oben in der Türsäule steckt ein Schaumgummistück, das man jetzt herauszieht. (Vielleicht rosten die Türsäulen an ihrem oberen Ende ja deswegen ab und zu durch?)

7. Die Mitte in Längsrichtung steht anhand des Klebestreifens jetzt ja fest. Auf dem Klebeband zeichnen wir dann den gewünschten Abstand zur vorderen Regenrinne an.

4. Der gesamte vordere Dachhimmel kann dann soweit nach hinten geschoben werden, daß die Antenne montiert werden kann. Ggf. zieht man den Dachhimmel mit einem Helfer nach hinten. Notfalls geht es auch alleine, indem man den Himmel abwechselnd links und rechts Stück für Stück zurücklegt.

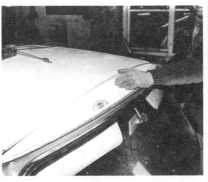

6. Messen Sie die Dachbreite mit einem Bandmaß aus, und legen Sie die Dachmitte exakt fest. Die Mitte wird mit Klebeband markiert.

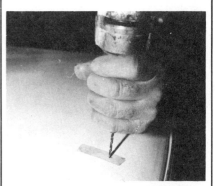

8. Auf dem Klebestreifen zeichnet es sich nicht nur leichter an, sondern der Bohrer verläuft auch nicht so schnell. Halten Sie jetzt das Bohrfutter, OHNE DEN EINSCHALTKNOPF ZU DRÜCKEN, und drehen Sie Bohrer und Futter einige Umdrehungen in normaler Bohrrichtung, bis der Bohrer im Metall gefaßt hat. Körnen Sie die Bohrstelle NICHT an, da sonst das Blech eindellt, und vertrauen Sie auch nicht darauf, daß der Bohrer schon nicht verlaufe. Ohne diese Vorbereitungsmaßnahmen verläuft er fast todsicher!

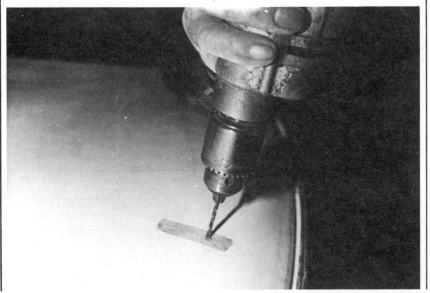

9. Jetzt können Sie das Blech in gewohnter Weise mit leichtem Druck auf das Bohrfutter anbohren. Das Führungsloch wurde hier mit einem 3-mm-Bohrer gebohrt.

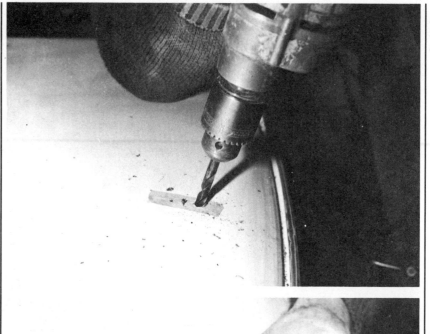

10. Den Fertigbohrer wählen wir so, daß das Antennengewinde geringfügig Spiel im Blech erhält, und bohren dann das Montageloch.

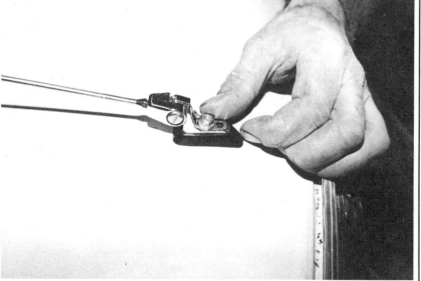

11. Auf der Dachinnenseite säubert man jetzt den Bereich um die Montagebohrung mit Schleifpapier, um eine zuverlässige Masseverbindung zu gewährleisten. Ein Helfer steckt den Gewindeteil des Steckers von innen durch das Blech durch.

12. Sockel, Antennenfuß, Schraube und Mutter werden von oben angeschraubt. Lackieren Sie die Bohrung nicht über, da nur blankes Blech für einwandfreie Masseverbindung sorgt. Dichten Sie den Montagebereich unter dem Kunststoffsockel aber mit dauerelastischem Karosseriekitt ab.

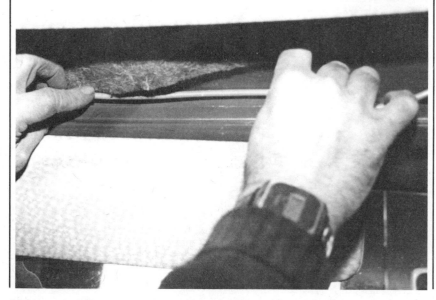

13. Das Antennenkabel kann hinter den Versteifungsblechen am Rand der Dachinnenseite verlegt werden.

Karosserie

14. Das Kabelende wird am Türholm abwärts geführt.

15. Die Armaturenbrettverkleidung biegen wir jetzt vorsichtig beiseite, ohne daß sie dabei abknickt oder einreißt.

16. Die Gummitülle für den Kabelstrang unten am linken Türholm wird mit einem Schraubendreher herausgehebelt. Drücken Sie das Kabel von oben nach, und ziehen Sie es mit einer langschenkligen Spitzzange durch diese Öffnung nach innen. Sie können auch einen dünnen, steifen Draht am Kabel befestigen und das Kabel damit durchziehen (manchmal braucht es dazu mehrere Versuche). Dann führen Sie das Antennenkabel durch die Gummitülle und drücken diese wieder in ihren Sitz. Der weitere Verlauf des Antennenkabels ist vom Einbauort des Radios abhängig.

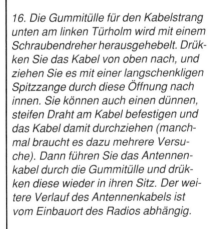

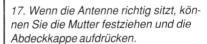

17. Wenn die Antenne richtig sitzt, können Sie die Mutter festziehen und die Abdeckkappe aufdrücken.

Eine Kotflügelantenne wird im Prinzip auf dieselbe Weise montiert, allerdings werden manche Antennen anders festgeschraubt. Sie können das Antennenkabel an vorhandenen Gummitüllen durch den Innenkotflügel und die Spritzwand durchführen. Manchmal müssen aber auch neue Löcher gebohrt werden.

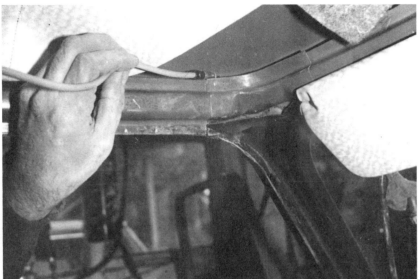

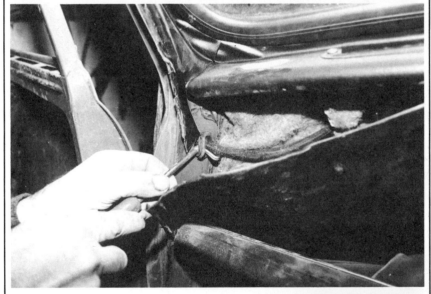

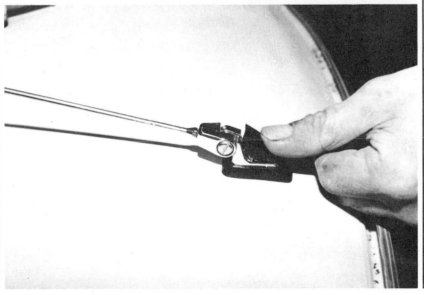

4 Innenausstattung

Manch einer mag es unfair finden, Tatsache ist jedoch, daß viele Zeitgenossen ein Auto in erster Linie nach der glänzenden Lackierung (ohne einen Gedanken daran zu verschwenden, was sich unter dem Lack verbergen könnte und wie lange der Lack noch so schön aussieht) und als zweites nach dem Zustand der Innenausstattung beurteilen. Nur wenige Autofans — außer echten Experten — wissen den Arbeitsaufwand zu würdigen, den Sie beispielsweise in die Restaurierung der tragenden Teile und in die Getriebeüberholung gesteckt haben. Ein schwacher Trost ist aber immerhin, daß wenigstens der Aufwand bei der Aufarbeitung der Innenausstattung *mit Sicherheit* Beachtung findet.

Innenausstattung — Anmerkungen und Ausbau

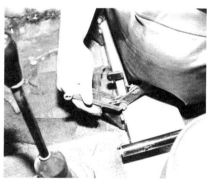

1. Die Vordersitze können problemlos ausgebaut werden, indem man mit zwei Schraubenschlüsseln die beiden Schrauben des Sitzrahmens an der Sitzschiene auf dem Querträger löst. An diesen Schienen können die Sitze über die normale Verstellmöglichkeit hinaus verschoben werden. In ganz zurückgeschobener Stellung stößt man sich (vor allem als Sandalenträger) an diesen Haltern aber leicht die Fersen an.

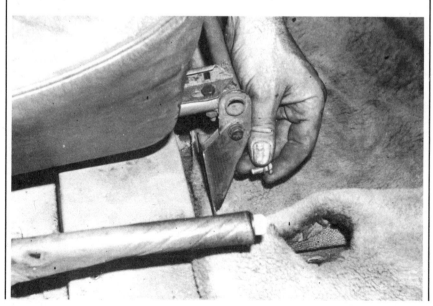

2. Eine Alternative beim Ausbau der Sitze — die bei einer Neulackierung unbedingt zu bevorzugen ist — besteht darin, daß die Halteschrauben der Sitzschienen gelöst werden, die in die Kastenmuttern vorne am Querträger eingeschraubt sind (Hier haben wir einen Spezialsitz und dessen Sitzrahmen vor uns.).

Innenausstattung

3. Bei den älteren Modellen ist der Sitz hinten nicht angeschraubt, kann jetzt also sofort herausgehoben werden. Spätere Modelle sind hier mit Sperriegeln versehen.

4. Bei Kastenwagen und Kombis sind die Rückenflächen der Sitzlehnen häufig beschädigt, da diese Wagen oft sperrige Lasten befördern müssen. Wer nicht vom Polsterer einen neuen Bezug einnähen lassen möchte (der meist nicht ganz die richtige Maserung und/oder Farbe trifft), kann den Bezug selbst vorsichtig vom Sitzrahmen abziehen (Sitz und Einbauweise der Befestigungsteile notieren!) und den Riß mit Kunstlederkleber aus dem Zubehörhandel oder mit einem Flicken von hinten ausbessern, der von innen aufgesetzt wird.

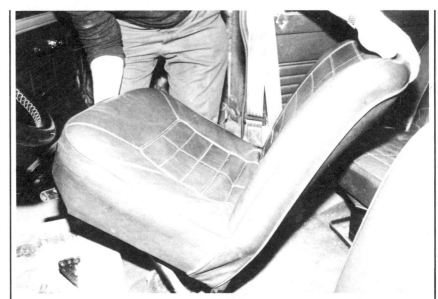

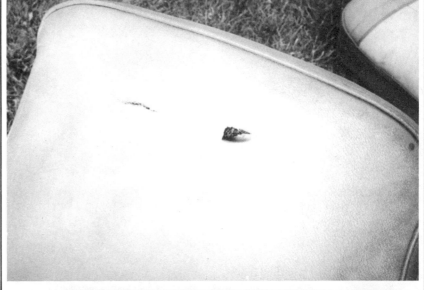

5. Die Seitenverkleidung des Armaturenbretts läßt sich problemlos demontieren. Zur Abnahme der Lüftungsdüsen des Clubman dreht man den Kunststoffring an der Stirnseite der Düse entgegen dem Uhrzeigersinn ab. Die Einzelteile der Düse können dann ausgebaut werden. Zum Ausbau des Instrumentenbrettes schraubt man die vier freiliegenden Kreuzschlitzschrauben an der Vorderseite ab, zieht die schwarze Blende nach vorne und löst: (a) den Schalter für die Instrumentenbeleuchtung, (b) die Kabel der Temperaturanzeige und (c) Leitung bzw. Kabel zur Öldruckanzeige. Jetzt kann die Blende abgehoben werden. Zum Ausbau der Instrumente braucht man nur noch die Rändelmuttern zu lösen (Denken Sie daran, daß der Schalter für die Innenbeleuchtung mit einer seitlichen Bewegung wieder eingebaut wird. Wenn er in Vorwärts-/Rückwärtsrichtung schaltet, kann die Öldruckleitung kurzgeschlossen werden). Der Tachometer wird aus seinem Gehäuse genommen, das hinter der Blende sitzt. Er ist mit zwei Schrauben (links und rechts) festgeschraubt. Achten Sie darauf, daß die Halter und Distanzstücke für die Blende, die hier sitzen, nicht verlorengehen. Dann ziehen Sie den Tacho nach vorne und ziehen Tachowelle, Leuchten und Tankanzeigekabel ab. VOR DIESEN ARBEITEN DIE BATTERIE ABKLEMMEN!

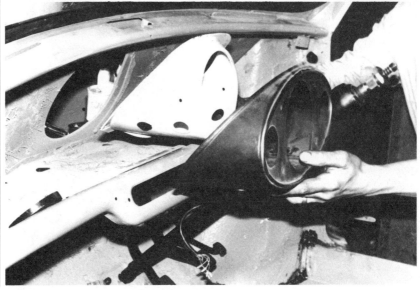

6. Der Zierring wird mit Spreizstiften fixiert, die sich mit einem Schraubendreher bzw. einer Zange leicht auf- und zusammenbiegen lassen.

9. Spezielle Armaturenbretter werden oft auf speziellen Verstrebungen befestigt. Wenn Sie sie beibehalten wollen, notieren Sie sich Einbaulage und -teile exakt. Aus anderen Quellen läßt sich dies sonst meist nicht mehr rekonstruieren.

Spätere Modelle sind mit einem Lenkschloß (siehe Zeichnung 11) ausgerüstet, das sich vielleicht gerade im ungeeignetsten Moment oder auf einem teuren Parkplatz nicht mehr entriegeln läßt. Die Köpfe der Scherbolzen sollen beim Anziehen abscheren, so daß sie (theoretisch) nie mehr ausgebaut werden können. In der heimischen Garage können sie in aller Ruhe ausgebohrt werden oder man bohrt ein kleineres Führungsloch und dreht die Schrauben mit einem Linksdrall heraus.

Zeichnung 11 Lenk-/Zündschloß
1 Mehrfachstecker 3 Lenk-/Zündschloß
2 Abscherbolzen

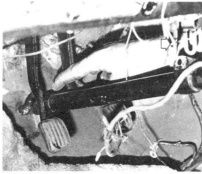

7. Nachdem die Seitenverkleidungen des Armaturenbretts entfernt wurden, kann auch die obere Armaturenbrett-Abschlußleiste abgebaut werden.

10. Die Lenksäule ist an einem Halter (Pfeil) am Armaturenbrett und mit einer Klemmschraube an der Lenkstange festgeschraubt; letztere muß ganz gelöst werden, bevor die Lenksäule abgezogen werden kann. Ziehen Sie auch alle Kabel ab.

Mir war mein eigener Wagen einmal auf einem teuren Parkplatz mit defektem Lenkschloß liegengeblieben. Gottseidank konnte ich mir den Weg zum nächsten Eisenwarenladen sparen, um dort einen Durchschlag und einen Hammer zu erstehen und die Scherbolzen mit dem Durchschlag weiterzudrehen. Man hätte auch einen Schlitz in den Schraubenkopf und ggf. teilweise in das Zündschloßgehäuses ägen können, um die Schraube mit einem Schlagschrauber zu lösen.

Die Zündung bekam ich aber ganz einfach wieder zum Laufen, indem ich den Kabelschalter unten am Hauptschalter abzog und von Hand betätigte.

8. Dieses Bild zeigt einen Radford Mini Cooper. Im Laufe der Zeit erhielten auch zahlreiche normale Minis nachträglich individualisierte Armaturenbretter. Bevor Sie ein nicht serienmäßiges Armaturenbrett herausreißen, prüfen Sie aber, ob es sich nicht vielleicht um interessantes Zubehör aus der Zeit handelt oder ob Ihr Wagen noch in anderen Details aufgewertet wurde.

Innenausstattung

11. Zum Ausbauen der Rücksitze lösen wir zuerst vom Kofferraum aus die beiden Muttern, mit denen die Rückenlehne an der Heckablage festgeschraubt ist.

12. Der Sitz wird dann an der Lehne hochgehoben, so daß die beiden Schrauben aus ihren Bohrungen freikommen.

14. Die ganze Rückenlehne wird jetzt herausgenommen.

16. Dann kann die Verkleidung abgenommen werden.

13. Jetzt können wir die Haltestangen im Kofferboden hoch- und herausheben.

15. Die Heckablagenverkleidung ist mit Blechschrauben oder Blindnieten montiert. Bei genieteter Ablage bohren wir die Nietköpfe ab.

17. Die Beschaffung genau passender Polsterstoffe ist oft problematisch. Komplette Sitzgarnituren wie hier aus einem frühen Mini Cooper sind meist nur nach langwieriger Suche aufzuspüren.

Mini-Restaurierungshandbuch

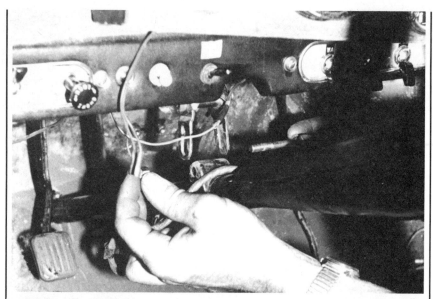

18. Kabelsalat unter dem Armaturenbrett ist unschön und gefährlich zugleich. Binden Sie alle nachträglich verlegten Kabel zu einem anständigen Kabelstrang zusammen (siehe Kapitel Elektrik), und befestigen Sie die Kabel hinter der Verkleidung oder ggf. unter dem Armaturenbrett mit Kabelschellen.

19. Alle Top-Innenausstattungen wurden auf derart nackten Gerippen aufgebaut. Erster Schritt auf dem Weg zur Restaurierung des Innenraums ist die Abdichtung aller Karosserienähte mit Dichtmasse, so daß garantiert nirgends Wasser einsickern kann (vor allem, wenn neue Seitenverkleidungen montiert wurden). Deshalb müssen auch Windschutzscheibenrahmen und Scheibengummis dicht sein und sachgemäß zusammengebaut werden.

Bodenteppiche

20. Bevor die Teppiche erneuert werden, säubern Sie die Bodenbleche gründlich. Hier wurden Anti-Dröhn-Matten aus Schaumgummi aufgeklebt. Sie müssen gründlich abgeschabt werden.

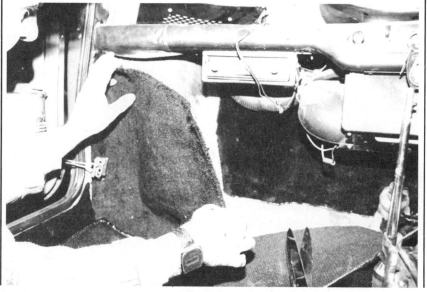

21. Originale Bodenteppiche sind extrem schwer bzw. praktisch überhaupt nicht zu beschaffen. Manche der von billigeren Nachrüstern angebotenen einfachen Bodenteppiche sind von erschütternd schlechter Qualität. Die hier gezeigten Bodenteppiche, die immerhin recht passabel waren, stammen vom Mini Spares Centre. Die Teilstücke für die Innenradläufe sind vorgeformt und müssen festgeklebt werden.

Innenausstattung

22. Um den Fußabblendschalter am Bodenblech schneiden wir den Bodenteppich aus. Man kann den Abblendschalter auch abbauen, im Teppich Löcher für Kabel und Schrauben anbringen und den Schalter dann auf dem Teppich festschrauben.

23. Rund um Schalthebel und Handbremse muß der Bodenteppich auf jeden Fall zurechtgeschnitten werden. Schalthebelmanschette und Blechrahmen verdecken aber zumindest die Ausschnitte.

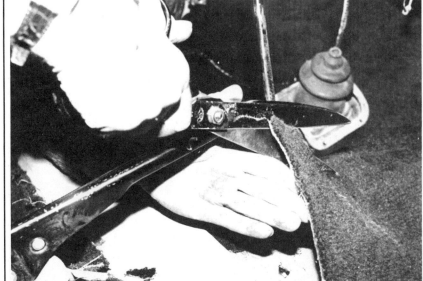

24. Die Schwellerteppiche waren bereits vorgeformt, allerdings nicht sehr paßgenau, und mußten daher nachgeschnitten werden.

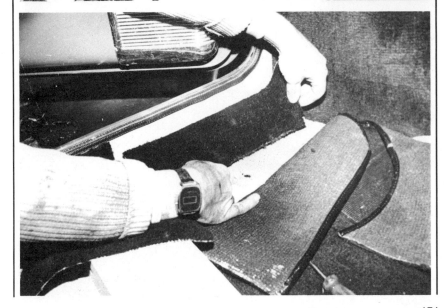

Mini-Restaurierungshandbuch

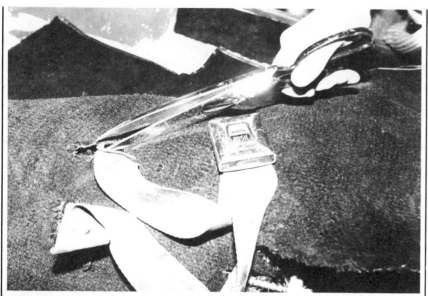

25. Um die Bodenverankerungen der Sicherheitsgurte schneiden wir die Teppiche der Länge nach ein.

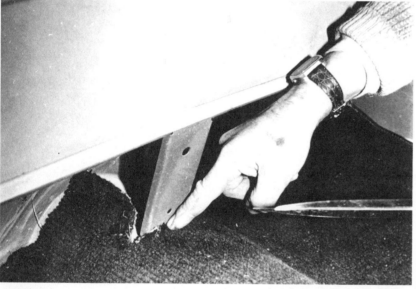

26. Dann bringen wir an der Rücksitzstrebe einen T-förmigen Einschnitt im Bodenteppich an.

Sofern die Bodenteppiche nicht auf den vorhandenen Druckknopfstiften befestigt werden, rutschen sie hin und her und stören mehr als sie nützen. Auf neuen Bodenblechen befestigen wir die Druckknöpfe mit Blechschrauben. Falls zusätzliche Anti-Dröhn-Matten aufgeklebt wurden, müssen die Druckknöpfe mit Unterlegscheiben höhergelegt werden. Sperrholzscheiben eignen sich dafür sehr gut.

27. Die neuen Teppiche legt man auf dem Bodenblech exakt aus, sucht die Lage des Befestigungsstiftes und zeichnet ihn mit Kreide aus. Dann legen Sie den Zackenring auf dem Teppich auf...

Innenausstattung

28. ... so daß die Zacken durch den Teppich durchgedrückt werden.

29. Nun setzen Sie die Druckknopföse auf den Zacken auf und biegen diese mit einem Schraubendreher nach innen.

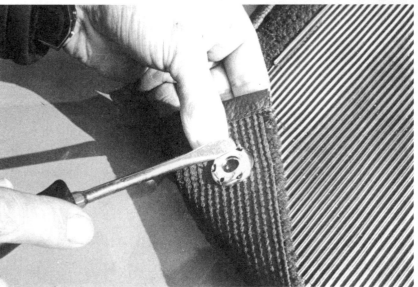

1. Die beiden Schrauben an den Seiten bzw. an der Stützleiste (in der Mitte) lösen.
2. Front- und Heckscheibe ausbauen (siehe entsprechendes Kapitel dieses Buchs)
3. Die Türrahmendichtprofile von ihrer Vorderkante aus abziehen.
4. Die Ränder des Dachhimmels entlang des Türrahmens und entlang der Windschutz- und Heckscheibenrahmen lösen.
5. Die Spannstreben des Dachhimmels aus der Oberkante der Seitenleisten ausfedern und komplett herausnehmen.
6. Den Dachhimmel von hinten nach vorne einbauen und entlang der Heckscheibenöffnung verkleben. Dann die Heckscheibe montieren. Den Himmel nach vorne ziehen und von hinten nach vorne befestigen.

Dachhimmel, Aus- und Einbau

Ältere Limousinen

1. Lage der Hinterkante des vorderen Dachhimmels als Bezugsmaß für den Einbau anzeichnen.
2. Zum Ausbau den Dachhimmel an den Außenrändern fassen, etwas nach innen drücken und nach hinten ziehen.
3. Die Lage der Vorderkante des hinteren Dachhimmels anzeichnen und genauso ausbauen (natürlich nach vorne ziehen!). Die Deckenleuchte (sofern vorhanden) muß natürlich zuerst ausgebaut werden.
4. Der Einbau erfolgt in umgekehrter Reihenfolge (zuerst der hintere Dachhimmel). Der hintere Himmel muß ganz in seine Lage geschoben werden. Achten Sie beim Einbau darauf, daß die Drähte durch den vorderen Dachhimmel durchgesteckt werden, bevor der Himmel vollends in seine Lage geschoben wird.
5. Beim Einbau des vorderen Dachhimmels prüfen Sie nach, ob die drei Haltehaken an der Vorderkante des hinteren Dachhimmels richtig in die drei Halter an der Hinterkante des vorderen Dachhimmels eingreifen.

Neuere Limousinen

Hier wird ein einteiliger Dachhimmel herkömmlicher Ausführung verwendet.

Countryman und Traveller

Der Einbau erfolgt ähnlich wie bei den älteren Limousinen. Folgende Unterschiede sind zu beachten:

1. Die Lage des vorderen und hinteren Dachhimmels auf der Abschlußleiste anzeichnen, so daß sie wieder in derselben Lage montiert werden können.
2. Verkleidung über der Hecktür ausbauen.
3. Beim Einbau darauf achten, daß die Halteklammer am vorderen Dachhimmel richtig in den Halter an der Vorderkante des hinteren Dachhimmels eingreift.

5 Mechanik

Radaufhängung und Bremsen (allgemein) und Druckabbau in der Hydrolastic

Bei seiner Premiere wartete der Mini mit einer revolutionären Gummi-Hinterradaufhängung auf. Die konischen Gummifederelemente saßen senkrecht im vorderen Hilfsrahmen und waagerecht im hinteren Hilfsrahmen. Im August 1962 wurde der schon bald weitverbreitete Austin/Morris 1100 vorgestellt. Er hatte eine Hydrolastic-Radaufhängung, in der ein Alkohol-Wasser-Gemisch in speziellen Kammern als Federmedium verwendet wurde. 1964 erhielt auch der Mini die Hydrolastic, zwischen 1969 und 1972 (je nach Modell) ging man jedoch wieder zu den Gummifederelementen über. Kastenwagen (Van), Pickup und Kombi behielten durchweg die Gummifederung bei.

Werkzeuge

Für die Arbeiten an Radaufhängung und Bremsen sind die üblichen Werkstatt-Hauptwerkzeuge sowie ggf. folgende Spezialwerkzeuge (leih- oder mietweise) nötig: Kompressionswerkzeug für Vorderradaufhängung, Druckentlastungswerkzeug für die Hydrolastic, Bördelwerkzeug für Bremsleitungen, Bremsentlüftungsgerät.

Sicherheit

Lassen Sie den Druck aus der Hydrolastic NIEMALS ohne die vorgeschriebenen Werkzeuge ab — am besten läßt man diese Arbeit (recht preiswert) vom Händler durchführen. Der Druck in der Radaufhängung beträgt ÜBER DAS 10FACHE DES REIFENDRUCKS, daher birgt die unkontrollierte Freisetzung dieses Drucks unkalkulierbare Risiken. Arbeiten Sie NIE unter einem Wagen, der nur vom Wagenheber gehalten wird; stellen Sie den Wagen bei Arbeiten an Bremsen und Radaufhängung stets auf Unterstellböcke, und sichern Sie ihn gegen Wegrollen.

Bremsstaub kann tödlich wirken! NIE den Staub wegblasen, sondern möglichst im Freien an Bremsen arbeiten und den Arbeitsbereich mit einer Handspritze anfeuchten. Staub mit einem feuchten Lappen aufnehmen und in einer dichten Plastiktüte beseitigen.

Druckabbau in der Hydrolastic

1. Aus Sicherheitsgründen sollte man die Hydrolastic-Aufhängung nicht selbst entlasten, sondern dies besser vom Leyland-Händler durchführen lassen (kostet nicht die Welt). Auch mit druckentlasteter Radaufhängung kann man mit dem Mini bis ca. 50 km/h fahren, trotzdem aber Vorsicht beim Fahren auf Holperstrecken, denn die Radaufhängung sitzt jetzt auf ihren Gummianschlägen an der Karosserie auf (die Erschütterungen im Rückgrat dürften einen schon von allein bremsen). Notfalls kann man die Radaufhängung mit einer Fußpumpe oder einem Kompressor aufpumpen (3,5 — 5 bar dürften genügen), die Radaufhängung ist dann allerdings sehr weich. Im Bild ist die Lage der Druckventile am hinteren Hilfsrahmen zu erkennen.

Mechanik

Prüfung der Hydrolastic auf Undichtigkeiten

Die Hydrolastic-Radaufhängung ist dafür bekannt, daß sie sich setzt. Bei manchen Wagen tritt dieses Problem nie, bei anderen dagegen ständig auf. Zur Kontrolle, ob die Hydrolastic Ihres Mini zu tief liegt, messen Sie anhand der folgenden Tabelle die Kot- flügelhöhe vorne und hinten auf beiden Wagenseiten. (Kotflügelhöhe bezeichnet den senkrechten Abstand der Radmitte zur Radlaufkante).

Frühe Modelle: Vorderräder 324-336 mm, Hinterräder 337-340 mm.
Spätere Modelle: Vorderräder 315-350 mm, Hinterräder 325-340 mm

Der Systemdruck muß bei den älteren Modellen (theoretisch) 18,5 bar, bei den späteren Modellen 19,8 bar betragen. Der Händler richtet sich bei der Einstellung allerdings beim Aufpumpen des Mini eher nach der tatsächlichen Radkastenhöhe als nach der Druckanzeige. Die späteren Modelle beginnen übrigens ab folgenden Fahrgestellnummern:

Limousine (Austin): Linkslenker 832055, Rechtslenker 830899.
Limousine (Morris): Linkslenker 370197, Rechtslenker 370004.
Cooper (Austin): Linkslenker 829417, Rechtslenker 830061.
Cooper (Morris): Linkslenker 829490, Rechtslenker 830127.
Cooper S (Austin): Linkslenker 820514, Rechtslenker 820487.
Cooper S (Morris): Linkslenker 820706, Rechtslenker 820705.

Aufgrund dieser Nummern müßte die empfohlene Änderung also ab Ende 1965 einsetzen. Diese geänderten Werte dürften aber wirklich nur Empfehlungen sein. Wenn man nicht gerade pingeligste Juroren beim Concours d'Elégance beeindrucken will, sollte man die Radaufhängung auf die nach eigenem Empfinden beste Höhe aufpumpen. Übermäßige Abweichungen von den Sollwerten könnten allerdings irritierende Eigenheiten der Radaufhängung an den Tag bringen und raschen Verschleiß der Vorderreifen bewirken.

Undichtigkeiten kommen vor allem an den Anschlüssen des Verdrängerschlauchs vorne (beim Rechtslenker direkt vor den Hauptzylindern) vor — siehe Zeichnung 12.

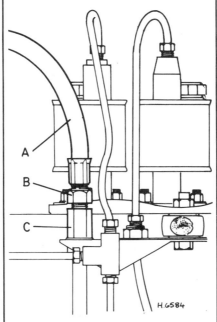

Zeichnung 12 Anschlüsse des Hydrolastic-Verdrängerschlauchs
A Schlauch   C Anschlußstück
B Überwurfmutter

2. Auf der linken Wagenseite sitzt der Anschluß (Pfeil) hinter dem Kühler zur Wagenmitte hin. Alle Anschlüsse auf Undichtigkeiten oder Rostperlen untersuchen, die durch austretende Hydraulikflüssigkeit entstanden sein können. Bei undichten Stellen die Anschlüsse nachziehen. Dieser Anschluß ist allerdings nicht leicht zugänglich.

3. Die Manschette unter dem vorderen Verdränger abziehen und den Verdränger auf Leckstellen untersuchen.

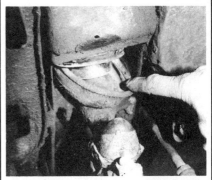

4. Prüfung oben an der Manschette wiederholen.

5. Der Hinterachs-Verdränger sitzt im hinteren Hilfsrahmen. Auch hier zieht man die Manschette ab und prüft den Verdränger auf Undichtigkeiten.

Bremsen ziehen einseitig

Die Minis mit Zweikreis-Bremsanlagen (bis August 1984, als Scheibenbremsen und 12-Zoll-Räder serienmäßig Einzug hielten) leiden oft unter einseitig ziehenden Bremsen. Prüfen Sie, ob alle Leitungen richtig entlüftet wurden, alle Hydraulikteile einwandfrei funktionieren und weder Bremstrommeln noch Bremsbacken verölt sind. Bringt dies keine Besserung, tauschen Sie die vorderen Bremsbacken links und rechts gegeneinander aus. Leider ließen sich manche „Zweikreis"-Minis damit immer noch nicht kurieren. Einziger Ausweg ist dann, alle Teile einzeln zu erneuern, bis der Schuldige gefunden ist.

Hinterachs-Bremskraftbegrenzer

Die Achslast ist an der Hinterachse des Mini derart gering, daß der Hydraulikdruck auf die Hinterräder begrenzt werden mußte, damit sie nicht vor den Vorderrädern blockieren. Dazu wurden zwei verschiedene Trägheitsventile verwendet, die aber beide nicht zerlegbar sind. Leidet Ihr Mini an blockierenden Hinterradbremsen (und ist an den Vorderradbremsen alles in Ordnung), sollte das Begrenzerventil ersetzt oder gegen die neuere Ausführung getauscht werden.

Die ältere Einkreis-Bremsanlage hatte ein Druckminderventil am hinteren Hilfsrahmen, die spätere Ausführung mit vier Anschlüssen sitzt dagegen am Querträger an der Spritzwand. Vor dem Ausbau dieser Ausführungen drehen Sie den Deckel des Hauptbremszylinders ab, legen eine Kunststoffolie über die Einfüllöffnung und schrauben den Deckel wieder fest auf. Beim Ausbau tritt dann weniger Flüssigkeit aus und das Entlüften geht leichter (Hinweis: nicht alle Minis mit Zweikreisanlage hatten überhaupt ein Begrenzungsventil).

Bremsen und Radaufhängung (hinten) — Zerlegen

Bei allen Minis sitzen an der Hinterachse Trommelbremsen mit einzelnem Radbremszylinder und Einstellstück. Die Radzylinderdurchmesser und -größen variierten je nach Modell, also nimmt man beim Teilekauf die alten als Muster mit.

Werkzeuge und Arbeitssicherheit siehe Abschnitt Radaufhängung und Bremsen (Allgemeines).

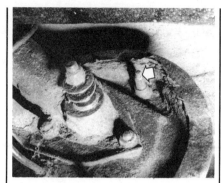

1. Das Bremseinstellstück (Pfeil) sitzt oben auf der Rückseite der Bremsankerplatte. Die seitliche Vertiefung müßte mit einem Blech abgedeckt sein, dies rostet jedoch oft weg (so auch hier). Die Einstellergewinde rosten dann noch ärger fest, als es ohnehin der Fall ist. Auch der Einstellkopf rostet und wird leicht rundgedreht, vor allem wenn man nicht den Spezial-Einstellschlüssel verwendet. Durch Auswechseln des Radzylinders lassen sich diese Probleme beheben. Streichen Sie den gesamten Bereich um das Einstellergewinde mit Hochtemperaturfett ein, um künftigem Rostbefall vorzubeugen. Auch ein kurzes Stück Gummischlauch, das man über den Einsteller schiebt, ist nützlich. Das Gewinde muß aber auf jeden Fall eingefettet werden, denn der Gummischlauch schützt nur das außenliegende Gewinde. Der eingeschraubte Gewindeteil rostet aber auch!

2. Bevor man die Bremstrommel abnimmt, stellt man den Einsteller soweit zurück, daß die Backen nicht an den noch nicht eingelaufenen oder angerosteten Bereichen der Trommel schleifen.

Mechanik

3. Die Trommel wird von zwei Kreuzschlitzschrauben gehalten. Sitzen sie hartnäckig fest, helfen Sie mit einem Schlagschrauber nach oder schlagen Sie mit dem Hammer einmal kräftig auf den durchgehenden Schaft des angesetzten Schraubendrehers. Manchmal sind die Schraubenköpfe schon völlig vermurkst. Dann hilft nur Losschlagen mit einem Durchschlag (linksherum) oder als letzter Ausweg ein Stehbolzenausdreher.

4. Die Trommel muß sich jetzt ohne weiteres abziehen lassen. Ggf. hilft man ringsum durch leichte Schläge mit einem Gummihammer oder mit einem normalen Metallhammer mit Holzscheit als Unterlage nach. Setzen Sie den Hammer NICHT direkt auf der Trommel an, sie bekommt leicht Risse. ⇨

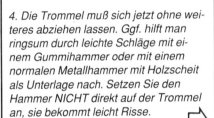

5. Das Abhebeln der Bremsbacken erfordert Geduld. Lösen Sie die Enden der Bremsbacken aus ihren Halteschlitzen, bevor Sie die Backen samt Federn abnehmen. Achten Sie auf die Einbaulage der Feder (hinter den Backen), und denken Sie auch beim Einbau daran.

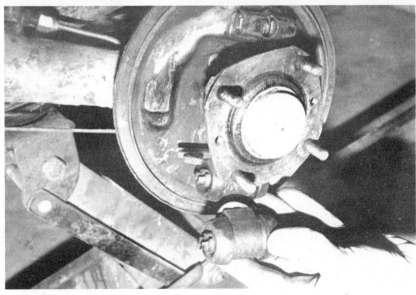

6. Der neue Radbremszylinder wird direkt auf der Ankerplatte angeschraubt, nachdem der alte Zylinder an Bremsleitung und Haltemutter gelöst wurde.

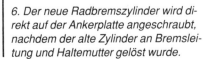

7. Die Bremsbacken können jetzt nicht mehr stören. Nehmen Sie jetzt die Bremseinstellkeile heraus, und reinigen Sie sie (stark verrostete Teile erneuern). Beim Zusammenbau mit speziellem BREMSENFETT einfetten.

Bei ausgeschlagenen Lagern am Hinterachs-Längslenker (Schwingarm) muß der Längslenker ausgebaut werden (der Lagerwechsel ist nur mit Spezialwerkzeug möglich, man spart aber Geld, indem man die Längslenker (Schwingarme) selbst ausbaut und zum Händler bringt). Er muß außerdem bei defektem Verdränger oder Gummikegel der Hydrolastic-Hinterradaufhängung, bei Auswechseln der Hilfsrahmen und bei Änderung der Fahrwerkshöhe an Wagen mit Gummifederung ausgebaut werden (siehe Kapitel Tuning).

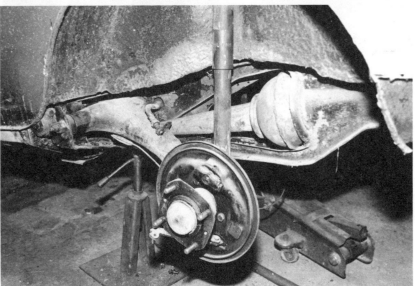

8. Die Bremsteile müssen natürlich nicht komplett ausgebaut werden, der Wagen muß jedoch auf robusten Unterstellböcken und nicht nur auf dem Rangierwagenheber stehen.

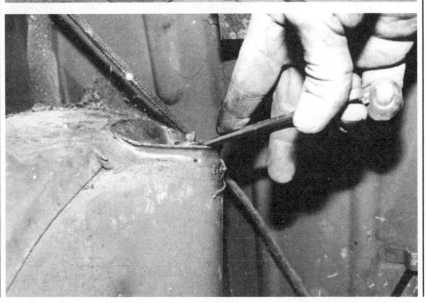

9. Zuerst lösen wir die obere Haltemutter des Stoßdämpfers auf der bearbeiteten Seite. Die linke Stoßdämpferaufnahme der Limousine sitzt hinter dem Benzintank (siehe Benzintank, Ausbauen). Lösen Sie den Tank aber nur, und lassen Sie die Benzinleitung dran. Neigen Sie den Tank soweit nach innen, daß Sie mit der Hand dahinterkommen. Bei ganz frühen Modellen muß der Tankinhalt abgelassen und der Ablaßhahn demontiert werden.

Mechanik

10. Trennen Sie die Bremsleitung vom Bremsschlauch; dann nehmen Sie den Bremsschlauch von seinem Halter am Längslenker (Schwingarm) ab. Klemmen Sie den Schlauch mit einer Klammer ab, damit nicht allzuviel Bremsflüssigkeit verlorengeht.

11. Jetzt lösen wir die vier Schrauben und Federscheiben, mit denen der Schwingarm am Hilfsrahmen angeschraubt ist.

12. Dann lösen wir die große Mutter, mit der die Schwingarmlagerung am anderen Ende am Hilfsrahmen befestigt ist (bei dieser Aufnahme war der Schwingarm bereits ausgebaut).

13. Hier ist das Handbremsseil noch am Schwingarm befestigt. Wird der Schwingarm nicht weit abseits des Wagens abgelegt, ist es leichter, das Seil am Handbremshebel zu lösen, z.B. beim Höher- und Tieferstellen der Radaufhängung. Am besten zieht man jedoch Splint und Gabelkopfbolzen an der Ankerplatte ab, wenn der Schwingarm ganz abgenommen werden soll.

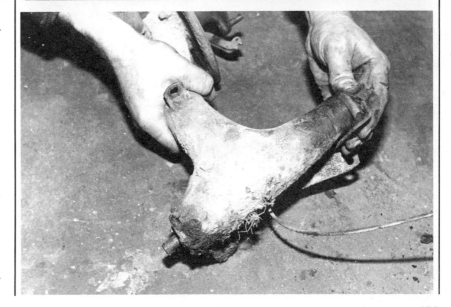

14. Nachdem alle Verbindungen gelöst wurden, ziehen Sie den Schwingarm nach unten, bis der Stoßdämpfer frei kommt.

15. Dann ziehen Sie ihn nach außen und von den Halterungen weg.

16. Der Federtopf sitzt in dieser Nylonpfanne. Wenn regelmäßige Schmierung ausbleibt, sind hier Defekte zu erwarten.

17. Federtopf und Gummielement können jetzt vom Hilfsrahmen abgezogen werden.

Beim Ausbau der Radaufhängung mit Hydrolastic muß das System zuvor druckentlastet werden (siehe Anfang dieses Kapitels). Nachdem der Federtopf ausgebaut wurde und die Hydrolastic-Leitung am Verdränger abgezogen wurde, wird der Verdränger gelöst; vor dem Ausbau den Verdränger links herum drehen (siehe Zeichnung 13).

Zeichnung 13. Hydrolastic-Verdränger an der Hinterachse nach dem Abbau der Aufnahmeplatte.
A Verdränger *C Aufnahmeplatte*
B Haltenasen *D Hilfsrahmen*

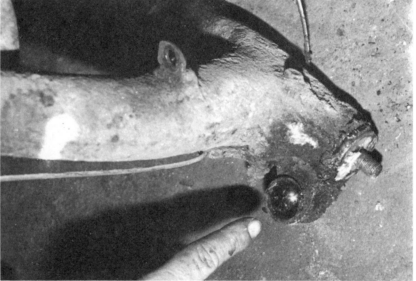

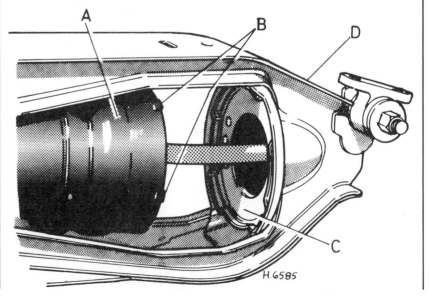

Mechanik

18. Mitunter verklemmt sich der Kugelkopf am Ende des Federtopfes und muß dann mit einem Messingdorn herausgetrieben werden. Bei starkem Pitting ist ein neuer Kugelkopf fällig.

19. Dieser Schmiernippel kann viel zur Verschleißminderung am Schwingarm beitragen. Oft wird er übersehen. Die Lager laufen dann in kürzester Zeit aus.

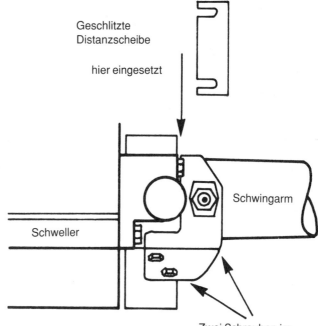

Zeichnung 14 Spureinstellung der Hinterräder an der Schwingarmbefestigung.

Beim Einbau des Schwingarms nach einer Grundüberholung des Hilfsrahmens muß die Hinterradvorspur kontrolliert werden. Die Vorspur muß 3,18 mm betragen. Liegt der Meßwert höher, müssen hinter den waagerechten Befestigungsschrauben des Schwingarms am Hilfsrahmen Distanzscheiben eingesetzt werden (siehe Zeichnung 14). Streichen Sie beim Zusammenbau die Nylonpfanne stets dick mit Schmierfett ein und achten Sie darauf, daß die Kugelköpfe des Federrohrs richtig in den Kugelpfannen sitzen, bevor die Räder belastet werden.

Bremsen und Radaufhängung (vorne) — Zerlegen

Werkzeuge und Sicherheitshinweise siehe Radaufhängung und Bremsen (Allgemeines).

1. Auf dem Papier wirken Vorderradaufhängung, Lenkung und Antriebswellenkonstruktion des Mini sehr kompliziert, in der Praxis ist es jedoch ein System, an dem sich relativ leicht arbeiten läßt. Der obere Querlenker (A) ist am Hilfsrahmen drehbar angelenkt und über ein Kugelgelenk am äußeren Ende mit der Radnabe gekoppelt. Der untere Querlenker (B) ist in ähnlicher Weise angelenkt. Unten sitzt außerdem eine Zugstrebe (C), die Vor- und Rückwärtsbewegungen der ganzen Konstruktion verhindert. In der Mitte sitzt die Antriebswelle (D) für den Frontantrieb. Zur Abfederung drückt der obere Querlenker gegen ein Gummifederelement bzw. den Hydrolastic-Verdränger.

Mini-Restaurierungshandbuch

Bremsen/Radnabe — Zerlegen

2. Die Bremszangen (Ausführung mit Scheibenbremsen) können ohne Eingriffe an der Bremshydraulik abgenommen werden. Klopfen Sie die Haltebleche beiseite, ziehen Sie die Schrauben heraus, und legen Sie die Bremszange so ab, daß der Hydraulikschlauch keiner übermäßigen Zugspannung ausgesetzt ist.

Modelle mit Trommelbremsen:

Legen Sie unter dem Deckel des Bremsflüssigkeitsbehälters ein Stück Kunststoffolie ein, und lösen Sie den Bremsschlauch am Anschluß zur Bremsleitung. Die Radnabe kann nun demontiert werden.

3. Entsplinten Sie die Kronenmutter auf dem Achsstumpf.

4. Blockieren Sie die Radnabe mit einem großen Montiereisen oder einem ähnlichen Hilfsmittel, das zwischen den Radbolzen verkeilt wird. Dann lösen Sie die Radnabenmutter. Dazu ist gewaltiges Drehmoment nötig!

5. Die Kronenmutter und die dahintersitzende dicke Scheibe bewahren wir auf. Den Splint werfen wir gleich weit weg. Beim Einbau kommt ein neuer rein!

6. Lösen Sie die Mutter am Kugelkopf, der den Lenkhebel mit dem Lenkgestänge verbindet.

Mechanik

7. Der Kugelkopf sitzt mit seinem Konus im Lenkhebel. Derartige Konusverbindungen sind meist besonders fest. Schlagen Sie mit einem Hammer ein paarmal fest auf das Lenkerende (nicht auf die Gummimanschette zielen, sonst reißt sie ein!), damit sich der Sitz löst. Klappt es damit nicht, halten Sie einen zweiten Hammer von der anderen Seite dagegen und probieren es nochmals. Hilft dies auch nicht, machen Sie bei Schritt 8 (unten) weiter oder hämmern weiter drauflos.

8. Hier setzen wir einen Kugelkopfabzieher (den es in unterschiedlichen Bauarten zu recht erträglichem Preis gibt) am oberen Gelenk an und zielen mit dem Hammer auf den Kugelkopf. Manchmal muß man eben alles probieren!

9. Irgendwann lösen sich die Kugelköpfe jedoch immer, wie hier an der Spurstange auf der anderen Fahrzeugseite zu sehen ist!

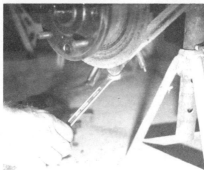

10. Dann wiederholen wir das Spiel am unteren Kugelkopf.

11. Hebeln Sie den oberen Querlenker nach oben in Richtung des Federanschlags, so daß er vom oberen Kugelkopf freikommt.

Mini-Restaurierungshandbuch

12. Jetzt können wir die ganze Radnabe von der Antriebswelle abnehmen.

14. Die Bremse (egal welche Ausführung) wird von der Radnabe abgezogen.

15. Die Bremsscheibe kann nach Lösen der vier Halteschrauben abgenommen werden.

Zeichnung 15 zeigt den Aufbau der Vorderradnabe mit beiden Bremsentypen. Bremsscheibe bzw. Trommel und Ankerplatte sind abgenommen.

Zeichnung 15. Explosionsdarstellung der Einzelteile der Vorderradnabe.

A Version mit Trommelbremsen
B Version mit Scheibenbremsen
1 Nabenschwenkstück
2 Antriebswelle
3 Spritzschutz
4 Innerer Wellendichtring
5 Distanzring für Wellendichtring
6 Kugellager und Distanzringe
7 Kegelrollenlager und Distanzringe
8 Äußerer Wellendichtring
9 Distanzring
10 Mitnehmerflansch
11 Anlaufscheibe
12 Kronenmutter
13 Radbolzen
14 Radmutter
15 Anlaufscheibe

13. Diese Bremsscheibe sieht übel aus. Bremsscheiben können zwar überdreht werden, in diesem Zustand sind sie jedoch reif für den Austausch. Die Scheiben des Cooper sind sowieso etwas dünn. Beim Überdrehen darf daher nur minimaler Span angenommen werden.

16. Durch leichte Schläge rutscht sie von der Antriebswellenaufnahme.

Die Bremstrommeln des Mini sind dagegen berüchtigt dafür, daß sie sich verziehen und die Bremsen zum Rattern bringen. Ansonsten intakte Trommeln können in mechanischen Werkstätten ausgedreht werden; sie sind dann hinterher meist wieder wie neu.

Der Ausbau der Vorderradtrommeln ist analog zum obigen Ausbau der Hinterradtrommeln durchzuführen. Ab 1964 saßen hier jedoch zwei Radzylinder und Einsteller statt nur einem.

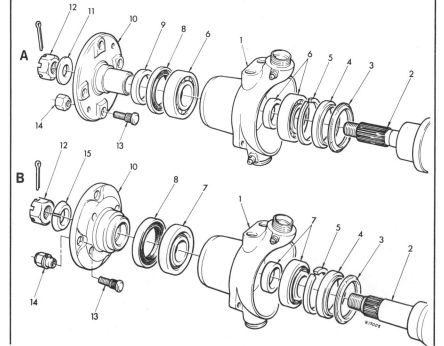

Mechanik

17. Diese Abbildung zeigt, wie sehr sich alte und neue Bremsscheiben hinsichtlich Dicke, Glattheit und damit in der Bremswirkung unterscheiden können.

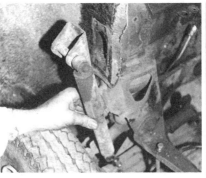

18. Der vordere Stoßdämpfer ist an einfachen Buchsen oben und unten eingesetzt; der komplette Haltewinkel kann ggf. ausgebaut werden.

19. Auf vorangegangenen Bildern wird der Abbau der Lenkzahnstange von den Lenkhebeln gezeigt. Die Lenkzahnstange wird mit zwei Briden am Bodenblech und mit einer Klemmschraube an der Lenksäule angeschraubt, die vollständig herausgedreht werden muß, bevor Lenksäule und Lenkzahnstange getrennt werden können.

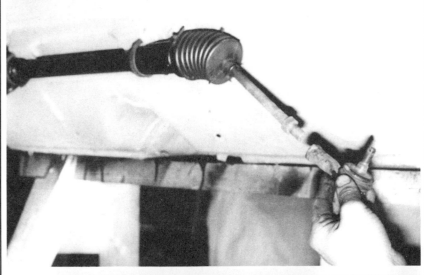

20. Die Lenkkugelköpfe (Spurstangenköpfe) werden in die Spurstangenenden eingeschraubt. Sie sind mit einem Innengewinde und einem Zweikant zum Hinein- oder Herausschrauben versehen. Die gegen das Spurstangenende angezogene Sicherungsmutter muß gelöst werden, bevor der Spurstangenkopf herausgeschraubt werden kann. Muß er erneuert werden, dient die Stellung der Sicherungsmutter als Anhaltspunkt für den Einbau des Neuteils. Dann muß die Spur baldmöglichst in einer zuverlässigen Werkstatt eingestellt werden. Spurfehler sind als Reifenkiller beim Mini berüchtigt.

21. Am unteren Ende des Vorderachs-Federtopfes (von der Gummimanschette verdeckt) sitzen ein Kugelbolzengelenk und eine Kugelpfanne (ähnlich wie an der Hinterachse). Die hier gezeigte Kugelpfanne wurde beim Ausbau beschädigt.

22. Die Kugelpfanne scheuert oft durch. Dies macht sich in der Radaufhängung durch unerklärliches Quietschen bemerkbar. Dieser oft vernachlässigte Schmiernippel beschert der (neuen) Kugelpfanne dann ein längeres Leben.

23. Um an den Vorderachs-Federtopf zu kommen, muß der Vorderachs-Federgummi mit einem Spezialwerkzeug (ähnlich wie hier am Mini-Restaurierungsprojekt von Practical Classics) zusammengedrückt werden.

24. Damit wird die Klemmkraft der Gummifeder aufgehoben, so daß Federtopf und Kugelkopf abgezogen werden können. Wenn es unumgänglich ist, kann die Kugelpfanne ohne Kompressionswerkzeug erneuert werden, indem der Federtopf vom Gummi weggehebelt wird — aber es ist extrem mühsam!

Zeichnung 16 zeigt, wie der Federtopf beim Ausbau aussieht. Beim Gegenstück an der Hydrolastic-Federung braucht die Aufhängung nicht zusammengedrückt zu werden. Stattdessen wird die Federung druckentlastet. Der Federtopf kann dann herausgehebelt werden.

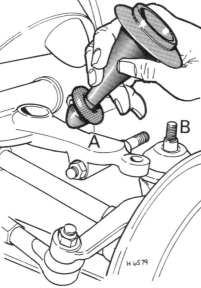

Zeichnung 16 Ausbau des Federtopfes — Gummielementfederung

A Oberer Querlenker
B Oberer Achsschenkel-Kugelkopf

25. Wenn die Antriebswellen ausgebaut werden, kontrolliert man die Gummis auf ihren Zustand. Erneuern Sie sie gleich jetzt, denn es wäre doch ärgerlich, wenn man die ganze Vorderachse zerlegen müßte, nur um rissige Faltenbälge zu ersetzen!

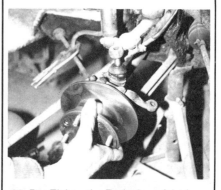

26. Der Einbau der Radnabe erfolgt im wesentlichen in umgekehrter Reihenfolge wie der Ausbau. Wenn die Bremsschläuche gelöst wurden, müssen die Bremsen hinterher gründlich entlüftet werden.

Mechanik

27. Zum Abschluß wird auch wieder die Stahlhaube über der Bremsscheibe montiert. Wurde sie zum Reinigen ausgebaut, schraubt man vor dem Einbau die beiden Hälften zusammen und baut das Halteblech am Lenkhebelgelenk wieder an, wenn die Haube montiert ist.

28. Müssen die Bremszangen überholt werden, bauen Sie sie nach obiger Anleitung aus und lösen den Bremsschlauch von der Bremszangenrückseite ab.

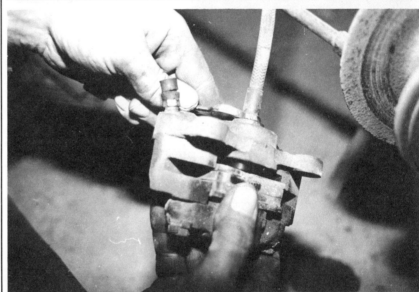

29. Bevor der Schlauch gelöst wird, klemmt man ihn mit einer Gripzange oder noch besser mit einer Schlauchklammer ab, damit keine Bremsflüssigkeit entweichen kann.

30. Die Bremszangen und der Hauptzylinder sollten jetzt zerlegt werden (erstaunlich oft treten Bremsendefekte auf, wenn die Zangen und Radzylinder überholt, der Hauptzylinder aber vergessen wurde). Siehe hierzu die einschlägigen Reparaturanleitungen.

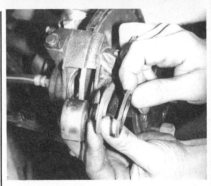

31. Sofern die Kolben nicht eingelaufen sind und keine Rostnarben zeigen, genügen neue Manschetten. Andernfalls wären Tausch-Bremszangen ratsam. Kompromisse an der Bremsanlage sind grundverkehrt — im Zweifel immer Neuteile montieren!

Mini-Restaurierungshandbuch

Erneuerung des Hauptbremszylinders und Einbau neuer Manschetten

Bei Arbeiten an der Bremsanlage kann gar nicht oft genug auf die Bedeutung absoluter Sauberkeit hingewiesen werden. Selbst kleinste Schmutz-, Fett- oder Ölspuren sind für die Bremsanlage tödlich. Es wäre gefährlich, alte Bremsflüssigkeit wiederzuverwenden, selbst wenn sie sauber ist. Bei kompletter Erneuerung der Bremsanlage wäre die Umstellung auf Silikonbremsflüssigkeit empfehlenswert. Sie ist zwar erheblich teurer als herkömmliche Flüssigkeit, im Gegensatz hierzu ist sie aber nicht hygroskopisch und fördert daher auch keine Korrosion im Inneren der Anlage. Zudem ist sie alterungs- und temperaturbeständiger als normale Bremsflüssigkeit.

Einkreis-Bremsanlagen

1. Lösen Sie das Bremspedal von der Hauptzylinder-Druckstange. Dazu entsplinten Sie den Gabelkopfbolzen und ziehen ihn heraus. Die Anschlüsse sitzen hinter und unter den Heizungsschläuchen unter dem Armaturenbrett. Leichter arbeitet es sich, wenn man die Schläuche abbaut. Der Hauptbremszylinder wurde bereits ausgebaut.

2. Schrauben Sie im Motorraum den Anschluß der Bremsleitung oben auf dem Hauptbremszylinder ab, und biegen Sie die Bremsleitung vorsichtig vom Hauptzylinder weg.

3. Lösen Sie die beiden Muttern und Federscheiben, die den Hauptbremszylinder halten, und heben Sie ihn von der Spritzwand ab.

Die Verweise in der folgenden Reparaturanweisung beziehen sich auf Zeichnung 16A.

A. Eine saubere Arbeitsfläche auf der Werkbank mit Zeitungspapier auslegen.
B. Die restliche Flüssigkeit über die Zulaufbohrung aus dem Hauptzylinder ablassen.
C. Die Schutzmanschette abnehmen (Pos. 3).
D. Den Sprengring (Pos. 4) mit einer Sprengringzange herausnehmen und Druckstange (Stößel) mit Anschlagscheibe (Pos. 5) abheben.
E. Hauptbremszylinder mit der Unterseite auf einem Holzklotz aufklopfen, bis der Kolben (Pos. 7) aus der Zylinderbohrung herauskommt.
F. Den Kolben und die restlichen Teile (Pos. 2 und 8) herausziehen.
G. Die Sekundärmanschette über den Kolben ziehen und abnehmen.
H. Die Teile in Reihenfolge des Ausbaus ablegen, in Bremsflüssigkeit sauber auswaschen und mit einem sauberen, fusselfreien Lappen trocknen. Dann alle Metallflächen kontrollieren.
I. Zylinderbohrung und Kolben genau auf Riefen oder Einlaufstufen untersuchen. Bei Riefen oder Einlaufstellen den ganzen Hauptzylinder erneuern. Die Bremsen sind lebenswichtig und vertragen keine Experimente!
J. Sind Bohrung und Kolben in einwandfreiem Zustand, setzen Sie **NEUE** Manschetten ein (*keinesfalls* alte Manschetten wiederverwenden — Neuteile sind nicht allzu teuer). Streichen Sie die Innenteile zuerst mit sauberer, frischer Bremsflüssigkeit ein.

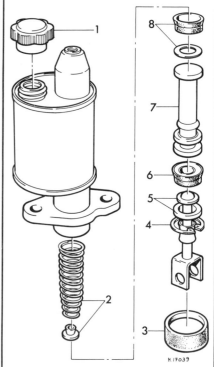

Zeichnung 16A Einkreis-Hauptbremszylinder

1 Verschraubung
2 Feder und Federsitz
3 Schutzmanschette
4 Sprengring
5 Stößel und Anschlagscheibe
6 Sekundärmanschette
7 Kolben
8 Manschette und Füllscheibe

Mechanik

K. Die Sekundärmanschette mit dem Finger auf den Kolben aufsetzen, so daß die Dichtlippe zum entgegengesetzten (durchbohrten) Ende des Kolbens zeigt.

L. Das Bodenventil auf die größere Windung der Spiralfeder, den Federsitz auf die kleinere Windung aufsetzen und diese mit der größeren Windung voraus in die Zylinderbohrung einführen.

M. Jetzt die Hauptmanschette mit der Dichtlippe voraus und danach die Füllscheibe in den Zylinder einführen.

N. Den Kolben in die Zylinderbohrung einführen und danach Stößel, Anschlagscheibe und Sprengring montieren. Der Sprengring muß richtig in seiner Nut sitzen.

O. Die neue Schutzmanschette mit Gummifett (nicht mit normalem Fett, das Gummi zum Quellen bringt) bestreichen, über den Stößel und auf das Hauptzylindergehäuse aufziehen.

Der Einbau des Hauptbremszylinders erfolgt dann in umgekehrter Reihenfolge des Ausbaus. Bei übermäßigem Spiel an der Verbindung zwischen Bremspedal und Hauptzylinder-Druckstange (Stößel), was nach längeren Betriebszeiten schon mal vorkommt, wird ein neuer Gabelkopfbolzen montiert. Dazu wird die oval ausgeschlagene Bohrung im Pedalgestänge verschweißt und neu verbohrt, so daß der Bolzen nicht stramm geht. Sind die Bohrungen in der Hauptzylinder-Druckstange ausgeschlagen, ist eine neue Druckstange nötig. Ggf. muß ein neuer Hauptzylinder besorgt werden. Hinterher muß die Bremsanlage natürlich entlüftet werden — siehe entsprechenden Abschnitt.

Zweikreis-Hauptbremszylinder (ältere Ausführung)

Aus- und Einbau erfolgen weitgehend wie beim Einkreis-Hauptbremszylinder, nur sind eben zwei Leitungsanschlüsse vorhanden. Beim Einbau schraubt man zuerst die beiden Leitungen am Hauptbremszylinder an, bevor er festgeschraubt wird. Hinterher ist es oft schwierig, die Leitungen richtig auf den Zylinder auszurichten (Leitungen und Einbau siehe Zeichnung 16B).

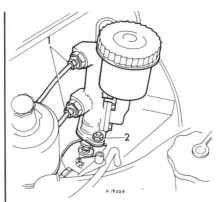

Zeichnung 16B Ausbau des älteren Zweikreis-Hauptbremszylinders

1 Bremsleitungsanschlüsse
2 Befestigungsmuttern

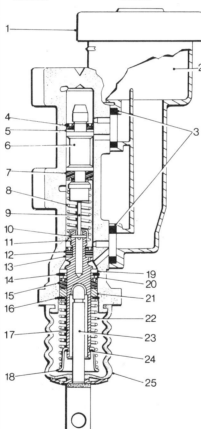

Zeichnung 16C Der ältere Zweikreis-Hauptbremszylinder

1 Verschraubung
2 Vorratsbehälter (Kunststoff)
3 Dichtungen des Vorratsbehälters
4 Hauptmanschette
5 Füllscheibe
6 Kolben
7 Hauptmanschette
8 Feder
9 Kolbenstange
10 Stift
11 Stiftsicherung
12 Hauptmanschette
13 Füllscheibe
14 Sprengring
15 Sekundärmanschette
16 Sprengring
17 Kolben
18 Federsitz
19 Anschlagscheibe
20 Scheibe
21 Führung
22 Feder
23 Druckstange
24 Sicherungsring
25 Gummimanschette

Die folgenden Anweisungen beziehen sich auf Zeichnung 16C.

A. Eine saubere Arbeitsfläche auf der Werkbank mit Zeitungspapier auslegen.

B. Die restliche Flüssigkeit über die Einfüllbohrung aus dem Hauptzylinder ablassen.

C. Den Hauptzylinder in einen Schraubstock mit Schutzbacken einspannen, so daß die Zylinderbohrung nach oben zeigt.

D. Die Gummimanschette abziehen, die Rückholfeder zusammendrücken und mit einem kleinen Schraubendreher den Sicherungsring aus seiner Nut im Primärkolben herausheben. Darauf achten, daß die Spiralen nicht verzogen und die Zylinderbohrung nicht verkratzt werden.

E. Den Sprengring des Kolbens mit einer Sprengringzange herausnehmen.

F. Den Kolben in der Bohrung vorsichtig auf- und abbewegen, so daß die Nylonführung und die Dichtung frei werden. Die Nylonführung herausheben.

G. Die Scheibe abnehmen.

H. Den inneren Sprengring mit einer Sprengringzange abnehmen.

I. Primär- und Sekundärkolben können jetzt zusammen mit der Anlaufscheibe aus dem Zylinder gezogen werden.

J. Anschlagscheibe abnehmen.

K. Die Feder zwischen den beiden Kolben zusammendrücken und dann mit einem passenden kleinen Dorn oder einem runden Nagel (mit abgesägter Spitze) den Sicherungsstift herausschlagen, der die Kolbenstange hält.

L. Die Stellung der Gummimanschetten (auf die geformten Aussparungen achten) notieren und dann die Manschetten und Scheiben von den Kolben abnehmen.

M. Die vier Schrauben lösen, mit denen der Kunststoffbehälter am Hauptbremszylinder angeschraubt ist und den Behälter abnehmen.

N. Die beiden Dichtringe des Vorratsbehälters abnehmen.

O. Die Adapter der Hydraulikleitungen abschrauben. Die Kupferringe gleich wegwerfen und Feder und Ventile sorgsam aufbewahren.

P. Alle Teile in sauberer Bremsflüssigkeit oder Spiritus sauber auswaschen und trockenreiben.

Q. Zylinderbohrung und Kolben genau auf Riefen oder Einlaufstufen untersuchen. Bei Riefen oder Einlaufstellen den ganzen Hauptzylinder erneuern. Sind Bohrung und Kolben in einwandfreiem Zustand, setzen Sie **NEUE** Manschetten ein (*keinesfalls* alte Manschetten wiederverwenden).

Mini-Restaurierungshandbuch

R. Der Einbau des Hauptbremszylinders erfolgt dann in umgekehrter Reihenfolge des Ausbaus. Folgende Punkte sind zu beachten:
(I) Alle Einzelteile vor dem Einbau in saubere Bremsflüssigkeit tauchen.
(II) Die Füllscheibe mit der konvexen Seite nach vorne auf dem Kopf des Sekundärkolbens aufsetzen und dann die Sekundärmanschette vorsichtig auf den Kolben aufziehen und ihn mit der ebenen Fläche an der Scheibe anlegen.
(III) Die Adapter mit neuen Kupferdichtringen anschrauben.

Zweikreis-Hauptbremszylinder — spätere Ausführung

Aus- und Einbau erfolgen ähnlich wie bei den älteren Hauptbremszylindern, zusätzlich muß jedoch noch der Bremsausfallschalter abgebaut werden. Nach dem Wiedereinbau muß die gesamte Anlage entlüftet werden (Rohrleitungen und Einbaulage siehe Zeichnung 16D).

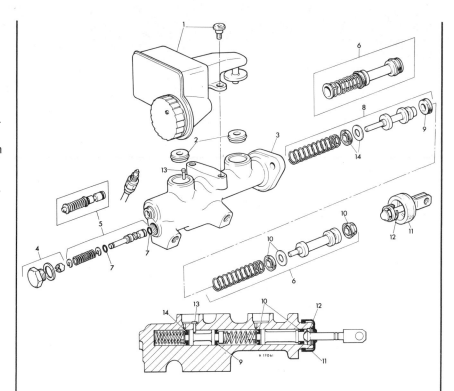

Zeichnung 16E bezieht sich auf die folgende Reparaturanweisung.

A. Eine saubere Arbeitsfläche auf der Werkbank mit Zeitungspapier auslegen.
B. Die restliche Flüssigkeit über die Einfüllbohrung aus dem Hauptzylinder ablassen.
C. Den Hauptzylinder in einen Schraubstock mit Schutzbacken einspannen, so daß der Vorratsbehälter nach oben zeigt.
D. Die beiden Schrauben des Vorratsbehälters am Hauptbremszylinder abschrauben und den Behälter abnehmen. Die beiden Dichtringe des Vorratsbehälters von den Zulauföffnungen abnehmen.
E. Die Druckstange möglichst weit eindrücken und den Anschlagbolzen des Sekundärkolbens aus seinem Sitz herausziehen.
F. Die Druckstangenmanschette vom Zylinder abziehen, die Druckstange eindrücken und den Sicherungsring herausnehmen. Dann die Druckstange herausheben.
G. Den Hauptbremszylinder aus dem Schraubstock nehmen, auf einer Holzunterlage aufklopfen und die Primär- und Sekundärkolben aus der Zylinderbohrung herausnehmen.
H. Den Bremsausfallschalter vom Zylinder abschrauben.

Zeichnung 16E. Die spätere Ausführung des Zweikreis-Hauptbremszylinders.

1 Vorratsbehälter und Befestigungsschraube
2 Behälter-Dichtringe
3 Hauptzylindergehäuse
4 Verschlußschraube kpl.
5 Druckgefällekolben (kleine Zeichnung zeigt abweichende Ausführung)
6 Primärkolben mit Feder (kleine Zeichnung zeigt abweichende Ausführung)
7 Kolbendichtringe
8 Sekundärkolben mit Feder
9 Sekundärkolbenmanschetten
10 Primärkolbenmanschetten
11 Schutzmanschette
12 Sprengring
13 Anschlagstift
14 Sekundärkolbenmanschetten

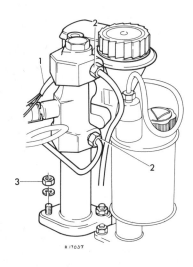

Zeichnung 16D Ausbau des neueren Zweikreis-Hauptbremszylinders

1 Kabel zum Bremsausfallschalter
2 Bremsleitungsanschlüsse
3 Sicherungsmuttern

Mechanik

I. Die Verschlußschraube samt Scheibe abschrauben und das Distanzstück und den Druckgefällekolben abnehmen.
J. Einbaulage und -richtung der Gummimanschetten auf dem Kolben notieren und dann die Gummis vorsichtig abnehmen.
K. Alle Einzelteile in sauberer Bremsflüssigkeit auswaschen und mit einem flusenfreien Lappen trocknen.
L. Zylinderbohrung genau auf Riefen oder Einlaufstufen untersuchen. Ist die Bohrung noch schön glatt, setzen Sie **NEUE** Manschetten ein. In Zweifelsfällen aber immer einen neuen Zylinder einbauen. Niemals alte Dichtungen wiederverwenden — sie sind mit Sicherheit gealtert, auch wenn dies mit dem bloßen Auge nicht zu erkennen ist.
M. Der Einbau des Hauptbremszylinders erfolgt in umgekehrter Reihenfolge. Folgende Punkte sind zu beachten:
(I) Alle Einzelteile vor dem Einbau in saubere Bremsflüssigkeit eintauchen.
(II) Die Manschetten mit dem Finger auf die Kolben aufsetzen und auf richtige Ausrichtung achten.
(III) Den Sekundärkolben beim Einbau mit einer Weichmetallstange oder einem Holzdorn eindrücken und den Sicherungsstift einsetzen. Dann können der Primärkolben und die übrigen Teile eingebaut werden.

Bremsausfallschalter — Überholen

Dieser Schalter, der nur in den älteren Zweikreis-Bremsanlagen saß, bringt die Warnleuchte zum Ansprechen, die bei Ausfall eines der Bremskreise aufleuchtet. Nach dem Entlüften leuchtet sie ab und zu auf. Nach einem kräftigen Tritt auf die Bremse muß sie ausgehen. Leuchtet sie weiter, müssen die Bremsen nochmals entlüftet werden. Leuchtet die Kontrolleuchte während der Fahrt plötzlich auf, liegt ein Defekt an der Hydraulikanlage oder an einem Schalter vor. Leuchtet die Bremskontrolle beim Treten der Bremse NICHT auf, sondern erst, wenn der Testdruckknopf am Schalter betätigt wird, ist alles in Ordnung.

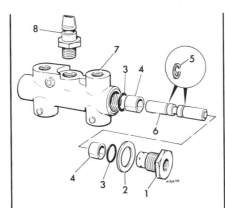

Zeichnung 16F Druckausfall-Warnschalter

1 Adapter
2 Kupferring
3 O-Ring
4 Hülse
5 Sprengring
6 Kolben
7 Gehäuse
8 Schalter

Überholung

Hinsichtlich Sauberkeit und Ordnung gilt dasselbe wie bei allen anderen Bremsteilen (Alle Verweise beziehen sich auf Zeichnung 16F).

A. Das Bauteil sorgfältig reinigen, so daß beim Ausbau kein Schmutz eindringen kann.
B. Die Hydraulikleitungen und Kabelanschlüsse lösen und das Teil komplett abbauen.
C. Die Adapterschraube (Pos. 1) abbauen. Die Kupferscheibe nicht wiederverwenden.
D. Den Warnlichtschalter (Pos. 8) abschrauben.
E. Das Gehäuse auf einem Holzklotz aufklopfen, so daß sich der Kolben des Wechselventils (Pos. 6) löst und herausgenommen werden kann.
F. Komplett zerlegen und die Bohrungen wie beim Hauptbremszylinder untersuchen. Schon bei geringfügigen Riefen muß der ganze Schalter erneuert werden. Andernfalls neue Dichtringe montieren. Alte Dichtringe (Pos. 3) nie wiederverwenden. Neue Kupferscheiben (Pos. 2) einsetzen.

Nachdem der Schalter eingebaut und die Anlage entlüftet wurde, kontrollieren Sie die Funktion der Warnleuchte und entlüften ggf. nachträglich. Montieren Sie die Hydraulikleitungen am Schaltergehäuse, bevor der Schalter eingebaut wird; die Leitungen lassen sich dann leichter ausrichten.

Bremsleitungen

Werkzeuge

Gabelschlüssel, Bremsnippel-Bördel- und Biegewerkzeuge (falls man die Bremsleitungen selbst anfertigt).

Sicherheit

Wer sich seine Bremsleitungen selbst anfertigt, achte darauf, daß die Bördel richtig ausgeformt sind, damit die Leitungsanschlüsse absolut dicht sind. Verwenden Sie stets die richtigen Bremsnippel. Aus Sicherheitsgründen sollten die Bördel — entsprechend der Originalleitung — immer mit Doppelbördel ausgeführt werden. Statt Stahl empfiehlt sich Kunifer, da dieses Material nicht rostet. Bei Kupferleitungen besteht theoretisch das Risiko, daß es sich kaltverfestigt und bei Vibrationen bricht, die hier und da auftreten können.

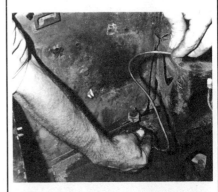

1. Bei der Anfertigung der neuen Bremsleitungen nimmt man stets die alte Leitung als Muster. Sogar wenn sie beim Ausbauen bricht, taugt sie noch als Vorlage. Es ist überflüssig, sie zum Messen der Länge geradezubiegen. Biegen Sie die neue Leitung von Rundung zu Rundung anhand der alten Leitung oder messen Sie diese mit einem Bandmaß aus.

Mini-Restaurierungshandbuch

2. Wer einen Rohrschneider hat, schneidet damit die Leitungen, da der Schnitt dann viel sauberer wird. Ziehen Sie den Schneider an, bis er am Rohr anliegt, drehen Sie ihn ein paarmal um die Leitung, ziehen Sie ihn eine halbe Umdrehung weiter zu, drehen Sie ihn wieder um die Leitung usw., bis die Leitung durchgetrennt ist.

3. Wenn das Rohr gesägt werden muß (am besten mit einer Laubsäge), muß das Rohrende hinterher unbedingt rechtwinklig nachgefeilt werden.

4. Nachdem man die Leitung zugeschnitten oder abgesägt hat, wird sie mit einem Entgrater bearbeitet. Dann blasen Sie die Leitung gründlich durch, damit Späne und Feilreste verschwinden.

5. Schieben Sie die Flügelmutter (A) der Bördelgeräts über die Leitung, schieben Sie das Leitungsende in das Werkzeug ein, und setzen Sie die Paßstücke (B) auf beiden Seiten der Leitung auf, so daß das Rohr minimal über die Paßstücke übersteht.

6. Anschließend drücken Sie mit dem Gegenhalter die Paßstücke wieder in das Werkzeug ein und lassen das Rohrende bündig mit der Vorderkante der Paßstücke abschließen.

Mechanik

7. Der Gegenhalter wird jetzt in die Aufnahme auf dem Spindelende eingedrückt, das an den Paßstücken und am Rohr anliegt und damit wie eine Presse wirkt. Die Paßstücke werden am Ansatz von der Flügelmutter (links) festgehalten, die auf ein Gewinde auf der Rückseite der Paßstücke aufgeschraubt wird und sie tief in den Kegelflächen des Ansatzes hält.

8. Das Rohr ist jetzt fest eingespannt und der Gegenhalter wird gegen das Bördelwerkzeug ausgewechselt, das vom Spindelgewinde mit dem Knebelgriff (Vordergrund) in das Rohrende eingedrückt wird.

9. Soll ein Doppelbördel hergestellt werden, wird zuerst der einfache Bördel ausgeformt und dann das Bördelwerkzeug Nr. 1 gegen Nr. 2 ausgetauscht. Dieses quetscht man wiederum gegen das Leitungsende, so daß ein Doppelbördel entsteht.

10. Bevor wir das andere Leitungsende bördeln, schieben wir beide Nippel (in der richtigen Richtung!) auf die Leitung auf.

11. Hier sehen wir links ein Doppelbördelwerkzeug, eine doppelt gebördelte Leitung mit Anschlußnippel (der auf das Außengewinde am Bremsschlauch aufgeschraubt wird) sowie einen einfachen Bördel mit Einschraubnippel zum Anschluß an Radzylindern, Bremslichtschaltern und anderen Teilen mit Innengewinde.

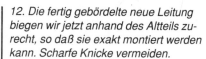

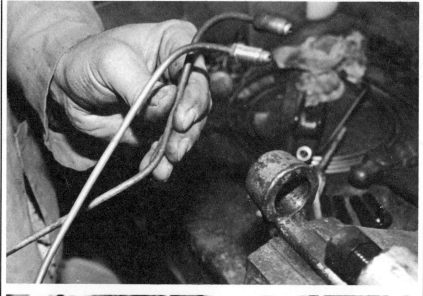

12. Die fertig gebördelte neue Leitung biegen wir jetzt anhand des Altteils zurecht, so daß sie exakt montiert werden kann. Scharfe Knicke vermeiden.

13. Letzte Korrekturen sind beim Einbau meistens unumgänglich. Achten Sie darauf, daß die neuen Leitungen bei vollem Lenkeinschlag oder vollem Einfedern nicht an den Rädern schleifen und nicht an anderen beweglichen Teilen scheuern oder Kurzschlüsse verursachen und daß lange gerade Abschnitte, z.B. zur Hinterachse oder am hinteren Hilfsrahmen, richtig montiert sind. Die Nippel müssen gerade in das Gegengewinde eingeführt werden, sonst lassen sie sich nicht festziehen oder man vermurkst das Gewinde. Wer den Ansatz ohne Verkanten nicht schafft, löst die Leitung, setzt die Nippel an und zieht die Anschlüsse dann gleich fest.

Wenn man alle Bremsleitungen erneuern will, verwendet man am besten komplette Leitungssätze, wie sie von verschiedenen Lieferanten einbaufertig mit allen Nippeln für verschiedenste Sammlerfahrzeuge angeboten werden.

Bremsschläuche

1. Bremsschläuche altern im Lauf der Zeit und werden mürbe. Biegen Sie die Schläuche scharf ab. Sind Risse oder andere Alterungsspuren sichtbar, sollte der Schlauch erneuert werden, ehe er bei heftigem Druck auf das Pedal platzt, was ja gerade in derartigen Notfallsituationen unerwünscht ist.
Teurer, aber auch sicherer sind „Aeroquip"-Schläuche mit Metallmantel. Die Bremsschläuche werden wie folgt aus- und eingebaut:

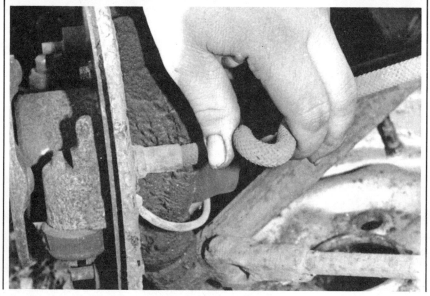

Mechanik

Entlüften der hydraulischen Bremsanlage

2. Klemmen Sie unter dem Deckel des Vorratsbehälters ein Stück Kunststofffolie fest, und ziehen Sie den Deckel darauf fest. Der Deckel ist damit luftdicht verschlossen, so daß bei der Demontage weniger Flüssigkeit ausläuft und hinterher das Entlüften schneller geht.

5. ... und kann jetzt die Haltemutter und Federscheibe abnehmen. Dann kann der Bremsschlauch aus seinem Halter (bzw. hier von der Halterung am vorderen Hilfsrahmen) abgezogen werden.

3. Jetzt den Anschluß der Bremsleitung am Bremsschlauch lösen. Er sitzt unter dem (hier ausgebauten) Kühler, d.h. hier ist der Blick in den Motorraum dargestellt.

6. Jetzt läßt sich der Schlauch problemlos am Radbremszylinder durch Linksdrehen lösen.

Die häufigsten Fehler bei Eigen- und Tankstellenreparaturen sind:
1. Die Bremsbacken sind vertauscht. Die „Anlaufseite" vom Backen ist verkehrt montiert.
2. Vordere und hintere Backen werden verwechselt (die hinteren Backen sind schmaler).
3. Verkehrte Radzylinder montiert (es gibt vier verschiedene!).
4. Exzenter falsch eingestellt, daher kein oder schlechter Bremsdruck. Hier wird immer vermutet, daß das Ausgleichsventil defekt sei, was aber fast nie der Fall ist.
Merke: Beim Exzenter-Einstellen werden die Exzenter strenger in Drehrichtung des Rades.
5. Handbremshebel-Umlenkhebel sind nicht gangbar gemacht worden. Die Hebel liegen beim hinteren Radlauf und sind somit der Verschmutzung der Radläufe ausgeliefert. Die Folge ist vorzeitiger Verschleiß der hinteren Bremsbeläge.

4. Mit einem Gabelschlüssel hält man den Schlauch an der Radkasteninnenseite gegen...

Nach dem Einbau der Bremsleitungen bzw. Bremsteile muß die Bremsanlage komplett entlüftet werden, sonst bleibt in der Leitung Luft, die beim Bremsen komprimiert wird, statt daß der Fußdruck die Bremsbacken betätigt. Hauptsymptom für Luft in den Bremsen ist ein schwammiges bei sorgfältig entlüfteter Anlage müßte das Pedal dagegen hart ansprechen.

Beim Entlüften der Bremse sollte man den Bremsbehälter etwa alle 6-8 Pedalhübe nachfüllen. Auch frische Flüssigkeit aus der Bremsanlage nicht wiederverwenden, da sie sicherlich winzige Luftblasen enthält, die man ja eigentlich loswerden möchte. Alte Bremsflüssigkeit, die längere Zeit offen stand, nicht verwenden. Sie ist hygroskopisch, d.h. sie nimmt Wasserdampf aus der Luft auf. Durch das absorbierte Wasser können sich bei den beim scharfen Bremsen herrschenden Temperaturen und Drücken Dampfblasen bilden, wodurch die Bremswirkung erheblich nachläßt oder ganz ausbleibt.

Beim Entlüften wird die Entlüfterschraube nacheinander an jedem Radzylinder etwas gelöst und die Luft aus der Anlage herausgepumpt, bis sie luftfrei ist. Die Entlüftung von Einkreis-Bremsanlagen ist problemlos, bei Zweikreis-Anlagen ist die Arbeit dagegen etwas aufwendiger. Einzelheiten siehe unten.

Zum Entlüften der Bremsen sollten Sie möglichst einen der „Einmann"-Entlüftersätze verwenden. Diese Entlüfter haben ein Rückschlagventil, so daß die Luft, wenn man den Fuß wieder vom Bremspedal nimmt, nicht wieder in die Anlage zurückgesaugt werden kann. Auch dieses Prinzip ist aber nicht narrensicher, da oft Luft am Entlüfterschlauch, der auf die Entlüfterschraube aufgesteckt ist, eintreten kann. Auf jeden Fall sind derartige Geräte aber allen Entlüftungsversuchen mit transparentem Glasgefäß und langem durchsichtigem Kunststoffschlauch, der stramm auf der Entlüfterschraube sitzen muß, weit überlegen.

Entlüften ohne „Einmann"-Entlüftersatz

Den Bereich um die Entlüfterschraube säubern. Den Gabelschlüssel an der Schraube so ansetzen, daß man sie lösen und festziehen kann, und den transparenten Kunststoffschlauch auf die Entlüfterschraube aufschieben.

Etwa 3 cm hoch Bremsflüssigkeit in das Gefäß gießen und das freie Schlauchende in die Flüssigkeit eintauchen (Darauf achten, daß der Vorratsbehälter voll ist). Ein Helfer setzt sich jetzt bremsbereit in den Wagen. Lösen Sie am Radbremszylinder die Entlüfterschraube um mindestens eine halbe Umdrehung. Auf Kommando pumpt der Helfer jetzt, d.h. er tritt das Pedal gleichmäßig, aber nicht zu schnell (in 2-3 Sekunden) durch. Wenn das Pedal getreten ist, meldet er „unten". Dann ziehen Sie die Entlüfterschraube wieder fest. Der Helfer läßt das Pedal jetzt los („oben"). Beim Tritt auf das Pedal sieht man anfangs nichts oder aber, wenn Luft austritt, im Gefäß aufsteigende Blasen. Nacheinander alle Räder entlüften, bis keine Luft mehr aufsteigt. Dazu genügt manchmal ein halbes Dutzend Pumpstöße, manchmal braucht es aber mehrere Dutzend (je nach Länge der Leitungen, Einbau eines Bremskraftverstärkers und Menge der Lufteinschlüsse). Lassen Sie vom Helfer nach je vier normalen Tritten das Bremspedal hart und zügig durchtreten. Spürt der Helfer beim Tritt einen Widerstand, haben Sie vielleicht die Entlüfterschraube nicht weit genug gelöst. Der Vorratsbehälter muß während des gesamten Entlüftens gefüllt bleiben.

Entlüften der Bremsen mit „Einmann"-Entlüftersatz

Mit diesen Geräten können die Bremsen auch ohne Helfer entlüftet werden, allerdings sollte man hinterher sicherheitshalber nochmals zu zweit entlüften, um etwaige Luftreste herauszupumpen. Auch mit diesem zweiten Arbeitsgang geht die Arbeit aber viel schneller, da die Entlüfterschraube nicht nach jedem Hub wieder festgezogen bzw. gelöst werden muß.

Allgemeines zum Entlüften — Reihenfolge der Arbeitsschritte

Füllen Sie beim Entlüften alle 6-8 Bremshübe den Vorratsbehälter nach. Andernfalls kann der Flüssigkeitsstand zu weit absinken und Luft angesaugt werden, so daß die ganze Anlage wieder von vorne entlüftet werden muß. BREMSFLÜSSIGKEIT NICHT AUF DEN LACK GELANGEN LASSEN. Sie ist sehr aggressiv und kann den Lack regelrecht abbeizen. Wickeln Sie einen Lappen um den Vorratsbehälter, um überlaufende Bremsflüssigkeit aufzufangen (der Lack im Motorraum wird dadurch ebenfalls angegriffen), und kontrollieren Sie mit einer Handlampe den Flüssigkeitsstand. Bei Reparaturen an den äußeren Enden der Bremsanlage, z.B. Radbremszylinder oder Bremsschlauch, genügt es meist, nur den entsprechenden Zweig zu entlüften. Nach dem Austausch des Hauptbremszylinders oder einer zentralen Bremsleitung muß die Einkreisanlage (Rechtslenker) wie folgt entlüftet werden:
1. Linke Vorderradbremse entlüften.
2. Rechte Vorderradbremse entlüften.
3. Linke Hinterradbremse entlüften.
4. Rechte Hinterradbremse entlüften.
Bei Linkslenkern fängt man mit der rechten statt der linken Vorderradbremse an.
5. Ganze Anlage nochmals entlüften, um die letzten Luftreste, die in der Anlage umherwandern könnten, auch noch herauszupumpen. Fühlt sich das Pedal immer noch schwammig an, den Vorgang wiederholen, bis a) keine Luftblasen mehr entweichen und b) das Pedal nicht mehr schwammig wirkt.
Wurden Haupt-/Radzylinder oder Leitungen erneuert, kann man die Bremsleitung am Hauptzylinder etwas lösen und einige Male pumpen. Dann Leitung festziehen und entlüften. Nach diesem „Vorentlüften" geht das Entlüften schneller.

Frühe Zweikreisbremsen (mit separatem Warnschalter)

Die Anlage wird bis auf nachstehende Unterschiede genau wie die Einkreis-Bremsanlagen entlüftet:
1. Wurde nur die eine Hälfte der Bremsanlage geöffnet, braucht an sich nur sie entlüftet zu werden, sofern in die andere Hälfte keine Luft eingedrungen ist.
2. Muß die Anlage ganz entlüftet werden, entlüftet man die Bremsen nach Zeichnung 16G Nr. 2 bei Linkslenkern in Reihenfolge D-C-A-B und bei Rechtslenkern in Reihenfolge C-D-B-A
3. Das Bremspedal rasch durchtreten und DREI SEKUNDEN getreten halten. Nach jedem Pumpvorgang FÜNFZEHN SEKUNDEN warten.
4. Nach dem Entlüften den Bremsdruckgefälle-Warnschalter auf Funktion prüfen. Leuchtet die Kontrolleuchte auf, das Pedal fest durchtreten. Sie muß dann erlöschen. Leuchtet sie weiter, ist der Schalter schadhaft ODER es herrscht ungleichmäßiger Druck und die Bremsanlage ist schadhaft und muß neu entlüftet werden. Ist der Fehler dann immer noch nicht behoben, prüfen Sie Geber und Schalter. Die Anlage ist in Ordnung, wenn die Leuchte bei getretenem Pedal nicht leuchtet, sondern erst, wenn der Testdruckschalter betätigt wird.

Spätere Zweikreis-Bremsanlagen (mit Warnschalter im Hauptbremszylindergehäuse)

1. Vor dem Entlüften zuerst den Druckausfallschalter seitlich am Hauptzylinder abschrauben. Hinweis: wurde der Hauptzylinder erneuert und sitzt eine Kunststoff-Unterlegscheibe zwischen Druckschalter und Hauptzylinder, lassen Sie die Scheibe bis nach dem Entlüften drin und werfen sie erst dann weg.
2. Sind nur Eingriffe an einer Bremsenhälfte erfolgt, muß nur diese Hälfte entlüftet werden. Muß die ganze Anlage entlüftet werden, sehen Sie im Werkstatthandbuch nach, ob Ihr Mini eine diagonal oder vorne/hinten (bei neueren Minis üblich) geteilte Zweikreisbremse hat.
3. Diagonal geteilte Zweikreis-Bremsanlagen werden nach Zeichnung 16G Nr. 3 als Linkslenker in Reihenfolge D-B-A-C und als Rechtslenker in Reihenfolge B-D-C-A entlüftet.
4. Bei vorne/hinten unterteilter Zweikreisanlage Zeichnung 16 B werden die Bremsen in Reihenfolge D-C-B-A (Linkslenker) bzw. C-D-A-B (Rechtslenker) entlüftet.

Mechanik

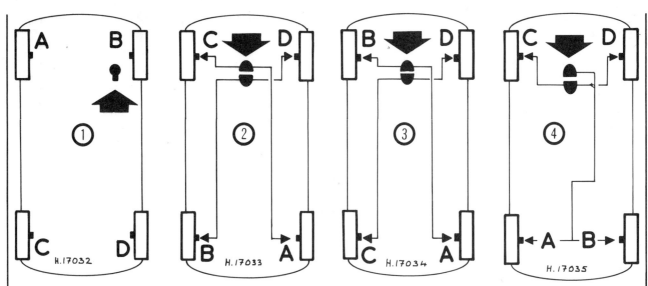

Zeichnung 16G Reihenfolge des Entlüftens der hydraulischen Bremsanlage.

1. *Entlüftung von Einkreisanlagen — siehe Text. Reihenfolge bei Linkslenkern B-A-C-D*
2. *Entlüftung früher Zweikreisanlagen mit separatem Druckgefälle-Warnschalter — siehe Text.*
3. *Entlüftung von späteren Zweikreisanlagen mit diagonaler Teilung und integriertem Druckgefälle-Warnschalter — siehe Text.*
4. *Entlüftung von späteren Zweikreisanlagen mit Vorne/Hinten-Teilung und integriertem Druckgefälle-Warnschalter — siehe Text.*

„Anders als bei vielen anderen Fabrikaten entlüftet man beim Mini also erst die Vorderachse. Die vorderen Entlüfter sind größer als die hinteren, d.h. die verbrauchte Flüssigkeit bzw. Lufteinschlüsse können rascher aus den Leitungen entweichen."

5. Wie bei den älteren Zweikreisanlagen das Bremspedal rasch durchtreten und DREI SEKUNDEN getreten halten. Nach jedem Pumpvorgang FÜNFZEHN SEKUNDEN bis zum nächsten Pumpen warten.
6. Nach dem Entlüften den Druckausfallschalter wieder montieren.

Ausbau von Motor und Getriebe

Wie in anderen Kapiteln schon angesprochen, vor allem beim Ausbau des vorderen Hilfsrahmens, kann der Motor zusammen mit dem Hilfsrahmen nach unten abgelassen werden (siehe Abschnitt Ausbau des vorderen Hilfsrahmens) oder nach oben herausgehoben werden, wobei dann Hilfsrahmen und Vorderradaufhängung eingebaut bleiben. Der Ausbau nach oben ist sicher einfacher, vor allem bei Minis mit Hydrolastic-Fahrwerk.

Werkzeuge

Kompletter Satz Gabel-, Ring- und Steckschlüssel, Zange, Satz Schraubendreher, langer Hebel, Motorkran.

Sicherheit

Nie unter einem Motor arbeiten oder stehen, der am Flaschenzug oder Kran hängt. Selbst bei den stabilsten Modellen können die Haltetrossen reißen. Möglichst den Motor mechanisch und nicht nur mit Seilen befestigen. DIE KIPPHEBELDECKELSCHRAUBEN EIGNEN SICH KAUM ZUM ANSCHRAUBEN DES FLASCHENZUGS. DIE BEI MOTOR-EINBAU GEZEIGTE METHODE IST SICHERER.

1. *Hier ist der Motorraum eines Cooper zu sehen, der Ausbau ist bei allen Mini-Motoren aber im Prinzip gleich. Geringe Unterschiede bestehen z.B. beim Cooper mit LCB-Krümmer, bei dem der Krümmer vom Auspuffrohr getrennt wird und beim Ausbau am Motor.* ***ZU ALLERERST DIE BATTERIE ABKLEMMEN.***

Mini-Restaurierungshandbuch

2. Als erstes schrauben wir die Motorhauben-Scharniermuttern von den Stehbolzen ab. Motorhaube mit der Haubenstütze aufstellen. Einbaulage des Scharniers auf der Motorhaube mit Reißnadel oder Filzschreiber anzeichnen, damit die Haube wieder exakt gleich eingepaßt werden kann.

3. Dann heben wir die Motorhaube ab und stellen sie abseits des Arbeitsbereichs ab. Wenn der Lack geschont werden soll, große alte Bettlaken auf den Kotflügeln auflegen.

4. Der Motorkran von Intec ist relativ preisgünstig und in 2 Größen lieferbar. Hier ist das größere Modell mit ausziehbarem Ausleger zu sehen, so daß die Reichweite in drei Stufen verstellt werden kann. Ggf. kann man einen Kran auch vom Werkzeugverleih anmieten (Adressen siehe Branchenfernsprechbuch). Kräne mit Spindelbetätigung sind weniger geeignet als hydraulische Kräne.

5. Ein weiterer Vorteil des Intec-Krans ist, daß er im Kofferraum jedes Mittelklassewagens Platz hat — sogar im MGB.

6. Nun aber weiter im Motorraum... der Heizungszug wird an der Klammer gelöst, die die Außenhülle und den Stift hält, durch den der innere Zug verläuft.

Mechanik

7. Gleich zu Anfang nehmen wir auch den Frischluft- und Heizungsschlauch heraus. Aufpassen, daß die älteren Pappschläuche nicht zusammengedrückt werden. Ggf. genügt es, den Schlauch seitlich wegzubinden.

8. Bevor man Zündkabel und Verteilerdeckel abnimmt, markiert man die Kabel mit Farbtupfern oder Klebeband, so daß man hinterher weiß, welches Kabel zu welchem Zylinder gehört. Vorsicht, daß die kleine Messingscheibe unter der Rändelmutter nicht verlorengeht, mit der das Hochspannungskabel bei den älteren Modellen an der Spule befestigt ist.

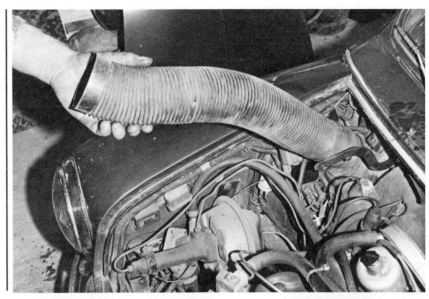

11. Kennzeichnen Sie also alle Kabel (oder zumindest die beiden Zündspulenkabel), damit Sie hinterher wissen, wie alles zusammengehört (Vertauschen Sie die Kabel, läuft der Motor zwar, bringt aber keine Leistung).

9. Jetzt ab in die Untiefen des Motorraums... Anlassermagnetschalter abbauen und ggf. die Anschlußkabel kennzeichnen.

10. Ebenso bei Lichtmaschine und Zündspule verfahren, an denen noch etliche weitere Kabel sitzen.

12. Jetzt kann die Lichtmaschine an ihrer Spannschiene gelöst und der Keilriemen von der Riemenscheibe abgenommen werden. Dann Spannschiene und Schrauben abnehmen und die Lichtmaschine herausheben.

Mini-Restaurierungshandbuch

13. Jetzt sollte man am besten den Kühlergrill ausbauen. Manche werden mit Blechschrauben befestigt, andere als Zubehör mit Flügelmuttern oder mit Blindnieten. In letzterem Fall bohrt man die Köpfe ab und montiert den Grill hinterher mit Blindnieten oder Blechschrauben.

14. Nach dem Lösen der Anlasserkabel kann der Anlasser abgeschraubt und durch diese Öffnung herausgezogen werden. Vergessen Sie nicht das Masseband, das bei frühen Modellen an den Schwungradgehäuseschrauben angeschraubt ist.

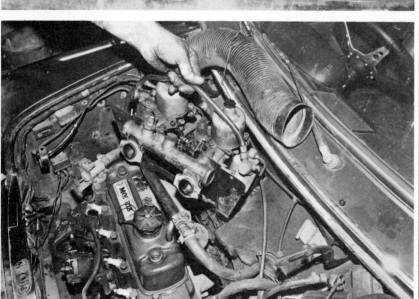

15. Die Schläuche des Bremskraftverstärkers können (sofern ein Bremskraftverstärker vorhanden ist) abgeschraubt werden. Damit nicht zuviel Flüssigkeit ausläuft, verbindet man die beiden Anschlüsse mit einem Stück Kunststoff- oder Gummischlauch miteinander. Der Unterdruckschlauch kann am Bremskraftverstärker verbleiben, muß aber am Krümmer gelöst werden. Der Verstärker ist an dem mit Pfeil markierten Halter angeschraubt.

16. Der bzw. die Vergaser können abgebaut werden, nachdem die Gas- und Choke-Züge am Vergaser, der Benzinzulaufschlauch und die Abgasentgiftungsleitungen gelöst wurden. Man kann die Vergaser auch separat vom Krümmer abschrauben.

Mechanik

17. Der Ansaugkrümmer ist an denselben Stiftschrauben wie der Auspuffkrümmer angeschraubt. Die Schrauben sitzen ziemlich versteckt — betrachten Sie es als Yogaübung für die Finger.

18. Schrauben Sie den Kupplungsnehmerzylinder vom Kupplungsgehäuse ab, ziehen Sie den Schlauch aber noch nicht ab. Befestigen Sie den Zylinder irgendwo, wo er beim Motorausbau aus dem Weg ist.

19. Drehen Sie die Halteschraube der oberen Motorstützstrebe heraus, und schwenken Sie die Strebe nach links, so daß sie aus dem Weg ist.

20. Jetzt kann das Kühlwasser aus Motorblock und Kühler abgelassen werden. Schieben Sie einen Kunststoffschlauch über das Ende des Ablaßhahns (sofern vorhanden). Sie können das Ablassen auch auf später verschieben, damit Sie einstweilen noch im Trockenen unter dem Wagen arbeiten können.

21. Am Mini wurden im Laufe der Jahre drei verschiedene Schaltgestänge verwendet. Die Ausführung mit Getriebehals ist mit vier Schrauben vorne am Getriebehalsgehäuse angeschraubt (siehe Pfeile). An Modellen mit direkter Schaltung (die mit dem Rührlöffel) muß die Gummimanschette unten am Schalthebel im Wageninneren gelöst und etwas nach oben geschoben werden. Dann die beiden Halteschrauben des Schalthebels am Getriebe lösen und den Schalthebel zusammen mit der Geräuschdämpffeder und dem Druckstück aus dem Gehäuse herausnehmen.

Mini-Restaurierungshandbuch

Die dritte Ausführung war das Getriebe mit freiliegenden Schaltstangen (siehe Zeichnung 17). Zuerst den Spannstift heraustreiben, mit dem der Bund der Schaltstange an der Schaltwelle befestigt ist (Pfeil 1). Die Halteschraube der Führungsstange am Differentialgehäuse herausdrehen. Beide Schaltstangen werden dann vom Getriebe gelöst.

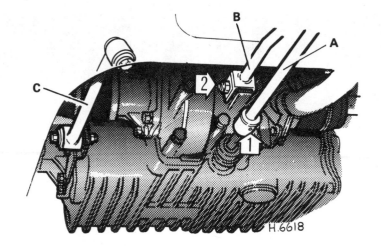

Zeichnung 17 Montage von Schaltung und unteren Zugstreben am Getriebe mit freiliegenden Schaltstangen.
A Schaltstange
B Führungsstange
C Untere Zugstrebe (1 u. 2 — siehe Text)

22. Auf der Rückseite des Schaltgehäuses sitzt ein großes Gummilager, mit dem das Gehäuse an einem großen Halter unter dem Bodenblech angeschraubt wird. Das Gummilager wird mit einer Mutter und Beilagscheiben befestigt.

23. Hier ist das Gummigelenk am inneren Ende der Antriebswellen bei ausgebautem Getriebe zu sehen. Lösen Sie die beiden Briden, mit denen die Antriebswelle am Gelenk befestigt ist, und ziehen Sie die Antriebswelle zur Seite.

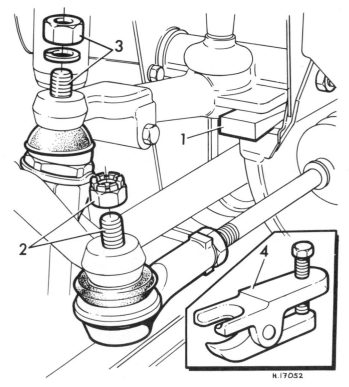

Hinweis: Beim Einbau der älteren Gummigelenke bzw. beim Ein- und Ausbau der neueren Gelenke muß der obere Lenker der Radaufhängung (Zeichnung 18, Pos. 3) mit einem Kugelkopfabzieher gelöst werden, wie er in Zeichnung 18, Pos. 4, dargestellt ist. Damit kann das obere Gelenk gelöst werden, so daß genug Platz für die Demontage bleibt. In Werkstatthandbüchern wird meist empfohlen, auch die Lenkkugelköpfe (Zeichnung 18, Pos. 2) zu lösen. Es reicht aber meist, bei Arbeiten an der rechten Seite die Lenkung ganz nach rechts einzuschlagen und bei Arbeiten an der linken Seite nach links. Der Lenkhebel ist damit weit genug vom der Lenkzahnstange weg. Die Radaufhängung muß unbedingt mit einem Keil (Zeichnung 18, Pos. 1) zusammengedrückt werden. Er ersetzt den Anschlaggummi, der vor dem Hochbocken des Wagens und Abbau der Vorderräder ausgebaut werden muß.

Zeichnung 18 Trennen der Radaufhängungs- und Lenkungs-Kugelköpfe
1 Haltekeil
2 Kugelkopf der Lenkspurstange
3 Schwenklager-Kugelkopf
4 Kugelkopfabzieher

Mechanik

Zum Lösen des späteren Antriebsgelenks mit desaxierten Kugelgelenken existiert unter der BL-Nummer 18G 1240 ein Spezialwerkzeug. Das Gelenk kann auch mit einem Montiereisen oder einem ähnlichen Hilfsmittel abgehebelt werden, das man an der Abschlußdeckel-Halteschraube direkt unter dem Gelenk ansetzt.

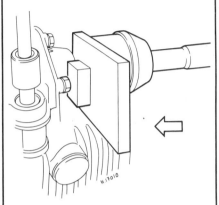

Zeichnung 19 Spezialwerkzeug 18G 1240 zum Lösen des Antriebsgelenks mit desaxiertem Kugelstück.

24. Diese Abzweigleitung für die Öldruckanzeige sitzt an der Motorrückseite. Lösen Sie die Leitung hier bzw. ziehen Sie (falls ein elektrisches Anzeigegerät eingebaut ist) die Kabel am Geber ab. Lösen Sie auch die Kabel am Kühlwasser-Temperaturgeber.

Bevor es daran geht, den Motor herauszuheben, vergewissere man sich, daß alle in Abb. 20 gezeigten Verbindungen (die in der Bildfolge nicht unbedingt alle auftauchen) gelöst sind.

Schrauben Sie den Ölkühler (soweit eingebaut) ab; beim Ausbau (zusammen mit dem Motor) aufpassen, daß er nicht beschädigt wird. Den Benzinschlauch an der mechanischen Benzinpumpe abziehen, sofern Ihr Mini eine solche aufweist. Heizung/Defroster aus dem Motorraum ausbauen und ggf. das Signalhorn demontieren.

25. Die Schrauben der Motoraufhängung am vorderen Hilfsrahmen (je zwei Schrauben an jedem Ende) lösen, so daß der Motor herausgehoben werden kann.

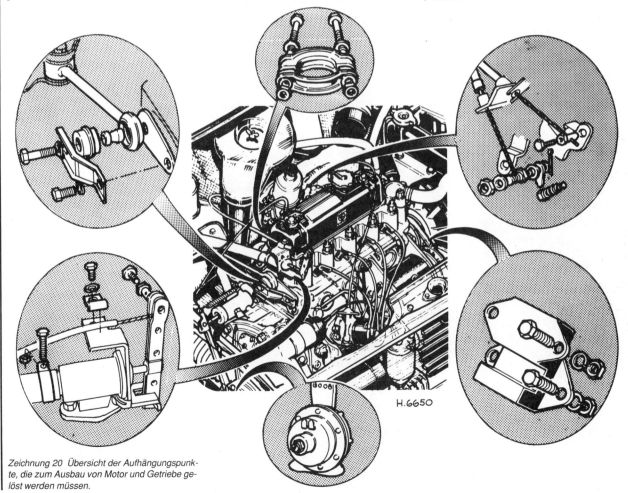

Zeichnung 20 Übersicht der Aufhängungspunkte, die zum Ausbau von Motor und Getriebe gelöst werden müssen.

Mini-Restaurierungshandbuch

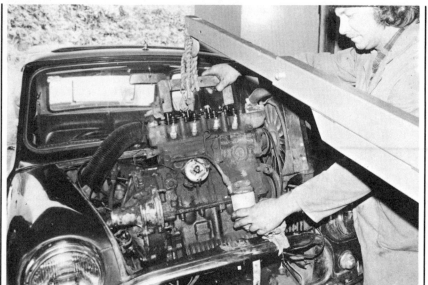

26. Den Motor etwas anheben und nochmals prüfen, ob alle Haltetrossen fest sitzen...

27. ... die Schraube lösen, die die normalerweise unzugängliche Tachowelle am Getriebe hält.

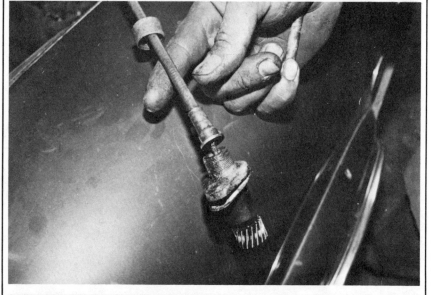

28. Dann Tachowelle samt Antriebsritzel herausziehen. DENKEN SIE DARAN, DIE TACHOWELLE BEIM EINBAU HIER WIEDER EINZUBAUEN.

29. Nachdem der Motor draußen ist, kann der Motor mit einem Lösungsmittel gereinigt und ggf. gleich abgeschliffen und neu lackiert werden.

Mechanik

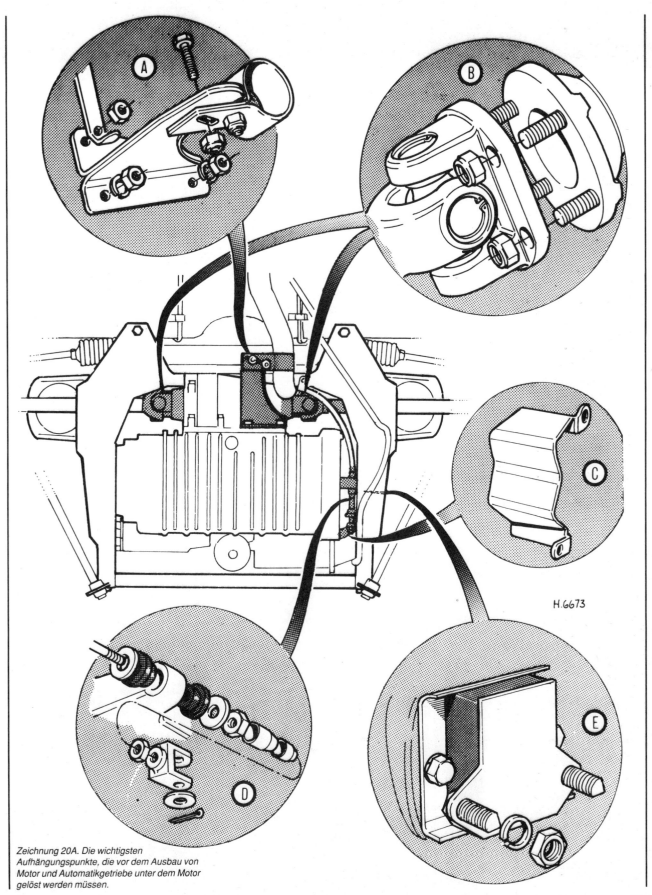

Zeichnung 20A. Die wichtigsten Aufhängungspunkte, die vor dem Ausbau von Motor und Automatikgetriebe unter dem Motor gelöst werden müssen.

Mini-Restaurierungshandbuch

Ausbau des Motors — Modelle mit Automatikgetriebe

Das Verfahren ist weitgehend dasselbe wie bei den Modellen mit Schaltgetriebe, allerdings mit folgenden Abweichungen (Alle Verweise beziehen sich auf Zeichnung 20A).

1. Das Auspuffrohr-Halteband unter dem Wagen vom Haltewinkel am Differentialgehäuse lösen. Dann den Haltewinkel (Pos. A) abnehmen.

2. Antriebswellen mit inneren Hardy-Spicer-Gelenken werden an den Muttern gelöst, die die beiden Gelenke an den Differentialflanschen halten. Falls die Antriebswellen innen desaxierte Kugelgelenke haben, geschieht der Ausbau wie folgt: die Kugelköpfe am Lenkhebel mit einem Kugelkopfabzieher lösen. Den Kugelbolzen der Gelenknabe der „Vorderradaufhängung" entsprechend der Anweisung im Abschnitt Vorderradaufhängung lösen und die Gelenknaben mit dem Oberteil nach außen kippen (aufpassen, daß die Bremsschläuche nicht überdehnt werden). Die desaxierten Kugelgelenke mit BL-Werkzeug 18G 1240 vom Differential abbauen. Die Gelenke können auch mit einem Montiereisen abgehebelt werden; als Drehpunkt nimmt man dafür die Abschlußdeckel-Halteschraube direkt unterhalb des Gelenks (Pos. B).

3. Die Wählhebel-Abdeckplatte (Pos. C) an der rechten Getriebeseite abbauen.

4. Gabelkopfbolzen bzw. Mutter, Scheibe und Gelenkschraube (je nach Baujahr) lösen, mit dem die Schaltseilgabel am Gehäusewiderlager befestigt ist. Die Haltemutter der Gabel lösen und die Gabel vom Schaltseil abschrauben. Gabelhaltemutter und die beiden Gummimuffen abnehmen. Die Einstellmutter für das äußere Schaltseil abschrauben und das Schaltseil aus dem Halter am Getriebegehäuse herausziehen (Pos. D).

5. Nachdem der Motor am Motorkran befestigt wurde (siehe Hauptteil), heben wir den Motor soweit an, daß der Kran das Motorgewicht aufnimmt. Die vier Muttern und Schrauben herausdrehen, mit denen die Motoraufhängung an den Seiten des Hilfsrahmens befestigt ist (Pos. E).

Zerlegen des Motors

Die nachstehende Bildfolge zeigt die Arbeitsphasen beim Neuaufbau eines 1275-ccm-Motors des Cooper S. Zwischen diesem und anderen Aggregaten der A-Serie bestehen diverse Abweichungen. Sie sind im Text und ggf. mit Zeichnungen dargestellt.

Der hier beschriebene Motor aus einem absolut originalen Cooper S wurde in einem Fachbetrieb überholt. Viele Besitzer möchten gerne ihre Motoren selbst neu aufbauen und bringen z.B. nur den Block zum Schleifen. Die Kosten für den Selbstaufbau sind etwa genauso hoch in der Werkstatt, doch legen verständlicherweise viele Besitzer Wert darauf, möglichst viel selbst zu erledigen.

2. Wer einen Kran zur Hand hat, ist natürlich fein raus. Oft ist er nicht verfahrbar (wie z.B. hier), doch kann man ja auch den Arbeitstisch in Motornähe rücken. Andernfalls legen Sie einen sauberen Karton auf dem Boden aus und arbeiten dort; das ist auf jeden Fall sicherer.

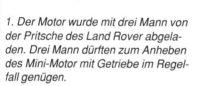

1. Der Motor wurde mit drei Mann von der Pritsche des Land Rover abgeladen. Drei Mann dürften zum Anheben des Mini-Motor mit Getriebe im Regelfall genügen.

„Der Mini-Motor kann zu dritt mit etwas Muskelschmalz herausgehoben werden".

Mechanik

3. Öl und Wasser ablassen. Der Ölfilter bleibt dabei angebaut; er wird erst hinterher entleert.

6. Zum Ausdrehen der Stiftschrauben dreht man zwei Muttern auf das Gewinde auf, kontert sie und dreht die untere Mutter linksherum heraus. Die Mutter bleiben dabei fest aufgeschraubt; stattdessen wird die Stiftschraube herausgedreht.

9. Am Motor lösen wir jetzt die Befestigungsschrauben des Kühlerträgers am Thermostatgehäuse.

4. Schrauben Sie die Haltemuttern der Ölfilteraufnahme vom Motorblock ab.

7. Eine Randbemerkung: kontrollieren Sie jetzt auch gleich die Verbindungsstellen des Schaltgestänges. Sie arbeiten sich öfters los, wodurch die Schaltung hakelig wird.

10. Dann wird der obere Schlauch vom Thermostatgehäuse abgeschraubt...

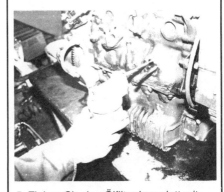

5. Ziehen Sie den Ölfilter komplett mit seiner Aufnahme ab. Jetzt kann das Öl aus dem Filter ausgegossen werden.

8. Bei diesem Wagen war die Schaltung sehr ungenau. Ursache war ein loser Paßstift an dieser Klemmverbindung, so daß sich das Gestänge auf der Keilwellenverzahnung hin- und herbewegen konnte. Nachziehen brachte sofort Abhilfe.

11. ... ebenso der untere Schlauch.

Mini-Restaurierungshandbuch

Ausbau der Kupplung

Zu diesem Abschnitt gehört der Abschnitt Ausbau der Kupplung bei eingebautem Motor. Wird die Kupplung ausgebaut, während der Motor noch eingebaut ist, lesen Sie beide Abschnitte zusammen durch.

12. Zum Ausbau des Kühlers müssen dann noch die beiden Halteschrauben des Kühlers unten an der Motoraufnahme gelöst werden.

13. Jetzt können wir den Kühler herausheben. (Hinweis: Die Muttern auf den unteren Schrauben — siehe Bild 12 — sind bei eingebautem Motor wirklich schwer zugänglich. Punkten Sie sie an, so daß sie wie Kastenmuttern fungieren. Beim nächsten Mal ist der Ausbau dann viel einfacher.

14. Kupplungsnehmerzylinder und Anlasser sind hier bereits abgebaut. Dann lösen wir die neun Befestigungsschrauben des Kupplungsglockendeckels.

15. Schrauben Sie die Mutter und Schrauben gleich wieder ein, nachdem die Einzelteile abgebaut wurden (bei einer kompletten Motorüberholung leider nicht praktikabel), oder legen Sie sie in Schachteln oder Plastiktüten mit entsprechender Aufschrift ab. Es empfiehlt sich, die Schrauben und Muttern vor dem Wiedereinbau in Paraffin auszuwaschen.

16. Hängt der Kupplungsglockendeckel, hebeln Sie ihn NICHT mit einem Schraubendreher ab. Er könnte dadurch beschädigt werden. Klopfen Sie ihn entlang seiner Paßfläche mit einem weichen Hammer ab.

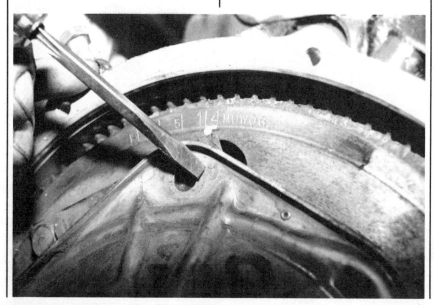

17. VOR DEN NÄCHSTEN SCHRITTEN FOLGENDES BEACHTEN: Auf allen Kupplungsteilen ist irgendwo der Buchstabe A eingeschlagen. Die A-Marken müssen beim Zusammenbau der Kupplung stets aufeinander ausgerichtet werden, um die Auswuchtung beizubehalten. Vor allem müssen A-Marken und die Einstellmarken auf dem Schwungrad ALLE OBEN STEHEN, BEVOR DIE KUPPLUNG ZERLEGT WIRD. Der Grund dafür wird noch deutlich.

Mechanik

18. Nehmen Sie den Sicherungsring der Druckscheibe des Ausrücklagers ab, und heben Sie diese ab.

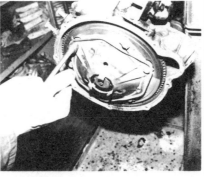

19. Dann lösen Sie die drei Halteschrauben des Membranfedergehäuses und nehmen das Gehäuse ab.

20. Die große Schwungradschraube ist mit einem Sicherungsblech gesichert, das jetzt mit einem Meißel aufgebogen wird.

21. Ein Helfer blockiert jetzt das Schwungrad mit einem langen Hebel oder Schraubendreher zwischen Anlasserzahnkranz und Kupplungsgehäuse (an der Anbaufläche des Anlassers), so daß sich das Schwungrad nicht mitdreht. Wurde der Motor vom Getriebe getrennt, legt man besser einen Holzklotz zwischen Kurbelwelle und Block ein, so daß sich die Kurbelwelle nicht mitdreht. Zum Ausbau des Schwungrades muß der Motor aufrecht stehen und die A- und Einstellmarken nach oben zeigen (siehe oben).

22. Schraube, Sicherungsblech und darunterliegende Zahnscheibe können jetzt abgenommen werden. Das Schwungrad sitzt auf einem Konus und sitzt hier meistens sehr fest.

23. Jetzt schrauben Sie lange Stiftschrauben in die Abzieherlöcher im Schwungrad ein und drehen die lange Schraube ein paar Umdrehungen zurück (wenn der Abzieher Druckstücke für die Schraube aufweist) und setzen den Abzieher auf.

24. Jetzt wird das Schwungrad wieder blockiert und der Abzieher angezogen... Manchmal löst sich das Schwungrad nach einigem Widerstand, also steht man besser seitlich und läßt die große Mittenschraube möglichst etwas eingeschraubt (natürlich nicht ganz angezogen!). Gibt das Schwungrad auch bei heftigem Anknallen des Abziehers nicht nach, nehmen Sie den Steckschlüssel ab und schlagen ein paarmal mit dem Hammer scharf auf die Stiftschraube des Abziehers. Dies mehrmals wiederholen.

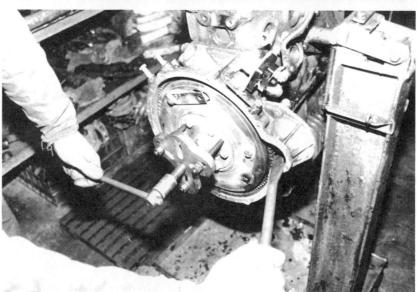

25. Irgendwann löst sich das Schwungrad (meist mit lautem Knall). Die Kupplungsscheibe dahinter liegt nun frei.

26. Die Druckplatte, auf die wir hier mit einem Schraubendreher deuten, kann ebenfalls abgehoben werden. Beim Zusammenbau daran denken, alle A-Zeichen aufeinander auszurichten (siehe oben).

27. Dies ist die Druckscheibe des Primärrades, die hinter dem Schwungrad sitzt. Wenn die Einstellmarken des Schwungrades nach oben zeigen, zeigt die Öffnung in der „C"-Scheibe nach unten, so daß die Scheibe nicht verlorengehen kann.

Mechanik

28. Wenn beim Abbau des Schwungrades die A-Marken nicht aufeinander ausgerichtet wurden, kann die C-Scheibe herunterfallen und sich in der Nut im Schwungrad verkeilen. Schlimmstenfalls läßt sich das Schwungrad dann gar nicht mehr abziehen, da es von der verkeilten Scheibe blockiert wird.

29. Untersuchen Sie die Anlageflächen von Schwungrad und Druckplatte auf Riefen (durch abgenutzte Kupplungsbeläge) oder Risse. In diesem Fall hilft nur Auswechseln.

Zerlegen von Kupplungsgehäuse, Vorgelegeradsatz und Ölpumpe

Einige Motoren haben oben an der Schwungscheiben-Abdeckung einen Entlüfter, der in diesem Fall vor dem Weiterarbeiten abmontiert werden muß.

30. Das Kupplungsgehäuse ist am Außenflansch mit zwei Schrauben oben in den Zylinderblock eingeschraubt.

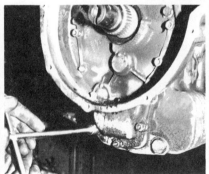

31. Unten ist der Gehäuseflansch mit Muttern auf den Stiftschrauben im Getriebegehäuse befestigt.

32. Innen ist das Gehäuse mit fünf Schrauben und drei Muttern befestigt. Die Sicherungsbleche aufbiegen und dann die Muttern und Schrauben lösen.

Mini-Restaurierungshandbuch

33. Die Sicherungsbleche zur Wiederverwendung aufbewahren. Sind die Haltenasen brüchig oder bei früheren Arbeiten abgebrochen, montiert man neue Bleche. Keine Risiken eingehen!

36. Das Primärrad und die dahinterliegende Phosphorbronze-Druckscheibe können jetzt abgezogen werden.

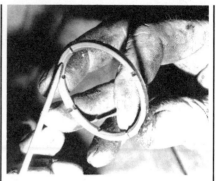

37. Die Anlagefläche der Phosphorbronze-Stirnfläche auf Riefen untersuchen und ggf. erneuern. Beim Zusammenbau müssen die Radialnuten nach außen gerichtet sein und die Anschrägung zum Block hin weisen.

34. Das Gehäuse sollte man nicht abhebeln, da die von dem Hebel hinterlassenen Spuren in der weichen Alu-Paßfläche zu Undichtigkeiten führen könnten. Stattdessen das Gehäuse mit leichten Hammerschlägen abklopfen. Wer seinen Hammerstiel nicht beschädigen will, legt ein Stück Hartholz dazwischen.

35. Das Gehäuse kann jetzt abgehoben werden. Öllecks aufwischen oder Öl gleich auffangen. Soll der Wellendichtring nicht erneuert werden (was am falschen Ende gespart wäre), wickeln Sie dünne Metallfolie oder Klebeband um die Verzahnung des Primärzahnrades, damit der Dichtring nicht beschädigt wird.

Mechanik

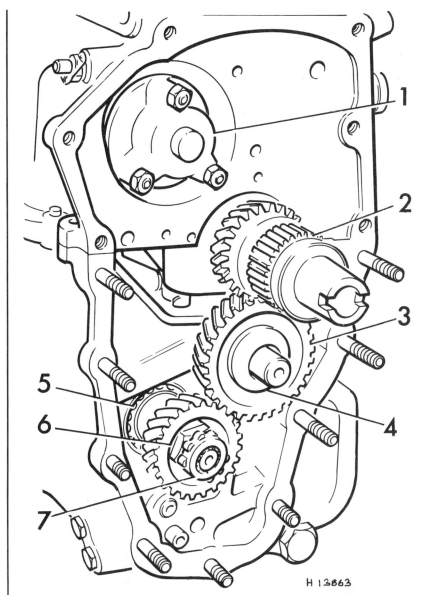

39. Am Vorgelegerad steht auf der einen Seite ein längeres Wellenstück, auf der anderen Seite ein kürzeres Wellenstück über. BEIM EINBAU DAS LÄNGERE WELLENSTÜCK IN DEN BLOCK EINSETZEN, sonst drückt die Welle beim Anziehen ein sauberes Loch in das Kupplungsgehäuse!

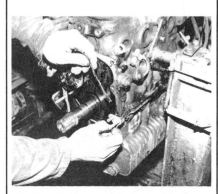

40. Alte Dichtungsreste an den Paßflächen von Getriebe und Motorblock/Kupplungsgehäuse müssen restlos entfernt werden.

Zeichnung 21 Ansicht der Stirnseite des Vorgelegeradsatzes bei abgenommenem Kupplungsgehäuse

1 Ölpumpe
2 Kurbelwellen-Primärrad
3 Vorgelegerad
4 Anlaufscheibe
5 Gangwelle 1
6 Zahnrad für Gangwelle 1
7 Rollenlager

38. Das Vorgelegerad kann abgenommen und die Anlaufscheiben, die durch die Oberflächenspannung des Öls wahrscheinlich an beiden Seiten des Rades haften, abgehebelt werden.

193

Mini-Restaurierungshandbuch

41. Jetzt biegen wir die Haltenasen der Sicherungsbleche an der Ölpumpe auf...

42. ... und drehen die Halteschrauben heraus.

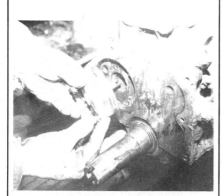

43. Dann können wir das Pumpengehäuse abnehmen. Mini-Ölpumpen sind für relativ raschen Verschleiß berüchtigt, vermutlich weil die gemeinsame Ölfüllung von Motor und Getriebe öfters Metallpartikel in die Pumpe befördert.

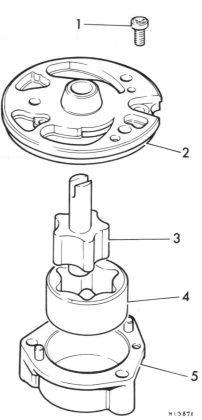

Zeichnung 22 Einzelteile der Ölpumpe (mit geschlitztem Mitnehmer)

1 Schraube 4 Außenrad
2 Deckel 5 Gehäuse
3 Innenrad mit Welle

Zwei der im Mini verwendeten Ölpumpen (von Burman bzw. Hobourn Eaton, siehe Zeichnung 22 und 23) können zerlegt und überholt werden. Die dritte Ausführung, die Concentric (Engineering)-Pumpe, ist geschlossen und kann bei Verschleiß nur komplett erneuert werden. Die Pumpe mit geschlitztem Mitnehmer saß im 850, 1000, 1100 und 1275 S, die Pumpe mit Verzahnung in allen übrigen 1275er Minis (bis auf einige 1275 GT Clubman mit S-Pumpe). Hinweis: die Spezialpumpe des Cooper S liefert einen höheren Förderdruck.

Auswechseln der Stößel

Bei fast allen 1275-ccm-Minis ist im Block kein Schauloch zu den Deckeln vorgesehen. Zum Ausbau der Stößel bei diesen Minis bauen wir den Zylinderkopf ab, drehen den Motor auf den Kopf und schütteln ihn, bis die Stößel herausrutschen.

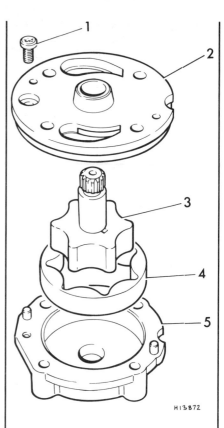

Zeichnung 23 Einzelteile der Ölpumpe (mit verzahntem Mitnehmer)

1 Schraube 4 Außenrad
2 Deckel 5 Gehäuse
3 Innenrad mit Welle

Ist ein seitlicher Stößeldeckel vorhanden, werden die Stößel wie folgt ausgebaut.

44. Der Entlüfterschlauch (sofern vorhanden) sitzt etwa hier auf dem Ansaugkrümmer — hier wurde er entfernt. Der Gummischlauch führt...

Mechanik

45. ... zu einem dieser Seitendeckel. Zum Abnehmen der Seitendeckel muß die zentrale Schraube gelöst werden.

48. Untersuchen Sie die Lauffläche des Stößels auf Pitting (in diesem Fall die Stößel erneuern) und dann durchnumerieren, damit sie nicht verwechselt werden.

46. Manchmal geht dies nicht so einfach! Wenn der Deckel klebt, wird er NICHT abgehebelt, sondern mit einem Meißel von der Kante her abgedrückt.

Trennen des Motors vom Getriebe

Motor und Getriebe sind mit mehreren Schrauben miteinander verschraubt. Auf den folgenden Bildern wurde der Motor auf einem speziellen Montageständer auf den Kopf gestellt. Die bizarre Konstruktion im Vordergrund auf vielen der folgenden Fotos ist der Ständer.

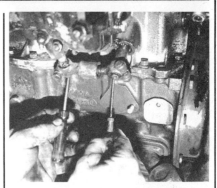

50. Auf der Getriebeseite sitzen zwei Schrauben hinter dem Schaltmechanismus. Ihre Lage wird hier durch die beiden Schraubenzieher gezeigt.

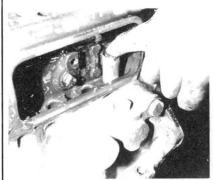

47. Die Stößel können jetzt herausgenommen werden, indem man den Stößel mit dem Finger (wie einen Fingerhut) heraushebt.

49. Die Schraubenreihe auf der Motorvorderseite ist bequem zugänglich.

51. Eine weitere verdeckte Schraube sitzt hinter dem vorderen Motorblech auf der Gebläseseite. Der Schraubendreher deutet hier auf diese Schraube.

Mini-Restaurierungshandbuch

52. Motor und Getriebe kleben oft an der Dichtung aneinander. Auch hier auf keinen Fall die Dichtflächen auseinanderhebeln. Ein idealer Hebelpunkt ist die Motorvorderseite, wo man einen stabilen Hebel an der Kurbelwellenriemenscheibe einsetzt und gegen das Motorhalteblech nach oben hebt.

53. Wenn sich die Dichtung gelöst hat, können wir das Getriebe komplett abheben. Der Motor sieht mit abgenommener Ölwanne eher wie ein normaler Motor aus. Das Getriebe kann dank des Aluminiumgehäuses von einer Person problemlos angehoben werden.

Zylinderkopf abbauen und zerlegen

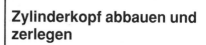

54. Zuerst schrauben wir die beiden Spezialmuttern und Scheiben des Kipphebeldeckels ab und nehmen den Deckel ab. Ggf. löst man festklebende Dichtungen mit einem weichen Hammer.

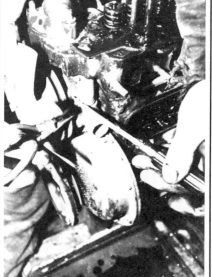

55. Den unteren Schlauch schrauben wir am unteren Wasserpumpenstutzen ab...

56. ... und ziehen auch den Bypass-Schlauch ab. Der Schlauchbinder ist in eine Art Kastenmutter eingeschraubt, die sich beim Aufdrehen garantiert löst. Halten Sie sie mit einer langen Spitzzange fest. Der Bypass-Schlauch läßt sich manchmal nur schwer lösen. Nach der Demontage des Kopfes sollte er stets erneuert werden (denn bei späteren Defekten kommt man nur schlecht an ihn heran). Daher ist es evtl. schneller, ihn durchzusägen und die Reste zu entfernen, wenn man besser herankommt.

Mechanik

57. Lösen Sie die Kopfschrauben von außen nach innen (die Reihenfolge ist längst nicht so entscheidend wie bei Leichtmetallköpfen). Der Cooper S und einige wenige 1275 GT hatten zwei zusätzliche Zylinderkopfschrauben (wie hier zu sehen). Dreht sich der ganze Stehbolzen statt nur der Mutter heraus, ist dies egal. Drehen Sie die Mutter vom ausgebauten Stehbolzen ab und schrauben Sie ihn wieder ein. (Wenn man beide wieder einschrauben will, dreht sich die Mutter vielleicht noch weiter auf dem Stehbolzengewinde abwärts, bevor der Stehbolzen ganz gefaßt hat).

58. Dann lösen Sie die vier Muttern für die Lagerbrücken des Kipphebellagerbocks.

59. Heben Sie den Kipphebellagerbock komplett heraus. Auf die Einbaulage etwaiger Spezialscheiben achten.

60. Den Kopf vorne direkt über der Wasserpumpe und hinten am Gußsteg mit einem Gummihammer losklopfen. Der Kopf löst sich dann vom Block und kann abgehoben werden. Gleichmäßig von den Stiftschrauben abheben, damit er sich nicht verkeilt.

61. Die Stiftschrauben können mit dem gleichen Kontermuttertrick wie in Bild 6 losgeschraubt werden.

Mini-Restaurierungshandbuch

62. Jetzt die Paßflächen an der alten Kopfdichtung und am Block und Kopf genau prüfen und auf Durchblasespuren achten. Vor allem die Bereiche zwischen den Bohrungen auf Verfärbungen prüfen; dies deutet auf Undichtigkeiten zwischen Bohrung und Wassermantel.

63. Die Farbe der Ventile läßt Rückschlüsse auf den Motorzustand zu. Dieser Kopf stammt von einem Motor mit Zweivergaseranlage und zeigt die Spuren extremer Vergasereinstellung (was natürlich nicht normal ist). Die linken Ventile sind fast weiß, d.h. der Vergaser war sehr mager eingestellt, die Ventile rechts sind ziemlich dunkel, d.h. der Vergaser für diese Zylinder war zu fett eingestellt.

64. Bevor wir die Ventile ausbauen, können wir die Teller mit 1, 2, 3 oder 4 Punkten an, damit wir wissen, aus welchem Zylinder sie stammen (Zylinder 1 ist immer vorne am Motor). Beim Zusammenbau setzt man die Ventile wieder in ihre ursprünglichen Führungen ein, so daß sie weder zu lose noch zu stramm laufen.

65. Die Ventilfedern löst man mit einem Ventilfederspanner (von denen es im Zubehörhandel verschiedene Varianten gibt). Zuvor klopft man leicht auf jeden Federteller, so daß er beim Anziehen des Federspanners nicht am Ventil klebenbleibt.

Mechanik

Im Mini kamen drei verschiedene Ventilfedern zum Einbau (Zeichnung 24). Die Sicherungsklammer auf den Keilen der älteren Ausführung kann mit Zange oder Schraubendreher entfernt werden, bevor der Ventilfederspanner angesetzt wird.

66. Außer den in Zeichnung 24 gezeigten Teilen sitzt im Cooper S auch eine Ventilabdichtung und unten an der Feder ein zweiter Bund, mit dem die Doppelfedern richtig geführt werden.

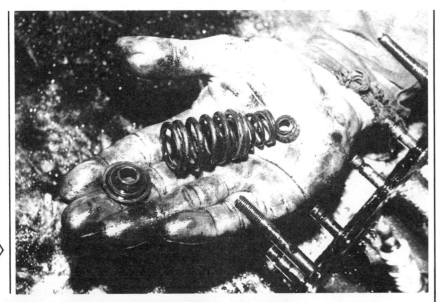

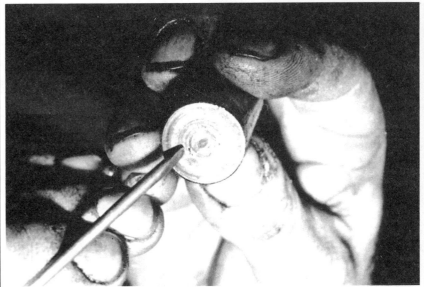

67. Nachdem die Federn abgenommen wurden, können die Ventile herausgezogen werden.

68. Ventilsitzflächen und Ränder auf Pitting und Brandstellen und auch die Ventilabdichtungen auf ihren Sitz prüfen. Geringes Pitting an Sitzringen und Ventilsitzflächen kann mit feiner Schleifpaste wegpoliert werden. Stark eingeschlagene Ventilsitzringe müssen von Spezialbetrieben ausgebaut und neue Sitzringe eingepreßt werden.

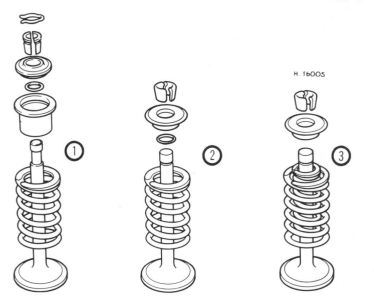

Zeichnung 24 Die Ventile des Mini

1 Erste Ausführung   3 Cooper S
2 Spätere Ausführung

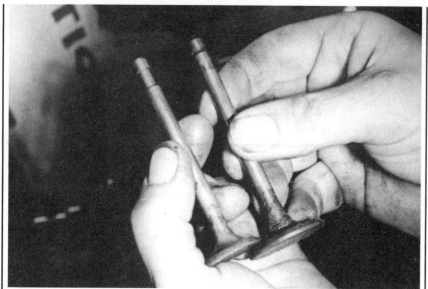

69. Die Mini-Motoren waren mit Ventilen unterschiedlicher Form und Länge ausgerüstet. Beim Neuteilekauf nimmt man also immer ein altes Ventil als Muster mit. Wer die alten Ventile und Führungen weiterverwenden will, schiebt die Ventile von der Rückseite her in die Führung ein und prüft, ob Seitenspiel spürbar ist. Wenn ja, müßten auch neue Ventilführungen eingebaut werden.

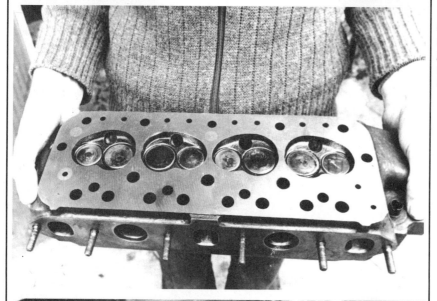

70. Nach dem Überholen des Blocks sollte auch der Kopf geplant und überholt werden. Dabei kann man auch ein paar zusätzliche PS herauskitzeln (beim Motor der A-Serie durchaus möglich). Einzelheiten siehe Modifikationen.

Ausbau des Verteilerantriebs

71. Der Verteiler ist an der hier gezeigten Klemmplatte befestigt. Die Platte kann — wie in diesem Fall — separat nach Lösen der Klemmschraube und Herausziehen des Verteilers abgenommen werden. Man kann Platte und Verteiler auch zusammen ausbauen, nachdem die beiden Schrauben im Verteilergehäuse herausgedreht wurden.

Mechanik

72. Das Verteilergehäuse ist mit nur einer Schraube befestigt.

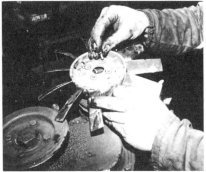
75. Zum Ausbau des Lüfters schrauben Sie die vier Halteschrauben ab.

78. Lösen Sie die Halteschrauben der Wasserpumpe am Motorblock.

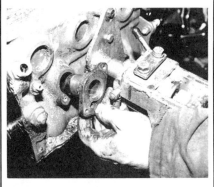
73. Nachdem die Schraube gelöst wurde, kann das Gehäuse aus dem Block herausgezogen werden.

76. Dann die Lüfterscheibe von der Wasserpumpe abheben.

79. Hebeln Sie die Pumpe ab. Den Hebel keinesfalls zwischen den Paßflächen ansetzen.

74. Schrauben Sie in den Verteilerantrieb eine 5/16-Zoll-Schraube ein, und ziehen Sie ihn damit durch Rechtsdrehung heraus. Er kann auch mit einem langen Schraubendreher ausgebaut werden, den man in die geschlitzte Stirnfläche einsetzt.

77. Die Halteschrauben wieder in den Wasserpumpenflansch einschrauben, damit sie nicht verlorengehen.

80. Dann wird die Kurbelwellen-Riemenscheibe gelöst. Zuerst das große Sicherungsblech aufbiegen.

Zerlegen des Motorblocks

Mini-Restaurierungshandbuch

81. Danach die Mutter auf der Kurbelwellenscheibe lösen. Die Kurbelwelle mit einem Holzkeil zwischen Kurbelwelle und Seitenteil des Motorblocks blockieren. Oft läßt sich die Mutter nur mit viel Nachdruck lösen.

83. Jetzt können die Schrauben rings um den Steuerräderdeckel gelöst werden.

85. Hinter der Deckel sitzt auf dem Kurbelwellenstumpf ein Ölleitblech, das wir jetzt ebenfalls herausnehmen.

82. Die Riemenscheibe mit einem Gummihammer losklopfen.

84. Dann heben wir den Deckel — ggf. mit Nachhilfe durch leichte Hammerschläge — ab.

86. Die Kurbelwelle wird jetzt wieder blockiert, das Sicherungsblech am Nockenwellenrad aufgebogen und die Mutter abgedreht.

87. Beim Zusammenbau — oder wenn bei Verdacht auf Einstellfehler die Genauigkeit der Ventilsteuerung überprüft werden soll — müssen die Markierungen an den einzelnen Zähnen möglichst mittig aufeinander ausgerichtet werden. Stehen sie versetzt, stimmen die Steuerzeiten nicht und der Motor läuft nicht richtig — falls er überhaupt läuft!

Mechanik

88. Steuerkette und Kettenräder liegen jetzt lose auf. Hebeln Sie beide Kettenräder zusammen vorsichtig mit zwei Schraubendrehern ab.

89. Die Nockenwellenhalteplatte ist mit drei Schrauben befestigt.

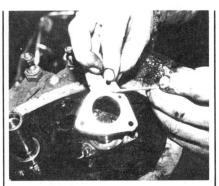

90. Prüfen Sie beim Ausbau der Platte, ob das Weißmetall auf der Innenseite durchgeschliffen ist. Der Deckel ist gleichzeitig das Axiallager.

91. Die Nockenwelle kann jetzt oder nach dem Abbau des Motorstirndeckels ausgebaut werden. Hier wird zuerst der Stirndeckel abgebaut. Bei Duplexsteuerketten ist der Stirndeckel mit Inbusschrauben befestigt, so daß Platz für die Abstandskette bleibt. Die meisten Motoren hatten eine einfache Steuerkette. Der Deckel ist dann mit normalen Schrauben angeschraubt. Alle Schrauben herausdrehen...

92. ... und dann den Stirndeckel mit leichten Schlägen vom Block lösen.

Mini-Restaurierungshandbuch

93. Die Nockenwelle wird jetzt nach vorne aus dem Motorblock herausgezogen. Die Nocken dabei etwas hin- und herjonglieren, so daß sie nicht an den Weißmetallagern hängenbleiben, in denen die Nockenwelle bei fast allen Minis läuft.

95. Vor dem Ausbau der Pleuel markiert man die Lagerdeckel mit einem scharfen Meißel oder Körner, damit sie nicht vertauscht werden. Die Pleueldeckel sind jeweils mit ihrem dazugehörigen Pleuel gepaart.

97. Die Pleueldeckel können dann direkt abgezogen werden. Manchmal haften sie wegen der Oberflächenspannung des Öls etwas oder die Lagerschale bleibt an der Kurbelwelle kleben. Beide lassen sich aber leicht lösen.

94. Die Nocken genau auf Verschleiß prüfen. In diesem Fall wäre eine neue oder nachgeschliffene Nockenwelle nötig.

96. Bei einigen Pleueln sind die Muttern mit Sicherungsblechen gesichert. Die Haltenasen der Bleche aufbiegen.

98. Prüfen Sie an den einzelnen Lagerdeckeln die Lagerschalen auf Riefen oder — was dem Exitus des Lagers gleichkommt — auf Durchschimmern der rötlichen Trägerschicht.

Kurbelwellen- und Kolbenausbau

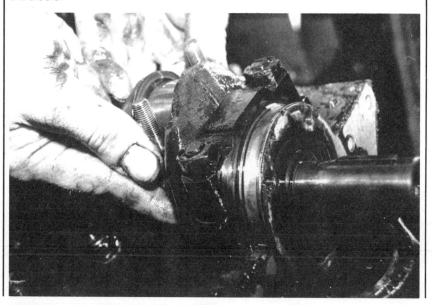

99. Damit man sich nicht die Finger quetscht, drückt man das Pleuel an der Außenseite des Lagerzapfens und nicht an den Gewindestiften (an denen man anzupacken versucht wäre) von der Kurbelwelle los.

Mechanik

100. Das Pleuel ist jetzt von der Kurbelwelle getrennt. Dann können wir den Kolben in der Bohrung nach oben drücken. Meist bleibt er an der Stufe ganz oben im Zylinder hängen (da der Zylinder hier um einen winzigen Betrag enger als an der verschlissenen Lauffläche ist). Er muß dann mit dem Hammerstiel nach oben gedrückt oder vorsichtig herausgeklopft werden.

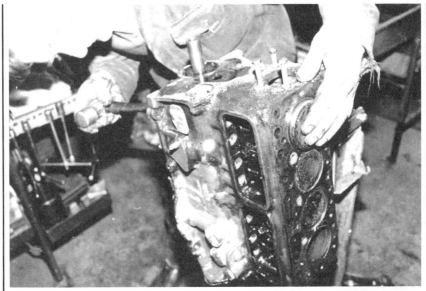

101. Sobald die Kolbenringe aus der Bohrung heraus sind, können Kolben und Pleuel vollends herausgezogen werden.

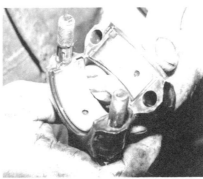

102. Bevor Sie den nächsten Kolben ausbauen, schrauben Sie den Pleueldeckel gleich wieder richtig herum auf die gerade ausgebaute Pleuelstange auf.

103. Lösen Sie die Muttern bzw. Schrauben an den Hauptlagerdeckeln (zuvor die Sicherungsbleche aufbiegen). Beim S-Motor ist ein spezieller schlanker Steckschlüssel (manchmal geht es mit einem 14er Schlüssel) nötig, da an der Innenseite der verstärkten Lagerdeckel wenig Platz ist.

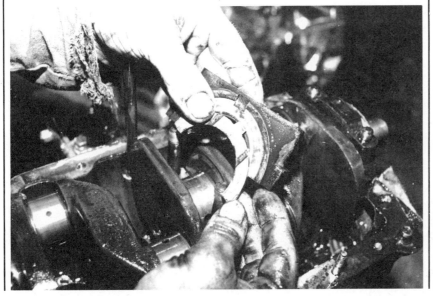

104. Auf beiden Seiten des Mittellagers sitzt eine Druckscheibe, durch die verhindert wird, daß sich die Kurbelwelle beim Kuppeln vor- und zurückbewegt. Beide Scheiben und auch die Lagerschalen auf Oberflächenverschleiß prüfen.

Mini-Restaurierungshandbuch

105. Mit zwei stabilen Schraubendrehern lassen sich die Lagerdeckel abheben.

106. Dann kann die Kurbelwelle aus dem Block herausgenommen werden.

107. Spezialfirmen können zweifelsfrei feststellen, wann die Verschleißgrenze überschritten ist. Nach der Sichtprüfung auf Riefen werden die Lagerzapfen mit Spezialgeräten aus allen Winkeln auf Verschleiß und Unrundheit vermessen.

108. Ob man's glaubt oder nicht, auch Kolben können unrund werden. Dies wird nur selten kontrolliert, aber besser wäre es.

109. Die Bohrungen laufen natürlich aus. Hier werden sie mit einem Innenmikrometer mit Meßuhr überprüft. Das Mikrometer wird senkrecht eingeführt, die Meßuhr auf Null gestellt und das Mikrometer dann auf- und ab- und im Kreis bewegt. Die Federauflagen, die an der Wandung anliegen, zeigen Plus- oder Minusabweichungen exakt an.

Vor dem Zusammenbau wäre es sinnvoll, die Ölpumpe zu zerlegen und auf Verschleiß zu prüfen und ggf. zu erneuern. Füllen Sie die Pumpe vor dem Einbau im Motor mit Öl.

Kontrollieren Sie die Steuerkette auf Verschleiß (z.B. Gratbildung an den Rollen), ebenso die Zähne der Kettenräder. Sind sie spitz zugelaufen (und nicht mehr gerade), sind neue Kettenräder fällig. Bei Verschleißspuren, vor allem bei Laufleistungen über 100 000 km, sollte die Steuerkette in jedem Fall erneuert werden. Zumindest ersetzt man die Gummi-Spannringe (sofern vorhanden), die vertieft im Nockenwellen-Außenrad sitzen.

Vor dem Einbau der Kipphebelwelle die Verschlußstücke an den Enden entfernen und die Welle reinigen — sie versorgt ja den Ventiltrieb mit Öl. Auch die Ölbohrungen reinigen. Bei Einlaufspuren die Kipphebelwelle erneuern.

Kontrollieren Sie die Kipphebelbuchsen auf Verschleiß, indem Sie die Kipphebel seitlich wegzudrücken versuchen. Bei deutlichem Spiel müssen die Kipphebelbuchsen erneuert werden (aber nicht Preßstahl- und geschmiedete Kipphebel kombinieren — stets nur eine Bauart verwenden). Die Kipphebelenden auf Risse oder Pitting untersuchen. Bei deutlichem Verschleiß den Kipphebel erneuern.

Beim Zusammenbau des Motors darauf achten, daß alle Ölkanäle sauber sind, auch die durch die Kurbelwellen-Lagerzapfen, und alle Lagerstellen beim Zusammenbau reichlich mit Öl bestreichen. Stets neue Federscheiben und neue Dichtungen einlegen und die Schrauben mit dem Drehmomentschlüssel festziehen.

Der Zusammenbau erfolgt *nicht unbedingt* in umgekehrter Reihenfolge des Ausbaus. Sofern man den Motor nicht in- und auswendig kennt, geht man am besten nach den Arbeitsanweisungen in den einschlägigen Reparaturanleitungen vor. Einbaustellung der Kolbenringe, Einstellung der Steuerzeiten, Montagefolge usw. werden dort ausführlich behandelt.

Motor und Getriebe, Einbau

Werkzeuge und Sicherheit siehe Motor, Ausbau.

1. Beim Ausbau hatten wir den Motor an den Schrauben der Kipphebelhaube angeschraubt. Dies erwies sich nicht als optimal, da die Schrauben den Zug gerade eben so verkraften und der Motor zu flach angehoben wurde, so daß das Differential an der Spritzwand hängenblieb. Vor dem Einbau fertigten wir ein einfaches Flacheisen an (siehe Foto), das an zwei der Zylinderkopfbolzen angeschraubt wurde.

2. Damit kein Schmutz in die Zylinder gerät, wurden die Kerzenlöcher mit Klebeband verschlossen. Man kann auch einen Satz alter Zündkerzen einschrauben, bei denen es egal ist, ob sie beim Einbau beschädigt werden.

3. Der Keilriemen wurde an der unteren Riemenscheibe eingehängt, bevor wir den Motor anhoben — normalerweise ist der Zugang beim Cooper S mit Dämpfer vor der vorderen Riemenscheibe ziemlich beengt.

Mini-Restaurierungshandbuch

4. Der Motor wird an den Aufhängungen eingeführt und festgeschraubt. Der Schraubenzieher deutet auf die linke Aufhängung, die rechte (identische) Aufhängung liegt genau gegenüber.

5. Dann wird die Getriebeverlängerung unter dem Wagen angeschraubt. Der Vorderbau des Wagens steht auf Unterstellböcken.

6. Hinter dem Motorblock sieht man hier die inneren Kreuzgelenke. Sie müssen ebenfalls wieder angeflanscht werden.

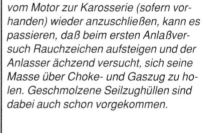

7. Wenn man vergißt, das Masseband vom Motor zur Karosserie (sofern vorhanden) wieder anzuschließen, kann es passieren, daß beim ersten Anlaßversuch Rauchzeichen aufsteigen und der Anlasser ächzend versucht, sich seine Masse über Choke- und Gaszug zu holen. Geschmolzene Seilzughüllen sind dabei auch schon vorgekommen.

8. Auf der Motorvorderseite bauen wir jetzt die Wasserpumpe an...

9. ... und danach den Kühler, an den wir die Schläuche bereits angeschraubt haben.

Mechanik

10. Dann wird der Keilriemen auf die Riemenscheiben aufgelegt und der Lüfter wieder eingebaut. Das Kühlerblech ist hier noch nicht montiert.

11. Jetzt schrauben wir auch den Ölkühler an und ziehen die Schlauchanschlüsse schön fest, damit keine undichten Stellen entstehen können.

12. Danach wird der Anschluß der Leitung zur Öldruckanzeige angeschlossen. Vorsicht: nicht zu fest anziehen, sonst zieht man das Gewinde heraus, und das Gewinde nicht schief einschrauben. Ist eine elektrische Öldruckanzeige montiert, muß nur das Kabel wieder angeschlossen werden. Die Checkliste am Ende des Kapitels dient als Gedächtnisstütze, ob alle Teile montiert wurden.

13. Der Kupplungsnehmerzylinder wird wieder angeschraubt und die Kupplungsrückholfeder eingehängt.

14. Muß der Rückholanschlag des Kupplungshebels nachgestellt werden, sollte man ihn einstellen, bevor die Feder eingehängt wird. Wenn der Ausrückhebel vom Motor weggezogen ist, muß zwischen Ausrückhebel und Rückholanschlag ein Spiel von 0,5 mm bleiben (mit der Fühlerlehre messen).

15. Der Anschlag des Ausrückhebels muß nur nach Erneuern der Kupplung nachgestellt werden. Kontermutter und Anschlagschraube lösen und möglichst weit herausschrauben. Ein Helfer tritt das Kupplungspedal und hält es getreten. Anschlagschraube und Kontermutter soweit hineinschrauben, daß die Anschlagschraube am Kupplungsdeckel anliegt, dann das Kupplungspedal loslassen, die Anschlagschraube eine Sechsteldrehung (also um eine Schlüsselfläche) weiter hineindrehen und die Kontermutter festziehen.

18. Beim Einbau des Krümmers ist es auf jeden Fall nützlich, die Motor-Zugstrebe zu lösen. Bei späteren Modellen muß ggf. auch die untere Zugstrebe gelöst werden.

16. Beim Einbau eines überholten Motors montiert man auch einen neuen Ölfilter und neue Luftfilter. Der Ölfilter läßt sich viel leichter montieren, wenn der Kühlergrill demontiert ist. Legen Sie einen neuen Dichtring in der Filteraufnahme ein (falls Ihr Wagen einen derartigen Adapter hat).

17. Der Einbau des Auspuffkrümmers ist immer schwierig, bei diesem Fächerkrümmer des Cooper S oder nicht serienmäßigen Krümmern kann man sich aber regelrecht totbasteln. Führen Sie den Krümmer von unten ein, und stellen Sie den Wagen notfalls auf Auffahrrampen oder Unterstellböcke.

Mechanik

19. Sie können dann den Motor etwas nach vorne ziehen, während der Krümmer in seine Lage jongliert wird.

22. Unter dem Wagen spannen wir die Konstruktion provisorisch zusammen...

23. ... und heften das Rohr mit Schutzgas. Dann wird alles nochmals ausgebaut und die Naht durchgeschweißt. Vorsicht vor Wärmeentwicklung, Benzindämpfen und anderen brennbaren Dingen.

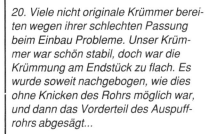

20. Viele nicht originale Krümmer bereiten wegen ihrer schlechten Passung beim Einbau Probleme. Unser Krümmer war schön stabil, doch war die Krümmung am Endstück zu flach. Es wurde soweit nachgebogen, wie dies ohne Knicken des Rohrs möglich war, und dann das Vorderteil des Auspuffrohrs abgesägt...

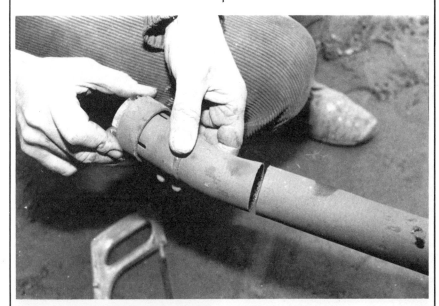

21. ... und das Rohr in den richtigen Winkel gedreht.

24. Auch beim Einbau des Ansaugkrümmers warteten Komplikationen auf uns.

25. Die Flansche des neuen Auspuffkrümmers waren zu breit, so daß der Ansaugkrümmer nicht mehr paßte. Die eingebauten Flansche wurden also geringfügig abgeschliffen.

26. Aus einem dünnen Stahlblech fertigen wir uns eine Fühlerlehre, mit der wir kontrollieren, ob bei festgezogenem Ansaugkrümmer noch ein geringer Luftspalt bleibt. Ist kein Spalt vorhanden, kann möglicherweise der Ansaugkrümmer nicht richtig angezogen werden und Nebenluft eintreten, was Gemischabmagerung bis hin zu Ventil- und Kolbenschäden nach sich ziehen kann.

27. Vor dem Anbau der Vergaser werden die Schwimmerkammerdeckel abgeschraubt und der Schmutz aus dem Schwimmerkammerboden mit einem Schraubendreher entfernt und mit sauberem Benzin durchgespült.

28. Vor dem Anbau der Zweivergaseranlage am Krümmer muß das Verbindungsgestänge exakt montiert werden, so daß alle Einzelteile richtig sitzen. Dann setzt man die Vergaser an und drückt sie dabei etwas gegeneinander, so daß die Wellen nicht herausrutschen.

29. Jetzt müssen die Vergaser so auf die Stiftschrauben aufgesetzt werden, daß die Wellen immer noch richtig sitzen. Wer dies vorher noch nie versucht hat, mache sich auf einige frustrierende Fehlversuche gefaßt.

Mechanik

30. Nach dem Einbau muß die Zweivergaseranlage unbedingt synchronisiert werden (und auch später hin und wieder). Eine der Klammern am Drosselklappengestänge zwischen den Vergasern lösen und die Leerlaufschraube einstellen (Zeichnung 25), bis das Pfeifgeräusch in beiden Vergasertrichtern genau gleich klingt, wenn man mit einem Kunststoffrohr daran horcht. Mit einem der preisgünstigen Geräte für die Vergasersynchronisation geht es noch besser. Nach der Abstimmung die Klammer wieder festziehen und kontrollieren, ob das Gestänge beide Vergaser genau gleichzeitig öffnet. Zum Einstellen des Leerlaufs beide Leerlaufschrauben um denselben Betrag hinaus- oder hineinschrauben. Einzelheiten zur Vergasereinstellung siehe Werkstatthandbuch.

31. Nach den ersten 1500 km mit dem überholten Motor ist ein Öl- und Ölfilterwechsel fällig, und die Zylinderkopfmuttern müssen auf den richtigen Anzugswert nachgezogen worden. Die Anzugsreihenfolge (diagonal von innen nach außen) ist einzuhalten. Das Anzugsdrehmoment der Kopfschrauben beträgt 68 Nm (bei frühen Modellen 54 Nm; 68 Nm dürfte aber in Ordnung sein), bei Motoren mit Abgasentgiftung 54 Nm, beim Cooper S 57 Nm (zehn Muttern, elfte Schraube mit 34 Nm anziehen).

32. Nach dem Nachziehen der Kopfmuttern wird das Ventilspiel neu eingestellt. Drehen Sie den Motor, bis Ventil Nr. 1 überschneidet, und stellen dann Ventil Nr. 8 ein. Kontermutter lösen, Einstellschraube drehen, bis das mit der Fühlerlehre gemessene Spiel zwischen Ventilschaft und Kipphebel stimmt. Die Einstellschraube drehen, bis die Fühlerlehre leicht saugend durchgeht, und die Kontermutter wieder anziehen. Dann den Motor weiterdrehen, bis Ventil Nr. 2 überschneidet, und Ventil 7 einstellen. Diesen Vorgang fortsetzen — Ventil 3 überschneidet, Ventil 6 einstellen; Ventil 4 und 5 usw.

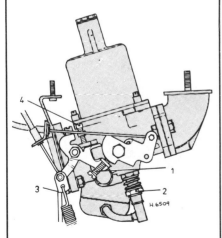

Zeichnung 25 Einstellpunkte am SU-Vergaser HS4

1 Schnell-Leerlaufeinstellschraube
2 Düseneinstellmutter für Abgas
3 Regelstange (Automatikgetriebe)
4 Drosselklappenanschlag für Leerlaufeinstellung

Mini-Restaurierungshandbuch

Kupplungswechsel bei eingebautem Motor

Einer der Vorteile des Mini gegenüber seinen damaligen Konkurrenten mit herkömmlichen Längsmotoren war, daß die Kupplung auch bei eingebautem Motor und Getriebe ausgetauscht werden konnte. Mit der heute verbreiteten Quermotorbauweise ist der Kupplungswechsel überhaupt viel einfacher geworden. Dieser Vorteil macht die schlechte Zugänglichkeit vieler Bauteile am Mini fast schon wieder wett.

Werkzeuge

Wagenheber, Schwungradabzieher (ggf. beim Werkzeugverleih ausleihen — robuste Ausführung nötig!), Satz Schraubendreher, Gabel- und Steckschlüssel.

Sicherheit

Die größte Gefahr besteht darin, daß man Asbeststaub aus der Kupplungsglocke einatmet. NIEMALS die Kupplungsglocke ausblasen. Bei der Arbeit eine Atemmaske tragen, den Bereich mit einem Zerstäuber anfeuchten und den Staub mit einem feuchten Lappen auswischen. Danach den Staub in einer verschlossenen Plastiktüte beseitigen. Dies erscheint vielleicht extrem, doch kann Asbest tödlich wirken.

Die folgende Bildfolge wurde an einem Mini Clubman zusammengestellt. Die Arbeiten laufen im Prinzip bei allen Minis gleich ab, nur hat man im größeren Motorraum des Clubman etwas mehr Platz zum Arbeiten. **Wichtig: Dieses Kapitel beschreibt nicht alle Details und sollte daher zusammen mit der Kupplungsbeschreibung im Abschnitt Zerlegen des Motors verwendet werden.**

1. Zuerst ziehen wir die Luftschläuche, soweit sie rechts im Motorraum verlegt sind, ab und bauen alle anderen störenden Anbauteile aus. Einzelheiten siehe Zerlegen des Motors. Durch Änderungen in der Serie sind Abweichungen möglich, z.B. als die Signalhörner verlegt wurden und dann vor dem Kupplungsausbau abgeschraubt werden mußten. Am besten prüfen Sie vorab, welche Teile im Weg sein könnten. Hier wurde der Anlasser ausgebaut (ZUVOR BATTERIE ABKLEMMEN) und die Anlasserkabel gelöst.

Hinweis: Die Schrauben der Motoraufhängung rechts müssen von der Wagenunterseite aus gelöst und die betreffende Motorseite angehoben werden (d.h. die Kupplungsseite). Bei späteren Minis bleibt zwischen Kühler und Innenkotflügel genug Platz, bei allen frühen Baujahren muß jedoch die Stütze zwischen Kühlerrahmen und Motor ausgebaut werden.

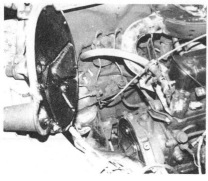

2. Der Schwungradgehäusedeckel ist mit neun Schrauben befestigt. Die Schrauben lösen und auch die Druckstange des Kupplungsnehmerzylinders abbauen.

3. Den Sicherungsring der Ausrücklager-Anlaufscheibe herausnehmen.

4. Dann die drei Halteschrauben der Druckplatte lösen.

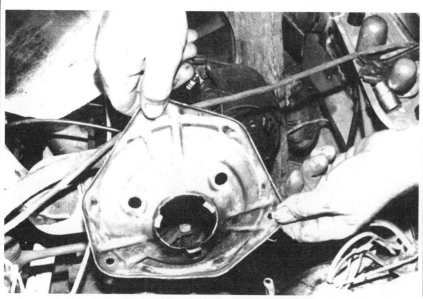

Mechanik

5. Jetzt nach dem im Kupplungsteil des Abschnitts Zerlegen des Motors beschriebenen Verfahren das Schwungrad abziehen und die Kupplungsscheibe von der Keilverzahnung trennen.

6. An der ausgebauten alten Kupplung prüfen Sie jetzt alle Laufflächen auf Verschleiß (Belagdicke prüfen) und untersuchen die Stahlflächen auf Risse sowie auf dunkle Flecken (Folgen von eingedrungenem Öl), die die häufigste Ursache einer schlagenden oder rutschenden Mini-Kupplung sind. Schadhafte Teile erneuern.

Zerlegen des Vergasers

Im Prinzip sind alle SU-Vergaser genau gleich aufgebaut. In der folgenden Bildreihe wird der HS2 zerlegt. Die HS-Vergaser sind alle weitgehend identisch. Der HS4 sitzt in allen Automatik-Minis, im 1275 GT und allen Baujahren ab 1974 und hat eine Feder oberhalb der Düsennadel. Achten Sie darauf, daß Feder und Deckel beim Ausbau der Nadel nicht verlorengehen — siehe Bild 7.

7. Wenn die Kupplung ausgebaut werden muß, erneuern Sie auch gleich den Primärrad-Dichtring (hinter der Kupplung). Hebeln Sie den alten Dichtring mit einem Schraubendreher heraus. Idealerweise sollte man den neuen Dichtring mit einem Spezialwerkzeug bündig und ohne Verkanten einsetzen, es geht mit etwas Vorsicht aber auch ohne dieses Spezialwerkzeug, indem man den Dichtring mit einem Stück Holz eintreibt. Der Dichtring ist sehr empfindlich und darf beim Einbau auf keinen Fall verkantet werden. Umwickeln Sie die Keilverzahnung des Primärrades mit Klebeband, damit die Dichtlippe nicht beschädigt wird.

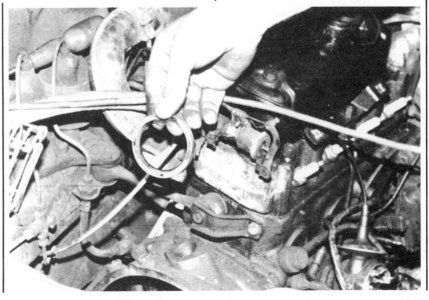

Mini-Restaurierungshandbuch

1. Zuerst lösen wir die drei Halteschrauben des Schwimmerkammerdeckels.

4. Dann wird der Kolbendämpfer abgeschraubt, der Vergaser umgedreht und das in der Kolbenkammer stehende Öl abgelassen.

6. Nehmen Sie den Kolben vom Vergasergehäuse ab. Die Düsennadel auf der Kolbenunterseite bestimmt Verbrauch und Sauberkeit der Übergänge. Ist die Düsennadel eingeschlagen oder verbogen, muß eine neue Nadel montiert werden.

2. Dann nehmen wir den Schwimmerkammerdeckel mit dem daran hängenden Schwimmer ab.

5. Die Kolbenkammer ist mit zwei Schrauben befestigt. Die Schrauben herausdrehen und die Kolbenkammer abheben, so daß Kolben und Feder freiliegen.

7. Die Nadel ist mit einer Madenschraube an der Kolbenunterseite montiert. Bei späteren Modellen sitzt noch eine Feder unter der Nadel. Beim Einbau richten Sie mit der Kante eines Stahllineals den Bund an der Nadeloberkante rechtwinklig auf die Kolbenunterseite aus.

3. Der Schwimmer drückt das hier auf der Werkbank abgelegte Ventil in den Sitz, auf den der Schraubendreher zeigt. Bei Zweifel an seinem Zustand kann der Sitz mit einem kleinen Steckschlüssel ausgebaut und zusammen mit dem Ventil erneuert werden. Undichte Schwimmer können nach Abziehen der Schwimmerwelle ausgetauscht werden.

Mechanik

8. Eine ausgeschlagene Drosselklappenwelle verursacht Nebenlufteintritt und unrunden Lauf. Zum Ausbau der Welle werden zuerst die Sicherungsbleche auf dem Wellenende aufgebogen.

11. Dann kann die Drosselklappe aus der geschlitzten Welle herausgezogen werden.

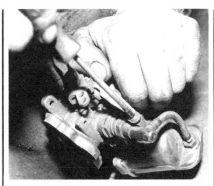

13. Die Düse, in der die Nadel sitzt, wird in drei Schritten demontiert: zuerst schrauben wir den Chokehebel an der Düsenstockunterseite ab.

9. Danach können Haltemutter, Rückzughebel und die übrigen Einzelteile abgebaut werden.

12. Auch die Welle können wir jetzt demontieren.

14. Dann wird die Benzinzuleitung auf der Unterseite der Schwimmerkammer gelöst und die Leitung mit der Haltemutter vorsichtig abgezogen.

15. Die Düse kann jetzt komplett aus dem Vergasersockel herausgezogen werden.

10. Mit einem dünnen Schlitzschraubendreher löst man jetzt die beiden Halteschrauben der Drosselklappe auf der Welle.

⑥ Elektrik

Die folgenden Abschnitte Werkzeuge und Sicherheit gelten grundsätzlich für Arbeiten an der Autoelektrik und beziehen sich auf alle Abschnitte dieses Kapitels.

Werkzeuge

Bei älteren Modellen werden diverse Zollschlüssel benötigt, Kombi- und langschenklige Spitzzange, Seitenschneider und Abisolierzange, Lötkolben und flußmittelumhülltes Lötzinn, diverse neue Kabelschuhe, Isolierband.

Sicherheit

Vor Arbeiten an der Elektrik IMMER die Batterie abklemmen. Kurzschlüsse in der Elektrik können in Sekundenschnelle ganze Leitungen zerstören oder gar verheerende Brände auslösen.

Schäden an der Elektrik sind die häufigste Pannenursache, eine regelmäßige Kontrolle der Fahrzeugelektrik und Verkabelung ist also durchaus angebracht. Die wichtigsten Wartungs- und Reparaturbereiche der Fahrzeugelektrik werden in diesem Kapitel beschrieben.

Verkabelung und Kabelbäume im allgemeinen

Die Kabel im Mini tragen unterschiedliche Kennfarben. Die Neuverkabelung des Mini ist also recht einfach, wenn man sich an die richtigen Kabelfarben hält. An allen Teilen der Lichtanlage sitzt ein codiertes Kabelstück, das nur noch mit einem passenden Stecker am entsprechenden Kabel des Kabelstrangs verbunden werden muß.

Die sieben Grundfarben sind:
Braun — Batterie- und Lichtmaschinen-Stromkreis
Weiß — Zündung
Blau — Scheinwerfer
Rot — Blinker und Rückleuchten
Grün — Zusatzstromkreise (Zubehör usw.), die durch Sicherungsklemme 4 abgesichert werden und nur bei eingeschalteter Zündung Strom führen.
Violett — Anderes Zubehör, das nicht über die Zündung verkabelt ist. Durch Sicherungsklemme 2 abgesichert.
Schwarz — Massekabel.

Mit viel Sorgfalt können auch ältere Kabelbäume mit Baumwollummantelung gereinigt werden, so daß sie optisch wie neu wirken. Den Kabelbaum VORSICHTIG ausbauen, die Lage der Halteklammern notieren und, damit der Einbau schneller geht, mit Klebeband doppelt umwickeln, so daß am einen Ende etwas Klebefläche offen bleibt. Wenn die Kabel abgezogen werden, dieses Klebeband um das betreffende Kabel wickeln und die Anschlußstelle auf das Band schreiben. Die Klammern blankbürsten und mit Metalliclack lackieren. Kabelbaum reinigen und in eine flache Schüssel mit warmem Seifenwasser legen. Den KABELBAUM AUSDRÜCKEN (ABER NICHT ABBÜRSTEN), bis er möglichst trocken ist und sich die Umhüllung noch nicht löst. Dann den Kabelbaum in der Garage zum Trocknen aufhängen. Kabel mit PVC-Ummantelung werden fast wie neu, indem man Vergaserreiniger aus der Spraydose aufspritzt und die Rückstände und Fettreste mit einem Lappen abreibt.

Die Kabel gehen im allgemeinen kaum kaputt. Die Stecker lösen sich ab und zu von den Kabeladern, doch die Kabel selbst brechen selten. Reparaturstellen am Kabelbaum sollte man außerhalb der Ummantelung legen.

Elektrik

Anschlüsse im Kabelbauminneren sind zu vermeiden. Bei Änderungen am Kabelbaum lötet man Lucas-Rundstecker an den Kabeln an und verbindet sie mit den schwarzen Rundsteckhülsen, die auch sonst am Kabelstrang zu finden sind.

HINWEIS: Vor dem Ausbau des Kabelbaums aus dem Wagen entfernt man ALLE schwarzen Steckhülsen, da der Kabelbaum sonst an Spritzwand, Kofferraumblech usw. hängenbleibt. Vor dem Einbau des Kabelbaums säubert man alle Rundstecker mit feinem Schleifpapier, um einwandfreien Kontakt zu gewährleisten.

Die Türkontaktschalter sind oft verbogen und verrostet und funktionieren dann nicht mehr. Bauen Sie sie vom Türholm ab, und ziehen Sie das lila/weiße Kabel ab. Reinigen Sie sie mit der Drahtbürste, damit sie am Türholm und in ihrem Inneren Kontakt bekommen. Verbogene Druckstifte mit einer Zange richten.

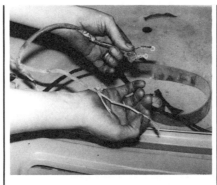

2. Viele Klemmen müssen erneuert werden. Oft sind sie verrostet oder hängen nur an einem dünnen Adernrest, so daß die Kabelader blank liegt (nicht ungefährlich!).

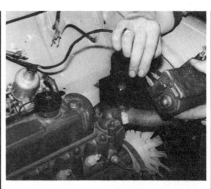

5. Beim Einbau von Flachsteckern nicht vergessen, die Kunststoffisolationstülle aufzuschieben, ehe man den Stecker anlötet.

3. Manche Klemmen können am eingebauten Gerät erneuert werden, da dann das Kabel leichter wieder angeschlossen werden kann oder der Ausbau des zugehörigen Geräts zu aufwendig wäre.

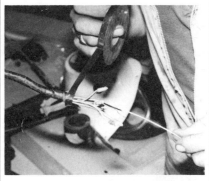

6. Zusätzliche oder erneuerte Kabel können mit Kunststoff-Isolierband befestigt werden, das man spiralförmig umwickelt, so daß jede Spirale die vorhergehende etwa zur Hälfte überlappt.

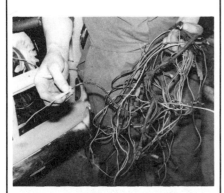

1. Neue Kabelbäume mit Gewebe- oder Kunststoffummantelung sind über Spezialfirmen (siehe Anzeigenteil der Veteranenzeitschriften) lieferbar. Soll der alte Kabelbaum wiederverwendet werden, reinigt man ihn wie beschrieben. Beschädigte Teilstränge erneuert man und bringt nachträglich montierten Kabelsalat in Ordnung.

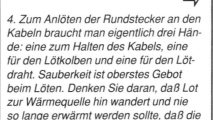

4. Zum Anlöten der Rundstecker an den Kabeln braucht man eigentlich drei Hände: eine zum Halten des Kabels, eine für den Lötkolben und eine für den Lötdraht. Sauberkeit ist oberstes Gebot beim Löten. Denken Sie daran, daß Lot zur Wärmequelle hin wandert und nie so lange erwärmt werden sollte, daß die Isolation schmilzt.

Fehlersuche in der Lichtanlage

Nach der Neuverkabelung der Leuchten nach der Renovierung oder der Erneuerung des Kabelbaums (oder auch nur zur Wartung) kann es zu Störungen an den Leuchten kommen. Hier die wichtigsten Fehlersuchtips.

Scheinwerfer

Schwaches oder sehr dunkles Licht — schlechte Masseverbindung.
Kein Licht, aber Kontrolleuchte für Abblend-/Fernlicht am Armaturenbrett leuchtet auf — schlechte Masseverbindung.
Abblend- oder Fernlicht auf einer Seite defekt — Glühlampe oder Anschluß defekt (blau/weiß = Fernlicht, blau/rot = Abblendlicht).
Lichthupe funktioniert nicht — Sicherung für braun/violettes Kabel.

Parkleuchten

Eine Seite (links oder rechts) funktioniert nicht — Sicherung.
Eine Leuchte funktioniert nicht — meistens die Glühlampe.

Blinker

Weder Blinkleuchten noch Blinkerkontrolle leuchten auf — defekter Warnblinkschalter (falls vorhanden — Warnblinker ein paarmal aus- und einschalten und Versuch wiederholen).
Leuchten und Blinker leuchten auf, blinken aber nicht oder nur sehr langsam — Blinkgeber schadhaft.
Eine Seite blinkt richtig, die andere nicht — vordere oder hintere Glühlampe durchgebrannt.

Wahl des Kabelquerschnitts

Wer zusätzliche Elektrikteile einbaut, sollte auf den richtigen Kabelquerschnitt achten. Normales Hausinstallationskabel ist UNGEEIGNET! Manch einer meint, Hauskabel seien auch für Autos geeignet, da sie im Hausbau ja noch höhere Spannungen verkraften müssen. Lampenkabel aus dem Haushalt würde aber z.B. bei hochbelasteten Motorverbrauchern rasch durchschmelzen.

Wählen Sie den Kabelquerschnitt immer nach der AMPEREZAHL des Verbrauchers aus. (Wattzahlen werden durch 12 geteilt und ergeben dann die Ampèrezahl, denn der Mini hat ja eine 12-Volt-Anlage).
Bei einer Stromaufnahme des Verbrauchers unter 6 Ampère verlangen Sie Kabel mit einem Querschnitt von 1,5 mm (wenn der Verkäufer ratlos dreinschaut, sollten Sie rasch einen anderen Laden suchen), für 6 bis 18 A sind Kabel mit 2,5 mm zu verwenden (grobe Richtwerte!!). Wer noch höhere Ampèrezahlen braucht (wieviele Nebelleuchten passen an ein Auto?), wendet sich an Spezialisten und sollte ggf. auch eine stärkere Lichtmaschine (Gleichstrom oder Drehstrom) einbauen.

Kennzeichnung der Verteiler

Mini-Modell	Typ	Seriennummer (seitlich auf Verteilergehäuse eingeschlagen)
850 Limousine, Kombi 1969-72	25D4	41026
	oder 45D4	41411
850 Van, Pickup 1969-72	25D4	41007
	oder 45D4	41410
1000 Limousine, Kombi 1969-72	25D4	40931 oder 41030
	oder 45D4	41412
1000 Van, Pickup 1969-72	25D4	41007
	oder 45D4	41410
1000 Automatik, Clubman Autom. 1969-74	25D4	41134 oder 41242
	oder 45D4	41417
Cooper MkIII, 1969-72	23D4	40819 oder 41033
Clubman 998, 1969-72	25D4	41257
oder 45D4 41419		
1275 GT, 1969-72	25D4	41257
	oder 45D4	41419
850 Limousine und Varianten,	25D4	41026 oder 41569*
	oder 45D4	41411 oder 41570
1000 Clubman, Limousine und Varianten, 1972-74	25D4	41254 oder 41246
	oder 45D4	41212 oder 41418
1275 GT, 1972-76	25D4	41257 oder 41214
oder 45D4 41419		
850 Limousine und Varianten, 1974-76	45D4	41570
Alle 1000er Modelle, 1974-76	45D4	41418
Clubman 1100, 1974-76	25D4	41246
oder 45D4 41418		
850 und Varianten, ab 1976	45D4	41417 oder 41767
Clubman 1100, ab 1976	45D4	41418 oder 41793
1000, alle Mod., 1976-78	45D4	41418 oder 41793
1275 GT, ab 1976	45D4	41419 oder 41768
1000, alle Modelle, ab 1978	45D4	41406 oder 41765

* Als Alternative montierter Verteiler an einigen 1974er Modellen.
Parallel zu den Verteilertypen 25D4/23D4 wurde vorübergehend an einigen Modellen das Nachfolgemodell 45D4 montiert; einige Serien wurden mit einem Ducellier-Verteiler ausgerüstet.

Überholung des Verteilers

Der Mini wurde im Laufe der Jahre mit vier verschiedenen Verteilern ausgerüstet. Ihre Typnummern und Seriennummern sind in der nachfolgenden Tabelle zusammengestellt. Alle Minis vor 1969 wurden mit dem Lucas-Verteiler 25D4 ausgerüstet. Auch sämtliche Cooper und Cooper S besaßen den Typ 25D4 — bis auf den Cooper S Mk III von 1970/71, der den überarbeiteten Verteiler 23D4 erhielt; dieser entspricht bis auf den fehlenden Unterdruckversteller dem Typ 26D4.

Elektrik

Am Verteiler gibt es etliche Einzelteile, die verschleißen und Störungen verursachen können. Vor allem folgende Punkte bedürfen gelegentlicher Kontrolle (Einzelteile siehe Zeichnung 26, 27 und 28):
1) Die Unterdruckdose kann undicht werden und arbeitet dann nicht mehr (zur Kontrolle den Schlauch vom Vergaser zur Dose abziehen, daran saugen und prüfen, ob sich die Verteilergrundplatte bewegt).
2) Die Befestigungsplatten der Unterbrecherkontakte verschleißen, so daß die Kontakte schrägwinklig am Verteilernocken auflaufen und die Unterdruckdose sprunghaft arbeitet.
3) Die mechanische Frühverstellschraube rostet fest.
4) Der Verteilernocken entwickelt Axialspiel auf der Verteilerwelle.
5) Die Verteilerwelle verschleißt am Sitz in der Gehäusebuchse. Auch die Buchse läuft aus.
6) Unterbrecherkontakte und Kondensator werden irgendwann unbrauchbar.

1. Die Kabelisolation im Verteiler zersetzt sich gerne und kann dann Pannen durch Kurzschluß verursachen. Das Kabel komplett erneuern.

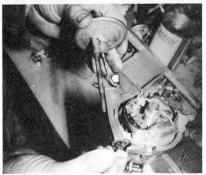

2. Zum Ausbau der Unterdruckdose am Verteiler 25D4 die Klammer abhebeln, mit der die Vor-/Spätverstellhebelmutter (hier in der rechten Hand) fixiert wird, die Feder an der Grundplatte (Pfeil) aushängen und die Mutter komplett abschrauben; dann den Unterdruckversteller abziehen. Aufpassen, daß die Feder hinter der Rändelmutter nicht verlorengeht.

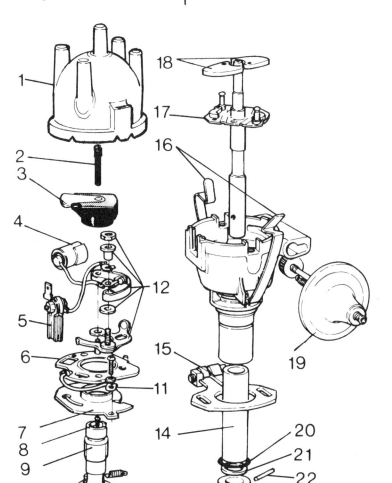

Zeichnung 26 Explosionszeichnung des Lucas-Verteilers 25D4.

1 Verteilerdeckel
2 Schleifkohle und Feder
3 Verteilerläufer
4 Kondensator
5 Klemme und Kabel
6 Verdrehbare Grundplatte
7 Feststehende Grundplatte
8 Nockenschraube
9 Nocken
10 Fliehgewichtefeder
11 Massekabel
12 Unterbrecherkontake
13 Mitnehmer
14 Buchse
15 Klemmplatte
16 Halteklammern für Verteilerdeckel
17 Welle und Fliehgewichteplatte
18 Fliehgewichte
19 Unterdruckversteller
20 O-Ring
21 Anlaufscheibe
22 Kegelstift

Mini-Restaurierungshandbuch

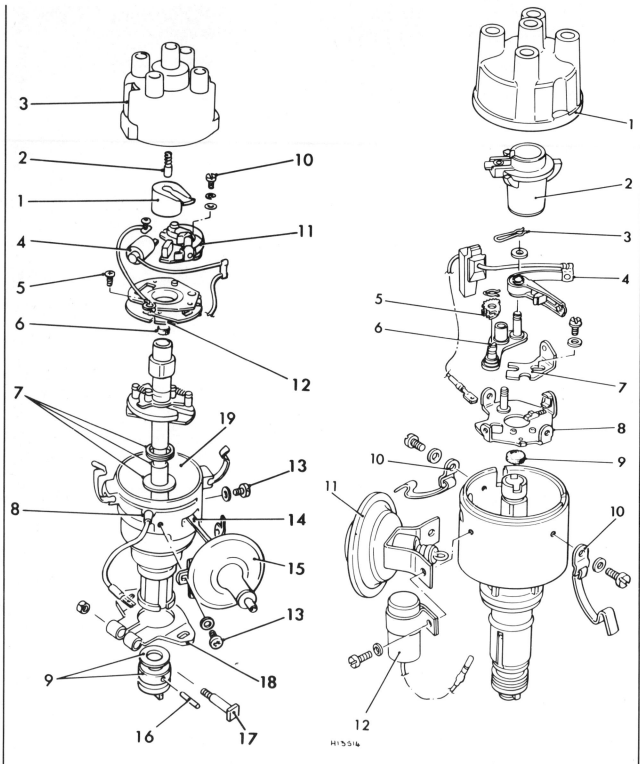

Zeichnung 27 Explosionszeichnung des Lucas-Verteilers 45D4.1

1 Verteilerläufer
2 Schleifkohle und Feder
3 Verteilerdeckel
4 Kondensator
5 Halteschraube für Unterbrecherplatte
6 Filz
7 Welle mit Stahlscheibe und Distanzscheibe
8 Niederspannungskabel und Tülle
9 Mitnehmer und Anlaufscheibe
10 Halteschraube für Unterbrecherkontakte
11 Unterbrecherkontakte
12 Unterbrecherplatte
13 Unterdruckdose mit Befestigungsschrauben und Unterlegscheiben
14 Gestänge der Unterdruckdose
15 Unterdruckdose
16 Sicherungsstift
17 Klemmschraube mit Mutter
18 Klemmplatte
19 Verteilergehäuse

Zeichnung 28 Explosionsdarstellung des Ducellier-Verteilers

1 Verteilerdeckel
2 Verteilerläufer
3 Sicherungsklammer
4 Beweglicher Unterbrecherkontakt
5 Gezahnter Nocken
6 Exzenter-Halteachse
7 Feststehender Kontakt
8 Grundplatte
9 Filz
10 Verteilerdeckel-Halteklammern
11 Unterdruckdose
12 Kondensator

Elektrik

3. Die Welle des Lucas-Verteilers ist mit einem Sicherungsstift (siehe Zeichnung 26 und 27) befestigt. Er muß mit einem Durchschlag herausgetrieben werden. Dann können die Einzelteile des Verteilers herausgezogen werden. Beim Zusammenbau darauf achten, daß der Mitnehmer entsprechend Zeichnung 29 in Relation zum Verteilerläufer versetzt ist, sonst zündet der Motor um 180° versetzt (d.h. es zündet der falsche Zylinder).

4. Beim Einbau des Verteilers prüfen, ob die Klemmplatte verzogen ist. Dadurch könnte der Verteilergehäuseflansch beschädigt werden (siehe oben).

Grundsätzliches zum Signalhorn

1. Damit das Signalhorn mit dem Druckkopf in Lenkradmitte (bei älteren Modellen) betätigt werden kann, ohne daß die Kabel sich verknoten, sitzt hier ein Schleifring (A) und ein Kontakt (B), der auf dem Schleifring aufliegt. Der Kontakt ist an der Zuleitung angeschlossen. Der Schleifring ist mit dem oben aus der Lenksäule überstehenden Kabel verbunden. Die Kontaktfeder muß noch so stramm sein, daß sie den Kontakt hält, und Kontakt und Schleifring dürfen auch nicht verschmutzt sein, was Unterbrechung des Stromflusses zur Folge hätte.

2. Der Hupenknopf (hier abgenommen) wird beim Betätigen gegen den Kontakt gedrückt, an den das Kabel (das auf dem vorigen Foto oben aus der Lenksäule herausschaut) angeschlossen ist. Damit wird der Stromkreis geschlossen und das Signalhorn ertönt. Wenn man sich nicht sicher ist, ob Hupe oder Schalter defekt sind, halten Sie eine Prüflampe am Horn an und kontrollieren, ob sie aufleuchtet, wenn man den Druckknopf betätigt (Zündung eingeschaltet).

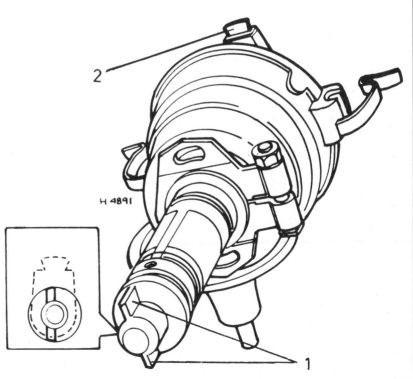

Zeichnung 29 Die richtige Stellung von Mitnehmer und Verteilerläufer zueinander.

1 Außermittige Zapfen   2 Verteilerläufer
  des Mitnehmers

7 Modifikationen

Das Tuning des Mini wäre ein eigenes Buch wert (übrigens sind schon mehrere Bücher zu diesem Thema geschrieben worden). Wer aus seinem Mini das letzte bißchen Leistung herauskitzeln oder den eingebauten Motor optimieren will, dem sei David Vizards Buch *Tuning BL's A-Series Engine* (Haynes/Foulis, 1984) als optimale Bibel zu diesem Thema wärmstens empfohlen.

Wer seinen Mini mit vertretbaren Kosten schneller machen möchte, für den ist das folgende Kapitel gedacht. Viele Modelle von British Leyland sind mit Varianten des A-Serien-Motors ausgerüstet worden, und viele dieser Motoren lassen sich ganz oder als Rumpfmotor problemlos im Mini einbauen, so daß man sich mit einem Aggregat vom Autoverwerter relativ leicht zusätzliche PS beschaffen kann (TÜV-Eintragung nicht vergessen!), sofern das gesuchte Modell in gutem Zustand zu finden ist (nicht alle Leyland-Modelle kamen in nennenswerten Zahlen hierzulande zum Verkauf) und nicht noch horrende Überholungskosten erfordert.

Der Kauf eines Gebrauchtmotors

Die Grundregel beim Kauf eines Motors vom Autoverwerter ist: kaufen Sie NIEMALS, ohne den Motor zuerst laufen gehört zu haben. Fehlt der Kühler, weil den schon jemand anders geholt hat, hilft Ihnen das auch nicht. Bringen Sie einen Kanister Benzin mit, füllen Sie ggf. Wasser und Öl nach, und lassen Sie den Motor ausgiebig warmlaufen. Da sich der Wagen wahrscheinlich nicht fahren läßt, dauert das Warmlaufen im Stand etwas länger. Lassen Sie ihn trotzdem lange genug laufen, und beobachten Sie die Temperaturanzeige, denn man will ja nichts übertreiben, zumal in lange stehenden Motoren sich öfters die Thermostate nicht mehr öffnen.

Nach dem Warmlaufen prüfen Sie den Motor soweit wie möglich anhand der Kaufberatung, vor allem hinsichtlich Kühlmittel- und Ölzustand, Klappergeräuschen und Auspuffqualm.

Nehmen wir an, Sie sind auf einen guten Gebrauchtmotor gestoßen — was gar nicht so unwahrscheinlich ist, da der Motor des Austin 1100/1300 die oft vorzeitig vom Rost dahingeraffte Karosserie überlebte — so gibt es zwei Möglichkeiten. Sie können ihn saubermachen, Zündkerzen, Kontakte, Ölfilter und Öl wechseln und den Motor einbauen, oder ihn zerlegen und Lagerschalen und Kolbenringe erneuern, die Ventile einschleifen, Dichtungen und evtl. die Ölpumpe erneuern. Selbst intakte Gebrauchtmotoren halten nach dieser vorbeugenden Verjüngungskur viel länger. Sind weitere Arbeiten am Motor nötig, hätten Sie ihn gar nicht erst kaufen sollen.

Modifikationen

Wer es schafft, auf dem Schrottplatz Ölwanne, einige Lagerdeckel und Zylinderkopf abschrauben zu dürfen, kann sich natürlich ein genaueres Bild vom Zustand des Motors machen. Nur dürften die meisten Schrottplatzinhaber davon nicht gerade begeistert sein.

Übrigens gewähren fast alle Schrottplätze auf ihre Motoren eine gewisse Garantie. Bei Defekten bringt man sie zurück — aber dann? Manchmal bekommt man sein Geld zurück (unbedingt schriftlich bestätigen lassen), oft bekommt man stattdessen nur einen anderen Motor. Ob der aber besser ist, weiß keiner... So sei denn nur noch angemerkt, daß viele Schrottplatzkunden nur zum Minimalpreis einkaufen wollen, und die Inhaber da mit gleicher Münze zurückzahlen. Allerhöflichste Behandlung darf man hier nicht erwarten.

Eine andere aussichtsreiche Möglichkeit, an einen guten Gebrauchtmotor heranzukommen, wäre über eine Anzeige. Achten Sie auf private Kleinanzeigen, in denen ein Schlachtfest angekündigt wird. Führt dies nicht zum Ergebnis, geben Sie selbst Suchanzeigen auf. Manchmal muß man dann einen ganzen Wagen kaufen, doch sind die Preise meist extrem niedrig, man bekommt noch eine Menge weiterer Teile dazu — und Frau oder Familie des Verkäufers freuen sich, daß der alte Rosthaufen endlich weg ist!

Welchen Motor baut man um?

Der 848-ccm-Motor war praktisch während der gesamten Produktionszeit des Mini lieferbar. Als absolutes Basismodell ist er bei der Suche nach mehr Leistung natürlich nicht optimal. Wer einen 848-ccm-Motor gegen einen anderen austauschen will und sich nicht um Originalität kümmert, sucht sich einen möglichst jungen Motor — Einzelheiten zu den Änderungen in der Serie siehe Anhang.

Die Motoren mit 997, 970 und 1071 ccm wurden in so geringer Stückzahl produziert, daß man die obigen Ausführungen zum Thema Gebrauchtmotoren glatt vergessen kann. Wer einen solchen Motor sucht, weil im eigenen Cooper oder Cooper S der falsche Motor sitzt, kümmere sich weniger um den Zustand, sondern nimmt, was er bekommen kann!

Der 998-ccm-Motor ist weit verbreitet und bringt mit 38 PS etwas mehr Dampf als die 34 PS des 848-ccm-Motors. Ein Motortausch lohnt sich wegen dieses geringen Leistungszuwachses aber nicht. Der 998-ccm-Motor wurde außerdem nur im Mini verwendet, d.h. Tuning-Teile von anderen, sportlicheren Modellen gibt es praktisch überhaupt nicht! Tuning-Firmen liefern zwar frisierte Köpfe, schärfere Nockenwellen und bessere Vergaser sowie spezielle Auspuffkrümmer für den 998-ccm-Motor; damit wird der Motor gegenüber dem Anschaffungspreis aber derart teuer, daß der Umstieg auf mehr Hubraum von vornherein besser wäre.

1098-ccm-Motoren saßen im Mini und Clubman, vor allem aber in den Austin/Morris-Fließhecklimousinen. Der 1100 ist als Rostlaube bekannt, d.h. gute Motoren und Getriebe sind durchaus zu bekommen (zumindest in England). Dieses Modell wird allerdings seit 1971 nicht mehr gebaut, d.h. auch diese Quelle versiegt rasch.

Spätere 1100er Motoren hatten ein wesentlich besseres Getriebe als die frühen Minis — an den Produktionsänderungen im Anhang können Sie die Entwicklungsstadien feststellen. Die Änderungen am Getriebe des 1100 dürften etwa zeitgleich erfolgt sein. Abgesehen davon, daß er in der Standardversion 48 PS leistet (nicht berauschend, aber immerhin rund 40 % mehr als der normale 848-ccm-Motor), spricht vor allem für ihn, daß Zylinderkopf, Vergaser und Nockenwelle des MG 1100 oder Sprite oder Midget mit 1098 ccm direkt ummontiert werden können. Die 1098-ccm-Motoren des MG und Austin-Healey Sprite leisten ca. 55 PS, womit die Sache interessant wird, denn mit diesem Wert liegen wir auf Höhe der ersten Mini Cooper mit 997- oder 998-ccm-Motor. Zylinderköpfe des MG sind sicher nicht leicht zu finden — vor allem, weil komplette Motoren, wenn sie einmal angeboten werden, von Mini-Besitzern sofort weggekauft und eingebaut werden. Midget- und Sprite-Teile dürften dagegen (zumindest in Großbritannien) leichter zu finden sein. In England existieren etliche Spezialfirmen, bei denen z.B. die Nachlässe derer zu finden sind, die ihre Sportwagen von 1098 ccm auf 1275 ccm umbauen.

Wem 55 PS immer noch zu wenig sind, der kann sich auf die 1275-ccm-Maschine des Mini Clubman und Austin/Morris 1300 und 1300GT stürzen. Der normale 1300er Motor leistet 55 PS und bringt reichlich Drehmoment auf die Räder, der GT-Motor noch 13 PS mehr, womit wir für einen Bruchteil der Anschaffungskosten fast schon beim Cooper S wären und uns die Montage allerlei teurer Anbauteile an dem kleineren Motor sparen. Der normale 1300er Motor kann in gleicher Weise wie der 1100 getunt werden — mit Kopf, Vergasern und Nockenwelle von 1275er Sprite oder Midget. Die Motoren des 1300 GT sowie des 1275er Riley Kestrel (bis auf die ersten vor April 1968) hatten höher verdichtete Zylinderköpfe als der Sprite und Midget. Auch der Ventildurchmesser dürfte abweichen.

Und denken Sie daran: Hubraumänderungen sind TÜV-eintragungspflichtig und setzen voraus, daß Bremsen usw. der Mehrleistung gewachsen sind!

Identifikationshilfen für den Motor

Falls das Präfix P (siehe ab Seite 248) fehlt, können folgende Hinweise zur Orientierung dienen.

850 ccm

- Gußzahl 12 1456, 2A 628 oder 2A 629 auf dem Zylinderkopf unterhalb des Kipphebeldeckels (auch beim 998-ccm-Motor!).
- Gußnummer oder angenietetes Schild auf der Rückseite des Blocks mit Angabe 850.
- Bohrung messen — Durchmesser 62,9 mm.

998 ccm

- Gußzahl 12A 1456, 2A 628 oder 2A 629 auf dem Zylinderkopf unterhalb des Kipphebeldeckels (auch bei 850-ccm-Motor!).

- Gußnummer oder angenietetes Schild auf der Rückseite des Blocks mit Angabe 998.
- Bohrung messen — Durchmesser 64,6 mm.

997 Cooper

- Gußnummer oder angenietetes Schild auf der Rückseite des Blocks mit Angabe 1000.
- Bohrung messen — Durchmesser 62,4 mm.

998 Cooper

- Nummer 12G 295 oder 12G 206 am Zylinderkopf.

1098 ccm (1100)

- Motoraufhängung an Frontplatte.
- Anschluß für Temperaturanzeige am Zylinderkopf.

1300/1300 GT

- Keine abnehmbaren Stößeldeckel.
- Anschluß für Temperaturanzeige am Zylinderkopf.
- Motoraufhängung an Frontplatte.

Mini 1275 GT

- Keine abnehmbaren Stößeldeckel.
- Motoraufhängungen an normaler Mini-Position.
- Zylinderkopf mit 8 Stehbolzen und 1 Schraube oder 9 Stehbolzen aufgeschraubt.

1275 S

- Zylinderkopf mit 8 Stehbolzen und 1 Schraube oder 9 Stehbolzen aufgeschraubt.
- Abnehmbare Stößeldeckel; Hub 81,3 mm.

1071 S

- Abnehmbare Stößeldeckel.
- Zylinderkopf mit 8 Stehbolzen und 1 Schraube oder 9 Stehbolzen aufgeschraubt.
- Hub 68,26 mm.

970 S

- Abnehmbare Stößeldeckel.
- Zylinderkopf mit 8 Stehbolzen und 1 Schraube oder 9 Stehbolzen aufgeschraubt.
- Hub 61,91 mm.

Hinweis: Der Kopf des Sprite 1275 GT MK IV hat 9 Stiftschrauben. Beim 1300 GT, MG 1300 Mk II und den letzten Cooper S sind die Köpfe mit 11 Stehbolzen aufgeschraubt.

Die wichtigsten leistungssteigernden Maßnahmen am Motor

Wie bereits erwähnt, ist die Leistungssteigerung beim Mini am einfachsten, wenn man einen größeren Motor einbaut. Gleichzeiitg sollte man auch an Bremsen, Kurvenverhalten und Kühlung denken. Sie werden weiter hinten behandelt. Eventuell will man den vorhandenen Motor ja nicht hinauswerfen, sondern nur etwas spritziger machen. Auch hier gibt es zahlreiche Alternativen; der Einfachheit halber beschränken wir uns auf den 848- oder 998-ccm-Motor. Die Tuning-Zutaten für den 1098 und 1275 wurden ja bereits erwähnt (z.B. aus dem Sprite, Midget oder MG1100/1300).

Beide kleineren Mini-Motoren sprechen vor allem auf einen Austausch des Zylinderkopfes an. Der 948-ccm-Kopf des Sprite MK II/Midget MK I bringt deutliche Verbesserung (sofern man einen aufreibt). Noch besser ist der 1098-ccm-Kopf vom Spridget. Auf jeden Fall muß das Brennraumvolumen genau ausgemessen und die Verdichtung ermittelt werden, so daß man soviel Material vom Kopf abnehmen lassen kann, daß die Leistung nicht durch zu niedrige Verdichtung zusammenbricht.

Als zweite Änderung auf der Prioritätenliste folgt der Anbau eines oder zwei größerer Vergaser. Zweivergaseranlagen vom Cooper, Sprite, MG oder von Tuning-Firmen bringen mehr Leistung, aber auch ein größerer SU-Einfachvergaser aus einem der Automatik-Minis oder dem 1100/1300 bringt fast soviel wie 2 Vergaser — und man spart sich das ständige Nachregulieren der Vergaser. Weber- und andere Doppelvergaser werden oft als Geheimtip gehandelt. Wir lassen sie hier beiseite, da sie zwar Leistungsgewinne bringen können, aber teuer und kompliziert einzustellen sind, vor allem an nicht serienmäßigen Motoren, zu denen keine Werkstattdaten für die Grundeinstellung existieren. Ihr Hauptmanko ist aber der wesentlich höhere Preis als für größere oder zwei SU-Vergaser.

Der dritte aussichtsreiche Bereich für Leistungssteigerung betrifft den Auspuff, vor allem den Krümmer; ein sauber gefertigter Fächerkrümmer bringt echte Mehrleistung, ohne weitere Tuning-Maßnahmen allerdings auch nur in begrenztem Maße.

Qualmende Vorderräder sind beim Mini keine Seltenheit.

Der vierte Punkt wäre der Austausch der Nockenwelle. Jeder Fachmann schwört auf eine andere Welle, die alle unterschiedliche Kenndaten haben und sich im Motor anders verhalten. (Alle Nockenwellen sind Kompromisse, d.h. jeden Vorteil erkauft man sich mit einem Nachteil. Versuchen Sie also, sich beizeiten über die angestrebte Motorcharakteristik klarzuwerden). Bei der Wahl der Nockenwelle sollte man die zugängliche Fachliteratur genau studieren und mit einem kompetenten Händler die eigenen Wünsche besprechen.

Modifikationen

Am Motor ließe sich noch sehr viel mehr machen, z.B. Erleichtern diverser beweglicher Teile, Verstärkung anderer Teile, Umbau des Ölkreislaufs usw., für den normalen Straßenbetrieb sind diese Umbauten jedoch weitestgehend überflüssig und kosten nur Geld. Leider wird der Nutzen immer geringer, je weiter man sich im Tuning vorwagt. Je größer der Aufwand, desto geringer der Leistungsgewinn und desto höher die Kosten. Wer seinen Motor aus lauter Selbstzweck bis an die Haarspitzen tunen will, überschreitet den Rahmen dieses Buches bei weitem und lese sich besser in Tuning-Handbücher ein, z.B. im eingangs erwähnten Werk.

Umbau der Zylinderköpfe? Achtung!

Die Lage der Stiftschrauben ist zwar durchweg dieselbe (sogar bei den Köpfen mit mehr Bolzenlöchern, nur lassen diese sich nicht richtig festziehen), doch decken sich z.B. die acht Wasserkanäle des 1275 nicht mit denen in anderen Hubräumen. Außerdem ist für die geöffneten Ventile nicht genug Platz, wenn man den Kopf des 1275 auf Blöcke mit geringerem Hubraum aufschraubt.

Getriebe und Antriebsübersetzung

Grundsätzlich gilt: je jünger das Getriebe ist, desto stabiler und besser ist es. Das beste Seriengetriebe dürfte das vollsynchronisierte und enger abgestufte Getriebe des 1300 GT sein — die Cooper-Getriebe einmal ausgenommen.

Die Änderung der Antriebsübersetzung ist durch Umbau möglich und wäre nützlich, wenn die Motorleistung deutlich angehoben wurde. Drei geläufige und eine weniger verbreitete Übersetzung sind zu finden. Der 850er Mini war 3,765:1 übersetzt, der 1300er Mini 3,647:1. Der letzte Cooper S hatte eine Übersetzung von 3,444:1. Der 998er wurde mit jeder dieser Übersetzungen geliefert, einige der frühen 1275 GT waren außerdem sehr indirekt mit 4,133:1 übersetzt.

Die am besten geeignete Übersetzung ist wohl nur durch Probieren herauszufinden — versuchen Sie es mit der eingebauten Übersetzung; erscheint sie zu indirekt, so als ob man hochschalten will, obowhl man bereits im direkten Gang ist, versuchen Sie es mit der nächsten Stufe. Die genaue Übersetzung kann man nur feststellen, indem man die Zähne auf dem Tellerrad durch die Zähnezahl des Kegelrades dividiert. Daraus ergibt sich einer der obigen Werte.

Wurde der Antrieb aus einem anderen Mini umgebaut, versuchen Sie auch, den entsprechenden Tacho zu bekommen, damit die Geschwindigkeitsanzeige stimmt. Andernfalls müssen sie ihn von einem Tachometerdienst eichen lassen.

Kühlanlage

Die 1275er Motoren neigen gemeinhin eher zum Überhitzen als die kleineren Motoren; daher sollte man sich den zum Motor passenden Kühler mit Lüfter besorgen und den Kühler vor dem Einbau gründlich durchspülen. Auch der Einbau eines kühleren Thermostaten wäre keine schlechte Idee. Glauben Sie aber nicht, daß ein Elektrolüfter die Kühlung merklich verbessert — ist leider nicht der Fall!

Einbau einer Drehstromlichtmaschine / Umbau auf Minus an Masse

Der Austausch der Gleichstromlichtmaschine der älteren Minis gegen eine Drehstromlichtmaschine bringt deutliche Vorteile, vor allem im Winter, wenn das heutige Zubehör die Batterie stark belastet. Der Umbau auf der alten Plus-Masse auf Minus an Masse wäre ebenfalls zu empfehlen, insbesondere für den Einbau moderner Radios und Cassettengeräte mit Minus-Masse. (Radios mit Minus an Masse *können* auch in Autos mit Plus-Masse montiert werden, doch muß das Radio vollständig von der Karosserie isoliert und eine Antenne ohne Massekontakt verwendet werden, z.B. eine Scheibenantenne.) Die elektrischen Anbauteile des Wagens brauchen zum Umbau auf Minus an Masse auch nicht ausgetauscht zu werden (bis auf die Ausnahmen im folgenden Abschnitt). Auch die Wischer liegen dann nicht auf der falschen Seite in Ruhestellung, und was der Befürchtungen noch mehr sind...

Werkzeuge

Zoll-Schraubenschlüssel, Kombizange (zum Abziehen festkorrodierter Kabelschuhe zwei Zangen verwenden), Überbrückungskabel, Abisolierzange, Lötkolben.

Sicherheit

Vorsicht bei Arbeiten an der Fahrzeugelektrik. Vor allem muß die Batterie abgeklemmt werden, bevor an der Elektrik gearbeitet wird.

1. Batterie abklemmen, Pole säubern und Massekabel zur Karosserie erneuern (damit verhindert man mangelnde Kontaktgabe in alten, ausgefransten Massebändern).

Mini-Restaurierungshandbuch

1. Die Lucas-Aufsteck-Polklemmen tauscht man gegen die klassischen Klemmen aus. Die Lucas-Klemmen sind in der Größe auf die Batteriepole abgestimmt. Da aber der Pluspol größer als der Minuspol ist, ist der Minuspol nicht mehr brauchbar.

Die alten Klemmen NICHT vom Kabel abschneiden, da das Kabel sonst vielleicht zu kurz wird, sondern mit einem Propanbrenner abschmelzen (geeignetes Gefäß unterstellen). *Vorsicht mit offenen Flammen in Nähe des Benzintanks! Kabel lösen und NICHT im Kofferraum ablöten!*

Die Batterie um 180 versetzt einbauen und die Kabel wieder fest anschließen. Unbedingt die richtigen Batteriehalter montieren, da übermäßige Vibrationen die Lebensdauer der Batterie um Jahre verkürzen.

2. Die Zündspule prüfen. Das WEISSE Kabel muß jetzt an der Klemme + (Plus) oder CB angeschlossen werden. Das WEISS/SCHWARZE Kabel (Verteiler — Zündspule) kommt an Klemme — (Minus) oder SW (CB = Unterbrecher, SW = Schalter; in der neuen Ausführung vertauscht). Die Spule arbeitet zwar auch mit falsch herum angeschlossenen Kabeln, doch liegt die Leistung einige Prozent niedriger.

3. *Falls keine Drehstromlichtmaschine eingebaut wird:* Die Lichtmaschine polarisieren. Das BRAUN/GRÜNE Kabel von Klemme F (Feld) an der Lichtmaschine (der kleineren Klemme) abziehen. Mit einem Überbrückungskabel eine provisorische Verbindung zwischen dieser Klemme und dem stromführenden Kontakt des Anlasser-Magnetschalters herstellen (der mit dem BRAUNEN Kabel).

An der Lichtmaschinenklemme müssen mit dem Kabel einige kräftige Funken erzeugt werden; dadurch wird die Polarität des Magnetfeldes der Lichtmaschine umgekehrt. Schließen Sie danach das BRAUN/GRÜNE Kabel wieder an der Lichtmaschine an, und lassen Sie den Motor an. Die Ladekontrolle muß wie vorher aufleuchten (bei eingeschalteter Zündung EIN, bei sehr niedriger Drehzahl EIN, ab ca. 1000 U/min und bei ausgeschalteter Zündung AUS). ACHTUNG: leuchtet die Ladekontrolle bei ausgeschalteter Zündung weiter, ziehen Sie *sofort* die BRAUNEN Kabel am Magnetschalter ab und kontrollieren Sie, ob nicht irgendwelche Kabel falsch angeschlossen sind.

4. Funktion der Heizung kontrollieren. Zündung und Gebläse einschalten und Luftmenge prüfen. Dann die Kabel (die Steckanschlüsse) am Gebläsemotor vertauschen und nochmals prüfen. Die Kabel in der Stellung anschließen, in der der Luftstrom stärker ist.

5. Ein Warnschild (aus einem neueren Mini oder handgeschrieben) im Motorraum in Batterienähe anbringen: ACHTUNG — Minus an Masse.

6. *Einbau einer Drehstromlichtmaschine statt einer Gleichstromlichtmaschine:* Der Einbau einer gebrauchten Drehstromlichtmaschine dürfte klar sein. Besorgen Sie auch die Halterung und die Spannbügel sowie den Stecker auf der Rückseite. Montieren Sie einen neuen Keilriemen für das Modell, aus dem die Drehstromlichtmaschine stammt, denn ihre Riemenscheibe hat sicher einen anderen Durchmesser als an der originalen Lichtmaschine.

7. Bauen Sie Halterung und Spannbügel der Drehstromlichtmaschine statt der alten Teile am Motor an und montieren Sie die Lichtmaschine mit der richtigen Keilriemenspannung (der Riemen muß sich in der Mitte zwischen Lichtmaschinen- und Kurbelwellen-Riemenscheibe ca. 12 mm eindrücken lassen).

8. Die Kabel nach dem Schaltplan aus dem Reparaturhandbuch anschließen. Beide Enden der überzähligen Lichtmaschinenkabel abisolieren und aus dem Weg räumen (am besten am Kabelbaum festbinden), so daß die blanken Kabelenden keinen Kurzschluß verursachen können.

Hinweis. Bei folgenden Bauteilen spielt die Polarität eine Rolle.

Zeituhr. Fast alle modernen Zeituhren sind mit Transistorgleichrichtern ausgerüstet. Eine Umpolung ist nicht möglich. Einziger Ausweg ist der Einbau einer späteren Version mit Minus an Masse.

Elektronische Zündung. Auch hier kann die Polarität nicht geändert werden. Entweder auf herkömmliche Zündung oder eine neuere Anlage einbauen, sofern die Zündanlage nicht umschaltbar ist.

Ampèremeter. Es zeigt verkehrt herum an, sofern man nicht die Kabel an seiner Rückseite vertauscht.

Druckluft-Signalhörner. In verschiedenen Versionen auf dem Markt. Könnten beschädigt werden. Beim Hersteller anfragen.

Scheibenwaschanlage (elektrisch). Wahrscheinlich müssen die Anschlüsse am Motor vertauscht werden.

Drehzahlmesser. Hier ist ein relativ komplizierter Umbau möglich. Von Autoelektriker umbauen lassen oder eine neuere Ausführung einbauen.

Bremsen, Radaufhängung und Räder

Für den Alltagsbetrieb reichen die Bremsen fast aller Minis aus und bieten noch gewisse Reserven für leichtes Tuning. Die beiden Ausnahmen sind die Bremsen der allerersten Minis mit einfachen auflaufenden Backen (Änderungen in der Serie siehe Anhang zur Produktionsentwicklung), die selbst für die schwächsten Motoren nur mit Müh und Not ausreichen, sowie die Scheibenbremsen des frühen Mini Cooper, die ebenfalls leicht kriminell sind, vor allem im Anbetracht der höheren Motorleistung dieser Modelle.

Bevor man an die Verstärkung der Bremsen denkt (und bei wesentlicher Steigerung der Motorleistung wäre es — gelinde ausgedrückt — dumm, dies zu unterlassen) prüft man den Zustand der

Modifikationen

vorhandenen Bremsanlage. Die Mini-Bremstrommeln werden öfters unrund und riefig und verlieren dann an Wirkung (Sogar an Neuwagen kommen ovale unrunde Bremstrommeln vor — also prüfen lassen!). Leichte Laufspuren oder Unrundheit können von mechanischen Werkstätten durch Überdrehen korrigiert werden, doch frage man vorher nach dem Preis. Manchmal sind Neuteile billiger.

Die Mini-Bremsen können auf verschiedene Weise verbessert werden: Einbau einer neueren Bremsanlage in ein älteres Modell, Einbau härterer Beläge und eines Bremskraftverstärkers oder durch Umbau auf Scheibenbremsen.

Umbau der Bremsen

Wer die Bremsen umbauen will, um sie an einen stärkeren Motor anzupassen, kann sich an dem Modell orientieren, aus dem der Motor stammt, bzw. beim ersten Cooper, der schlechte Bremsen hatte, an einem Modell mit ähnlicher Leistung. Die späteren Trommelbremsen ohne Zweikreisanlage eignen sich gut als Ersatz für die allerersten Bremsen. Dazu besorgt man sich Ankerplatten und Trommeln vom Schrottplatz und montiert neue Haupt- und Radbremszylinder und Bremsbeläge. Sie können beim 850er Mini ohne Änderungen eingebaut werden. Beim Umbau des älteren Cooper müssen allerdings die Radnaben des 850er Mini übernommen werden. Das Bremsdruck-Begrenzerventil sollte man auch gleich erneuern.

Die Bremsscheiben des Cooper S und 1275 GT müssen mit den Antriebsflanschen, Radnaben, Bremszangen und Gleichlaufgelenken desselben Modells montiert werden, sie können also recht teuer werden. Alle Austin/Morris 1100 und 1300-Limousinen wurden mit Scheibenbremsen geliefert, die wir für den Mini aber leider nicht verwenden können, da die Gleichlaufgelenke anders dimensioniert sind und die 12-Zoll-Räder nicht an den Mini passen.

Bremskraftverstärker

Durch den Einbau eines Bremskraftverstärkers wird die Bremswirkung NICHT besser! Dies wird zwar vielfach behauptet, doch bewirkt er einzig und allein, daß der Pedaldruck und der erforderliche Aufwand zum Bremsen geringer wird. Tritt nach mehreren Gewaltbremsungen Fading ein, ändert auch ein Bremskraftverstärker daran nichts; der rechte Fuß schafft es dann nur leichter, die Bremsen bis an die Grenzen zu belasten. Wer seinem Bremsfuß die Arbeit erleichtern will (und dabei an die Mängel der frühen Bremsen denkt), sollte aber unbedingt einen Verstärker einbauen. Ein Bremskraftverstärker vom Schrottplatz dürfte nicht allzu teuer sein — meist billiger als ein neuer Reifen. Besorgen Sie sich aber auch alle dazugehörigen Leitungen und Anschlüsse, und überholen Sie den Verstärker.

Zusammen mit dem Einbau eines Bremskraftverstärkers kann man die Bremsen noch auf andere Weise aufwerten. Härtere Bremsbeläge vertragen mehr Gewaltbremsungen, ehe Fading eintritt, erfordern aber auch höhere Pedalkräfte, so daß der Einbau härter Beläge ohne weitergehende Änderungen schon geradezu gefährlich wäre. Zusammen mit einem Bremskraftverstärker kann man die Vorteile beider Umbauten kombinieren. Nützlich wäre die Montage härterer Beläge, z.B. Ferodo AM4, an der Vorderachse, sowie derselben Beläge oder evtl. auch der Standardbeläge an der Hinterachse.

Stoßdämpfer

Härtere Stoßdämpfer verbessern die Straßenlage des Mini eindeutig, der Fahrkomfort läßt damit aber drastisch nach. Sie müssen selbst wissen, worauf Sie Wert legen. Bei Hydrolastic-Minis läßt sich derselbe Effekt mit steiferen Hydrolastic-Federn erreichen, angesichts des extrem aufwendigen Umbaus kommt dies aber nur für Fanatiker in Frage.

Tieferlegen

Ein tiefergelegter Mini sieht schärfer aus, liegt besser in der Kurve und der Umbau kostet wenig. Was will man noch mehr — Originalität vielleicht? Prüfen sie anhand der Kapitel zur Fahrwerksüberholung selbst, ob und wie weit Sie Ihren Mini tieferlegen wollen (25 mm reichen meist aus). Dann sehen Sie nach, wie die Federtöpfe ausgebaut werden. Zum Tieferlegen wird Material an der Schmalseite der Töpfe in folgendem Verhältnis abgenommen: 3 mm Materialabnahme entspricht Tieferlegung um 15 mm. Wer zuviel Material von den Federtöpfen abnimmt, muß meist spezielle kürzere Stoßdämpfer besorgen, die an die dichter zusammenliegenden Dämpferaugen passen. Wer die Radaufhängung sehr tief legt, prüfe genau, ob nicht irgendwo Bremsleitungen oder Reifen scheuern.

Felgen

Auf trockener Fahrbahn liegt der Mini mit breiteren Reifen sicher besser in der Kurve, da die Reifenaufstandsfläche dann größer ist. Vor weiteren Umbauten sollte man sich bei frühen Minis mit dünner Felgenmitte (siehe Produktionsänderungen im Anhang) überlegen, ob man sie nicht besser gegen die späteren, optisch ähnlichen, aber viel stabileren Felgen auswechselt. (Die Dicke der frühen Felgenmitten beträgt 2 mm, die der späteren Felgen 3 mm).

Im Zubehörhandel gibt es derart viele Felgen, daß spezielle Empfehlungen unmöglich sind. Grundsätzlich sollte man aber folgende Punkte beachten:

1) Sind breitere Stahlfelgen von einem namhaften Hersteller lieferbar? Felgenbrüche sind zwar extrem selten, doch sollte man das Risiko (und die Gefahr, daß die Betriebserlaubnis bei Montage von Felgen ohne ABE erlischt) nicht eingehen.
2) Finger weg von gebrauchten Leichtmetallfelgen! Leichtmetall altert im Lauf der Jahre (auch bei guter Pflege) und man weiß ja auch nicht, was sie in der Vergangenheit alles erleiden mußten.
3) Die Felgen und Reifen dürfen nirgends an der Karosserie scheuern, wenn diese nicht modifiziert wird (deshalb passen die Felgen des Cooper S nicht an andere Modelle, wo sie an Lenkern und Stoßdämpfern scheuern würden).
4) Die Räder dürfen nicht über die Karosserieumrisse überstehen. Der TÜV verlangt dann sachgemäß montierte Kotflügelverbreiterungen.

Mini-Restaurierungshandbuch

Also, Sir, ich hab' da gehört, wie sie sagten, Sie könnten sich keinen Range Rover leisten, und wo Sie doch Ihrer Frau einen neuen Mayfair gekauft haben, dacht' ich, es würde Sie freuen, wenn ich Ihnen einen Mayfair County baue...

3. Wenn der Motor zur Überholung oder Tuning zerlegt wird, wäre es ratsam, Kurbelwelle und Schwungrad vom Fachmann auswuchten zu lassen. Der Motor wird es mit besserer Laufruhe und höherer Lebensdauer danken.

4. Neben Modifikationen am Kopf, Vergaser und Ansaugkrümmer spielt auch ein spezieller Auspuffkrümmer eine wichtige Rolle bei der Optimierung des Gasstroms durch den Zylinder.

1. Schärfere Nockenwellen und größere Ventile verleihen dem Mini mehr Dampf. Eine andere Nockenwelle alleine bringt bei fast allem Minis aber noch keine Mehrleistung, und der Einbau größerer Ventile bedeutet oft mehr Aufwand und Kosten als der Einbau eines kompletten besseren Zylinderkopfes (natürlich gebraucht!).

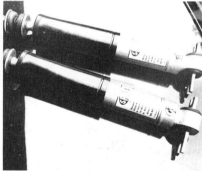

5. Härtere Stoßdämpfer verbessern die Straßenlage des Mini, doch wird die ohnehin schon harte Federung auf manchen Fahrbahnoberflächen damit unerträglich. Die beste Lösung wären einstellbare Spax-Stoßdämpfer, die mit dem Schraubendreher auf weichere oder härtere Straßenlage eingestellt werden können.

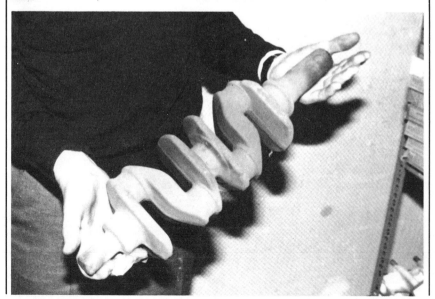

2. Wer auf extremes Tuning aus ist, kann von Spezialfirmen sogar unbearbeitete Kurbelwellenrohlinge beziehen und sie nach eigenen Angaben schleifen lassen.

Modifikationen

6. Das zur Zeit auf dem Markt befindliche Tuning- und Umbau-Zubehör für den Mini würde ein eigenes Buch füllen. Der hier gezeigte Umbausatz vom Mini Spares Centre sorgt für eine ruhigere Ventilsteuerung.

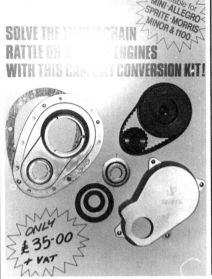

8. Einer der rasantesten Quermotoren außerhalb des Cooper und eines der besten Getriebe sitzen im 1300 GT. Achten Sie auf dieses Typenschild.

7. Wie in diesem Kapitel empfohlen, wären größere, leistungsfähigere Motoren und bessere Zylinderköpfe gebraucht recht günstig zu beschaffen. Der Austin/Morris 1100/1300 eignet sich gut als Teileträger. Vor allem der Motor des GT wäre ideal für den Mini.

Zubehör — Allgemeines

1. Das Zubehör für den Mini dürfte nur bei wenigen anderen Modellen noch reichhaltiger sein. Speziell in Großbritannien, aber auch bei zahlreichen Spezialfirmen und Zubehörläden in Deutschland sind Zubehör- und Umbauteile in großer Zahl zu finden.

Felgen und Distanzstücke

2. Die Minilite-Felgen sind wohl die klassischen Mini-Räder. Der Hersteller existiert allerdings nicht mehr, d.h. guterhaltene Gebrauchtfelgen werden teuer gehandelt. Minilite-Replikas sind aber seit kurzem (mit ABE!) über Mini-Spezialteilehändler lieferbar. Vorsicht beim Kauf von Gebrauchtfelgen (siehe oben). Fachleute empfehlen zwei ideale Felgen-/Reifen-Kombinationen: Reifen 145 x 10 auf 3 1/2- oder 4 1/2-Zoll-Felgen oder 165/70 x 10 auf 4 1/2- bis 6-Zoll-Felgen. Für 5-Zoll-Felgen sind Kotflügelverbreiterungen nötig, sonst streikt der TÜV (im Einzelfall kommt es aber auf den Felgenversatz an). Felgenbreiten über 6 Zoll sind für den Straßenbetrieb nicht empfehlenswert.

3. Felgen-Distanzringe bewirken eine Spurverbreiterung, doch steigen damit die Radlagerlasten. Daher sollte man unbedingt stärkere Radlager montieren. Diese Einbausätze können an der Hinterachse problemlos montiert werden, an der Vorderachse bereiten sie aber derartige Probleme...

4. ... daß man oft gleich auch die Scheibenbremsen des Cooper montiert. Sie sind von den Mini-Teilelieferanten neu oder gebraucht lieferbar.

Modifikationen

5. Ein anderer Weg zu besserer Bremswirkung besteht in der Montage von Minifin-Alubremstrommeln. Sie leiten die Bremswärme viel schneller als die Stahltrommeln ab und steigern die Bremswirkung ganz beträchtlich. Die beiden unterschiedlichen Ausführungen ermöglichen gleichzeitig unterschiedliche Radspur.

6. Aluminium ist als Bremsen-Reibfläche natürlich ungeeignet. Daher sitzt in der Trommel ein eingeschrumpfter Stahlring.

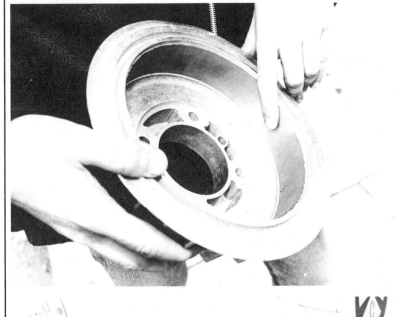

Karosserie-Umbauten

Karosserieumbausätze sind für den Mini in allerlei Varianten lieferbar (die bei anderen Fabrikaten so beliebten Spoiler werden dagegen anscheinend nur selten für den Mini verkauft).

7. Radlaufverbreiterungen sind wesentlich häufiger anzutreffen. Diese BL-Teile stammen von Mini-Sonderserien und bestechen durch hervorragende Passung. Diese Verbreiterungen werden in vorgebohrten Löchern am Kotflügel angeschraubt.

8. Auch diese Alu-Verbreiterungen sind in der Montage problemlos, wirken aber nicht ganz so sauber. In Verbindung mit normalen Reifen und Felgen sehen aber alle Verbreiterungen irgendwie lächerlich aus.

9. Zusätzlich gibt es auch diese Gummi-Innenkotflügel, die rostförderndes Spritzwasser und Straßendreck von der Kotflügelinnenseite fernhalten sollen. Für Mini-Fahrer, die auf Werterhaltung aus sind, eine lohnende Anschaffung.

10. Wer gerne einen zweiten Tank einbauen möchte, braucht dazu: einen Tank vom Cooper S, ein Stück Stahl-Verbindungsrohr, das hinter dem Sitz zwischen den beiden Tanks verläuft, ein T-Stück zum Anschluß des 2. Tanks an die Benzinleitung des Originaltanks, eine Gummitülle für den Ausschnitt, der für den Einfüllstutzen in der Karosserie angebracht werden muß, und umgebaute Tankhaltebänder für die Befestigung des zweiten Tanks. Nicht serienmäßige Einbausätze für den Tank auf der rechten Seite sind von Spezialfirmen lieferbar.

11. An eine heizbare Heckscheibe kommt man, indem man eine Scheibe mit eingelassenen Heizdrähten ersteht (war bei einigen Modellen serienmäßig und dürfte daher als Gebrauchtscheibe ohne weiteres zu beschaffen sein)...

12. ... oder eine Heckscheibenheizung zum Aufkleben besorgt. Zum Scheibeneinbau siehe den entsprechenden Abschnitt in diesem Buch.

Modifikationen

Innenausstattung

13. Sportlenkräder gibt es in unterschiedlichster Ausführung von normaler bis zu winziger Größe (achten Sie auf die ABE, damit es bei der TÜV-Eintragung keine Probleme gibt). Sie können problemlos montiert werden, sofern man den richtigen Schraubenschlüssel zum Lösen der Lenkradnabenmutter hat.

14. Das spartanische Mini-Armaturenbrett kann auf unterschiedliche Weise umgebaut werden. Für den Einbau dieses ABS-Instrumentenbords sind nur einige Schneidschrauben erforderlich.

15. Diese Echtholz-Armaturenbretter sind für fast alle Modelle lieferbar und wirken sehr gediegen, wenn man sie fachgerecht einbaut. Auch hier gibt es kaum Komplikationen beim Einbau.

16. Der Standard-Mini leidet wahrlich nicht unter zu reichhaltiger Instrumentierung! Ein neues Armaturenbrett ist ideal für den Einbau eines der zahlreichen Zusatzinstrumente. Weit verbreitet ist vor allem der Einbau eines Drehzahlmessers.

Mini-Restaurierungshandbuch

19. Überrollbügel sind bei echten und Möchtegern-Rennfahrern weit verbreitet. Der Einbau anhand der Montageanleitung bereitet in der Regel keine größeren Probleme.

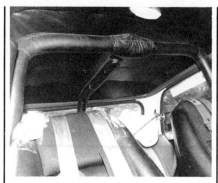

20. Auch gepolsterte Überrollbügel sind lieferbar. Bessere Ausführungen sind allerdings teuer.

17. Diese „Restall"-Sitze waren Mitte der 60er Jahre horrend teuer, gehören aber zu den besten je produzierten Mini-Sitzen. Wenn Sie gut erhaltene Sitze finden, sollten Sie zugreifen.

18. Hier ist links der serienmäßige Cooper-Sitz zu sehen, der das Rückgrat nicht gerade verwöhnt, und rechts der relativ seltene verstellbare Werkssitz. Beide Ausführungen sind heute schwer zu finden, Zubehörsitze sind aber in stilistisch und preislich breitgefächerten Varianten lieferbar.

Dies und das

21. Die älteren Modelle haben oft mit Spritzwasser zu kämpfen, das die Zündung lahmlegt. Empfehlenswert wäre der Einbau eines Spritzschutzes aus einem späteren Modell, der neu von Austin-Rover-Händlern bezogen werden kann.

Modifikationen

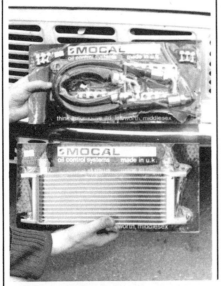

22. Wer es schafft, einen Ölkühler hinter dem Frontblech unterzubringen, hat damit ein extrem nützliches Zubehör zur Hand, das sich vor allem höhergezüchteten Minis bewährt und sich relativ leicht einbauen läßt — außer daß kaum Platz zum Einbau vorhanden ist!

23. Die einstellbaren Spax-Stoßdämpfer sind die optimale Lösung für alle, die gelegentlich (z.B. für Testfahrten) eine härtere Federung wollen, im Alltag aber die erträglichere weiche Federung bevorzugen.

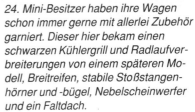

24. Mini-Besitzer haben ihre Wagen schon immer gerne mit allerlei Zubehör garniert. Dieser hier bekam einen schwarzen Kühlergrill und Radlaufverbreiterungen von einem späteren Modell, Breitreifen, stabile Stoßstangenhörner und -bügel, Nebelscheinwerfer und ein Faltdach.

25. Sonderversionen des Mini gab es von vielen Firmen, so das Vollcabrio von Auto-Wolf, München, oder das attraktive Halbcabrio (Foto) von der Karosseriefirma Leiningen & Hammel, Frankfurt/Main.

Anhänge

1 Werkstattpraxis — Sicherheit hat Vorrang

Gelernte Mechaniker in Fachwerkstätten sind fit in Sachen Arbeitssicherheit. Sie als Do-it-yourselfer sollten sich vom Eifer aber nicht dazu verleiten lassen, elementare Sicherheitsvorschriften außer Acht zu lassen. Ein Augenblick Unachtsamkeit hat schon oft Unfälle verursacht — nehmen Sie sich also die Zeit, die zur sicheren Vorbereitung der Arbeiten nötig ist.

Unfälle können auf tausenderlei Weise passieren. Die folgenden Punkte erheben keinen Anspruch auf Vollständigkeit, sondern sollen nur auf einige Gefahrenquellen und die Bedeutung sicheren Arbeitens hinweisen.

Die wichtigsten Arbeitsschutzregeln

NIE unter einem Fahrzeug arbeiten, das nur vom Wagenheber gehalten wird. Fahrzeug immer mit Unterstellböcken an Stellen abstützen, die garantiert nicht nachgeben.
NIE mit hohem Drehmoment angezogene Muttern lösen, wenn das Fahrzeug mit dem Wagenheber angehoben ist — es könnte abkippen.
NIE den Motor anlassen, ohne zuerst den Leerlauf (bzw. die „Park"-Stufe) einzulegen und die Handbremse anzuziehen.
NIE den Kühlerverschluß zu rasch vom Kühler abschrauben — erst abkühlen lassen, dann mit einem Lappen abdecken und den Deckel langsam aufdrehen, damit der Druck entweicht (andernfalls Verbrühungsgefahr!).
NIE das Öl ablassen, bevor es soweit abgekühlt ist, daß man sich nicht verbrüht.
NIE warme Motoren-, Auspuff- oder Katalysatorteile anfassen, ohne sich zu vergewissern, daß sie ausreichend abgekühlt sind und man sich daran nicht verbrüht.
NIE Bremsbelagstaub einatmen — er ist gesundheitsschädlich.
NIE verschüttetes Öl, Fett oder Farbe zurücklassen — sofort aufwischen, bevor jemand darauf ausrutscht.
NIE ungenau passende Schlüssel oder andere improvisierte Werkzeuge verwenden, die abrutschen und Verletzungen verursachen könnten.
NIE schwere Gegenstände anheben, an denen man sich vielleicht einen Bruch hebt — lieber einen Helfer holen.
NIE eine Arbeit allzu eilig zu Ende bringen wollen oder aus falsch verstandener Zeitersparnis schludern.
NIE Kinder oder Haustiere unbeaufsichtigt am Auto spielen lassen.
STETS Augenschutz aufsetzen, wenn mit Elektrowerkzeugen wie Bohrer, Schleifer, Trennschleifer usw. oder unter dem Fahrzeug gearbeitet wird.
STETS die Hände mit Schutzcreme einreiben, bevor an schmutzigen Stellen oder mit Farben und Lösungsmitteln gearbeitet wird — dies schützt gegen Hautinfektionen und der Schmutz läßt sich hinterher leichter beseitigen. Die Hände dürfen aber nicht schmierig bleiben.

Werkstattpraxis – Sicherheit hat Vorang

STETS lose Kleidungsstücke (Ärmel, Schals usw.) und lange Haare aus dem Arbeitsbereich beweglicher Maschinenteile halten.
STETS Ringe, Armbanduhr usw. vor Arbeiten am Fahrzeug (speziell an der Elektrik) abnehmen.
STETS Hebezeuge verwenden, deren Traglast auf die zu hebenden Lasten abgestimmt ist.
STETS den Arbeitsplatz sauberhalten — herumliegende Gegenstände sind gefährliche Stolpersteine!
STETS jemand anders in gewissen Abständen nach dem Rechten sehen lassen, wenn man alleine am Fahrzeug arbeitet.
STETS die Arbeiten in logischer Reihenfolge durchführen und kontrollieren, ob alles richtig montiert wurde.
STETS daran denken, daß von der Fahrzeugsicherheit auch die Sicherheit der Insassen abhängt. Im Zweifelsfall Fachleute zu Rate ziehen.
FALLS Sie sich trotz dieser Ratschläge einmal verletzen, suchen Sie sofort einen Arzt auf.

Brandschutz

Denken Sie immer daran, daß Benzin extrem feuergefährlich ist. Auf keinen Fall bei Arbeiten am Fahrzeug rauchen; offene Flammen meiden. Es gibt daneben noch andere Risiken — ein Funke durch Kurzschlüsse, zwei aneinander reibende Metalle, oder die statische Elektrizität des Körpers kann Benzindämpfe entzünden, die besonders in geschlossenen Räumen extrem explosiv sind.

Vor Arbeiten an der Benzinanlage stets das Massekabel der Batterie abklemmen und keinesfalls Benzin auf einen heißen Motor oder Auspuff tropfen lassen.

Halten Sie stets einen Feuerlöscher, der für die Bekämpfung von brennendem Kraftstoff und Kabelbränden geeignet ist, am Arbeitsplatz griffbereit. Brennenden Kraftstoff oder Kabelbrände nie mit Wasser zu löschen versuchen.

Dampf- und Staubentwicklung

Bestimmte Dämpfe und Gase sind extrem toxisch und führen beim Einatmen schnell zu Bewußtlosigkeit oder gar zum Tod. Hierzu zählen Benzin- und bestimmte Lack- und Lösungsmitteldämpfe, z.B. Trichloräthylen. Diese leichtflüchtigen Flüssigkeiten dürfen nur in gut belüfteten Räumen verarbeitet werden. Beim Arbeiten ggf. eine geeignete Schutzmaske tragen.

Bei der Arbeit mit Reinigungs- und Lösungsmitteln die Gebrauchsanweisungen genau beachten. Nie Mittel aus ungekennzeichneten Behältern verarbeiten — sie setzen möglicherweise giftige Dämpfe frei.

Nie den Motor in geschlossenen Räumen, z.B. in der Garage, laufen lassen. Auspuffgase enthalten das extrem giftige Kohlenmonoxid. Wenn man den Motor laufen lassen muß, sollte man ihn immer im Freien laufen lassen; zumindest sollte sein Heck ins Freie zeigen.

Wer glücklicher Besitzer einer Grube ist, sollte nie Benzin oder Öl ablassen oder den Motor laufen lassen, solange der Wagen über der Grube steht. Die Gase sind schwerer als Luft und sammeln sich in der Grube, was böse Folgen nach sich ziehen kann.

Die Batterie

Funkenflug und offenes Feuer in Batterienähe ist tabu! Die Batterie setzt in der Regel Wasserstoffgas in gewissen Mengen frei. Wasserstoffgas ist extrem explosiv!

Vor Arbeiten an der Benzinanlage stets das Massekabel der Batterie abklemmen.

Möglichst die Zellenverschlüsse bzw. -deckel lösen, wenn die Batterie am Ladegerät aufgeladen wird. Batterie nicht überladen, sonst kann sie platzen.

Vorsicht beim Auffüllen und Tragen der Batterie. Die Batteriesäure ist auch noch in verdünnter Form extrem korrosiv und darf nicht an Augen oder Haut gelangen.

Wenn man die Batteriesäure selbst ansetzt, ist die Säure dem Wasser langsam zuzusetzen (nie umgekehrt). Gummihandschuhe und Schutzbrille tragen, so daß man gegen Spritzer geschützt ist.

Netzstrom

Bei Arbeiten mit Elektrowerkzeugen, Handlampe o.ä. mit Netzstromanschluß darauf achten, daß der Stecker richtig in der Steckdose sitzt und der Masseanschluß in Ordnung ist. Elektrogeräte nicht in feuchten Räumen betreiben und vor Funkenbildung oder übermäßiger Wärmeentwicklung in der Nähe offener Flammen schützen!

Zündungs-Hochspannung

Beim Berühren bestimmter Zündungsteile kann man sich empfindliche Stromschläge zuziehen, z.B. an den Hochspannungskabeln bei laufendem Motor oder beim Anlassen, vor allem bei feuchten Kabeln oder schadhafter Isolation. Elektronische Zündungen erreichen noch wesentlich höhere Hochspannungen, deren Stromschläge unter Umständen sogar tödlich sind.

Gasflaschen

Lagerung und Umgang mit Gasflaschen und Armaturen sind nicht ungefährlich. Die Sicherheitsregeln sind unbedingt zu beachten. Die Flaschen sicher lagern, ordnungsgemäß warten und stets mit der erforderlichen Sorgfalt damit arbeiten. Undichtigkeiten, Brand- und Explosionsrisiken vermeiden.

Die am häufigsten verwendeten Gase sind Sauerstoff, Azetylen und Flüssiggas. Hierfür gelten folgende Sicherheitsregeln:

Die Flaschen in einem feuersicheren, trockenen und gut belüfteten Raum abseits von Wärme- oder Funkenquellen und gegen Eis, Schnee und direkte Sonneneinstrahlung geschützt aufbewahren.

Die Ventile der gelagerten Flaschen müssen stets oben sitzen und geschlossen sein (auch bei vollständig entleerter Flasche)

Die Flaschen sind vorsichtig und ausschließlich durch qualifiziertes Fachpersonal zu bedienen, das über die Risiken informiert ist. Schadhafte oder undichte Flaschen sofort ins Freie schaffen und den Lieferanten benachrichtigen. Nie mit offenem Licht oder brennender Zigarette den Gasflaschen-Lagerraum betreten! Flaschen nicht schlagen oder fallen lassen.

Flaschen nie als Rollen mißbrauchen.

Nie von einer Flasche in eine andere umfüllen.

Beschädigung der Flaschenventile unbedingt vermeiden.

Die Ventile langsam öffnen, nie mit Gewalt bis zum Anschlag aufdrehen (damit die anderen Benutzer wissen, daß das Ventil offen ist) und nie mit einem Schraubenschlüssel allzu fest zuziehen, sondern nur von Hand zudrehen, so daß sie gasdicht schließen.

Vor dem Abbau oder Lösen der Anschlüsse, Deckel oder Verschlüsse kontrollieren, ob die Ventile geschlossen sind.

Beim Flaschenwechsel alle Ventile und Armaturen vor dem Abbau der Flaschen schließen, offene Flammen löschen und Brenner durchspülen.

Beim Anschließen alle Anschlüsse und Beilagscheiben auf Sauberkeit und einwandfreien Zustand kontrollieren und nicht zu fest anziehen.

Ventil der Flasche schließen, sobald die Flasche leer ist.

Sicherheitsvorschriften für Azetylen:
Die Flaschen bei Lagerung und Arbeit stets aufrecht stellen. Heizt sich eine Flasche durch eine Panne oder wegen übermäßiger Rückschläge auf, sofort das Ventil schließen, den Druckminderer abbauen und die Flasche ins Freie (in ausreichendem Abstand zum Gebäude) bringen, in Wasser legen bzw. mit Wasser besprühen, das Ventil öffnen und das Gas entweichen lassen, bis die Flasche leer ist.

Sicherheitsvorschriften für Sauerstoff:
Ventile und Armaturen absolut öl- und fettfrei halten.
Flaschen mit konvexem Sockel in einen Ständer setzen oder kippsicher an der Wand befestigen.

Sicherheitsvorschriften für Flüssiggas:
Brennbares, korrosives Material und Sauerstoffflaschen auf keinen Fall in demselben Raum wie Flüssiggasflaschen lagern.

Gefährliche Flüssigkeiten und Gase

Da die Batterie am Ende des Aufladens gast, also brennbare Gase freisetzt, ist darauf zu achten, daß beim Abklemmen des Netzanschlusses kein Funkenüberschlag entsteht, bevor die Kabel des Ladegeräts abgezogen bzw. angeschlossen werden. Die Batterieklemmen müssen abgeschirmt sein, da die Batterie Energie speichert und Funken von allen Leitern erzeugt werden können, die die Klemmen oder freiliegenden Haltebänder berühren.

Motoren, die man in Gebäuden laufen läßt, müssen mit einem ordnungsgemäßen Abgasabzug ins Freie versehen werden. Spiritus und ähnliche Gemische sind in geschlossenen Metallbehältern zu verwahren. In allen Bereichen, in denen Batterien geladen oder Einspritzanlagen geprüft werden, ist für ausreichende Belüftung zu sorgen und Zündquellen sind fernzuhalten. Arbeitsgruben bergen besondere Gefahren. Sie müssen so lang sein, daß man sicher hinein- und herauskommt, auch wenn der Wagen über der Grube steht. Oft kommt Benzin in die Grube. Benzindämpfe sind schwerer als Luft und setzen sich in der Grube ab, wo sie bei Flammenquellen extreme Risiken bilden. Zündquellen müssen daher unbedingt ferngehalten werden. Vorsicht ist auch beim Umgang mit Hebezeugen geboten. Wagenheber dienen nur zum Anheben des Wagens. Sie dürfen nie als Stütze beim Arbeiten dienen. Ehe man am Wagen arbeitet, stützt man den Wagen mit stabilen Unterstellböcken ab. Verletzungsgefahr besteht auch bei der Arbeit an laufenden Motoren, z.B. bei der Einstellung der Zündung, wenn man an einem Hochspannungskabel einen Schlag bekommt und mit der Hand zurückfährt und dabei an eine scharfe Kante oder an ein rotierendes Teil gerät.

Umgang mit Kunststoffen

Der Umgang mit Kunststoffen bringt zusätzliche Risiken mit sich. Viele der verwendeten Werkstoffe (Polymere, Kunst- harze, Klebstoffe, Härter und Beschleuniger) setzen gefährliche Gase frei, verursachen Hautreizungen und sind feuer- und explosionsgefährlich.

Wagenheber und Unterstellböcke

Wagenheber, insbesondere der Bordwagenheber des Mini, sind zum Anheben, nicht zum Abstützen des Fahrzeugs gedacht. Legen Sie sich KEINESFALLS unter einen Wagen, der nur vom Wagenheber gehalten wird. Unterstellböcke sind nicht teuer und in allen Baumärkten und Kfz-Zubehörläden erhältlich. Sie sind für Arbeiten unter dem Wagen absolut lebenswichtig! Dreiecksböcke (starr oder verstellbar) eignen sich für fast alle vorkommenden Arbeiten. Auffahrrampen sind aufgrund ihrer Größe und Konstruktion nur begrenzt nutzbar.

Beim Anheben der Wagenfront den Leerlauf einlegen und die Bremse erst anziehen, wenn das Fahrgestell auf den Unterstellböcken aufsitzt. Dann Gang einlegen und/oder Handbremse anziehen und den Wagenheber ablassen. Aber KEINEN GANG einlegen, wenn Sie den Motor durchdrehen wollen! Ist der Gang eingelegt oder die Handbremse angezogen, während der Wagen hochgebockt wird, kann der Wagen vom Wagenheber abkippen. Beim seitlichen Aufbocken ist dies kaum zu vermeiden; die Handbremse sollte in diesem Fall angezogen werden.

Werkstattpraxis – Sicherheit hat Vorrang

Geeignete Wagenheberaufnahmepunkte sind: vorderer Querträger (keinesfalls die Ölwanne!), Mitte des Differentials, Blattfedern, Rahmenunterseite bei geschlossener Tür bzw. (beim Bordwagenheber) die seitlichen Wagenheberschienen. Bei älteren Wagen mit Rost an den tragenden Teilen brechen die Wagenheberschienen oft unter der Last des mit dem Bordwagenheber angehobenen Wagens durch. In diesem Fall einen Scheren- oder Rangierwagenheber ansetzen.

Schweißen und Karosseriereparaturen

Schweißkenntnisse machen sich beim Restaurieren immer wieder bezahlt. Bei mangelnder Sachkenntnis kann jedoch allerhand schiefgehen — mehr als hier angesprochen werden kann. Aus *Sicherheitsgründen* sollte man sich zuerst in der entsprechenden Schweißart Kenntnisse in einem Schweißerkurs oder mit Hilfe erfahrener Kollegen aneignen. Ergänzende Druckschriften bekommt man evtl. von Schweißgerätelieferanten, falls sie beim Kauf nicht mitgeliefert werden.

Außerdem sollten Sie sich unbedingt das *Restaurierungs-Handbuch für Karosserie und Lack* von Lindsay Porter (im gleichen Verlag erschienen) besorgen und gründlich durcharbeiten. Es umfaßt an die 300 Seiten, rund 1000 Abbildungen und behandelt alle Aspekte rund um die Karosseriereparatur, u.a. Elektro-, Schutzgas- und Autogenschweißen, Richten von Blechen und Unfallschäden, Rostschutzbehandlung, Lackieren, Arbeiten mit GFK, Spachteln, Verzinnen, Innenausstattung usw. Neben diversen Reparaturen am praktischen Beispiel werden auch die einzelnen Arbeitsmethoden und Sicherheitsvorschriften bei der Karosseriereparatur genau behandelt. Es ergänzt damit das vorliegende Buch in idealer Weise.

Sicherheit am Arbeitsplatz — Zusammenfassung

1) Bei Arbeiten an der Kraftstoffanlage — egal ob im Motorraum oder unter dem Wagen — einen Feuerlöscher bereithalten.

2) NIE mit offener Flamme oder Schweißbrenner in Nähe des Benzintanks arbeiten.
3) Die Handlampe WEIT WEG von tropfendem Benzin halten (z.B. beim Ausbau der Benzinpumpe).
4) Einzelteile NIE mit Benzin reinigen, sondern mit Paraffin oder Entfetter.
5) ABSOLUTES RAUCHVERBOT!

Und wenn es doch einmal brennt: RUHE BEWAHREN! Den Feuerlöscher gezielt auf den Brandherd richten.

2 Werkzeuge und Arbeitsmittel

Einleitung

Ein Grundbestand an Qualitätswerkzeugen ist für Reparatur und Wartung eines Autos Grundvoraussetzung. Wer sich die ganze Werkzeugausrüstung auf einen Schlag zulegen muß, steht vor erheblichen Ausgaben, die die beim Selbermachen möglichen Einsparungen teilweise wieder auffressen. Gute Werkzeuge halten jedoch jahrelang und machen sich also langfristig in jedem Falle bezahlt.

Als Fingerzeig für den normalen Autofahrer haben wir die für die einzelnen Reparaturen in diesem Handbuch notwendigen Werkzeuge nachstehend in folgenden Kategorien zusammengestellt: Wartung und kleinere Reparaturen, Reparatur und Überholung sowie Spezialwerkzeuge. Anfänger benötigen zuerst den Werkzeugsatz für Wartung und kleinere Reparaturen und beschränken sich auf die einfacheren Arbeiten am Fahrzeug. Mit zunehmender Erfahrung kann man sich dann an komplexere Arbeiten heranwagen und weitere Werkzeuge ganz nach Bedarf anschaffen. Der Werkzeugsatz kann damit über längere Zeit für größere Reparatur- und Überholungsarbeiten nachgerüstet werden, ohne daß auf einen Schlag Riesensummen fällig werden. Erfahrene Do-it-yourselfer verfügen über einen Werkzeugbestand, der für praktisch alle Renovierungsarbeiten ausreicht, und stocken diesen um Spezialwerkzeuge auf, wenn der häufige Bedarf für diese Werkzeuge den Preis hierfür rechtfertigt.

Werkzeuge für Wartung und einfachere Reparaturen

Die nachstehenden Werkzeuge bilden den Mindestbestand für Routinearbeiten, Wartung und kleinere Reparaturen. Wir empfehlen kombinierte Ring-Gabelschlüssel, die zwar teurer als normale Gabelschlüssel sind, aber die Vorteile beider Schlüsselarten vereinen.

Ring-Gabelschlüssel - Schlüsselweite 7/16, 1/2, 9/16, 5/8, 11/16, 3/4, 13/16, 15/16 Zoll
Ring-Gabelschlüssel - Schlüsselweite 5, 6, 8, 10, 12 mm
Verstellbarer Schraubenschlüssel 9 Zoll
Schlüssel für Ablaßschraube Ölwanne/Getriebe/Hinterachse (soweit erforderlich)
Zündkerzenschlüssel (mit Gummieinsatz)
Einstellwerkzeug für Zündkerzen-Elektrodenabstand
Satz Fühlerlehren
Bremsbacken-Einstellschlüssel (soweit erforderlich)
Schlüssel für Bremsen-Entlüfterschraube
Schraubendreher - 4 Zoll lang x 1/4 Zoll Durchm. (Schlitzklinge)

Werkzeuge und Arbeitsmittel

Schraubendreher - 4 Zoll lang x 1/4 Zoll Durchm. (Kreuzschlitz)
Kombizange - 6 Zoll
Handsäge
Reifenluftpumpe
Werkstattleuchte mit Verlängerungskabel
Reifendruckprüfer
Fettpresse (soweit erforderlich)
Ölkanne
Feines Schleifpapier (1 Satz)
Drahtbürste (klein)
Fülltrichter (mittelgroß)

Werkzeugsatz für Reparaturen und Überholungsarbeiten

Diese Werkzeuge sind für größere Reparaturen (neben den in der ersten Liste genannten Werkzeugen) praktisch unentbehrlich. Hierzu gehört vor allem ein kompletter Satz Steckschlüssel. Sie sind zwar teuer, aber langfristig unverzichtbar - vor allem in Kombination mit unterschiedlichen Antrieben. Wir empfehlen Halbzoll-Antrieb, da er mit fast allem normalen Drehmomentschlüsseln kombiniert werden kann. Wem Steckschlüssel (auch wenn man sie einzeln nach und nach kauft) zu teuer sind, der kommt meist auch mit preisgünstigen Rohrsteckschlüsseln hin.

Die in dieser Liste genannten Werkzeuge müssen ab und zu durch diverse Spezialwerkzeuge (siehe unten) ergänzt werden.

Steckschlüssel (bzw. Rohrsteckschlüssel) - Schlüsselweite siehe oben
Umschaltbare Knarre (für Steckschlüssel)
Verlängerung - 10 Zoll (für Steckschlüssel)
Knebel (für Steckschlüssel)
Drehmomentschlüssel (für Steckschlüssel)
Gripzange - 8 Zoll
Kugelhammer
Kunststoff- oder Gummihammer
Schraubendreher - Länge 6 Zoll, 5/16 Zoll Durchmesser (Schlitzklinge)
Schraubendreher - Länge 2 Zoll, 5/16 Zoll Vierkant (Schlitzklinge)
Schraubendreher - Länge 1 1/2 Zoll, 1/4 Zoll Durchmesser (Kreuzschlitz)
Schraubendreher - Länge 3 Zoll, 1/8 Zoll Durchmesser (Elektriker-Schraubendreher)
Zange - Seitenschneider
Spitzzange
Sicherungsringzange (Innen- und Außenring)
Trennmeißel - 1/2 Zoll
Reißnadel (ggf. durch Anschleifen eines abgebrochenen Sägeblatts herzustellen)
Schaber (ggf. durch Flachklopfen und Schärfen eines Kupferrohres anzufertigen)
Körner
Durchschlag
Säge
Ventileinschleifwerkzeug
Stahllineal/Haarlineal
Inbusschlüssel
Diverse Feilen
Drahtbürste (groß)
Unterstellböcke
Wagenheber (stabiler Scherenheber oder hydraulischer Wagenheber)

Spezialwerkzeuge

Die Werkzeuge in dieser Liste werden nicht regelmäßig benötigt, sind sehr teuer oder dürfen nur nach speziellen Herstelleranweisungen eingesetzt werden. Sofern relativ schwierige Arbeiten an der Mechanik nicht häufiger durchgeführt werden, ist die Anschaffung vieler dieser Werkzeuge nicht wirtschaftlich. Werden sie dennoch benötigt, kauft man sie ggf. zu mehreren (z.B. innerhalb eines Veteranenclubs) oder leiht sie gegen eine Gebühr bei einer Werkstatt oder einem Werkzeugverleih aus.

Die folgende Liste enthält nur die im freien Handel erhältlichen Werkzeuge, nicht aber die vom Hersteller für das Händlernetz produzierten Werkzeuge.

Ventilfederheber
Kolbenringspannband
Kugelkopfabzieher
Radnaben-/Radlagerabzieher
Schlagschrauber
Mikrometer/Meßschieber
Vergaserabstimmgerät (soweit erforderlich)
Meßuhr
Stroboskop-Einstellgerät
Schließwinkelmesser/Drehzahlmesser
Elektronik-Mehrfachmeßinstrument
Kompressionsdruckprüfer
Hebetrosse
Rangierwagenheber

Der Werkzeugkauf

Für fast alle Werkzeuge ist der Werkzeugfachhandel die beste Quelle, da er ein wesentlich breiteres Angebot als der durchschnittliche Autozubehörhandel führt. Im Zubehörhandel bekommt man dafür oft gute Werkzeuge zu besonders günstigem Preis - ein Preisvergleich lohnt also immer.

Wie gesagt - es ist nicht notwendig, die teuersten Werkzeuge zu kaufen, doch sollte man einen Bogen um extrem billige Artikel machen. Gute Werkzeuge zu erschwinglichem Preis gibt es in Hülle und Fülle, man sollte sich also beim Händler vor dem Kauf ruhig beraten lassen.

Pflege der Werkzeuge

Die Werkzeuge müssen immer sauber und gebrauchsfähig gehalten werden. Schmutz, Fett und Metallspäne nach Gebrauch mit einem sauberen Lappen von den Werkzeugen abwischen, bevor man sie verstaut. Werkzeuge nie nach Gebrauch irgendwo rumliegen lassen. Eine einfache Werkzeugwand in Garage oder Werkstatt ist für Zangen, Schraubendreher usw. der ideale Platz. Alle Schraubenschlüssel und Steckschlüssel in einem Metallkasten aufbewahren. Meßinstrumente, Meßuhren usw. an einem Ort aufbewahren, wo sie weder beschädigt werden noch anrosten können.

Vorsicht bei der Arbeit mit den Werkzeugen. Hammerflächen bekommen rasch Macken und Schraubendreherklingen runden irgendwann ab. Rechtzeitige Pflege mit Schleifpapier oder Feile hilft, die Werkzeuge immer in tauglichem Zustand zu halten.

Der Arbeitsbereich

Auch die Werkstatt selbst ist in Zusammenhang mit den Werkzeugen von Bedeutung. Bei mehr als nur Routinewartung ist ein geeigneter Arbeitsbereich unverzichtbar.

Daß viele Hobbyschrauber gezwungen sind, Motoren und andere Baugruppen ohne Garage oder Werkstatt auszubauen, ist uns klar. Die Reparaturen sollten aber immer unter Dach erfolgen.

Beim Zerlegen arbeitet man möglichst auf einer sauberen, flachen Werkbank oder einem Tisch in geeigneter Arbeitshöhe.

Zur Werkbank gehört auch der Schraubstock. Eine Verstellweite von 100 mm reicht für fast alle Arbeiten aus. Wie oben erwähnt, sollte man die Werkzeuge an einem sauberen, trockenen Ort aufbewahren, ebenso Schmier- und Reinigungsmittel, Lacke usw., die man im Lauf der Zeit ansammelt.

Ein anderes wichtiges Hilfsmittel, das man bald in tausenderlei Einsatzfällen schätzen lernt, ist eine Elektrobohrmaschine mit einem Spannfutter bis 8 mm. In Verbindung mit hochwertigen Spiralbohrern ist sie für die Montage vieler Zubehörteile wie Außenspiegel, Rückfahrscheinwerfern usw. unentbehrlich.

Legen Sie auch einen Stapel alter Zeitungen und saubere, fusselfreie Lappen bereit und, halten Sie den Arbeitsplatz immer möglichst sauber.

Vergleichstabelle der Schraubenschlüssel-Maulweite (SW)

Maulweite (Zoll) Schraubenschlüsselweite (Zoll-Werkzeug: AF = Across Flats; BSF = British Standard Flats = Maulweite)

Zoll	Bezeichnung
0,250	SW 1/4 Zoll
0,275	SW 7 mm
0,312	SW 5/16 Zoll
0,315	SW 8 mm
0,340	SW 11/32 Zoll/Whitworth 1/8 Zoll
0,354	SW 9 mm
0,375	SW 3/8 Zoll
0,393	SW 10 mm
0,433	SW 11 mm
0,437	SW 7/16 Zoll
0,445	SW Whitworth 3/16 Zoll/BSF 1/4 Zoll
0,472	SW 12 mm
0,500	SW 1/2 Zoll
0,512	SW 13 mm
0,525	SW Whitworth 1/4 Zoll/BSF 5/16 Zoll
0,551	SW 14 mm
0,562	SW 9/16 Zoll
0,590	SW 15 mm
0,600	SW Whitworth 5/16 Zoll/BSF 3/8 Zoll
0,625	SW 5/8 Zoll
0,629	SW 16 mm
0,669	SW 17 mm
0,687	SW 11/16 Zoll
0,708	SW 18 mm
0,710	SW Whitworth 3/8 Zoll/BSF 7/16 Zoll
0,748	SW 19 mm
0,750	SW 3/4 Zoll
0,812	SW 13/16 Zoll
0,820	SW Whitworth 7/16 Zoll/BSF 1/2 Zoll
0,866	SW 22 mm
0,875	SW 7/8 Zoll
0,920	SW Whitworth 1/2 Zoll/BSF 9/16 Zoll
0,937	SW 15/16 Zoll
0,944	SW 24 mm
1,000	SW 1 Zoll
1,010	SW Whitworth 9/16 Zoll/BSF 5/8 Zoll
1,023	SW 26 mm
1,062	SW 1 1/16 Zoll/27 mm
1,100	SW Whitworth 5/8 Zoll/BSF 11/16 Zoll
1,125	SW 1 1/8 Zoll
1,181	SW 30 mm
1,200	SW Whitworth 11/16 Zoll/BSF 3/4 Zoll
1,250	SW 1 1/4 Zoll
1,259	SW 32 mm
1,300	SW Whitworth 3/4 Zoll/BSF 7/8 Zoll
1,312	SW 1 5/16 Zoll
1,390	SW Whitworth 13/16 Zoll/BSF 15/16 Zoll
1,417	SW 36 mm
1,437	SW 1 7/16 Zoll
1,480	SW Whitworth 7/8 Zoll/BSF 1 Zoll
1,500	SW 1 1/2 Zoll
1,574	SW 40 mm/Whitworth 15/16 Zoll
1,614	SW 41 mm
1,625	SW 1 5/8 Zoll
1,670	SW Whitworth 1 Zoll/BSF 1 1/8 Zoll
1,687	SW 1 11/16 Zoll
1,811	SW 46 mm
1,812	SW 1 13/16 Zoll
1,860	SW Whitworth 1 1/8 Zoll/BSF 1 1/4 Zoll
1,875	SW 1 7/8 Zoll
1,968	W 50 mm
2,000	SW 2 Zoll
2,050	SW Whitworth 1 1/4 Zoll/BSF 1 3/8 Zoll
2,165	SW 55 mm
2,362	SW 60 mm

③ Technische Daten

Motordaten — Mini 850 (alle Modelle) und Elf/Hornet Mk I

Typ	8 MB
Zylinderzahl	4
Bohrung	62,94 mm
Hub	68,26 mm
Hubraum	848 ccm
Zündfolge	1-3-4-2
Verdichtung	8,3:1
Ventile	Hängend, über Kipphebel betätigt
Verdichtungsdruck	9 kp/cm^2 bei 2900 U/min
Drehmoment	6,08 mkp bei 2900 U/min
Leistung	35 PS bei 5500 U/min

Motordaten — Mini 850 Automatic (wie oben, außer:)

Typ	8AH
Verdichtung	9:1
Drehmoment	6,08 mkp bei 2500 U/min
Leistung	37 PS bei 5250 U/min

Motordaten — Mini 1000 (außer Cooper) und Elf/Hornet Mk II und III

Typ	9WR, 99H
Bohrung	64,588 mm
Hub	76,2 mm
Hubraum	998 ccm
Verdichtung	8,3:1
Verdichtungsdruck	9,14 kp/cm^2 bei 2700 U/min
Drehmoment	7,28 mkp bei 2700 U/min
Leistung	36 PS bei 4600 U/min

Motordaten — Mini Cooper 997

Typ	9F
Bohrung	62,43 mm
Hub	81,28 mm
Hubraum	997 ccm
Verdichtung	
Hohe Verdichtung	9:1
Niedrige Verdichtung	8,3:1
Verdichtungsdruck	
Hohe Verdichtung	9,42 kg/cm^2 bei 3500 U/min
Niedrige Verdichtung	9,07 kg/cm^2 bei 3500 U/min
Drehmoment	
Hohe Verdichtung	7,46 mkp bei 3600 U/min
Niedrige Verdichtung	7,32 mkp bei 3500 U/min
Leistung	55 PS bei 6000 U/min

Motordaten — Mini Cooper 998

Typ	9FA
Bohrung	64,588 mm
Hub	76,2 mm
Hubraum	998 ccm
Verdichtung	
Hohe Verdichtung	9:1
Niedrige Verdichtung	7,8:1
Verdichtungsdruck	
Hohe Verdichtung	10 kg/cm^2 bei 3000 U/min
Niedrige Verdichtung	9,5 kg/cm^2 bei 3000 U/min
Drehmoment	
Hohe Verdichtung	7,88 mkp bei 3000 U/min
Niedrige Verdichtung	7,74 mkp bei 2000 U/min
Leistung	
Hohe Verdichtung	53,8 PS bei 5800 U/min
Niedrige Verdichtung	50,2 PS bei 5800 U/min

Motordaten — Mini Cooper S (alle Modelle)

Typ	970 = 9F
	1071 = 10F
	1275 = 12F
Bohrung (alle Modelle)	70,6 mm
Hub: 907 ccm	61,91 mm
1071 ccm	68,26 mm
1275 ccm	81,33 mm
Hubraum:	970 ccm
	1071 ccm
	1275 ccm
Verdichtung: 970 ccm	10:1
1071 ccm	9:1
1275 ccm	9,75:1
Verdichtungsdruck:	
970 ccm	9,98 kg/cm^2 bei 4500 U/min
1071 ccm	10,05 kg/cm^2 bei 4500 U/min
1275 ccm	10,76 kg/cm^2 bei 3000 U/min
Drehmoment: 970 ccm	7,88 mkp bei 5000 U/min
1071 ccm	8,58 mkp bei 4500 U/min
1275 ccm	10,92 mkp bei 3000 U/min

Technische Daten

Motordaten — Mini Cooper S (alle Modelle)

Leistung (DIN):
970 ccm	64 PS bei 6500 U/min
1071 ccm	67,5 PS bei 6500 U/min
1275 ccm	76,1 PS bei 6000 U/min

Motordaten — Mini 1275 GT

Typ	12H
Bohrung	70,61 mm
Hub	81,28 mm
Hubraum	1274,86 ccm
Verdichtung	
Hohe Verdichtung	8,8:1
Niedrige Verdichtung	8,3:1
Verdichtungsdruck	9,14 kp/cm^2 bei 2500 U/min
Drehmoment	9,2 mkp bei 2500 U/min
Leistung	57 PS bei 5500 U/min

Motordaten — Mini Clubman 1100

Typ	
Bohrung	64,588 mm
Hub	83,73 mm
Hubraum	1098 ccm
Verdichtung	8,5:1
Verdichtungsdruck	8,85 kp/cm^2 bei 2700 U/min
Drehmoment	7,7 mkp bei 2700 U/min
Leistung	44,6 PS bei 5000 U/min

Allgemeine Motordaten — alle Modelle

Zündfolge	1-3-4-2 (Zyl. 1 am Kühler)
Öldruck (warm):	
Im Fahrbetrieb	4,2 kp/cm^2 (Cooper S 1275 bis 6,3 kp/cm^2)
Leerlauf	1,05 kp/cm^2

Allgemeine technische Daten — alle Modelle (außer Cooper)

Diese technischen Daten beziehen sich im allgemeinen auf die Originalausführung. Geänderte Daten im Zuge der Weiterentwicklung siehe Bedienungsanleitung und Abschnitt Konstruktive Änderungen im Anhang.

Kraftstoffanlage	Vergaser, SU Typ H2
	Düsenbohrung 2,3 mm
	Nadeln: Standard: EB, Fett: M, Mager: GG
	Pumpe: SU, elektrisch
	Förderdruck: 0,15 bis 0,2 kp/cm^2
Zündanlage	Zündkerzen Champion N 5
	Elektrodenabstand 0,6 mm
	Unterbrecherkontaktabstand 0,35 bis 0,4 mm

Allgemeine technische Daten — alle Modelle (außer Cooper)

Getriebe Übersetzung:
    4. Gang 1,0:1
    3. Gang 1,412:1
    2. Gang 2,172:1
    1. Gang 3,627:1
    Rückwärtsgang 3,627:1

Kühlanlage Thermostat-Öffnungstemperatur 72°C

Differential Übersetzung 3,765:1

Lenkung Zahnstangenlenkung
Lenkradumdrehungen Anschlag/Anschlag: 2,25
Sturz 1° bis 3° positiv
Nachlauf 3°
Spreizung 9°30'
Nachspur 1,6 mm

Hinterradaufhängung Vorspur 3,2 mm
Sturz 1° positiv

Elektrische Anlage Bauart: 12 Volt, Plus an Masse
Anlasser Lucas M35G
Lichtmaschine Lucas C40
Regler:
    Einschaltspannung 12,7 bis 13,3 V
    Abfallspannung 8,5 bis 11,0 V

Bremsen Trommelgröße 178 mm Durchmesser
Belagabmessungen 158,7 x 31,7 mm
Belagmaterial Mintex M32

Reifen Größe 5,20 x 10
Reifendrücke: Vorne 1,7 kp/cm^2
                Hinten 1,55 kp/cm^2

Füllmengen Motor/Getriebe 4,83 Liter
Kühlanlage 3 Liter (mit Heizung 3,5 Liter)
Benzintank:
    Limousine 25 Liter
    Van 27 Liter
    Traveller 29,5 Liter

Abmessungen Limousine:
    Radstand 2036 mm
    Länge 3050 mm
    Breite 1410 mm
    Höhe 1350 mm
    Bodenfreiheit 160 mm
    Gewicht 615 kg
Van und Traveller:
    Radstand 2138 mm
    Länge 3300 mm (Traveller 3402 mm)
    Breite 1410 mm
    Höhe 1359 mm
    Bodenfreiheit 160 mm
    Gewicht 616 kg (Traveller 660 kg)

Technische Daten

Allgemeine technische Daten — Cooper (wie oben, außer:)

Kraftstoffanlage	2 Vergaser, SU Typ HS2 Nadel: GZ Standard Pumpe: SU, elektrisch

Getriebe	Übersetzung:
	  4. Gang 1.0:1
	  3. Gang 1,356:1
	  2. Gang 1,915:1
	  1. Gang 3,20:1
	  Rückwärtsgang 3,20:1

Bremsen	Vorne: Scheibenbremsen 178 mm Durchm. Hinten: Scheibenbremsen 178 mm Durchm.

Allgemeine technische Daten — Cooper S (wie obige 2 Abschnitte, außer:)

Kraftstoffanlage	Nadeln:
	  970 ccm: AN
	  1071 ccm: H6
	  1275 ccm: M

Zündanlage	Zündkerzen Champion N9Y
	Zündzeitpunkt (statisch):
	  970 ccm, 12° vor OT
	  1071 ccm, 3° vor OT
	  1275 ccm, 2° vor OT

Getriebe	Übersetzung:
	  4. Gang 1:1
	  3. Gang 1,357:1
	  2. Gang 1,916:1
	  1. und Rückwärtsgang 3,200:1
	Alternativ-Übersetzung:
	  4. Gang 1:1
	  3. Gang 1,242:1
	  2. Gang 1,78:1
	  1. und Rückwärtsgang 2,57:1

Antriebsübersetzung	Übersetzung, serienmäßig:
	  970 ccm und 1071 ccm: 3,765:1
	  1275 ccm: 3,444:1
	Alternativ-Übersetzungen (alle Modelle):
	  3,939:1, 4,133:1, 4,267:1

Bremsen	Vorne: Scheibendurchmesser 184 mm Beläge: DA6 Bremskraftunterstützung mit Unterdruckverstärker

Reifen und Felgen	Felgengröße:
	  Serienmäßig 3,50B x 10
	  Wahlweise 4,5J x 10
	Reifen:
	  Serienmäßig Dunlop SP oder C41
	  Wahlweise Dunlop 5,00L x 10
	Reifendrücke:
	  Vorne 1,97 atü, hinten 1,83 atü

4 Produktionsänderungen

Die Dutzende unterschiedlicher Mini-Varianten wurden im Laufe der 30jährigen Produktionszeit in hunderten von Details geändert, die unmöglich *alle* mitberücksichtigt werden können. Die nachfolgende Liste ist aber auf jeden Fall die umfangreichste Übersicht über die Produktionsänderungen, die bisher zum Mini veröffentlicht wurde.

Datum	Fahrgestellnummer (soweit feststellbar) Austin-Nr. zuerst aufgeführt (soweit relevant)	Änderung
1959		
August	101	Austin Seven/Morris Mini Minor vorgestellt.
–	4232/4093	Kühlerblech zur besseren Zugänglichkeit geteilt.
–	5488/5537	Drehsegment für Handbremsseil am Schwingarm.
–	10151/11670	Nachlaufwinkel von 1,5 in 3 Grad geändert.
Dezember		Innenausstattung des Austin verbessert – Standard-Modell ab Karosserie-Nr. 9146, De Luxe ab 10549.
1960		
Januar	10502	Verbesserte Fensterfeststeller.
Februar	(nur Morris: 14215 Austin-Nr. nicht feststellbar)	Bessere Innenausstattung mit Polsterung um Instrumentengruppe, in Tür- und Seitenverkleidungen. Verstärkte Teleskopdämpfer, Benzintank mit Ablaßschraube, verbesserte Fensterfeststeller)

Produktionsänderungen

Datum	Fahrgestellnummer (soweit feststellbar) Austin-Nr. zuerst aufgeführt (soweit relevant)	Änderung
März	19126	Serienanlauf des Countryman
April	26590/24831	Antriebswellen von Rechteck-Zahnprofil auf Involutenverzahnung umgestellt, verkürzt und Flansche geändert.
Mai		Mini-Van vorgestellt.
September	19101	Countryman/Traveller mit Holzaufbau.
Oktober	(Nur Austin) 58698	Dieselben Verbesserungen wie bei Morris seit Februar 1960.
Generell		Weitere Änderungen 1960: verbesserte Luftfilter, geänderter Kupplungsanschlag, vergrößerte Vorderradlager, gekröpfter Schalthebel, verbesserter Primärrad-Wellendichtring (Motor 16490/17450), Ausschäumung der Schweller, Sicherheitsgurt-Verankerungspunkte serienmäßig, Verteiler-Spritzschutz hinter dem Kühlergrill.
1961		
April		Mini-Pickup eingeführt.
Mai	123291/70376	Aluminium-Federtöpfe montiert.
August	- / 69834	laufruhigeres Lüftergebläse (16 Flügel), Grill verchromt (nicht lackiert)
August	138301	Serienanlauf Mini Cooper Mk I (997 ccm)
September	125538/75533	Super vorgestellt (ab Juni in Produktion). Zusätzliche Grilleisten, Zweifarbenlackierung, Klapp-Türgriffe, 3 Instrumente am Instrumentenbord, Zünd-Anlaßschloß
Herbst		Versteifte Felgen montiert.
Oktober	156851	Neue Modelle: Riley Elf/Wolseley Hornet mit längerem Heck, größerem Kofferraum, besserer Ausstattung und vergrößerten Bremsen.
1962		
Januar	197021 (Limousine); 201201 (Super); 197104 (Clubman)	Austin Seven jetzt als Mini bezeichnet. Größere Radbremszylinder. Öleinfülldeckel am Motor jetzt aus Kunststoff
März	226055/116623	Limousine mit Vyanid-Sitzbezügen statt Stoff.
Oktober	307125/148817 308939	De Luxe und Super durch Super De Luxe ersetzt. Traveller mit Ganzstahlkarosserie für Großbritannien (seit April 1961 nur für Export lieferbar).
Jahresende	Motor 8A-M-UH-452359	Ölzulauf an Kurbelwellenende entfällt.
1963		
Jan./Feb.	369601/367151	Elf/Hornet MK II mit größerem und stärkerem Motor, 2 auflaufende Bremsbacken.
März	346017/382183	Cooper mit verbesserter Bremsanlage - vorne 2 auflaufende Backen.
	3844101/386401	Cooper S 1071 ccm neu vorgestellt.
	186267 (Morris)	Leistungsfähigere Heizung - Kar.-Nr. 087448 (Austin)
Mai	197219	Bessere Schiebefenster-Feststeller, Kar.-Nr. 091678 (Austin)
Ende 1963		Leistungsfähigerer 848-ccm-Motor eingeführt.
1964		
Januar	489222/487907	Letzter Cooper 997 produziert.
	502447/502482	Cooper 998 vorgestellt.
März	563570/550980	Cooper S 1071 eingestellt.
April	551501/552501	Serienanlauf des Cooper S 1275.

Mini-Restaurierungshandbuch

Datum	Fahrgestellnummer (soweit feststellbar) Austin-Nr. zuerst aufgeführt (soweit relevant)	Änderung
Juni	549501/550501	Cooper S 970 ccm vorgestellt.
September	640203/296257 (Lim.)	Alle Limousinen und Cooper mit Hydrolastic-Radaufhängung, Zünd-/Anlaßschalter, Innenleuchten, Ölfilter-Warnleuchte, Membranfederkupplung, Vorderradbremsen mit 2 auflaufenden Backen, engere Getriebeabstufung und verstärktes Getriebe (alle Modelle).
1965		
Januar	549992/550980	Cooper S 970 ccm eingestellt.
Oktober	798693/361001	De Luxe auf Wunsch mit Automatikgetriebe.
November		Cooper/Cooper S auf Wunsch mit Liegesitzen.
1966		
Januar		Türgriffe mit Sicherheitsstiften (alle Modelle), Sealed-Beam-Scheinwerfer. 1275 S mit 2 Benzintanks und Ölkühler ab Kar.-Nr. 47681.
Oktober	930221/927473	Neues Modell MK III Elf/Hornet mit versenkten Türscharnieren, Kurbelfenstern, indirekter Schalthebelanordnung, Frischluftdüsen, Druckknopf-Außentürgriffen.
1967		
Oktober	1068051 (Standard) 1068001 (De Luxe)/ 507001 (Standard) 507934 (De Luxe)	Neues Modell Mk II mit dickerem Grillrahmen, rechteckigen Rückleuchten, breiterer Heckscheibe, Lenksäulen-Kombischalter usw. Super De Luxe mit indirekter Schaltung. Limousine, De Luxe, Countryman und Traveller „Mini 1000" mit 998-ccm-Motor und indirekter Schaltung neu vorgestellt.
1968		
September	Motor-Präfixzahl 8-AM-WE-H (Limousine) 9 FX-XE-H (Cooper)	Vollsynchronisiertes Getriebe.
1969		
August	1337993/1337528	Riley Elf/Wolseley Hornet eingestellt.
Oktober	101 (Limousine); 576 (Kombi); 107 (1275 GT); 1359152	Clubman-Modelle neu; GT mit Drehzahlmesser. Limousinen und GT mit Hydrolastic. Countryman eingestellt.
November	1368676 112 (Lim. 850) 601 (Lim. 1000) 1370956	Traveller eingestellt. BL-Mini mit Mini vorgestellt. BL-Abzeichen auf Kotflügel, Austin- und Morris-Namen entfallen. Größere Türen mit verdeckten Scharnieren, Kurbelscheiben, Gummifederung statt Hydrolastic, mechanische Benzinpumpe. Mini-Cooper 998 eingestellt.

Produktionsänderungen

Datum	Fahrgestellnummer (soweit feststellbar) Austin-Nr. zuerst aufgeführt (soweit relevant)	Änderung
Dezember	1372023/711800 (850) 1367106/713901 (1000)	Letzter Austin/Morris Mini produziert.
1970		
März	1375331	Letzter Austin-Mini Cooper 1275 S Mk II produziert.
	X/ADI 34127	MINI-Cooper S 1275 Mk III, immer noch mit Hydrolastic-Federung.
1971		
Februar	Motor 12H 389SH6091	Antriebsübersetzung des 1275 GT von 3,65 auf 3,44 geändert.
Juni	Kommissions-Nr. S20S-48645A	Clubman-Limousine von Hydrolastic auf Gummifederung geändert.
	458987	Mini-Cooper S Mk III.
Im Lauf des Jahres		Kühlerrahmenblech entfällt.
1972		
Dezember		Alle Modelle mit Drehstromlichtmaschine.
1973		
Januar	Kommissions-Nr. D20S 59998A	Neues Getriebe mit freiliegenden Schaltstangen und geändertes Bodenblech.
Mai	Kommissions-Nr. D20S 703 04A	Neue Antriebswelle mit innenliegenden Gleichlaufgelenken (außer Clubman).
Juli		Clubman mit neuen Antriebswellen.
1974		
Februar		Automatikgurte serienmäßig.
April		850er Modell serienmäßig mit Heizung (!).
Mai		SU-Vergaser HS4, Änderungen an Krümmer und Steuerzeiten.
Juli		Clubman GT mit 12-Zoll-Rädern, größeren Scheibenbremsen und größerem Benzintank.
1974		
Oktober		Mini-Sonderserie mit Sonderausstattung. Clubman mit 1098-ccm-Motor lieferbar.
1976		
Januar		1000er Sonderserie mit Liegesitzen und Lüftungsdüsen in Gesichtshöhe.

Datum	Fahrgestellnummer (soweit feststellbar) Austin-Nr. zuerst aufgeführt (soweit relevant)	Änderung
Mai		Doppel-Betätigungshebel, neue Hilfsrahmenlagerungen (geräuschärmer), 1000er mit Lüftungsdüsen in Gesichtshöhe. Weichere Federkennung und Dämpfereinstellung außer 1275 GT, Kombi und LCV (alle Modelle).
1977		
August		Alle Modelle mit mattschwarzem Kühlergrill, 1000er mit Liegesitzen. Clubman serienmäßig mit Denovo-Reifen (bei anderen Clubman-Modellen bereits als Sonderzubehör lieferbar).
1980		
September		850er eingestellt. City (Standardmodell) und HL (Luxusmodell) eingeführt.
Oktober		Metro vorgestellt.
1982		
April		Verdichtung auf 10,3:1 (bisher 8,3:1) angehoben. Höhere Übersetzung - alle Modelle mit Suffix „E" (Economy = Sparversion, d.h. mit Metro „A+"-Motor).
September		Luxuriöseres Mayfair-Modell ersetzt HLE-Modelle. Ausstattung des City E aufgewertet, u.a. mit heizbarer Heckscheibe, Rückfahrscheinwerfer usw.
1984		
August		Alle Modelle auf 12-Zoll-Rädern und mit Scheibenbremsen vorne. Präsentation des 25-Jahres-Jubiläumsmodells.

5 Farbkombinationen

In den ersten beiden Jahren waren für alle Morris Minis folgende Farbtöne lieferbar: Clipper Blue, Cherry Red und Old English White. Alle Austin-Minis waren in Tartan Red, Farina Grey oder Speedwell Blue lieferbar. Ausstattungsvarianten gab es nur wenige; alle Standard-Modelle hatten graue Stoffausstattung, die De Luxe-Modelle waren mit Vinyl ausgestattet.

Rose Metallic und Silver Metallic waren zusammen mit speziellen Tartan-Sitzbezügen die einzigen Farbtöne der 20th Anniversary-Jubiläumsmodelle des Mini.

Die bekannte Cooper-Farbkombination — Tartan Red mit weißem Dach — war nie als Serienfarbton lieferbar, sondern wurde nur in Werksrennmodellen verwendet. Rote Cooper hatten serienmäßig schwarze Dächer.

Der Riley Elf und Wolseley Hornet wurden in serienmäßigen Riley- und Wolseley-Farben lackiert. 1961 waren nur Zweifarbenlackierungen lieferbar; anfangs mit grauer Innenausstattung, nach einigen Monaten auch mit farblich abgestimmten Polsterstoffen. Ab 1969 waren nur Einfarbenlackierungen lieferbar.

Da auch die deutschen Importeure stets die Farbbezeichnungen des Herstellerwerks benutzten (und beim Besorgen von Originallacken man sich besser an die Originalbezeichnungen hält), wurden die Farbangaben der Lacke und auch Polsterstoffe aus dem Englischen übernommen.

Wagenfarbe und BMC-Lackcode	Sitze	Sitzkeder	Bezüge	Dachhimmel	Türdichtungen	Gummimatten
Austin/Morris Mini	*Standard-Limousine Mark I*					
El Paso Beige (BG17)	Satin Beige	Satin Beige	Satin Beige	Pale Grey	Naturgummi	Dunkelgrau
Sandy Beige (BG15)	Tartan Red	Tartan Red	Tartan Red	Pale Grey	Naturgummi	Dunkelgrau
Black (Schwarz) (BK1)	Cumulus Grey	Cumulus Grey	Cumulus Grey	Pale Grey	Naturgummi	Dunkelgrau

Mini-Restaurierungshandbuch

Wagenfarbe und BMC-Lackcode	Sitze	Sitzkeder	Bezüge	Dachhimmel	Türdichtungen	Gummimatten
Black (Schwarz) (BK1)	Satin Beige	Satin Beige	Satin Beige	Pale Grey	Naturgummi	Dunkelgrau
Schwarz (BK1)	Tartan Red	Tartan Red	Tartan Red	Pale Grey	Naturgummi	Dunkelgrau
Bermuda Blue (BU40) White (WT2)	Cumulus Grey	Cumulus Grey	Cumulus Grey	Pale Grey	Naturgummi	Dunkelgrau
Clipper Blue (BU14)	Silver Grey	Pale Grey	Silver Grey	Pale Grey	Grey Flock	Dunkelgrau
Clipper Blue (BU14)	Silver Grey	Schwarz Grey	Silver	Pale Grey	Grey Flock	Dunkelgrau
Island Blue (BU40)	Cumulus Grey	Cumulus Grey	Cumulus Grey	Pale Grey	Naturgummi	Dunkelgrau
Speedwell Blue (BU1)	Grauer Stoff	Farina Grey	Grauer Stoff	Pale Grey	Grau	Dunkelgrau
Surf Blue (BU35)	Grauer Stoff	Farina Grey	Grauer Stoff	Pale Grey	Naturgummi	Dunkelgrau
Surf Blue (BU35)	Powder Blue	Powder Blue	Powder Blue	Pale Grey	Naturgummi	Dunkelgrau
Almond Green (GN37)	Grauer Stoff	Powder Blue	Powder Blue	Pale Grey	Naturgummi	Dunkelgrau
Almond Green (GN37)	Cumulus Grey	Cumulus Grey	Cumulus Grey	Pale Grey	Naturgummi	Dunkelgrau
Almond Green (GN37)	Satin Beige	Satin Beige	Satin Beige	Pale Grey	Naturgummi	Dunkelgrau
Almond Green (GN37)	Porcelain Green	Porcelain Green	Porcelain Green	Pale Grey	Naturgummi	Dunkelgrau
Farina Grey (GR11)	Grauer Stoff	Farina Grey	Grauer Stoff	Pale Grey	Grau	Dunkelgrau
Smoke Grey (BU15)	Grauer Stoff	Farina Grey	Grauer Stoff	Pale Grey	Naturgummi	Dunkelgrau
Smoke Grey (BU15)	Dunkelgrau	Dunkelgrau	Dunkelgrau	Pale Grey	Naturgummi	Dunkelgrau
Smoke Grey (BU15)	Blue Grey	Blue Grey	Blue Grey	Pale Grey	Naturgummi	Dunkelgrau
Tweed Grey (GR4)	Cumulus Grey	Cumulus Grey	Cumulus Grey	Pale Grey	Naturgummi	Dunkelgrau
Tweed Grey (GR4)	Satin Beige	Satin Beige	Satin Beige	Pale Grey	Naturgummi	Dunkelgrau
Tweed Grey (GR4)	Tartan Red	Tartan Red	Tartan Red	Pale Grey	Naturgummi	Dunkelgrau
Maroon B (RD23)	Cumulus Grey	Cumulus Grey	Cumulus Grey	Pale Grey	Naturgummi	Dunkelgrau

Farbkombinationen

Wagenfarbe und BMC-Lackcode	Sitze	Sitzkeder	Bezüge	Dachhimmel	Türdichtungen	Gummimatten
Maroon B (BU14)	Satin Beige	Satin Beige	Satin Beige	Pale Grey	Naturgummi	Dunkelgrau
Cherry Red (RD4)	Silver Grey	Pale Grey	Silver Grey	Pale Grey	Grey Flock	Dunkelgrau
Cherry Red (RD4)	Silver Grey	Schwarz Grey	Silver	Pale Grey	Grey Flock	Dunkelgrau
Tartan Red (RD9)	Grauer Stoff	Farina Grey	Grauer Stoff	Pale Grey	Grau	Dunkelgrau

Austin/Morris Mini Standard-Limousine MkI

Wagenfarbe und BMC-Lackcode	Sitze	Sitzkeder	Bezüge	Dachhimmel	Türdichtungen	Gummimatten
Tartan Red (RD9)	Grauer Stoff	Farina Grey	Grauer Stoff	Pale Grey	Naturgummi	Dunkelgrau
Tartan Red (RD9)	Cumulus Grey	Cumulus Grey	Cumulus Grey	Pale Grey	Naturgummi	Dunkelgrau
Tartan Red (RD9)	Satin Beige	Satin Beige	Satin Beige	Pale Grey	Naturgummi	Dunkelgrau
Tartan Red (RD9)	Tartan Red	Tartan Red	Tartan Red	Pale Grey	Naturgummi	Dunkelgrau
White/Weiß (WT2)	Mit allen Ausstattungskombinationen für Austin/Morris Standard-Limousine Mk I lieferbar.			Pale Grey	Naturgummi	Dunkelgrau
Old English White (WT3)	Silver Grey	Pale Grey	Silver Grey	Pale Grey	Grey Flock	Dunkelgrau
Old English White (WT3)	Silver Grey	Schwarz Grey	Silver	Pale Grey	Grey Flock	Dunkelgrau
Old English White (WT3)	Grauer Stoff	Farina Grey	Grauer Stoff	Pale Grey	Naturgummi	Dunkelgrau
Old English White (WT3)	Porcelain Green	Porcelain Green	Porcelain Green	Pale Grey	Naturgummi	Dunkelgrau
Old English White (WT3)	Satin Beige	Satin Beige	Satin Beige	Pale Grey	Naturgummi	Dunkelgrau
Old English White (WT3)	Tartan Red	Tartan Red	Tartan Red	Pale Grey	Naturgummi	Dunkelgrau
Fiesta Yellow (YL11)	Grauer Stoff	Farina Grey	Grauer Stoff	Pale Grey	Naturgummi	Dunkelgrau
Fiesta Yellow (YL11)	Powder Blue	Powder Blue	Powder Blue	Pale Grey	Naturgummi	Dunkelgrau

De Luxe-Limousine Mk I

Wagenfarbe und BMC-Lackcode	Sitze	Sitzkeder	Bezüge	Dachhimmel	Türdichtungen	**Bodenteppiche**
Clipper Blue (BU14)	Grey Flock /Blue Grey	Blue Grey	Blue Grey	Pale Grey	Naturgummi	Blau

Mini-Restaurierungshandbuch

Wagenfarbe und BMC-Lackcode	Sitze	Sitzkeder	Bezüge	Dachhimmel	Türdichtungen	Bodenteppiche
Speedwell Blue (BU1)	Grey Flock /Spanish Blue	Farina Grey	Grey Flock	Pale Grey	Naturgummi	Blau
Surf Blue (BU35)	Grey Flock /Powder Blue	Powder Blue	Powder Blue	Pale Cream	Naturgummi	Powder Blue
Surf Blue (BU35)	Powder Blue	Powder Blue	Powder Blue	Pale Cream	Naturgummi	Powder Blue
Almond Green (GN35)	Grey Flock /Porcelain Green	Porcelain Green	Porcelain Green	Pale Cream	Naturgummi	Cumulus Grey
Almond Green (GN35)	Grey Flock /Porcelain Green	Porcelain Green	Porcelain Green	Pale Cream	Grey Flock	Dunkelgrau
Almond Green (GN35)	Porcelain Green	Porcelain Green	Porcelain Green	Pale Grey	Naturgummi	Cumulus Grey
Farina Grey (GR11)	Grey Flock /Spanish Blue	Farina Grey	Grey Flock	Pale Grey	Grey Flock	Blau
Farina Grey (GR11)	Grey Flock /Spanish Red	Farina Grey	Grey Flock	Pale Grey	Grey Flock	Tartan Red
Smoke Grey (BU15)	Grey Flock /Dark Grey	Dunkelgrau	Dunkelgrau	Pale Grey	Naturgummi	Cumulus Grey
Smoke Grey (BU15)	Grey Flock /Dark Grey	Dunkelgrau	Dunkelgrau	Pale Grey	Grey Flock	Dunkelgrau
Smoke Grey (BU15)	Blue Grey	Blue Grey	Blue Grey	Pale Grey	Naturgummi	Blau

De Luxe Limousine MkI

Wagenfarbe und BMC-Lackcode	Sitze	Sitzkeder	Bezüge	Dachhimmel	Türdichtungen	Bodenteppiche
Cherry Red (RD4)	Green Flock/Rot	Rot	Rot	Pale Grey	Grey Flock	Cherry Red
Tartan Red (RD9)	Grey Flock /Spanish Red	Farina Grey	Grey Flock	Pale Grey	Grey Flock	Tartan Red
Tartan Red (RD9)	Grey Flock /Tartan Red	Tartan Red	Tartan Red	Pale Grey	Grey Flock	Tartan Red
Tartan Red (RD9)	Tartan Red	Tartan Red	Tartan Red	Pale Grey	Naturgummi	Tartan Red
Old English White (WT3)	Grey Flock /Blue Grey	Blue Grey	Blue Grey	Pale Grey	Grey Flock	Blau
Old English White (WT3)	Grey Flock /Rot	Rot	Rot	Pale Grey	Grey Flock	Cherry Red
Old English White (WT3)	Grey Flock /Tartan Red	Tartan Red	Tartan Red	Pale Grey	Grey Flock	Tartan Red

Farbkombinationen

Wagenfarbe und BMC-Lackcode	Sitze	Sitzkeder	Bezüge	Dachhimmel	Türdichtungen	Bodenteppiche
Old English White (WT3)	Tartan Red	Tartan Red	Tartan Red	Pale Grey	Naturgummi	Tartan Red
Fiesta Yellow (YL11)	Grey Flock /Powder Blue	Powder Blue	Powder Blue	Pale Grey	Grey Flock	Powder Blue
Fiesta Yellow (YL11)	Powder Blue	Powder Blue	Powder Blue	Pale Grey	Naturgummi	Powder Blue

Super De Luxe Limousine MkI

Wagenfarbe und BMC-Lackcode	Sitze	Sitzkeder	Bezüge	Dachhimmel	Türdichtungen	Bodenteppiche
El Paso Beige (BG17)	Satin Beige	Satin Beige	Satin Beige	Pale Grey	Naturgummi	Hazelnut
Sandy Beige (RD9)	Tartan Red	Tartan Red	Tartan Red	Pale Grey	Naturgummi	Cherokee Red
Black/Schwarz (BK1)	Cumulus Grey	Cumulus Grey	Cumulus Grey	Pale Grey	Naturgummi	Cumulus Grey
Black/Schwarz (BK1)	Satin Beige	Satin Beige	Satin Beige	Pale Grey	Naturgummi	Satin Beige
Black/Schwarz (BK1)	Tartan Red	Tartan Red	Tartan Red	Pale Grey	Naturgummi	Cherokee Red
Black/Schwarz (BK1)	Tartan Red	Tartan Red	Tartan Red	Pale Grey	Naturgummi	Cherokee Red
Bermuda Blue (BU40) + White/Weiß (WT2)	Cumulus Grey	Cumulus Grey	Cumulus Grey	Pale Grey	Naturgummi	Cumulus Grey
Island Blue (BU8) Old English White (WT3)	Gold Brocade/ Grey/ Cumulus Grey	Cumulus Grey	Gold Brocade/ Grey/	Pale Grey	Naturgummi	Cumulus Grey
Island Blue (BU8)	Cumulus Grey	Cumulus Grey	Cumulus Grey	Pale Grey	Naturgummi	Cumulus Grey
Surf Blue (BU35) Old English White (WT3)	Silver Brocade Grau/ Powder Blue	Powder Blue Grau	Silver Brocade	Pale Grey	Naturgummi	Powder Blue
Surf Blue (BU35) Old English White (WT3)	Gold Brocade Grau/ Powder Blue	Powder Blue	Gold Brocade Grau	Pale Grey	Naturgummi	Blau
Surf Blue (BU35) Old English White (WT3)	Gold Brocade Grau/ Powder Blue	Powder Blue	Gold Brocade Grau	Pale Grey	Naturgummi	Powder Blue
Surf Blue (BU35)	Powder Blue	Powder Blue	Powder Blue	Pale Grey	Naturgummi	Powder Blue

Mini-Restaurierungshandbuch

Wagenfarbe und BMC-Lackcode	Sitze	Sitzkeder	Bezüge	Dachhimmel	Türdichtungen	Bodenteppiche
Almond Green (GN37) Old English White (WT3)	Dove Grey/ Porcelain Green	Porcelain Green	Dove Grey	Pale Grey	Naturgummi	Cumulus Grey
Almond Green (GN37) Old English White (WT3)	Dove Grey/ Porcelain Green	Porcelain Green	Dove Grey	Pale Grey	Naturgummi	Porcelain Green
Almond Green (GN37)	Cumulus Grey	Cumulus Grey	Cumulus Grey	Pale Grey	Naturgummi	Cumulus Grey
Almond Green (GN37)	Porcelain Green	Porcelain Green	Porcelain Green	Pale Grey	Naturgummi	Almond Green
Almond Green (GN37)	Porcelain Green	Porcelain Green	Porcelain Green	Pale Grey	Naturgummi	Cumulus Grey
Almond Green (GN37)	Satin Beige	Satin Beige	Satin Beige	Pale Grey	Naturgummi	Satin Beige
Smoke Grey (BU15) Old English White (WT3)	Dove Grey/ Dunkelgrau	Dunkelgrau	Dunkelgrau	Pale Grey	Naturgummi	Cumulus Grey
Smoke Grey (BU15) Old English White (WT3)	Dove Grey/ Dunkelgrau	Dunkelgrau	Dunkelgrau	Pale Grey	Naturgummi	Grau
Smoke Grey (BU15)	Blue Grey	Blue Grey	Blue Grey	Pale Grey	Naturgummi	Blau
Tweed Grey (GR4)	Cumulus Grey	Cumulus Grey	Cumulus Grey	Pale Grey	Naturgummi	Cumulus Grey
Tweed Grey (GR4)	Satin Beige	Satin Beige	Satin Beige	Pale Grey	Naturgummi	Satin Beige
Tweed Grey (GR4)	Tartan Red	Tartan Red	Tartan Red	Pale Grey	Naturgummi	Tartan Red
Maroon B (RD23)	Cumulus Grey	Cumulus Grey	Cumulus Grey	Pale Grey	Naturgummi	Cumulus Grey
Maroon B (RD23)	Satin Beige	Satin Beige	Satin Beige	Pale Grey	Naturgummi	Satin Beige
Maroon B (RD23)	Satin Beige	Satin Beige	Satin Beige	Pale Grey	Naturgummi	Hazelnut
Tartan Red (RD9) (BK1) Black/Schwarz (BK1)	Gold Brocade Grau/Tartan Red	Tartan Red	Gold Brocade Grau	Pale Grey	Naturgummi	Tartan Red
Tartan Red (RD9) (BK1) Black/Schwarz (BK1)	Gold Brocade Grau/Tartan Red	Tartan Red	Gold Brocade Grau	Pale Grey	Naturgummi	Cherokee Red
Tartan Red (RD9)	Cumulus Grey	Cumulus Grey	Cumulus Grey	Pale Grey	Naturgummi	Cumulus Grey

Farbkombinationen

Wagenfarbe und BMC-Lackcode	Sitze	Sitzkeder	Bezüge	Dachhimmel	Türdichtungen	Bodenteppiche
Tartan Red (RD9)	Satin Beige	Satin Beige	Satin Beige	Pale Grey	Naturgummi	Satin Beige
Tartan Red (RD9)	Tartan Red	Tartan Red	Tartan Red	Pale Grey	Naturgummi	Tartan Red
Tartan Red (RD9)	Tartan Red	Tartan Red	Tartan Red	Pale Grey	Naturgummi	Cherokee Red
White/Weiß (WT2)	Mit Innenausstattung in allen Farben, die für Austin und Morris Super De Luxe-Limousinen MkI lieferbar waren.					

Super De Luxe Limousine MkI

Wagenfarbe und BMC-Lackcode	Sitze	Sitzkeder	Bezüge	Dachhimmel	Türdichtungen	Bodenteppiche
Old English White (WT3) Black/Schwarz (BK1)	Gold Brocade Grau/Tartan Red	Tartan Red	Gold Brocade Rot	Pale Grey	Naturgummi	Tartan Red
Old English White (WT3) Black/Schwarz (BK1)	Gold Brocade Grau/Tartan Red	Tartan Red	Gold Brocade Rot	Pale Grey	Naturgummi	Cherokee Red
Old English White (WT3)	Porcelain Green	Porcelain Green	Porcelain Green	Pale Grey	Naturgummi	Almond Green
Old English White (WT3)	Satin Beige	Satin Beige	Satin Beige	Pale Grey	Naturgummi	Satin Beige
Old English White (WT3)	Tartan Red	Tartan Red	Tartan Red	Pale Grey	Naturgummi	Tartan Red
Old English White (WT3)	Tartan Red	Tartan Red	Tartan Red	Pale Grey	Naturgummi	Cherokee Red
Fiesta Yellow (YL11) Old English White (WT3)	Gold Brocade Grau/ Powder Blue	Powder Blue	Gold Brocade Grau	Pale Grey	Naturgummi	Blau
Fiesta Yellow (YL11) Old English White (WT3)	Gold Brocade Grau/ Powder Blue	Powder Blue	Gold Brocade Grau	Pale Grey	Naturgummi	Powder Blue
Fiesta Yellow (YL11)	Powder Blue	Powder Blue	Powder Blue	Pale Grey	Naturgummi	Powder Blue

Austin/Morris Mini Cooper Standard und Cooper S

Wagenfarbe und BMC-Lackcode	Sitze	Sitzkeder	Bezüge	Dachhimmel	Türdichtungen	Bodenteppiche
Island Blue (BU8) Old English White (WT3)	Gold Brocade Grau/ Cumulus Grey	Cumulus Grey	Gold Brocade	Pale Cream	Naturgummi	Cumulus Grey
Surf Blue (BU35) Old English White	Silver Brocade	Powder Blue	Silver Brocade	Pale Cream	Naturgummi	Powder Blue

Mini-Restaurierungshandbuch

Wagenfarbe und BMC-Lackcode	Sitze	Sitzkeder	Bezüge	Dachhimmel	Türdichtungen	Bodenteppiche
(WT3)	Grau/ Powder Blue		Grau			
Surf Blue (BU35) Old English White (WT3)	Gold Brocade Grau/ Powder Blue	Powder Blue	Gold Brocade Grau	Pale Cream	Naturgummi	Powder Blue
Almond Green (GN37) Old English White (WT3)	Dove Grey/ Porcelain Green	Porcelain Green	Dove Grey	Pale Cream	Naturgummi	Grau
Almond Green (GN37) Old English White (WT3)	Dove Grey/ Porcelain Green	Porcelain Green	Dove Grey	Pale Cream	Naturgummi	Cumulus Grey
Smoke Grey (BU15) Old English White (WT3)	Dove Grey/ Dunkelgrau	Dunkelgrau Grey	Dove	Pale Cream	Naturgummi	Grau
Smoke Grey (BU15) Old English White (WT3)	Dove Grey/ Dunkelgrau	Dunkelgrau Grey	Dove	Pale Cream	Naturgummi	Cumulus Grey
Tweed Grey (GR4) Old English White (WT3)	Dove Grey/ Dunkelgrau	Dunkelgrau	Dove Grey	Pale Cream	Naturgummi	Cumulus Grey
Tartan Red (RD9) Black/Schwarz (BK1)	Gold Brocade Grau/ Tartan Red	Tartan Red	Gold Brocade Grau	Pale Cream	Naturgummi	Tartan Red
Old English White (WT3) Black/Schwarz (BK1)	Gold Brocade	Tartan Red	Gold Brocade Grau	Pale Cream	Naturgummi	Powder Blue
Fiesta Yellow (YL11) Old English White (WT3)	Silver Brocade Grau/ Powder Blue	Powder Blue	Silver Brocade Grau	Pale Cream	Naturgummi	Powder Blue
Fiesta Yellow (YL11) Old English White (WT3)	Gold Brocade Grau/ Powder Blue	Powder Blue	Silver Brocade Grau	Pale Cream	Naturgummi	Powder Blue

Austin Mini Countryman und Morris Mini Traveller Mk I

Wagenfarbe und BMC-Lackcode	Sitze	Sitzkeder	Bezüge	Dachhimmel	Türdichtungen	Bodenteppiche
Clipper Blue (BU14)	Grey Flock /Spanish Blue	Spanish Blue	Spanish Blue	Pale Grey	Spanish Blue	Blau
Clipper Blue (BU14)	Grey Flock /Spanish Blue	Farina Grey	Spanish Blue	Pale Grey	Spanish Blue	Blau

Farbkombinationen

Wagenfarbe und BMC-Lackcode	Sitze	Sitzkeder	Bezüge	Dachhimmel	Türdichtungen	Bodenteppiche
Island Blue (BU8)	Cumulus Grey	Cumulus Grey	Cumulus Grey	Pale Grey	Naturgummi	Cumulus Grey
Speedwell Blue (BU1)	Grey Flock /Spanish Blue	Spanish Blue	Grey Flock	Pale Grey	Spanish Blue	Blau
Surf Blue (BU35)	Grey Flock /Powder Blue	Powder Blue	Powder Blue	Pale Grey	Naturgummi	Powder Blue
Surf Blue (BU35)	Powder Blue	Powder Blue	Powder Blue	Pale Grey	Naturgummi	Powder Blue
Almond Green (GN37)	Grey Flock /Porcelain Green	Porcelain Green	Porcelain Green	Pale Grey	Naturgummi	Cumulus Grey
Almond Green (GN37)	Grey Flock /Porcelain Green	Porcelain Green	Porcelain Green	Pale Grey	Naturgummi	Dunkelgrau
Almond Green (GN37)	Porcelain Green	Porcelain Green	Porcelain Green	Pale Grey	Naturgummi	Cumulus Grey
Farina Grey (GR11)	Grey Flock /Spanish Red	Spanish Red	Grey Flock	Pale Grey	Tartan Red	Tartan Red
Farina Grey (GR11)	Grey Flock /Spanish Red	Spanish Red	Grey Flock	Pale Grey	Spanish Blue	Blau
Smoke Grey (BU15)	Grey Flock /Dunkelgrau	Dunkelgrau	Dunkelgrau	Pale Grey	Naturgummi	Dark Grey
Smoke Grey (BU15)	Grey Flock /Dunkelgrau	Dunkelgrau	Dunkelgrau	Pale Grey	Grey Flock	Cumulus Grey
Smoke Grey (BU15)	Blue Grey	Blue Grey	Blue Grey	Pale Grey	Naturgummi	Blau
Tweed Grey (GR4)	Blue Grey	Blue Grey	Blue Grey	Pale Grey	Naturgummi	Dunkelgrau
Cherry Red (RD4)	Grey Flock /Spanish Red	Spanish Red	Spanish Red	Pale Grey	Tartan Red	Tartan Red
Cherry Red (RD4)	Grey Flock /Spanish Red	Farina Grey	Spanish Red	Pale Grey	Tartan Red	Tartan Red
Tartan Red (RD9)	Grey Flock /Spanish Red	Spanish Red	Grey Flock	Pale Grey	Tartan Red	Tartan Red
Tartan Red (RD9)	Grey Flock /Tartan Red	Tartan Red	Tartan Red	Pale Grey	Naturgummi	Tartan Red
Tartan Red (RD9)	Tartan Red	Tartan Red	Tartan Red	Pale Grey	Naturgummi	Tartan Red

Mini-Restaurierungshandbuch

Wagenfarbe und BMC-Lackcode	Sitze	Sitzkeder	Bezüge	Dachhimmel	Türdichtungen	Bodenteppiche
Tartan Red (RD9)	Tartan Red	Tartan Red	Tartan Red	Pale Grey	Naturgummi	Cherokee Red
Old English White (WT3)	Grey Flock/ Spanish Blue	Spanish Blue	Spanish	Pale Grey Blue	Spanish Blue	Blau
Old English White (WT3)	Grey Flock/ Spanish Blue	Farina Grey	Spanish Blue	Pale Grey	Spanish Blue	Blau
Old English White (WT3)	Grey Flock/ Spanish Red	Spanish Red	Spanish Red	Pale Grey	Tartan Red	Tartan Red
Old English White (WT3)	Grey Flock/ Spanish Red	Farina Grey	Spanish Red	Pale Grey	Tartan Red	Tartan Red
Old English White (WT3)	Grey Flock	Tartan Red	Tartan Red	Pale Grey	Naturgummi	Tartan Red
Old English White (WT3)	Tartan Red	Tartan Red	Tartan Red	Pale Grey	Naturgummi	Tartan Red
Fiesta Yellow (YL11)	Grey Flock/ Powder Blue	Powder Blue	Powder Blue	Pale Grey	Naturgummi	Powder Blue
Fiesta Yellow (YL11)	Powder Blue	Powder Blue	Powder Blue	Pale Grey	Naturgummi	Powder Blue

Riley Elf Limousine Mk I

Wagenfarbe und BMC-Lackcode	Sitze	Sitzkeder	Bezüge	Dachhimmel	Türdichtungen	Bodenteppiche
Florentine Blue (BU7) Old English White (WT3)	Grau/ Powder Blue	Powder Blue	Grau/ Powder Blue	Pale Cream	Naturgummi	Powder Blue
Florentine Blue (BU7) Old English White (WT3)	Powder Blue	Powder Blue	Powder Blue	Pale Cream	Naturgummi	Powder Blue
Cumberland Green (GN35) Old English White (WT3)	Grau/ Porcelain Green	Porcelain Green	Grau/ Porcelain Green	Pale Cream	Naturgummi	Porcelain Green
Porcelain Green (GN35) Old English White (WT3)	Porcelain Green	Porcelain Green	Porcelain Green	Pale Cream	Naturgummi	Porcelain Green

Farbkombinationen

Wagenfarbe und BMC-Lackcode	Sitze	Sitzkeder	Bezüge	Dachhimmel	Türdichtungen	Bodenteppiche
Birch Grey (GR3) Old English White (WT3)	Grau/ Powder Blue	Powder Blue	Grau/ Powder Blue	Pale Cream	Naturgummi	Powder Blue
Birch Grey (GR3) Old English White (WT3)	Powder Blue	Powder Blue	Powder Blue	Pale Cream	Naturgummi	Powder Blue
Birch Grey (GR3) Old English White (WT3)	Grau/ Porcelain Green	Porcelain Green	Grau/ Porcelain Green	Pale Cream	Naturgummi	Powder Blue
Birch Grey (GR3) Old English White (WT3)	Porcelain Green	Porcelain Green	Porcelain Green	Pale Cream	Naturgummi	Powder Blue
Birch Grey (GR3) Old English White (WT3)	Grau/ Cardinal Red	Cardinal Red	Grau/ Cardinal Red	Pale Cream	Naturgummi	Cardinal Red
Birch Grey (GR3) Old English White (WT3)	Cardinal Red	Cardinal Red	Cardinal Red	Pale Cream	Naturgummi	Cardinal Red
Yukon Grey (GR7) Birch Grey (GR3)	Grau/ Powder Blue	Powder Blue	Grau/ Powder Blue	Pale Cream	Naturgummi	Powder Blue
Yukon Grey (GR7) Birch Grey (GR3)	Powder Blue	Powder Blue	Powder Blue	Pale Cream	Naturgummi	Powder Blue
Yukon Grey (GR7) Birch Grey (GR3)	Grau/ Cardinal Red	Cardinal Red	Grau/ Cardinal Red	Pale Cream	Naturgummi	Powder Blue
Yukon Grey (GR7) Birch Grey (GR3)	Cardinal Red	Cardinal Red	Cardinal Red	Pale Cream	Naturgummi	Powder Blue
Yukon Grey (GR7) Birch Grey (GR3)	Grau/ Dove Grey	Dove Grey	Grau/ Dove Grey	Pale Cream	Naturgummi	Powder Blue
Yukon Grey (GR7) Birch Grey (GR3)	Dove Grey	Dove Grey	Dove Grey	Pale Cream	Naturgummi	Dove Grey
Damask Red (RD5) Whitehall Beige (BG4)	Grau/ Cardinal Red	Cardinal Red	Grau/ Cardinal Red	Pale Cream	Naturgummi	Cardinal Red
Damask Red (RD5) Whitehall Beige (BG4)	Cardinal Red	Cardinal Red	Cardinal Red	Pale Cream	Naturgummi	Cardinal Red
Chartreuse Yellow (YL2) Florentine Blue (BU5)	Grau/ Powder Blue	Powder Blue	Grau/ Powder Blue	Pale Cream	Naturgummi	Powder Blue
Chartreuse Yellow (YL2) Florentine Blue (BU5)	Powder Blue	Powder Blue	Powder Blue	Pale Cream	Naturgummi	Powder Blue

Mini-Restaurierungshandbuch

Wagenfarbe und BMC-Lackcode	Sitze	Sitzkeder	Bezüge	Dachhimmel	Türdichtungen	Bodenteppiche
Riley Elf Mk II						
Arianca Beige (BG13) Pale Ivory (YL1)	Cardinal Red	Cardinal Red	Cardinal Red	Pale Cream	Naturgummi	Cardinal Red
Florentine Blue (BU7)	Powder Blue	Powder Blue	Powder Blue	Pale Cream	Naturgummi	Powder Blue oder Blau
Cumberland Green (GN 35) Old English White (WT3)	Porcelain Green	Porcelain Green	Porcelain Green	Pale Cream	Naturgummi	Porcelain oder Almond
Birch Grey (GL3) Old English White (WT3)	Porcelain Green	Porcelain Green	Porcelain Green	Pale Cream	Naturgummi	Powder Blue oder Blau
Yukon Grey (GR7) Birch Grey (GR3)	Cardinal Red	Cardinal Red	Cardinal Red	Pale Cream	Naturgummi	Cardinal Red
Yukon Grey (GR7) Birch Grey (GR3)	Powder Blue	Powder Blue	Powder Blue	Pale Cream	Naturgummi	Powder Blue oder Blau
Yukon Grey (GR7) Birch Grey (GR3)	Dove Grey	Dove Grey	Dove Grey	Pale Cream	Naturgummi	Cumulus
Damask Red (RD5) Beige (BG4)	Cardinal Red	Cardinal Red	Cardinal Red	Pale Cream	Naturgummi	Cardinal Red
Chartreuse Yellow (YL2) Florentine Blue (BU7)	Powder Blue	Powder Blue	Powder Blue	Pale Cream	Naturgummi	Powder Blue
Wolseley Hornet Limousine Mk I						
Whitehall Beige (BG4) (YL2) Florentine Blue (BU7)	Grau/Powder Blue	Powder Blue	Grau/Powder Blue	Pale Cream	Naturgummi	Powder Blue
Whitehall Beige (BG4) Florentine Blue (BU5)	Powder Blue	Powder Blue	Powder Blue	Pale Cream	Naturgummi	Powder Blue
Iris Blue (BU12) Old English White (WT3)	Grau/Dove Grey	Dove Grey	Grau/Dove Grey	Pale Cream	Naturgummi	Cumulus Grey
Iris Blue (BU12) Old English White (WT3)	Dove Grey	Dove Grey	Dove Grey	Pale Cream	Naturgummi	Cumulus Grey
Island Green (GN6) Old English White (WT3)	Grau/Dove Grey	Dove Grey	Grau/Dove Grey	Pale Cream	Naturgummi	Cumulus Grey
Island Green (GN6) Old English White (WT3)	Dove Grey	Dove Grey	Dove Grey	Pale Cream	Naturgummi	Cumulus Grey
Birch Grey (GR3) Yukon Grey (GR7)	Grau/Powder Blue	Powder Blue	Grau/Powder Blue	Pale Cream	Naturgummi	Powder Blue

Farbkombinationen

Wagenfarbe und BMC-Lackcode	Sitze	Sitzkeder	Bezüge	Dachhimmel	Türdichtungen	Bodenteppiche
Birch Grey (GR3) Yukon Grey (GR7)	Powder Blue	Powder Blue	Powder Blue	Pale Cream	Naturgummi	Powder Blue
Birch Grey (GR3) Yukon Grey (GR7)	Grau/ Cardinal Red	Cardinal Red	Grau/ Cardinal Red	Pale Cream	Naturgummi	Cardinal Red
Birch Grey (GR3) Yukon Grey (GR7)	Cardinal Red	Cardinal Red	Cardinal Red	Pale Cream	Naturgummi	Cardinal Red
Birch Grey (GR3) Yukon Grey (GR7)	Grau/ Dove Grey	Dove Grey	Grau/ Dove Grey	Pale Cream	Naturgummi	Cumulus Grey
Birch Grey (GR3) Yukon Grey (GR7)	Dove Grey	Dove Grey	Dove Grey	Pale Cream	Naturgummi	Cumulus Grey
Yukon Grey (GR7) Old English White (WT3)	Grau/ Cardinal Red	Cardinal Red	Grau/ Cardinal Red	Pale Cream	Naturgummi	Cardinal Red
Yukon Grey (GR7) Old English White (WT3)	Cardinal Red	Cardinal Red	Cardinal Red	Pale Cream	Naturgummi	Cardinal Red
Yukon Grey (GR7) Old English White (WT3)	Grau/ Powder Blue	Powder Blue	Grau/ Powder Blue	Pale Cream	Naturgummi	Powder Blue
Yukon Grey (GR7) Old English White (WT3)	Powder Blue	Powder Blue	Powder Blue	Pale Cream	Naturgummi	Powder Blue
Yukon Grey (GR7) Old English White (WT3)	Grau/ Porcelain Green	Porcelain Green	Grau/ Porcelain Green	Pale Cream	Naturgummi	Porcelain Green
Yukon Grey (GR7) Old English White (WT3)	Porcelain Green	Porcelain Green	Porcelain Green	Pale Cream	Naturgummi	Porcelain Green
Pale Ivory (YL1) Damask Red (RD5)	Grau/ Cardinal Red	Cardinal Red	Grau/ Cardinal Red	Pale Cream	Naturgummi	Cardinal Red
Pale Ivory (YL1) Damask Red (RD5)	Cardinal Red	Cardinal Red	Cardinal Red	Pale Cream	Naturgummi	Cardinal Red

Wolseley Hornet Limousine Mk II

Wagenfarbe und BMC-Lackcode	Sitze	Sitzkeder	Bezüge	Dachhimmel	Türdichtungen	Bodenteppiche
Whitehall Beige (BG4) Florentine Blue (BU7)	Powder Blue	Powder Blue	Powder Blue	Pale Cream	Naturgummi	Powder Blue oder Blau
Iris Blue (BU12) Old English White (WT3)	Dove Grey	Dove Grey	Dove Grey	Pale Cream	Naturgummi	Cumulus Grey

Mini-Restaurierungshandbuch

Wagenfarbe und BMC-Lackcode	Sitze	Sitzkeder	Bezüge	Dachhimmel	Türdichtungen	Bodenteppiche
Glen Green (GN40) Spruce Green (GN13)	Porcelain Green	Porcelain Green	Porcelain Green	Pale Cream	Naturgummi	Almond Green
Island Green (GN6) Old English White (WT3)	Dove Grey	Dove Grey	Dove Grey	Pale Cream	Naturgummi	Cumulus Grey
Island Green (GN6) Old English White (WT3)	Porcelain Green	Porcelain Green	Porcelain Green	Pale Cream	Naturgummi	Almond Green
Birch Grey (GR3) Yukon Grey (GR7)	Powder Blue	Powder Blue	Powder Blue	Pale Cream	Naturgummi	Powder Blue oder Blau
Birch Grey (GR3) Yukon Grey (GR7)	Cardinal Red	Cardinal Red	Cardinal Red	Pale Cream	Naturgummi	Cardinal Red
Birch Grey (GR3) Yukon Grey (GR7)	Dove Grey	Dove Grey	Dove Grey	Pale Cream	Naturgummi	Cumulus Grey
Yukon Grey (GR7) Old English White (WT3)	Powder Blue	Powder Blue	Powder Blue	Pale Cream	Naturgummi	Powder Blue oder Blau
Yukon Grey (GR7) Old English White (WT3)	Porcelain Green	Porcelain Green	Porcelain Green	Pale Cream	Naturgummi	Almond oder Porcelain Green
Pale Ivory (YL1) Damask Red (RD5)	Cardinal Red	Cardinal Red	Cardinal Red	Pale Cream	Naturgummi	Cardinal Red
Maroon B (RD23) Toga White (WT5)	Dove Grey	Dove Grey	Dove Grey	Pale Cream	Naturgummi	Cumulus Grey
Toga White (WT5) Damask Red (RD5)	Cardinal Red	Cardinal Red	Cardinal Red	Pale Cream	Naturgummi	Cardinal Red
Toga White (WT5) Damask Red (RD5)	Dove Grey	Dove Grey	Dove Grey	Pale Cream	Naturgummi	Cumulus Grey

Farbkombinationen

Wagenfarbe und BMC-Lackcode	Sitze	Sitzkeder	Bezüge	Dachhimmel	Türdichtungen	Bodenteppiche
Austin/Morris Standard-Limousine Mk II						**Gummimatten**
El Paso Beige (BG17)	Sandy Beige	Sandy Beige	Sandy Beige	Pale Cream	Naturgummi	Dunkelgrau
Sandy Beige (BG15)	Tartan Red	Tartan Red	Tartan Red	Pale Cream	Naturgummi	Dunkelgrau
Bermuda Blue (BU40) White/Weiß (WT2)	Cumulus Grey	Cumulus Grey	Cumulus Grey	Pale Cream	Naturgummi	Dunkelgrau
Island Blue (BU6)	Cumulus Grey	Cumulus Grey	Cumulus Grey	Pale Cream	Naturgummi	Dunkelgrau
Almond Green (GN37)	Satin Beige	Satin Beige	Satin Beige	Pale Cream	Naturgummi	Dunkelgrau
Tartan Red (RD9)	Tartan Red	Tartan Red	Tartan Red	Pale Cream	Naturgummi	Dunkelgrau
White/Weiß (WT2)	Mit allen Ausstattungskombinationen für Austin/Morris Standard-Limousine Mk I lieferbar.			Pale Cream	Naturgummi	Dunkelgrau
Snowberry White (WT4)	Schwarz	Schwarz	Schwarz	Pale Cream	Naturgummi	Dunkelgrau
Austin und Morris Super De Luxe Limousine Mk II						**Bodenteppiche**
El Paso Beige (BG17)	Satin Beige	Satin Beige	Satin Beige	Pale Cream	Naturgummi	Arianca Beige
Sandy Beige (BG15)	Tartan Red	Tartan Red	Tartan Red	Pale Cream	Naturgummi	Cherokee Red
Bermuda Blue (BU40) White/Weiß (WT2)	Cumulus Grey	Cumulus Grey	Cumulus Grey	Pale Cream	Naturgummi	Cumulus Grey
Island Blue (BU6)	Cumulus Grey	Cumulus Grey	Cumulus Grey	Pale Cream	Naturgummi	Cumulus Grey
Almond Green (GN37)	Satin Beige	Satin Beige	Satin Beige	Pale Cream	Naturgummi	Arianca Beige
Tartan Red (RD9)	Tartan Red	Tartan Red	Tartan Red	Pale Cream	Naturgummi	Cherokee Red
White/Weiß (WT2)	Mit allen Ausstattungskombinationen für Austin/Morris Standard-Limousine Mk II lieferbar.			Pale Cream	Naturgummi	

Wagenfarbe und BMC-Lackcode	Sitze	Sitzkeder	Bezüge	Dachhimmel	Türdichtungen	Bodenteppiche
Snowberry White (WT4)	Schwarz	Schwarz	Schwarz	Pale Cream	Naturgummi	Schwarz
El Paso Beige (BG17) + Snowberry White (WT4)	Schwarz	Schwarz	Schwarz	Pale Cream	Naturgummi	Schwarz
Sand Beige (BG15) Snowberry White (WT4)	Schwarz	Schwarz	Schwarz	Pale Cream	Naturgummi	Schwarz
Island Blue (BU8) Snowberry White (WT4)	Schwarz	Schwarz	Schwarz	Pale Cream	Naturgummi	Schwarz
Almond Green (GN37) Snowberry White (WT4)	Schwarz	Schwarz	Schwarz	Pale Cream	Naturgummi	Schwarz
Tartan Red (RD9) Black/Schwarz (BK1)	Schwarz	Schwarz	Schwarz	Pale Cream	Naturgummi	Schwarz
Snowberry White (WT4) Black/Schwarz (BK1)	Schwarz	Schwarz	Schwarz	Pale Cream	Naturgummi	Schwarz

Austin Mini Countryman und Morris Mini Traveller Mk II

Wagenfarbe und BMC-Lackcode	Sitze	Sitzkeder	Bezüge	Dachhimmel	Türdichtungen	Bodenteppiche
El Paso Beige (BG17)	Satin Beige	Satin Beige	Satin Beige	Pale Cream	Naturgummi	Arianca Beige
Sandy Beige (BG3)	Tartan Red	Tartan Red	Tartan Red	Pale Cream	Naturgummi	Cherokee Red
Island Blue (BU8)	Cumulus Grey	Cumulus Grey	Cumulus Grey	Pale Cream	Naturgummi	Cumulus Grey
Almond Green (GN37)	Satin Beige	Satin Beige	Satin Beige	Pale Cream	Naturgummi	Arianca Beige
Tartan Red (RD9)	Tartan Red	Tartan Red	Tartan Red	Pale Cream	Naturgummi	Cherokee Red
Snowberry White (WT4)	Schwarz	Schwarz	Schwarz	Pale Cream	Naturgummi	Schwarz

Austin und Morris Mini Van und Pickup Mk I und II

Wagenfarbe und BMC-Lackcode	Sitze	Sitzkeder	Bezüge	Dachhimmel	Türdichtungen	**Gummimatten**
Whitehall Beige (BG4)	Tan	Tan	Tan	Pale Cream	Naturgummi	Dunkelgrau
Persian Blue (BU39)	Arizona Beige	Arizona Beige	Arizona Beige	Pale Cream	Naturgummi	Dunkelgrau
Everglade Green (GN42)	Arizona Beige	Arizona Beige	Arizona Beige	Pale Cream	Naturgummi	Dunkelgrau
Cumulus Grey (GR29)	Arizona Beige	Arizona Beige	Arizona Beige	Pale Cream	Naturgummi	Dunkelgrau
Damask Red (RD5)	Arizona Beige	Arizona Beige	Arizona Beige	Pale Cream	Naturgummi	Dunkelgrau
Snowberry White (WT4)	Arizona Beige	Arizona Beige	Arizona Beige	Pale Cream	Naturgummi	Dunkelgrau
Willow Green (GN33)	Tan	Tan	Tan	Pale Cream	Naturgummi	Dunkelgrau
Tweed Grey (GR4)	Tan	Tan	Tan	Pale Cream	Naturgummi	Dunkelgrau

Farbkombinationen

Wagenfarbe und BMC-Lackcode	Sitze	Sitzkeder	Bezüge	Dachhimmel	Türdichtungen	Gummimatten
Marigold (YL7)	Tan	Tan	Tan	Pale Cream	Naturgummi	Dunkelgrau
White/Weiß (WT2)	Tan	Tan	Tan	Pale Cream	Naturgummi	Dunkelgrau
Riley Elf Mk III						Bodenteppiche
Arianca Beige (BG13) Pale Ivory (YL1)	Cardinal Red	Cardinal Red	Cardinal Red	Pale Cream	Naturgummi	Cardinal Red
Florentine Blue (BU7) Old English White (WT3)	Powder Blue	Powder Blue	Powder Blue	Pale Cream	Naturgummi	Blau
Persian Blue (BN39) Snowberry White (WT4) (WT3)	Powder Blue	Powder Blue	Powder Blue	Pale Grey	Blau	Reef Blue
Fawn Brown (RD24) Pale Ivory (YL1)	Cardinal Red	Cardinal Red	Cardinal Red	Pale Cream	Cardinal Red	Cardinal Red
Fawn Brown (RD24) Pale Ivory (YL1)	Mushroom	Mushroom	Mushroon	Pale Cream	Mushroom	Mushroom
Birch Grey (GR3) Old English White (WT3)	Cardinal Red	Cardinal Red	Cardinal Red	Pale Cream	Naturgummi	Cardinal Red
Birch Grey (GR3) Snowberry White (WT4)	Cardinal Red	Cardinal Red	Cardinal Red	Pale Cream	Cardinal Red	Cardinal Red
Yukon Grey (GR7) Birch Grey (GR3)	Cardinal Red	Cardinal Red	Cardinal Red	Pale Cream	Naturgummi	Cardinal Red
Yukon Grey (GR7) Snowberry White (WT4)	Cardinal Red	Cardinal Red	Cardinal Red	Pale Cream	Cardinal Red	Cardinal Red
Damask Red (RD5) Whitehall Beige (BG4)	Cardinal Red	Cardinal Red	Cardinal Red	Pale Cream	Cardinal Red	Cardinal Red
Cumberland Green (GN 35) Old English White (WT3)	Porcelain Green	Porcelain Green	Porcelain Green	Pale Cream	Naturgummi	Almond Green
Cumberland Green (GN35) Snowberry White (WT4)	Porcelain Green	Porcelain Green	Porcelain Green	Pale Cream	Naturgummi	Almond Green
Peony Red (RD29) Whitehall Beige (BG4)	Cardinal Red	Cardinal Red	Cardinal Red	Pale Cream	Cardinal Red	Cardinal Red
Sable (RD30) Pale Ivory (YL1)	Cardinal Red	Cardinal Red	Cardinal Red	Pale Cream	Cardinal Red	Cardinal Red
Snowberry White (WT4)	Schwarz	Schwarz	Schwarz	Pale Cream	Schwarz	Schwarz
Wolseley Hornet Mk III						
Everglade Green (GN42) Snowberry White (WT3)	Porcelain Green	Porcelain Green	Porcelain Green	Pale Cream	Almond Green	Almond Green

Mini-Restaurierungshandbuch

Wagenfarbe und BMC-Lackcode	Sitze	Sitzkeder	Bezüge	Dachhimmel	Türdichtungen	Bodenteppiche
Glen Green (GN40) Spruce Green (GN13)	Porcelain Green	Porcelain Green	Porcelain Green	Pale Cream	Naturgummi oder Almond Green	Almond Green
Birch Grey (GR3) Yukon Grey (GR7)	Cardinal Red	Cardinal Red	Cardinal Red	Pale Cream	Cardinal Red	Cardinal Red
Cumulus Grey (GR29) Yukon Grey (GR7)	Cardinal Red	Cardinal Red	Cardinal Red	Pale Cream	Cardinal Red	Cardinal Red
Maroon B (RD23) Toga White (WT5)	Dove Grey	Dove Grey	Dove Grey	Pale Cream	Naturgummi	Cumulus Grey
Maroon B (RD23) Snowberry White (WT4)	Dove Grey	Dove Grey	Dove Grey	Pale Cream	Cumulus Grey	Cumulus Grey
Snowberry White (WT4)	Schwarz	Schwarz	Schwarz	Pale Cream	Schwarz	Schwarz
Snowberry White (WT4) Trafalgar Blue (BU37)	Dove Grey	Dove Grey	Dove Grey	Pale Cream	Cumulus Grey	Cumulus Grey
Snowberry White (WT4) Damask Red (RD5)	Cardinal Red	Cardinal Red	Cardinal Red	Pale Cream	Cardinal Red	Cardinal Red
Snowberry White (WT4) Peony Red (RD29)	Cardinal Red	Cardinal Red	Cardinal Red	Pale Cream	Cardinal Red	Cardinal Red
Toga White (WT5) Damask Red (RD5)	Cardinal Red	Cardinal Red	Cardinal Red	Pale Cream	Naturgummi	Cardinal Red
Toga White (WT5) Trafalgar Blue (BU37)	Dove Grey	Dove Grey	Dove Grey	Pale Cream	Naturgummi	Cumulus Grey

Wagenfarbe und Lackcode und Fg.-Nr. Lackcode	Modell	Sitze	Bodenteppiche/Matten	Verkleidungen	Türdichtungen
Mini ab September 1969					
Antelope (BLVC7)	850 De Luxe	Icon Red	Schwarz	Icon Red	Icon Red
	850 De Luxe	Schwarz	Schwarz	Schwarz	Schwarz
	1000	Icon Red	Icon Red		
	Clubman Kombi	Schwarz	Schwarz	Schwarz	Schwarz
	1275 GT	Schwarz	Schwarz	Schwarz	Schwarz
	Van und Pickup	Schwarz	Schwarz	Schwarz	Schwarz
Aqua (BLVC60) JMA	850 De Luxe	Schwarz	Schwarz	Schwarz	Schwarz
	850 De Luxe	Navy	Schwarz	Navy	Navy
	1000	Schwarz	Schwarz	Schwarz	Schwarz
	Clubman Kombi	Navy	Schwarz	Schwarz	Schwarz
	1275 GT	Schwarz	Schwarz	Schwarz	Schwarz
	1275 GT	Navy	Navy	Navy	Navy
	Van und Pickup	Schwarz	Schwarz	Schwarz	Schwarz

Farbkombinationen

Wagenfarbe und Lackcode und Fg.-Nr. Lackcode	Modell	Sitze	Bodenteppiche/Matten	Verkleidungen	Türdichtungen
Blue Royal	850 De Luxe	Galleon Blue	Schwarz	Galleon Blue	Galleon Blue
	1000	Galleon Blue	Galleon Blue	Galleon Blue	Galleon Blue
	Clubman				
(BU38)	Kombi				
Bronze Yellow	850 De Luxe	Schwarz	Schwarz	Schwarz	Schwarz
	850 De Luxe	Navy	Schwarz	Navy	Navy
(BVLC15)	1000 Clubman	Schwarz	Schwarz	Schwarz	Schwarz
FMF	Kombi	Navy			
	1275 GT	Schwarz	Schwarz	Schwarz	Schwarz
	1275 GT	Navy	Navy	Navy	Navy
Flame Red	850 De Luxe	Autumn Leaf	Schwarz	Autumn Leaf	Autumn Leaf
(BLVC61)	850 De Luxe	Schwarz	Schwarz	Schwarz	Schwarz
CMB	850 De Luxe	Navy	Schwarz	Navy	Navy
	850 De Luxe	Geranium	Schwarz	Geranium	Geranium
	1000 Clubman	Autumn Leaf	Braun	Autumn Leaf	Autumn Leaf
	Clubman	Navy	Schwarz	Schwarz	Schwarz
	Kombi	Schwarz	Schwarz	Schwarz	Schwarz
		Navy	Navy	Navy	
		Geranium	Geranium	Geranium	
	1275 GT	Schwarz	Schwarz	Schwarz	Schwarz
	1275 GT	Geranium	Schwarz	Geranium	Geranium
	1275 GT	Navy	Navy	Navy	Navy
	Van und Pickup	Navy oder	Schwarz	Navy	Schwarz
		Schwarz	Schwarz	Schwarz	
Glacier White	850 De Luxe	Schwarz	Schwarz	Schwarz	Schwarz
(BLVC59)	850 De Luxe	Icon Red	Schwarz	Icon Red	Icon Red
NMA	850 De Luxe	Navy	Schwarz	Navy	Navy
	850 De Luxe	Geranium	Schwarz	Geranium	Geranium
	850 De Luxe	Autumn Leaf	Schwarz	Autumn Leaf	Autumn Leaf
	850 De Luxe	Ochre/Ocker	Schwarz	Ochre/Ocker	Ochre/Ocker
	850 De Luxe	Sorrel	Schwarz	Sorrel	Sorrel
	850 De Luxe	Regal	Schwarz	Regal	Regal
	1000 Clubman	Regal	Navy	Regal	Regal
	Kombi	Schwarz	Schwarz	Schwarz	Schwarz
		Icon Red	Icon Red	Icon Red	Icon Red
		Navy	Navy	Navy	Navy
		Geranium	Geranium	Geranium	Geranium
		Autumn Leaf	Autumn Leaf	Autumn Leaf	Autumn Leaf
		Ochre/Ocker	Ochre/Ocker	Ochre/Ocker	Ochre/Ocker
		Sorrel	Sorrel	Sorrel	Sorrel
		Regal/Navy	Navy	Regal	Regal
		Orange	Safari	Orange	Orange
	1275GT	Schwarz	Schwarz	Schwarz	Schwarz
		Navy	Navy	Navy	Navy
		Ochre/Ocker	Ochre/Ocker	Ochre/Ocker	Ochre/Ocker
		Autumn Leaf	Autumn Leaf	Autumn Leaf	Autumn Leaf
		Geranium	Geranium	Geranium	Geranium
		Sorrel	Safari	Sorrel	Sorrel
		Regal/Navy	Schwarz	Regal	Regal
	Van und Pickup	Navy	Schwarz	Navy	Schwarz
		Schwarz	Schwarz	Schwarz	Schwarz

Mini-Restaurierungshandbuch

Wagenfarbe und Lackcode und Fg.-Nr. Lackcode	Modell	Sitze	Bodenteppiche/Matten	Verkleidungen	Türdichtungen
Blaze (BLVC16) EMA	850 De Luxe 1000 Clubman Kombi 1275GT	Navy Navy Navy	Schwarz Navy Navy	Navy Navy Navy	Navy Navy Navy
Bedouin (BLVC4)	850 De Luxe 1000 Clubman Kombi	Navy Autumn Leaf	Schwarz Autumn Leaf	Navy Autumn Leaf	Navy Autumn Leaf
Teal Blue 70 (BLVC18) JMC	850 de Luxe 850 De Luxe 1000 Clubman Kombi 1275GT 1275GT Van und Pickup	Limeflower Ochre/Ocker Limeflower Ochre/Ocker Limeflower Ochre/Ocker Navy Schwarz	Schwarz Schwarz Olive Ochre/Ocker Olive Ochre/Ocker Schwarz Schwarz	Limeflower Ochre/Ocker Limeflower Ochre/Ocker Limeflower Ochre/Ocker Navy Schwarz	Limeflower Ochre/Ocker Limeflower Ochre/Ocker Limeflower Ochre/Ocker Schwarz Schwarz
Limeflower (BLVC20) HMA	850 De Luxe 1000 Clubman Kombi 1275 GT	Limeflower Limeflower Limeflower	Schwarz Olive Olive	Limeflower Limeflower Limeflower	Limeflower Limeflower Limeflower
Black Tulip (BLVC23) KMA	850 De Luxe 850 De Luxe 1000 Clubman Kombi 1275GT 1275GT	Geranium Ochre/Ocker Geranium Ochre/Ocker Geranium Ochre/Ocker	Schwarz Schwarz Geranium Ochre/Ocker Geranium Ochre/Ocker	Geranium Ochre/Ocker Geranium Ochre/Ocker Geranium Ochre/Ocker	Geranium Ochre/Ocker Geranium Ochre/Ocker Geranium Ochre/Ocker
Green Mallard (BLVC22) HMD	850 De Luxe 1000 Clubman Kombi 1275 GT Van und Pickup	Limeflower Limeflower Limeflower Navy	Schwarz Olive Olive Schwarz	Limeflower Limeflower Limeflower Navy	Limeflower Limeflower Limeflower Schwarz
Citron (BLVC73) FMD	850 De Luxe 1000 Clubman Kombi 1275GT	Navy Navy Navy	Schwarz Navy Navy	Navy Navy Navy	Navy Navy Navy
Harvest Gold (BLVC19)	850 De Luxe 850 De Luxe 850 De Luxe 1000 Clubman Kombi 1275 GT 1275 GT 1275 GT 1275 GT Van und Pickup	Olive Navy Sorrel Olive Navy Sorrel Olive Navy Sorrel Sorrel Navy	Schwarz Schwarz Schwarz Olive Navy Safari Olive Navy Sorrel Safari Schwarz	Olive Navy Sorrel Olive Navy Sorrel Olive Navy Sorrel Sorrel Navy	Olive Navy Sorrel Olive Navy Sorrel Olive Navy Sorrel Sorrel Schwarz

Farbkombinationen

Wagenfarbe und Lackcode und Fg.-Nr. Lackcode	Modell	Sitze	Bodenteppiche/Matten	Verkleidungen	Türdichtungen
Aconite (BLVC95) KMB	850 De Luxe	Sorrel	Schwarz	Sorrel	Sorrel
	850 De Luxe 1000	Navy	Schwarz	Navy	Navy
	Clubman Kombi	Sorrel	Sorrel	Sorrel	Sorrel
	1275 GT	Sorrel	Sorrel	Sorrel	Sorrel
Tundra (BLVC94) HMF	850 De Luxe	Limeflower	Schwarz	Limeflower	Limeflower
	850 De Luxe 1000	Mink	Schwarz	Mink	Mink
	Clubman	Limeflower	Olive	Limeflower	Limeflower
	Kombi	Mink	Safari	Mink	Mink
	1275 GT	Limeflower	Olive	Limeflower	Limeflower
	1275 GT	Mink	Safari	Mink	Mink
	Van und Pickup	Navy	Schwarz	Navy	Schwarz
Mirage (BLVC11) LMF	850 De Luxe	Spanish Rose	Schwarz	Spanish Rose	Spanish Rose
	850 De Luxe	Sorrel	Schwarz	Sorrel	Sorrel
	850 De Luxe	Navy	Schwarz	Navy	Navy
	1000	Spanish Rose	Spanish Rose	Spanish Rose	Spanish Rose
	Clubman	Sorrel	Sorrel	Sorrel	Sorrel
	Kombi	Navy	Navy	Navy	Navy
		Sorrel	Safari	Sorrel	Sorrel
	Van und Pickup	Navy	Schwarz	Navy	Schwarz
Bracken (BLVC93) FME	850 De Luxe	Sorrel	Schwarz	Sorrel	Sorrel
	850 De Luxe	Navy	Schwarz	Navy	Navy
	1000	Sorrel	Safari	Sorrel	Sorrel
	Clubman	Navy	Navy	Navy	Navy
	Kombi	Sorrel	Sorrel	Sorrel	Sorrel
	1275 GT	Navy	Navy	Navy	Navy
	1275 GT	Sorrel	Safari	Sorrel	Sorrel
Tahiti Blue (BLVC65) JMP	850 De Luxe	Mink	Schwarz	Mink	Mink
	850 De Luxe	Navy	Schwarz	Navy	Navy
	850 De Luxe	Regal	Schwarz	Regal	Regal
	850 De Luxe	Beige	Schwarz	Beige	Beige
	1000	Regal	Navy	Regal	Regal
		Mink	Safari	Mink	Mink
	Clubman	Mink	Safari	Mink	Mink
	Kombi	Navy	Navy	Navy	Navy
		Mink	Mink	Mink	Mink
		Regal/Navy	Navy	Regal	Regal
		Regal/Navy	Schwarz	Regal	Regal
	1000	Beige (gestreift)	Chestnut	Beige	Schwarz
	Clubman	Beige	Chestnut	Beige	Schwarz
	Kombi	Beige	Chestnut	Beige	Schwarz
	1100 Special	Beige	Chestnut	Beige	Schwarz
	1275GT	Navy	Navy	Navy	Navy
	1275GT	Mink	Safari	Mink	Mink
	1275GT	Regal/Navy	Schwarz	Regal	Regal
	1275GT	Beige (gestreift)	Chestnut	Beige	Schwarz
	Van und Pickup	Navy oder Schwarz	Schwarz	Navy oder Schwarz	Schwarz

Mini-Restaurierungshandbuch

Wagenfarbe und Lackcode und Fg.-Nr. Lackcode	Modell	Sitze	Bodenteppiche/Matten	Verkleidungen	Türdichtungen
Damask Red (BLVC99) CMA	850 De Luxe	Mink	Schwarz	Mink	Mink
	850 De Luxe	Navy	Schwarz	Navy	Navy
	1000	Navy	Navy	Navy	Navy
	Clubman	Mink	Mink	Mink	Mink
	Kombi	Mink	Safari	Mink	Mink
		Mink	Triumph Brown	Mink	Mink
	1275GT	Spanish Rose	Spanish Rose	Spanish Rose	Spanish Rose
	1275GT	Navy	Navy	Navy	Navy
	1275GT	Mink	Safari	Mink	Mink
	1275GT	Mink	Triumph Brown	Mink	Mink
	Van und Pickup	Schwarz	Schwarz	Schwarz	Schwarz
Cumulus Grey (BLVC194) LMB	Van und Pickup	Schwarz	Schwarz	Schwarz	Schwarz
Persian Blue (BU39)	Van und Pickup	Schwarz	Schwarz	Schwarz	Schwarz
Connaught Green (GN18)	Van und Pickup	Schwarz	Schwarz	Schwarz	Schwarz
Flamenco (BLVC133) EMC	850 De Luxe	Mink	Schwarz	Mink	Mink
	850 De Luxe	Navy	Schwarz	Navy	Navy
	850 De Luxe	Schwarz	Schwarz	Schwarz	Schwarz
	850 De Luxe	Beige	Schwarz	Beige	Beige
	1000	Navy	Navy	Navy	Navy
	Clubman	Mink	Mink	Mink	Mink
	Kombi	Mink	Safari	Mink	Mink
		Mink	Triumph Brown	Mink	Mink

Mini ab September 1969

Wagenfarbe und Lackcode	Modell	Sitze	Bodenteppiche/Matten	Verkleidungen	Türdichtungen
Flamenco	1000	Grau (gestreift)	Schwarz	Schwarz	Schwarz
	Clubman	Schwarz	Schwarz	Schwarz	Schwarz
	Clubman	Beige	Chestnut	Beige	Beige
	Kombi	Beige	Chestnut	Beige	Beige
	Kombi	Schwarz	Schwarz	Schwarz	Schwarz
	1100 Special	Schwarz	Schwarz	Schwarz	Schwarz
	1275GT	Navy	Navy	Navy	Navy
	1275GT	Mink	Safari	Mink	Mink
	1275GT	Mink	Triumph Brown	Mink	Mink
	1275GT	Grau (gestreift)	Schwarz	Schwarz	Schwarz
	1275GT	Beige (gestreift)	Chestnut	Beige	Beige
	Van und Pickup	Schwarz	Schwarz	Schwarz	Schwarz
Antique Gold (BLVC138) GMB	850 De Luxe	Sorrel	Schwarz	Sorrel	Sorrel
	1000	Sorrel	Safari	Sorrel	Sorrel
	Clubman	Almond	Safari	Almond	Almond
	Kombi	Sorrel	Triumph Brown	Sorrel	Sorrel
	1275GT	Almond	Safari	Almond	Almond
	1275GT	Almond	Triumph Brown	Almond	Almond

Farbkombinationen

Wagenfarbe und Lackcode und Fg.-Nr. Lackcode	Modell	Sitze	Bodenteppiche/Matten	Verkleidungen	Türdichtungen
Lagoon Metallic (BLVC42) JMD	1275GT	Navy	Navy	Navy	Navy
	1275GT	Mink	Safari	Mink	Mink
Cosmic Blue Metallic (BLVC111) JMK	1275GT	Navy	Navy	Navy	Navy
	1275GT	Mink	Safari	Mink	Mink
Brazil Metallic (BLVC109) AMD	1275GT	Sorrel	Safari	Sorrel	Sorrel
	1275GT	Mink	Safari	Mink	Mink
	1275GT	Almond	Safari	Almond	Almond
Reynard Metallic (BLVC112) BMB	Clubman	Sorrel	Chestnut	Sorrel	Schwarz
	1275GT	Sorrel	Safari	Sorrel	Sorrel
	1275GT	Navy	Navy	Navy	Navy
	1275GT	Sorrel (gestreift)	Chestnut	Sorrel	Schwarz
Aurora Metallic (BLVC43) DMA	1275GT	Navy	Navy	Navy	Navy
Astral Blue Metallic (BLVC140) JMR	Clubman	Schwarz	Schwarz	Schwarz	Schwarz
	1100 Special	Schwarz	Schwarz	Schwarz	Schwarz
	1275GT	Regal/Navy	Schwarz	Regal	Regal
	1275GT	Grau (gestreift)	Schwarz	Schwarz	Schwarz
Sandglow (BLVC63) AMF	850 De Luxe	Sorrel	Schwarz	Sorrel	Sorrel
	850 De Luxe	Sorrel	Schwarz	Sorrel	Schwarz
	850 City	Schwarz/Ecru	Schwarz	Schwarz	Schwarz
	850 Super	Sorrel (gestreift)	Schwarz	Sorrel	Schwarz
	1000	Sorrel	Safari	Sorrel	Sorrel
	Clubman Kombi	Sorrel	Triumph Brown	Sorrel	Sorrel
	1000	Sorrel (gestreift)	Chestnut	Sorrel	Schwarz
	Clubman	Sorrel	Chestnut	Sorrel	Schwarz
	1100 Special oder Sorrel (gestreift)	Sorrel	Chestnut	Sorrel	Schwarz
	1275GT	Sorrel (gestreift)	Safari	Sorrel	Sorrel
	1275GT	Sorrel	Triumph Brown	Sorrel	Sorrel
	1275GT	Sorrel	Chestnut	Sorrel	Sorrel
	Van	Schwarz/Ecru	Schwarz	Schwarz	Schwarz
	Van und Pickup	Schwarz	Schwarz	Schwarz	Schwarz
Russet (BLVC205) AAE	850 De Luxe	Beige	Schwarz	Beige	Beige
	850 Super	Beige (gestreift)	Chestnut	Beige	Schwarz
	1000	Beige	Chestnut	Beige	Schwarz
	Clubman	Beige	Chestnut	Beige	Schwarz
	Kombi	Beige	Chestnut	Beige	Schwarz
	1100 Special	Beige	Chestnut	Beige	Schwarz

Wagenfarbe und Lackcode und Fg.-Nr. Lackcode	Modell	Sitze	Bodenteppiche/Matten	Verkleidungen	Türdichtungen
	1100 Special	Beige (gestreift)	Chestnut	Beige	Schwarz
	1275GT	Beige (gestreift)	Chestnut	Beige	Schwarz
Inca Yellow (BLVC207) FAB	850 De Luxe	Schwarz	Schwarz	Schwarz	Schwarz
	850 City	Schwarz/Ecru	Schwarz	Schwarz	Schwarz
	850 Super	Beige (gestreift)	Schwarz	Beige	Beige
	1000	Grau (gestreift)	Schwarz	Schwarz	Schwarz
	Clubman Kombi 1100 Special	Schwarz	Schwarz	Schwarz	Schwarz
	1275GT	Grau (gestreift)	Schwarz	Schwarz	Schwarz

Mini ab September 1969

Wagenfarbe und Lackcode und Fg.-Nr. Lackcode	Modell	Sitze	Bodenteppiche/Matten	Verkleidungen	Türdichtungen
Triumph White (BLVC206) NAB	850 De Luxe	Sorrel	Schwarz	Sorrel	Schwarz
	1000	Sorrel (gestreift)	Chestnut	Sorrel	Schwarz
	1275GT Clubman Kombi	Sorrel (gestreift)	Chestnut	Sorrel	Schwarz
	1100 Special				
Java (BLVC208) HAB	850 De Luxe	Beige	Schwarz	Beige	Schwarz
	850 City	Schwarz/Ecru	Schwarz	Schwarz	Schwarz
	850 Super 1000 1275GT	Beige (gestreift)	Chestnut	Beige	Schwarz
	Clubman Kombi 1100 Special	Beige (gestreift)	Chestnut	Beige	Schwarz
	Clubman Kombi 1100 Special	Beige	Chestnut	Beige	Schwarz
	1275GT	Beige (gestreift)	Chestnut	Beige	Schwarz
	Van	Schwarz/Ecru	Schwarz	Schwarz	Schwarz
	Van und Pickup	Schwarz/Ecru	Schwarz	Schwarz	Schwarz
Vermillion Red (BLVC118) CML	850 De Luxe	Schwarz/Ecru	Schwarz	Schwarz	Schwarz
	850 City	Schwarz/Ecru	Schwarz	Schwarz	Schwarz
	850 Super	Grau (gestreift)	Schwarz	Schwarz	Schwarz
	1000	Grau (gestreift)	Schwarz	Schwarz	Schwarz
	Clubman	Schwarz	Schwarz	Schwarz	Schwarz
	Kombi	Schwarz	Schwarz	Schwarz	Schwarz
	1100 Special	Schwarz	Schwarz	Schwarz	Schwarz
	1275GT	Grau (gestreift)	Schwarz	Schwarz	Schwarz

Farbkombinationen

Wagenfarbe und Lackcode und Fg.-Nr. Lackcode	Modell	Sitze	Bodenteppiche/Matten	Verkleidungen	Türdichtungen
Tara Green Metallic (BLVC148) HAD	850 De Luxe 850 Super	Schwarz Grau (gestreift)	Schwarz Schwarz	Schwarz Schwarz	Schwarz Schwarz
	1000 Clubman Kombi 1100 Special	Schwarz	Schwarz	Schwarz	Schwarz
	1275GT	Grau (gestreift)	Schwarz	Schwarz	Schwarz
Denim Blue Metallic (BLVC249) JMY	850 De Luxe Clubman Kombi 1100 Special 850 Super	Schwarz	Schwarz	Schwarz	Schwarz
	1000	Grau (gestreift)	Schwarz	Schwarz	Schwarz
	1275GT Clubman Kombi 1100 Special	Schwarz	Schwarz	Schwarz	Schwarz
Rose Metallic (BLVC303) CMM	1100 Special (Großbritann.)	Savannah Check	Mink	Savannah	Mink
Silver Metallic (BLVC202) JMR	1100 Special 1100 Special (Großbritann.)	Schwarz Blau Check	Schwarz Schwarz	Schwarz Schwarz	Schwarz Schwarz
Schwarz (BLVC90) PMA	1100 Special 1100 Special	Schwarz Sorrel (gestreift)	Schwarz Chestnut	Schwarz Sorrel	Schwarz Schwarz
	1100 Special	Beige (gestreift)	Chestnut	Beige	Schwarz

Schrader-Motor-Chronik
eine wachsende Erfolgsreihe

Best-Nr.	Titel	
22050	Alfa Romeo Giulia + Giulietta-Berlina, Sprint und Spider 54-78	SMC36
22013	Alfa Romeo Spider 55-86	SMC10
22020	Austin-Healey 53-72	SMC13
22019	BMW R 24 bis R 27 49-67	SMC11
22054	BMW Motorräder, 2-Zyl. R 51/2 – R 75/5 50-73	SMC42
22010	BMW Isetta 55-62	SMC1
22028	BMW 501-507 52-68	SMC23
22046	BMW 1500-2002 62-77	SMC33
22023	Borgward-Lkw 47-61	SMC17
22051	Chevrolet Corvette 53-86	SMC37
22040	Citroën 2 CV 48-86	SMC29
22011	Citroën ID/DS 55-76	SMC3
22060	DKW – Auto Union, 2-Zyl. AU 1000/S/SP 3 = 6 50-65	SMC39
22052	Deutsche Seitenwagen-Motorräder	SMC38
22047	DKW Motorräder 49-58	SMC34
22035	Ferrari V12 72-86	SMC22
22026	Fiat 500/600 Topolino 36-69	SMC16
22039	Fiat Sportwagen 48-86	SMC28
22022	Ford Taunus 12 M/15 M 52-62	SMC5
22017	Goggomobil/Isar 55-69	SMC9
22061	Harley-Davidson Motorräder 18-78	SMC43
22012	Horex Regina 50-56	SMC4
22016	Jaguar Mk II 55-69	SMC7
22042	Jaguar E-Type 61-75	SMC31
22029	Jeep 42-86	SMC24
22062	Karmann Ghia 55-74	SMC44
22056	LANZ Bulldogg, Ackerschlepper, Straßenzugmaschinen 28-55	SMC40
22014	Mercedes 190 SL 55-63	SMC6
22021	Mercedes 300 51-62	SMC15
22034	Mercedes Heckfl. 59-65	SMC20
22038	Mercedes Lkw/Omn. 47-61	SMC27
22043	Mercedes Ponton 53-62	SMC32
22055	MINI, Austin · Morris · Cooper S Clubmann · 1275 GT 59-83	SMC41
22032	NSU Motorräder 49-63	SMC21
22049	NSU Ro 80 + Wankel Spider 64-77	SMC35
22024	Opel Olympia 35-53	SMC12
22018	Peugeot 203/403/404 48-72	SMC19
22041	Porsche 356 48-65	SMC30
22027	Porsche 911 63-86	SMC18
22036	Triumph TR2-TR8 53-81	SMC25
22025	Vespa Motorroller 48-86	SMC14
22015	VW Käfer Cabrio 49-80	SMC8
22009	VW Transp./Bus 49-67	SMC2
22037	Zündapp Motorräder 47-84	SMC26

Schrader Ⓢ Verlag